中国非洲研究院文库

非洲十国环境法

洪永红　张小虎　等 ◎ 编译

ENVIRONMENTAL LAWS
IN TEN AFRICAN COUNTRIES

社会科学文献出版社
SOCIAL SCIENCES ACADEMIC PRESS (CHINA)

充分发挥智库作用　助力中非友好合作

——"中国非洲研究院文库"总序

　　当今世界正面临百年未有之大变局。世界多极化、经济全球化、社会信息化、文化多样化深入发展，和平、发展、合作、共赢成为人类社会共同的诉求，构建人类命运共同体成为各国人民共同的愿望。与此同时，大国博弈激烈，地区冲突不断，恐怖主义难除，发展失衡严重，气候变化凸显，单边主义和贸易保护主义抬头，人类面临许多共同挑战。中国是世界上最大的发展中国家，是人类和平与发展事业的建设者、贡献者和维护者。2017 年 10 月中共十九大胜利召开，引领中国发展踏上新的伟大征程。在习近平新时代中国特色社会主义思想指引下，中国人民正在为实现"两个一百年"奋斗目标和中华民族伟大复兴的"中国梦"而奋发努力，同时继续努力为人类作出新的更大的贡献。非洲是发展中国家最集中的大陆，是维护世界和平、促进全球发展的重要力量之一。近年来，非洲在自主可持续发展、联合自强道路上取得了可喜进展，从西方眼中"没有希望的大陆"变成了"充满希望的大陆"，成为"奔跑的雄狮"。非洲各国正在积极探索适合自身国情的发展道路，非洲人民正在为实现《2063 年议程》与和平繁荣的"非洲梦"而努力奋斗。

　　中国与非洲传统友谊源远流长，中非历来是命运共同体。中国高度重视发展中非关系，2013 年 3 月习近平担任国家主席后首次出访就选择了非洲；2018 年 7 月习近平连任国家主席后首次出访仍然选择了非洲；6 年间，习近平主席先后 4 次踏上非洲大陆，访问坦桑尼亚、南非、塞内加尔等 8 国，向世界表明中国对中非传统友谊倍加珍惜，对非洲和中非关系高度重视。2018 年中非合作论坛北京峰会成功召开。习近平主席在此次峰会上，揭示了中非团结合作的本质特征，指明了中非关系发展的前进方向，规划了中非共同发展的具体路径，极大完善并创新了中国对非政策的理论框架和思想体系，这成为习近平新时代中国特色社会主义外交思想的重要理论创新成果，为未来中非关系的发展提供了强大政治遵循和行动指南。这次峰会是中非关系发展史上又一次具有里程碑意义的盛会。

随着中非合作蓬勃发展，国际社会对中非关系的关注度不断提高，出于对中国在非洲影响力不断上升的担忧，西方国家不时泛起一些肆意抹黑、诋毁中非关系的奇谈怪论，诸如"新殖民主义论""资源争夺论""债务陷阱论"等，给中非关系发展带来一定程度的干扰。在此背景下，学术界加强对非洲和中非关系的研究，及时推出相关研究成果，提升国际话语权，展示中非务实合作的丰硕成果，客观积极地反映中非关系良好发展，向世界发出中国声音，显得日益紧迫和重要。

中国社会科学院以习近平新时代中国特色社会主义思想为指导，努力建设马克思主义理论阵地，发挥为党的国家决策服务的思想库作用，努力为构建中国特色哲学社会科学学科体系、学术体系、话语体系作出新的更大贡献，不断增强我国哲学社会科学的国际影响力。中国社会科学院西亚非洲研究所是当年根据毛泽东主席批示成立的区域性研究机构，长期致力于非洲问题和中非关系研究，基础研究和应用研究并重，出版和发表了大量学术专著和论文，在国内外的影响力不断扩大。以西亚非洲研究所为主体于 2019 年 4 月成立的中国非洲研究院，是习近平总书记在中非合作论坛北京峰会上宣布的加强中非人文交流行动的重要举措。

　　按照习近平总书记致中国非洲研究院成立贺信精神，中国非洲研究院的宗旨是：汇聚中非学术智库资源，深化中非文明互鉴，加强治国理政和发展经验交流，为中非和中非同其他各方的合作集思广益、建言献策，增进中非人民相互了解和友谊，为中非共同推进"一带一路"合作，共同建设面向未来的中非全面战略合作伙伴关系，共同构筑更加紧密的中非命运共同体提供智力支持和人才支撑。中国非洲研究院有四大功能：一是发挥交流平台作用，密切中非学术交往。办好"非洲讲坛""中国讲坛""大使讲坛"，创办"中非文明对话大会"，运行好"中非治国理政交流机制""中非可持续发展交流机制""中非共建'一带一路'交流机制"。二是发挥研究基地作用，聚焦共建"一带一路"。开展中非合作研究，对中非共同关注的重大问题和热点问题进行跟踪研究，定期发布研究课题及其成果。三是发挥人才高地作用，培养高端专业人才。开展学历学位教育，实施中非学者互访项目，培养青年专家、扶持青年学者和培养高端专业人才。四是发挥传播窗口作用，讲好中非友好故事。办好中国非洲研究院微信公众号，办好中英文中国非洲研究院网站，创办多语种《中国非洲学刊》。

　　为贯彻落实习近平总书记的贺信精神，更好地汇聚中非学术智库资源，团结非洲学者，引领中国非洲研究工作者提高学术水平和创新能力，推动相关非洲学科融合发展，推出精品力作，同时重视加强学术道德建设，中国非洲研究院面向全国非洲研究学界，坚持立足中国，放眼世界，特设"中国非洲研究院文库"。"中国非洲研究院文库"坚持精品导向，由相关部门领导与专家学者组成的编辑委员会遴选非洲研究及中非关系研究的相关成果，并统一组织出版，下设五大系列丛书："学术著作"系列重在推动学科发展和建议，反映非洲发展问题、发展道路及中非合作等某一学科领域的系统性专题研究或国别研究成果；"学术译丛"系列主要把非洲学者以及其他方学者有关非洲问题研究的经典学术著作翻译成中文出版，特别注重全面反映非洲本土学者的学术水平、学术观点和对自身发展问题的认识；"智库报告"系列以中非关系为研究主线，中非各领域合作、国别双边关系及中国与其他国际角色在非洲的互动关系为支撑，客观、准确、翔实地反映中非合作的现状，为新时代中非关系顺利发展提供对策建议；"研究论丛"系列基于国际格局新变化、中国特色社会主义进入新时代，集结中国专家学者研究非洲政治、经济、安全、社会发展等方面的重大问题和非洲国际关系的创新性学术论文，具有学科覆盖面、基础性、系统性和标志性研究成果的特点；"年鉴"系列是连续出版的资料性文献，设有"重要文献""热点聚焦""专题特稿""研究综述""新书选介""学刊简介""学术机构""学术动态""数据统计""年度大事"等栏目，系统汇集每年度非洲研究的新观点、新动态、新成果。

期待中国的非洲研究和非洲的中国研究在中国非洲研究院成立的新的历史起点上，凝聚国内研究力量，联合非洲各国专家学者，开拓进取，勇于创新，不断推进我国的非洲研究和非洲的中国研究以及中非关系研究，从而更好地服务于中非共建"一带一路"，助力新时代中非友好合作全面深入发展。

中国社会科学院副院长　中国非洲研究院院长

前　言

近年来，中非经贸合作全面发展，建筑业、采矿业、制造业常年高居中国对非投资存量的前三位，但上述行业具有高度的环境影响性和资源依赖性，据此，有关部门和投资机构应当积极关注非洲各国的环境保护法律制度及其引发的投资风险。当前，在服务于中非共建绿色"一带一路"的现实进程中，译介非洲主要国家的环境法律法规，将为我国政府制定对非投资政策、加强中非共同应对全球气候变化提供必要的理论支持；同时，针对性译介非洲国家环境法律也将有助于对非投资企业提前了解非洲特殊的环境保护法律制度，积极防范环境法律风险，在保障投资利益的前提下，维护中国企业良好的投资形象。

然而，非洲环境法律制度具有鲜明特性，与我国相关制度存在较大差别。在制定时间上，非洲国家的环境法律多颁布于21世纪80和90年代，基本移植自同时期欧洲国家的环境法律，只有乌干达在2019年重新制定颁布有一部综合性的环境法典。其中，南非的1998年《环境管理法》则影响了南部非洲乃至整个非洲大陆，不少非洲国家以其为蓝本，进而制定颁布类似法律。在法律内容上，非洲国家环境法偏重于程序法，大多详细规定了环境保护的机构、职能和相关程序性，对实体性权利则多依据单行法或者侵权法等进行规范，只有埃及等继受过大陆法系法律文化的非洲国家才颁布有《环境保护法》等综合性、实体性的法典。此外，非洲各国环境法还在环境权入宪、环境司法救济、环境审判专门化等方面展现出典型特色。

一方面，宪法环境权条款与环境保护基本法相结合，构建了环境权的司法救济制度，也让环境公益诉讼具备了可执行力。目前，非洲已有33个国家将环境权作为公民基本权利和国家责任而写入宪法，肯尼亚、南非、埃塞俄比亚等国更是通过宪法权利的救济诉讼而保护兼顾实体性和程序性权利的环境权，在处理经济发展与环境保护的关系、环境知情权与参与权等方面，将公民环境权作为环境公益诉讼的客体，并且放宽诉讼主体限制，让更多环境非政府机构（NGO）参与环保实践。相关规定或将导致中国企业在能源、矿产和基础设施建设项目中遇到公益组织提出的环保约束。另一方面，非洲国家环境保护立法规定特殊，极易引发个人违法风险，而环境审判专门化制度也增加了环境案件败诉风险。目前，有超 3800 家中国企业分布在 52 个非洲国家进行投资经营活动，有调查数据显示，超六成受访者不太了解境外投资合作的环保指南和东道国的环境法律。然而，非洲各国环境立法内容丰富、规定特殊，例如宗教教义中的环保理念、详尽的海洋水产资源保护条款、严格的限塑令，以及碳排放税的征收等，这些特殊规定极易让企业和员工陷入环境违法风险。

综上，预防机制是防范环境法律风险的首选方式，而编译非洲环境法律供相关机构和个人提前了解则是降低环境违法风险的最佳途径。因此，本书选译了埃及、阿尔及利亚、埃塞俄比亚、加纳、津巴布韦、肯尼亚、南非、尼日利亚、乌干达和赞比亚等 10 个非洲国家共 13 部环境法律法规。利用本书，金融机构可以秉承"赤道原则"，依法开展绿色信贷审查，提前预判和规制项目潜在的环境法律风险，严格限制有环境不利影响和相关前科的企业赴非投资；政府可以加强依法监管，确保中国企业以合理合规的方式在非洲取得环境许可，促使在非投资的中小民营企业明晰环境标准并开展自我监督；专业机构可以定期发布非洲主要国家环评法律指南，敦促企业开展环评和环境修复，预防潜在的环境危机和法律纠纷，在项目实施各阶段按法律要求完成相应的环境补偿与修复；环保组织则可以建立非洲各国的环境信息交流制度，结合环境权、知情权，协助企业向非洲政府和民间公开环境信息，通过中非环境合作中心平台形成共同应对全球气候变化的法律机制。

《非洲十国环境法》翻译组

2021 年 7 月 1 日

目　录

专有名词中外文对照表

埃及

尼罗河三角洲　Nile Delta

地表水务警察总局　General Department of Surface Water Police

苏伊士运河管理局　The Suez Canal Authority

环境应急计划　Environmental Contingency Plan

环境事务署　The Environmental Affairs Agency

环境监测网络　environmental monitoring networks

环境影响评价　environmental impact assessment

国务委员会法律意见部　Legal Opinions Department at the Council of State

国际防止石油污染证书　International Oil Pollution Prevention Certificate

国际油污损害民事责任公约　Convention on Civil Liability for Injuries Resulting from Oil Pollution Accidents

沿海综合环境管理　Integrated Environmental Management of Costal Zones

埃及海事安全管理局　Egyptian Authority for Maritime Safety

埃及海岸保护组织　General Egyptian Organization for the Protection of the Coast

埃及通用石油公司　Egyptian General Petroleum Corporation

埃及港务局　Port Authorities in ARE

原油部长　Minister of Petroleum

旅游发展局　Tourism Development Authority

海运部长　Minister of Maritime Transport

港口和灯塔部　Ports and Lighthouses Department

阿尔及利亚

水域法　Code Des Eaux

公务人员　agent

条例　ordonnance

官员　fonctionnaire

耕地流失　pertes de terres arables

捕猎　chasse

盐碱化　salinisation

臭氧层　la couche d'ozone

植物检疫　phytosanitaire

隔音　isolation phonique

群落生境　biotope

碳氢化合物　hydrocarbures

影响评估　étude d'impact

噪声损害　nuisances acoustiques

埃塞俄比亚

上诉权　right to appeal

区域环境机构　Regional Environmental Agency

化学危险废物管理　management of hazardous waste, chemical hazard

允许排放量　allowable amounts of emission

主管法院　competent court

纠正措施　corrective measures

有权机关　competent agency

有效性　effectiveness

有害气体　noxious odour

有害物质　hazardous substance

有害废弃物　hazardous waste

危险化学品　hazardous chemical

污染物　pollutant

污染控制　control of pollution

防止损害　prevent harm

免征关税　exempted from payment of custom duty

没收和恢复　forfeiture and restoration

沉降模式　settlement pattern

评估　evaluate

环境巡视员　environmental inspector

环境标准　Environmental Standard

环境保护部门　Environmental Protection Authority

国家级地区州　national regional state

废弃物管理标准　waste management standard

放射性物质　radioactive substance

空气质量标准　air quality standard

城市垃圾综合管理制度　Integrated Municipal Waste Management System

城市废物　municipal waste

临时条款　transitory provision

适用标准　applicable standard

既得利益　vested interest

预防措施　precaution

控诉权　right to standing

噪声标准　standards for noise

豁免责任　waiver of the duty

署长　the Head of the Authority

加纳

《环境保护署法》 Environmental Protection Agency Act

一般建筑业 general construction

人力资源开发 human resource development

小组委员会 sub – committee

区议会 District Assemblies

切实保证 clear commitment

化学系主管 The Head of the Chemistry Department

公共服务委员会 Public Services Commission

可预测的环境影响 predictable environmental impact

市政的 municipal

立法文件 legislative instrument

加纳工业协会 Association of Ghana Industries

加纳可可理事会 The Ghana Cocoa Board

加纳全国农民和渔民协会 Ghana National Association of Farmers and Fishermen

加纳标准委员会 Ghana Standards Board

加纳原子能委员会 Ghana Atomic Energy Commission

危险化工委员会 Hazardous Chemicals Committee

污水处理系统 sewage system

农药技术委员会 The Pesticides Technical Committee

农药经销商 pesticides dealers

农药管控 pesticides control

财政年度 financial year

财政部长 Minister Responsible for Finance

利害关系的披露 disclosure of interest

附加监管限制 additional regulatory restrictions

环保巡视员 environment protection inspectors

环境分隔区　environmentally portioned area

环境许可证　environmental permits

环境管理计划　environmental management plan

环境影响报告书　environmental impact statement

环境影响评价　environmental impact assessment

大都市的　metropolitan

国际操作程序　international operation procedure

国家核研究所　National Nuclear Research Institute

泡沫塑料和膨胀塑料产品　foamed and expanded plastic products

实验室毒理学信息　laboratory toxicological information

承包区　contract area

城市生活垃圾填埋场　municipal solid waste landfill facility

政府公报　Gazette Publication

临时环境管理计划　provisional environmental management plan

科学和工业研究委员会　Council for Scientific and Industrial Research

食品与粮食部农作物服务司　Crops Services Department of the Ministry of Food and Agriculture

食品和农业部兽医服务司　Veterinary Services Department of the Ministry of Food and Agriculture

首席科学官　Principal Scientific Officer

首席调查官　Principal Research Officer

总会计师　Accountant – General

总检察长　Attorney – General

特定动植物种类　particular species of fauna and flora

海关关长　Commissioner of Customs

流域保护区　watershed reserves

宽幅针织物　broad knitted fabrics

野生动物保护区　wildlife reserves

津巴布韦

《一般法律修正案》 General Laws Amendment Act

《公园和野生动物法》 Parks and Wild Life Act

《议会法》 Act of Parliament

《有害杂草法》 Noxious Weeds Act

《自然资源法》 Natural Resources Act

《危险物品法》 Hazardous Substances and Articles Act

《农村地区政务委员会法》 Rural District Councils Act

《防辐射法》 Radiation Protection Act

《社区土地法》 Communal Land Act

《空气污染防治法》 Atmospheric Pollution Prevention Act

《联合国生物多样性公约》 United Nations Convention on Biological Diversity

《森林法》 Forest Act

气体排放许可证 licensing emissions

行政法庭 Administrative Court

环境税 environment levy

环境管理理事会 National Environment Board

环境管理署 National Environment Council

环境影响评价报告 environmental impact assessment reports

林业委员会 Forestry Commission

排污许可证 licence to discharge effluents

检查员 inspector

署长 Director – General

肯尼亚

《司法服务法》 Judicial Service Act

《民事诉讼法》 Civil Procedure Act

《治安法院法》 Magistrate's Courts Act

上诉法院 Court of Appeal

司法服务委员会 Judicial Service Commission

地方法庭 local tribunal

治安法院 Magistrate's Courts

封存令 preservation orders

政府公报 Gazette

首席书记官 Chief Registrar

裁判官 magistrate

禁制令 injunctions

南非

《21 世纪议程》 Agenda 21

《世界遗产大会法》 World Heritage Convention Act

《环境保护法》 Environment Conservation Act

《矿产与石油资源开发法》 Minerals and Petroleum Resources Development Act

《矿物开采健康安全法》 Mine Health and Safety Act

《国家水法》 National Water Act

《国家环境管理：生物多样性法》 National Environmental Management：Biodiversity Act

《国家环境管理：废弃物法》 National Environmental Management：Waste Act

《国家环境管理：空气质量法》 National Environmental Management：Air Quality Act

《国家环境管理：保护区法》 National Environmental Management：Protected Areas Act

《国家环境管理：海岸综合管理法》 National Environmental Management：

Integrated Coastal Management Act

《受保护的披露法》 Protected Disclosures Act

《促进行政正义法》 Promotion of Administrative Justice Act

执行委员会委员 Member of the Executive Council

环境评估从业者 environmental assessment practitioner

环境事务处 Department of Environmental Affairs

环境矿产资源检查员 environmental mineral resource inspector

环境管理计划 environmental management plan

环境管理合作协议 environmental management co – operation agreement

环境管理检查员 environmental management inspector

国际环境文件 international environmental instrument

治安法院 Magistrate's Court

省级部门负责人 provincial head of department

署长 Director – General

宪法法院 Constitutional Court

最佳可行的对环境有益的选择方案 best practicable environmental option

最高上诉法院 Supreme Court of Appeal

环境授权 environmental authorisation

尼日利亚

《海洋渔业法》 Sea Fisheries Act

《领海法》 The Territorial Waters Act

执照，许可证或批准书 licence，permit or approval

环境影响评估 environmental impact assessment

主管机构 responsible authority

责任部长 responsible minister

综合土地要求协议 a comprehensive land claims agreement

联邦土地 Federal Lands

联邦政府 Federal Government

乌干达

《公共财政管理法》 Public Finance Management Act

污染控制许可证 pollution control licence

技术委员会 Technical Committee

环境风险评估 environmental risk assessment

环境地役权 environmental easements

环境自然资源委员会 environment and natural resources committee

环境政策委员会 policy committee on environment

环境恢复令 environmental restoration orders

环境检查员 environmental inspector

国家环境日 National Environment Day

国家环境管理署 National Environment Management Authority

货币点 currency point

战略环境评估 strategic environmental assessment

严重污染通知 notification of acute pollution

赞比亚

《土地和行为登记法》 Lands and Deeds Registry Act

《公共卫生法》 Public Health Act

公众听证会 public hearings

《公私合作法》 Public – Private Partnership Act

区域控制 controlled areas

《水资源管理法》 Water Resources Management Act

《内河航运法》 Inland Waters Shipping Act

《生物安全法》 Biosafety Act

农药和有毒物质许可证 pesticide and toxic substance license

权力机构 appropriate authority

名誉检查员　honorary inspector

污染物排放许可　licensing of emission of pollutant or contaminant into environment

污染控制条例　regulations on pollution control

《灾难管理法》　Disaster Management Act

国家环境行动计划　National Environmental Action Plan

《国家遗产保护委员会法》　National Heritage Conservation Commission Act

环境评估战略　strategies environmental assessment

环境状况报告　State of Environment Report

环境保护区　environmentally protected areas

环境评估条例　regulations relating to environmental assessment

环境审计　environmental audit

环境信息中心系统　Central Environmental Information System

环境监测　environmental monitoring

环境基金　Environment Fund

环境管理署　Environmental Management Agency

环境管理战略　environmental management strategies

环境影响评估　environmental impact assessment

《矿山和矿产开发法》　Mines and Minerals Development Act

《标准法》　Standards Act

保护令　protection order

《城镇和国家规划法》　Town and Country Planning Act

《能源监管法》　Energy Regulation Act

排污报告　reporting of discharge into environment

理事会　Board of Agency

检查员　inspector

跨界环境管理计划　trans – boundary environmental management programme

综合环境管理　integrated environmental manage

噪声　noise

署长　Director – General

《赞比亚野生动物法》　Zambia Wildlife Act

《埃及环境法》*

（1994 年第 4 号法）**

（2009 年第 9 号法修订）

以埃及人民和共和国总统的名义，

埃及人民议会批准并颁布以下法律。

第一条

在不影响特别法规定的情形下，环境保护适用本法所附条款。

自本法公布之日起三年内，国内企业应当根据本法规定进行调整。调整期内，不影响 1982 年第 48 号关于保护尼罗河及相关水道环境法律的适用效力。

内阁在必要时，且确信已依据本法严格采取措施的情况下，可以根据环境事务部部长建议，决定延长不超过两年的调整期。

第二条

总理应当根据环境事务部部长经咨询环境事务署理事会（the Environmental Affairs Agency）① 所提出的建议，在本法生效之日起六个月内颁布实施条例。

---

* 法典译文版本信息：本法颁布于 1994 年 1 月 28 日，2009 年 3 月 1 日经修改，本译文根据 2009 年第 9 号法最新英文版翻译。——译者注

除非另有意义，阿拉伯文本应通用。

** 1994 年 3 月 2 日第 5 期官方公报发布。

① 应简称为 EEAA。

各部部长在不违背本法第五条规定的情况下，在前款所述期限内，依据职责范围颁布执行本法第二篇所需的各项比率。

第三条

1968 年第 72 号法律关于防治海洋石油污染条款，及其与本法规定相抵触的其他条款，特此废止。

第四条

本法应当在官方公报上公布，并自公布之日起生效。

· 本法应当加盖国家印章，作为国家法律执行。

· 本法于伊斯兰历法 1414 年 15 日①（相当于公历 1994 年 1 月 27 日）在埃及共和国总统府发布。

胡斯尼·穆巴拉克签署

序　言

第一章　总则

第 1 条　在适用本法规定的情况下，下列词语和表达含义为：

1. "环境"指包括生命有机体及其所含物质，空气、水、土壤以及人类活动场所在内的生物圈。

2. "空气"是由特定比例自然成分构成的气体混合物，在本法规定中，特指工作场所周围的空气，以及封闭或半封闭公共场所的空气。

3. "公约"指《国际防止船舶造成污染公约》（1973～1978）以及阿拉伯埃及共和国遵守的关于保护海洋环境免受污染和污染事故赔偿的国际公约。

---

① 原文如此。——译者注

4. "公共场所"指所有接待公众或特定类别公众的场所。

5. "封闭的公共场所"指综合类建筑公众场所，即空气除指定入口外不能进入。公共交通车辆是封闭的公共场所。

6. "半封闭的公共场所"指非综合类建筑公众场所，即周围空气可直接进入，且不能完全封闭。

7. "环境污染"[①] 指任何直接或间接危害人类健康，损害人类正常生活能力，危及自然栖息地、生物或生物多样性的环境特征变化。

8. "环境退化"指降低环境价值或改变环境特征，消耗环境资源，危害生物或历史遗迹的影响。

9. "环境保护"指保护和促进各环境要素、防止或减少环境退化或污染。上述环境要素包括空气、海洋、内水（含尼罗河、湖泊、地下水）、土地、自然保护区和其他自然资源。

10. "空气污染"[②] 指由自然因素或人类活动引起任何空气属性的变化，造成人类健康或自然环境损害，包括噪声和恶臭。

11. "快速运输车辆"指汽车、拖拉机、摩托车和其他设计用于公共道路的装置。

12. "水污染"指有意或无意、直接或间接地将任何物质或能量引入水环境，损害生物或非生物资源，危害人类健康，妨碍渔业、旅游等水上活动，损害海水质量造成不能全部或部分利用或改变海水特性。

13. "污染物质和因素"指由人类行为引起的任何直接或间接导致环境污染或退化的固体、液体或气体物质、噪声、辐射、热量或振动。

14. "水污染物质"指有意或无意向水环境中排放造成水环境性质变化，或者直接或间接损害人类、自然资源、海水或海洋旅游区域，或者干扰海洋其他合法用途的任何物质。具体包括：

（A）油或油性混合物；

（B）阿拉伯埃及共和国遵守的国际公约确定的有害物质和危险废物；

（C）本法实施条例确定的任何其他物质（含固体、液体或气体）；

---

① 根据 2009 年 3 月 1 日在官方公报（第 9 – Bis 号）发布的 2009 年第 9 号法律修改。

② 根据 2009 年 3 月 1 日在官方公报（第 9 – Bis 号）发布的 2009 年第 9 号法律修改。

（D）未经处理的工业废物或工业企业废水；

（E）毒性军用容器；

（F）《国际防止船舶造成污染公约》及其附件中列举的物质。

15. "油"指所有形式的原油及其产品，包括任何类型的液态碳氢化合物、润滑油、燃料油、成品油、炉油、焦油和其他石油衍生物或废物。

16. "油性混合物"指含油比例超过 15∶1000000 的任何混合物。

17. "不洁平衡水（不洁压载水）"指船载油箱中含油量超过 15∶1000000 的压载水。

18. "有害物质"指具有危害人体健康或对环境造成不利影响的危险特性的物质，如具有传染性、毒性物质，易燃易爆物质，具有电离辐射的物质。

19. "危险废物"指在保留有害物质特征，且丧失原始或替代用途的活动废料或灰烬，如医疗废弃物或生产任何药品、药物，制造有机溶剂、印刷液、染料和涂料产生的废弃物。

20. "物质处置"指为了装配、运输、储存、处理或使用物质而导致物质转移。

21. "废物管理"指收集、运输、回收和处理废物。

22. "废物处置"指不提取或回收废物的过程，如堆肥、深层地下填埋、排放到地表水、生物处理、物理化学处理，永久性存储或焚烧。

23. "废物回收"指允许提取或回收废物的过程，如将其回收用作燃料、提取金属和有机材料、进行土壤处理或石油精炼。

24. "对水环境有害液态物质"指《国际防止船舶造成污染公约》（1973/1978）中所列物质。

25. "接收设施"指为接收、过滤、处理和处置受污染物质或压载水而设计的设施、设备和水池，以及从事石油产品运输和卸载企业提供的设施；或其他行政机构监督港口和水道的设施。

26. "排放"① 指向尼罗河、水道、领水、专属经济区、海洋泄漏、流出、喷射、排泄或处置任何污染物；关于特定物质的污染负荷量，在不违

---

① 根据 2009 年 3 月 1 日在官方公报（第 9 - Bis 号）发布的 2009 年第 9 号法律修改。

反本法及其实施条例的情况下，由埃及环境事务署协调有关部门，在本法实施条例中予以确定。

27. "倾倒"指：

（A）故意将船舶、飞机、生产平台或其他工业设施、陆源污染物或废物处置到领海、专属经济区或海洋。

（B）故意将船舶、工业或其他设施处置到领海、专属经济区或海洋。

依照阿拉伯埃及共和国所缔结的国际公约，除以处置为目的外，将电缆、管道、科学研究和监测仪器及其他装置放入海中，不得视为倾倒①。

28. "损害赔偿"指因违反阿拉伯埃及共和国法律或其缔结的国际公约，引起污染事故所造成的各种损害的赔偿，包括有毒或有害物质污染事故、空气污染、船舶碰撞引起的污染事故，船舶起落、装卸过程中产生及因其他事故引起的污染事故。损害赔偿包括环境损害赔偿和传统损害赔偿，以及恢复原状或修复环境所需费用。②

29. "石油运输方式"指用于运输石油的管道和用于装载、卸载或运输石油的任何其他设备，以及使用这些管道所需的输送泵或其他设备。

30. "船舶"指任何类型的浮动船只，在水翼垫或水下设施上移动的船只。以及为进行商业、工业、旅游或科学活动在沿海或地表水面建造的任何固定或移动设施。

31. "战舰"指一国武装部队所有的、具有明显外部标识的任何船舶，由该国政府正式任命的军官指挥，由受该国军事纪律管辖的船员操作。

32. "政府船舶"指国家所有的用于政府和非商业用途的船舶。

33. "有害物质载体"指为装运散装有害液体货物而建造或重新设计的船舶，包括全部或部分装载未依照本法第三篇第一章规定包装的有害液体物质的油轮。

34. "设施"包括以下含义：

——符合 1958 年第 21 号法和 1977 年第 55 号法的规定的工业设施；

---

① 根据 2009 年 3 月 1 日在官方公报（第 9 - Bis 号）发布的 2009 年第 9 号法律增加。

② 根据 2009 年 3 月 1 日在官方公报（第 9 - Bis 号）发布的 2009 年第 9 号法律修改。

——符合 1973 年第 1 号法律和 1992 年第 1 号法律规定的旅游设施;

——符合 1948 年第 145 号法律、1974 年第 63 号法律、1976 年第 12 号法律、1976 年第 13 号法律、1976 年第 27 号法律和 1986 年第 103 号法律规定的发电和生产设施;

——符合 1953 年第 66 号法律、1956 年第 86 号法律、1958 年第 61 号法律、1988 年第 4 号法律规定,在石油勘探、钻井、运输、使用领域运营的矿山、采石场和设施;

——所有基础设施项目;

——由环境事务署会同有关部门协商确立的对环境可能有显著影响的任何其他设施、活动或项目。

35. "环境监测网络"指各机构在职权范围内通过其站点和工作单位承担监测环境要素和污染物并将结果和数据定期反馈主管当局。

36. "环境影响评价"指为保护环境,研究和分析拟建项目的环境可行性,以及项目建设活动对环境安全可能造成的影响。

37. "环境灾害"指由自然因素或人类活动引起造成环境严重损害,且修复超出当地资源承载力的事故。

38. "水环境保护行政主管机关"包括以下机构,且各自应当在职权范围内进行活动:

(A) 环境事务署;

(B) 埃及海事安全管理局;[①]

(C) 苏伊士运河管理局;

(D) 埃及港务局;

(E) 埃及海岸保护组织;

(F) 埃及通用石油公司;

(G) 地表水务警察总局;

(H) 旅游发展局;

(I) 总理法令指定的其他机构。

① 根据 2009 年 3 月 1 日在官方公报(第 9 – Bis 号)发布的 2009 年第 9 号法律修改。

39. "沿海地区"① 指从阿拉伯埃及共和国领海、专属经济区和大陆架海岸线延伸的区域；以及向陆地延伸至与海洋环境积极互动的区域，若在沙漠地区则不超过 30 公里；以及尼罗河三角洲沿岸的延伸区域（ + 3 米），除非主要地形特征中断此延伸。

沿海各地应当根据自身的实际情况和环境资源确定其沿海地带，但不得小于 10 公里的陆地海岸线。

40. "沿海综合环境管理"② 指各相关部门协调参与、综合管理沿海地区，确保沿海地区环境保护的方法。

第二章 环境事务署

第 2 条 为保护和促进环境发展，在内阁下设环境事务署，具有公共法人地位，隶属于环境事务主管部长。"环境事务署"拥有独立预算，其总部设在开罗。环境事务部部长可以根据部级法令在各省设立"环境事务署"分支机构，且应当优先考虑在工业区内设立。

第 3 条 环境事务署主席由环境事务部部长提名，经内阁总理提议，通过颁发总统令正式任命。主席的经济报酬应当一并确立。

第 4 条 环境事务署承接 1982 年第 631 号法所确立环境事务管理机构的一切权利和义务，该机构的雇员及其等级和资历一并移转至环境事务署。

第 5 条 环境事务署应当制定总体政策，制订保护和促进环境的必要计划，并与行政主管部门协调落实。该机构有权执行特定试点项目。

环境事务署是加强阿拉伯埃及共和国与其他国家、区域和国际组织之间环境关系的国家机关。该机构应当建议采取必要的法律程序，遵守与环境有关的区域和国际公约，并为实施区域和国际公约制定必要的法律草案。

为实现上述目标，环境事务署可以：

——准备与实现其目标相关的法律草案，并就与环境保护相关的拟议

---

① 根据 2009 年 3 月 1 日在官方公报（第 9 - Bis 号）发布的 2009 年第 9 号法律增加。
② 根据 2009 年 3 月 1 日在官方公报（第 9 - Bis 号）发布的 2009 年第 9 号法律增加。

立法发表意见。

——编写关于环境状况的研究报告，制订环保项目的国家计划，编制环保项目预算以及城区和待开发地区的环境现状图，制定新区开发规划及旧区应当遵行的标准。

——在项目施工前和项目运行期间，制定项目所有权人和企业业主必须遵守的标准和条件。

——拟定一份全面的国家机构和组织名单，以及有助于筹备和执行环保方案的合格人员清单，用于准备和执行该局开展的项目和研究。

——对符合标准和条件的机构和企业的遵守情况进行现场跟踪，并对违反这些标准和条件的人依法律规定的程序采取措施。

——确定并保证污染物遵守特定标准、比例和负荷量①。

——与其他机构的信息中心合作，定期收集国内和国际上有关环境状况及其变化的信息，发布、评估并利用信息进行环境管理和规划。

——制定项目环境影响评价的原则和程序。

——按照本法第 25 条规定的方式编制环境应急计划，并协调主管机构编制环境灾害应急方案。

——制订环境培训计划并监督实施。

——参与制订和实施国家环境监测计划并利用监测所获数据。

——定期编制和发布有关主要环境指标的报告。

——制订公众环境教育计划并协助实施。

——协同其他主管部门，规范和制定危险品运输安全标准。

——管理和监督自然环境保护。

——制定保护和促进环境所需的预算草案。

——跟进与环境有关国际公约和区域公约的执行情况。

——提出构建多元化防治污染的活动和程序的鼓励性经济机制。

——实施保护自然资源和保护环境免受污染的试点项目。

——与国际合作部协调，确保由捐赠组织和国家资助的项目符合环境安全。

---

① 根据 2009 年 3 月 1 日在官方公报（第 9 – Bis 号）发布的 2009 年第 9 号法律修改。

——参与制订保护国家免受因泄漏危险物质或废物造成环境污染的计划。

——拟定沿海地区综合环境管理战略。①

——参与教育部在基础教育阶段各种课程范围内环境保护培训计划的筹备工作。

——制定环境状况年度报告并提交埃及总统和内阁,副本交由人民议会备案。

第6条 环境事务署理事会主席由环境事务部部长担任,成员组成如下:

——理事会副主席由环境事务署首席执行官担任。

——总理选出六个与环境相关的部,并由各部长各选派一名高级官员作为代表。

——环境事务部部长选任的两名环境事务领域专家。

——环境事务部部长会同环保类非政府组织选任三名非政府组织代表。

——环境事务部部长根据首席执行官提议选任一名环境事务署高级雇员。

——国务委员会法律意见部负责人。

——环境事务部部长选任的三名公共事业部门代表。

——环境事务部部长选任的两名高校和科研中心代表。

当理事会讨论其监督下有关部门的议题时,应当邀请有关部门的代表。在审议具体问题时,理事会可以征求在审议中未经表决的专家协助。理事会可以成立专家咨询委员会,就特定议题开展研究,并可委托其一名或多名委员完成特定任务。

第7条 环境事务署理事会是该局最高权力机构,负责管理机构业务并制定应当遵循的总方针。理事会可以在国家计划的范围内,根据本法的实施条例,采取它认为必要的任何决议来实现该机构设立的目标。

第8条 理事会应当在主席的建议下至少每三个月召开一次会议,或在半数成员的要求下召开会议。如果出席会议人数超过一半,理事会会议即为有效。理事会决议在参加会议的有表决权的成员多数通过时视为有效。

---

① 根据 2009 年 3 月 1 日在官方公报(第 9 - Bis 号)发布的 2009 年第 9 号法律修改。

如出现平局，主席具有决定性投票权。

第 9 条　如果理事会主席缺席或不能出席会议，应当由副主席代替行使主席职能。

第 10 条　理事会主席应当代表环境事务署出庭并与第三方产生法律关系。

第 11 条　环境事务署首席执行官负责执行为实现环境事务署目标的各项方针政策，执行理事会作出的决议。首席执行官的其他权力由本法的实施条例规定。

第 12 条　环境事务部部长在征求首席执行官意见后，应当从环境事务署高级工作人员中任命一名秘书长，负责协助首席执行官并在他的监督下工作。

第 13 条　环境事务署首席执行官享有法律和规章中规定的机构雇员负责人的权力，秘书长具有各部门负责人的权力。

第 13 条之二[①]

（a）最高委员会经认证和注册后成立，并由环境事务部部长担任主席。该委员会负责根据其专业知识审查环境活动从业人员的登记申请，以及根据其资质和经验审查环境领域专家和咨询公司的认证申请。

本法实施条例应当规定专业的分支机构、认证和注册的必要条件、登记注册及办法认证证书的程序。

（b）上述委员会组成由总理决定，且应当包括六名环境领域专家。

该委员会每三个月至少召开一次会议，其决议由多数成员作出。该委员会应当设立技术秘书处，选派埃及环境事务署员工担任。环境事务部部长应当依据部级法令确定其权力。

（c）最高委员会的决议具有终局效力，当事人在支付 100 埃及镑执行环境活动许可证费用以及 1000 埃及镑专家和咨询公司认证证书费用后，由埃及环境事务署执行。

（d）禁止未经许可或未获得认证证书实施本法实施条例中规定的环境活动。

---

① 根据 2009 年 3 月 1 日在官方公报（第 9 – Bis 号）发布的 2009 年第 9 号法律增加。

第三章　环境保护基金

第 14 条　环境事务署应当设立名为"环境保护基金"的特殊基金，其中包括：

（a）国家预算拨款用于资助该基金。

（b）以保护和促进环境为宗旨，由国家和外国组织提交并经理事会接受的赠款和捐赠。

（c）因对环境造成任何损害而获得或认同的罚金和损害赔偿。

（d）1983 年第 102 号法律规定的保护基金的财政资源。

因环境损害造成的罚金和赔偿暂时收取的金额应存入基金并进行托管。

该基金应当制定特殊的资产负债表，其财政年度应从国家的开始到结束。任何盈余都应当结转到下一年。该基金的资金应视为公共资金。

第 15 条[①]　基金隶属于环境事务署，具有法人资格。基金资源的分配应当用于实现环境事务署的目标。基金理事会的负责人由总理决定，主席由环境事务部部长担任，下列人员为基金会成员：

1. 埃及环境事务署首席执行官担任基金理事会副主席。

2. 国务院法制意见部部长。

3. 内政部长指定的内政部代表。

4. 财政部长指定的财政部代表。

5. 经济发展部长指定的经济发展部代表。

6. 由国际合作部长指定的国际合作部代表。

7. 由非政府组织公共联合会主席提名，环境事务署指定的与环境有关的非政府组织的代表。

8. 由环境事务部部长指定的埃及环境事务署高级管理人员。

9. 基金董事由理事会秘书担任。

基金理事会会议的召开应当在理事长的建议下至少每两个月举办一次，或在必要时举办。理事会会议超过半数成员出席即为有效。会议作出的决

---

① 根据 2009 年 3 月 1 日在官方公报（第 9 – Bis 号）发布的 2009 年第 9 号法律修改。

议由具有表决权的多数成员通过视为有效。如出现平局，主席具有决定性投票权。

当理事会讨论其监管部门相关的议题时，应当邀请其他有关部门代表参加。在审议具体问题时，理事会可以在不计票的情况下请求专家协助。

第 16 条　环境事务署应当会同财政部部长制定基金内部规则。基金的所有活动和交易应当受中央审计署的控制。

第四章　激励机制

第 17 条　环境事务署应当与财政部合作，创建激励机制，环境事务署与各行政主管部门可向其他机构、企业、个人以及其他组织提供环境保护活动或项目奖励。

第 18 条　前条所述的激励机制应当由埃及环境事务署理事会提交总理批准。

第一篇　防治土地污染

第一章　发展与环境

第 19 条[①]　任何自然人或法人、公共部门或私营部门，都应当在施工前向行政主管当局或许可机关提交企业或项目的环境影响评价研究报告。报告内容应当涵盖埃及环境事务署与行政主管机关协同确定的包括项目设计、项目规格、项目基础、污染负荷量等要素。行政主管机关应当提供工业区地图，明确各行业最高的环境负荷量。

本条规定适用的企业和项目由本法实施条例确定。

第 20 条[②]　行政主管或许可机关应当将上述环境影响评价报告报送埃

---

① 根据 2009 年 3 月 1 日在官方公报（第 9 - Bis 号）发布的 2009 年第 9 号法律修改。
② 根据 2009 年 3 月 1 日在官方公报（第 9 - Bis 号）发布的 2009 年第 9 号法律修改。

及环境事务署审议。埃及环境事务署可以向报送部门提出有关处理环境负面影响和实施准备的系统建议；也可以要求报送部门提供与研究报告相关的一切必要的数据、设计或说明。环境事务署应当在收到或完成环境影响评价报告或者执行提案之日起 30 日内进行审议，在该期限内未作出回复的，视为接受该项研究报告。项目必须在许可证规定的期限内开始运作；否则，环境许可视为无效。

第 21 条　行政主管机关应当通过挂号信的方式告知项目业主审议结果，并要求寄送回执。业主可以在收到通知后 30 日内对审议结果提出书面异议。业主提出异议的，应当依据环境事务部部长法令成立评估委员会。埃及环境事务署、行政主管或许可机关和业主方均应当选派代表参加。评估委员会的职能、运作和投诉程序由本法实施条例确定。

第 22 条①　依据本法规定，负责企业管理的官员应当保存辖区范围内各企业对环境影响的书面记录（环境记录）。实施条例应当确立环境记录和时间表的模板，并列入相关数据。埃及环境事务署应当追踪调查环境记录，确保真实客观；同时采取必要的样本进行适度测试，以确定企业活动对环境的影响以及企业符合环境保护的具体标准或污染负荷程度。

若企业违反本条规定，未保存环境记录，未定期更新数据或数据造假，或者企业未遵守上述标准或超出企业污染负荷量，埃及环境事务署应当通知行政主管机关要求企业所有人及时纠正。若企业所有人自收到通知之日起 60 天内未纠正，埃及环境事务署有权在通知行政主管当局后采取以下措施：

1. 给予企业一定的宽限期以纠正违法行为；否则，埃及环境事务署有权对违规企业进行整改。

2. 责令停止违法行为，直至消除违法行为的影响，但不得损害劳工工资权益。在严重危害环境的情况下，应当采取一切必要的手段和措施阻止危险源。

第 23 条　现有企业的扩建和翻新工作应当遵守本法第 19 条、第 20 条、第 21 条和第 22 条的规定。

---

①　根据 2009 年 3 月 1 日在官方公报（第 9 – Bis 号）发布的 2009 年第 9 号法律修改。

第 24 条 依据本法规定，应当建立企业站点和工作单位的环境监测网络。各企业单位在各自的专业领域内定期监测各环境要素和污染物，并向相关部门提供监测结果。为实现上述目标，环境监测网络平台可以要求研究中心和主管部门协助，向其提供所需的研究和信息。环境事务署负责监督环境监测网络的建立和运行。

第 25 条 环境事务署应当制定环境灾害应急预案，并报送内阁批准。应急预案的制定特别参照以下信息：

——收集国家和国际层面提供的有关应对环境灾害和减轻其有害影响的信息。

——明确国家、地区和国际层面的可用资源，确定如何部署这些资源以确保迅速应对灾害。

应急预案包括以下内容：

——确定环境灾害的类型以及负责报告和预测环境灾害的机构。

——建立一个中央行动室，接收环境灾害报告并跟进信息的准确传播，以调动处理环境灾害的必要资源。

——组成工作小组，跟进为应对实际或预测的环境灾害所采取的措施。工作小组领导人与主管部门协调合作，享有应对环境灾害所需的一切必要权力。

第 26 条 所有公共部门、私营机构、个人都应当按要求提供及时的协助和支持，以应对环境灾害。本法第十四条所称环境保护基金，应当向私营机构和个人补偿实际发生的费用。

第 27 条 每个地区、村庄都应划拨不少于一千平方米的国有土地，用于树木种植、建设树木园。树木园的产出应当以成本价提供给机构和个人。

这些树木园所属的行政主管部门应当为其种植和保护制定准则。埃及环境事务署应当参与资助树木园建设。

第 28 条① 禁止下列行为：

（1）狩猎（包括捕捉等）、杀戮、捕捉鸟类、野生动物或海洋生物；拥有、运输、进口和出口或提供这些鸟类和动物（不论死体还是活体）的出

---

① 根据 2009 年 3 月 1 日在官方公报（第 9 - Bis 号）发布的 2009 年第 9 号法律修改。

售，包括整体、部分或其衍生物；破坏生物自然栖息地、所有物或损坏破坏其巢穴、卵和后代的活动。

本法的实施条例应当确定适用上述条款的生物、场所的种类。

（2）砍伐或破坏植物以及拥有、运输、进口和出口，或提供销售，包括整体、部分及其衍生物和产品；从事任何破坏其自然栖息地或改变其自然环境属性的活动。

本法的实施条例应当确定上述植物的种类。

（3）收集、拥有、运输或提供销售各种动植物化石，或改变其特征；禁止破坏其独特的地质构造及环境特征，或在自然保护区内损害其审美价值。

（4）买卖所有濒临灭绝的动植物物种；禁止未经埃及环境事务署许可，在非自然栖息地的种植或养殖。

本法的实施条例应当确定上述生物的种类和许可条件。

第二章　有害物质和废弃物

第 29 条　禁止未经行政主管部门许可处置有害物质和废弃物。本法实施条例应当确定授予此类许可的程序、条件以及有权颁发该类许可证的机构。

各部部长应当在各自专业领域内，协同卫生部长和埃及环境事务署，发布本条第 1 段所述关于有害物质和废弃物的清单。

第 30 条　危险废物的管理应当遵守本法实施条例的规定和程序。实施条例应当指定主管部门，在咨询埃及环境事务署意见后，发布适用本法规定的危险废物清单。

第 31 条　未经行政主管部门在咨询埃及环境事务署意见后出具许可证，禁止设立任何危险废物处置企业。处置危险废物应当符合本法实施条例设置的条件和标准。住房部长应当在征求卫生部长、产业部长和埃及环境事务署意见后，指定危废处置场地并确定危废处置许可的条件。

第 32 条　禁止进口危险废物或允许其进入或通过埃及领土。未经主管部门许可，禁止载运危险废物的船舶在埃及领海或专属经济区内通行。

第 33 条　从事气体、液体或固体危险物质生产或流通的人员应当采取一切预防措施，确保不会发生环境损害。

依照本法规定进行危险废物生产活动的企业的所有人，应当持有该类危险废物登记簿，说明相应的处置方式，并与危险废物接收机构缔结合约。本法实施条例应当确定该登记簿上登记的数据类别。埃及环境事务署应当负责跟踪调查，确保登记真实客观。

负责危险废物生产企业的管理人，应当承诺在企业搬迁或停止生产时，排除企业污染，净化企业所在地的土壤和场所。污染清除应当依据本法实施条例中规定的标准和条件进行。[1]

第二篇　防治空气污染

第34条　项目建立的场地必须适合项目活动，以确保空气中污染物含量不会超标，同时确保一个地区的污染物排放总量在允许范围内。

本法实施条例应当确定符合本法规定的场地、有权批准场址的机构、场地建设区空气污染物和噪声的允许量。

第35条　在开展活动时，应遵守本法规定的场地要求，以确保空气污染物的排放或泄漏不超过现行法律所允许的、本法实施条例确立的最高标准。

第36条[2]　禁止使用排放严重烟雾或噪声超过本法实施条例规定限值的机器，发动机或车辆。

在不影响1973年第66号《交通法》规定的情况下，水务和环境警务人员具有司法执勤官员的合法权力，可以责令停止机器、发动机或车辆的操作或运行，撤销机器、发动机或车辆许可证，直至违规原因消除。

第37条[3]　（a）绝对禁止露天焚烧垃圾和固体废物。

垃圾收集运输负责人应当仅在指定用途的场所，远离居民区、工业

---

① 根据2009年3月1日在官方公报（第9－Bis号）发布的2009年第9号法律增加。
② 根据2009年3月1日在官方公报（第9－Bis号）发布的2009年第9号法律增加。
③ 根据2009年3月1日在官方公报（第9－Bis号）发布的2009年第9号法律增加。

区、农业区和水道，对垃圾和固体废物进行抛撒、分类和处置。本法实施条例应当确定相应规格、处置守则，以及上述区域与垃圾处理场所的最小距离。

（b）市政单位应当与埃及环境事务署达成协议，根据本法及其实施条例的规定，指定垃圾和固体废物的抛撒、分类和处置场所；指定城市和乡村的集装箱或垃圾场，用以收集和运输垃圾和固体废物，并确定合理期限；由市政单位负责人负管理职责。

（c）禁止将垃圾和固体废物丢弃至除上述集装箱、垃圾堆以外的地方。垃圾和固体废物收集者和运输者应当保持垃圾箱和运输车辆的清洁。同时，垃圾集装箱应该盖紧，垃圾收集和运输的间隔时间应当适宜，以使垃圾数量不超过容器的实际容量。

第 38 条　除遵守本法实施条例规定的条件、规定和安全措施以外，禁止喷洒农药或任何其他化学物质用于农业、公共卫生或其他目的，禁止以此类方式将农药或化学物质暴露在人类、动物、植物、水道和其他环境要素下，直接或间接地对环境造成现在或未来的不利影响。

第 39 条　根据实施条例规定，当勘探、挖掘、建造或拆除工程或者当运送产生废物或碎屑时，所有组织和人员均应当采取必要的预防措施，确保其安全储存或运输，防止松散颗粒逃窜到空气中。

第 40 条　无论是基于工业、能源生产、建筑或其他商业目的，在燃烧任何类型的燃料时，均应将燃烧过程中产生的有害烟雾、气体和蒸汽控制在允许范围内。负责人应当对此类活动采取一切必要预防措施，尽量减少燃烧产生的污染物。本法的实施细则应界定此类预防措施、容许限度、烟道规格以及其他在燃烧过程中产生烟雾、气体、水蒸气的控制方法。

第 41 条　从事原油勘探、钻井、开采、生产、炼制、加工活动的组织，应当遵守本法及其实施条例的规定和程序。相关规定和程序源于国际石油行业行政主管当局的要求。

此外，依照本法及其实施条例的规定，前述从事原油勘探、钻井、开采、生产、炼制、加工活动的组织应确保油井钻探等活动的安全性。①

---

① 　根据 2009 年 3 月 1 日在官方公报（第 9 – Bis 号）发布的 2009 年第 9 号法律增加。

第 42 条[①]   一切单位和个人从事生产、服务或者其他活动，特别是经营机械设备或者使用警报器、扬声器，应当保证音量低于允许音量。

许可证颁发机构应当确保一个地区固定和移动源产生的噪声总量在允许范围内，同时确保企业选择适当的机器和设备。

本法实施条例确立了噪声水平和暴露时长的合理范围。

第 43 条   不论基于设备故障或其他原因，设备所有人应当采取一切必要预防措施，以防止工作场所内空气污染物泄漏，但污染物泄露程度在本法实施条例规定的允许限度内的除外。设备所有人应当依据职业安全要求、工人健康状况和污染物暴露时长，为工人提供必要的保护措施，选择适当的机器、设备、材料和燃料。同时确保有充分的通风、配备烟囱和其他空气净化装置。

第 44 条   企业所有者应当采取必要的程序，将工作场所内的温度和湿度控制在允许的限度内。在需要超出这些限度工作的情况下，应当要求负责人为工人提供适当的保护措施，无论是提供特殊服装或其他方式。温湿的最高、最低限值、暴露时长和防护措施参照本法实施条例的规定。

第 45 条   封闭及半封闭的公共场所，应当配备充分地与该地规模相匹配的通风设施，以确保空气的更新和纯净，并维持在适当的温度。

第 46 条   设立封闭公共场所的负责人，除非在其营业执照许可范围内，应当采取适当措施，禁止在封闭的公共场所吸烟。在此种情况下，为不影响其他区域的空气，应当为吸烟者保留一个特别区域。

公共交通工具内禁止吸烟。

第 47 条   空气中放射性物质或放射性物质浓度不得超过本法实施条例规定的限值。

第 47 条之二[②]   禁止违反组织法、部长法令或阿拉伯埃及共和国加入的国际公约，非法买卖、进口、持有臭氧物质（ODS），或将其用于工业生产。

第 47 条之二 –1[③]   埃及总理府设立防治尼罗河和水道污染最高委员

---

① 根据 2009 年 3 月 1 日在官方公报（第 9 – Bis 号）发布的 2009 年第 9 号法律修改。
② 根据 2009 年 3 月 1 日在官方公报（第 9 – Bis 号）发布的 2009 年第 9 号法律增加。
③ 根据 2009 年 3 月 1 日在官方公报（第 9 – Bis 号）发布的 2009 年第 9 号法律增加。

会，总理担任最高委员会主席，委员由相关部门部长组成（水资源灌溉部部长，环境部部长，卫生部部长，工业部部长，农业和土地开垦部部长，地方发展部部长，住房、公用事业和城市社区部部长，旅游和河流运输部部长）；

最高委员会应当采取必要措施防治尼罗河和水道污染。最高委员会职权由总理法令规定，每三个月至少举行一次会议，跟踪调查尼罗河的保护情况。

第三篇　防治水污染

第一章　船舶污染

第一节　石油污染

第 48 条　防治水污染的目标包括：

（a）保护阿拉伯埃及共和国海岸和港口免受各种形式的污染。

（b）通过预防、控制和减少任何来源的污染，保护领海和专属经济区的环境及其生物或非生物自然资源。

（c）保护经济区和大陆架的自然资源。

（d）赔偿自然人或法人因水污染而遭受的任何伤害。

（e）实现沿海地区的综合环境管理，确保沿海资源有效管理，以实现可持续发展。①

环境事务主管部长会同有关部门，完成上述目标和沿海区域综合环境管理目标。②

第 49 条　禁止任何国籍的船舶在阿拉伯埃及共和国领海或专属经济区排放油类或油类混合物。

阿拉伯埃及共和国的军舰或辅助海军舰艇，国家或行政机关拥有或经

---

① 根据 2009 年 3 月 1 日在官方公报（第 9 - Bis 号）发布的 2009 年第 9 号法律增加。

② 根据 2009 年 3 月 1 日在官方公报（第 9 - Bis 号）发布的 2009 年第 9 号法律修改。

营的、不受《公约》规定约束的非商业性政府船舶，应当采取一切必要预防措施，防止污染埃及共和国领海或者专属经济区。

第 50 条 根据《公约》和阿拉伯埃及共和国缔结的国际协定的规定，禁止在阿拉伯埃及共和国注册的船舶向海洋排放含油或含油混合物。

第 51 条 停靠埃及港口的外国油轮应当遵守《公约》附件 1 第 13 条规定的所有要求。

根据修正的《公约》第 13c 条规定，短程航行的油轮和在苏伊士运河上航行的无须排放不洁压载水的油轮，可以豁免本条规定。

第 52 条 获准探索、开采海上油田和其他海洋自然资源（包括石油运输设施）的国家、外国公司和组织，禁止在埃及专属经济区和领海排放因钻探、勘探、测试油井或在该地区进行生产活动而产生的任何污染物质。他们必须使用不损害水环境的安全措施，并依照现有的技术方法和《公约》规定处理排放的废弃物或污染物质。

第 53 条 在不违反 1961 年第 79 号法关于海洋灾害和沉船事故法律规定的情况下，被赋予扣押权的行政主管部门代表或者司法工作人员有权责令船长实施扣押，采取适当的保护措施，防止载运石油货物的船舶污染阿拉伯埃及共和国领海或专属经济区。

第 54 条 因下列原因造成污染的，不适用本法规定的处罚：

（a）为确保船舶安全或船上人员生命安全。

（b）因船舶或其设备损坏造成的排放，且此类损坏不是由船长或负责人造成的，也不是由于疏忽造成的。任何此类情况下，船长或负责人应当在损害发生前后采取一切必要预防措施，防止或减少污染的影响，并立即通知行政主管部门。

（c）在油井操作、钻探、勘探或测试过程中突然中断输送油或油性混合物的管道，且无任何监督或维护管道上的疏忽，并采取了充分的预防措施来监督管道的运行、即时采取了污染控制措施。

上述情形不影响行政主管部门向责任方追偿消除污染影响所需的费用，以及要求赔偿因污染造成的损失和救济相关损害的权利。

第 55 条 船舶所有人、船长或负责人，以及阿拉伯埃及共和国领海或专属经济区内负责石油运输工具的人员，和从事石油开采工作的企业，在溢油事故发生后应当立即通知行政主管部门，说明事故情况、涉及的石油类型、为制止或减少溢油而采取的措施，以及《公约》和本法实施条例规定的其他信息。

任何情况下，行政主管部门均应在事故发生时及时通知环境事务署有关事故的全部细节。

第 56 条 所有装货港、装有接收油轮的港口、船坞都应当配备必要的设备，以接收不洁压载水、清洗油轮及其他船舶油箱中流露的舱底污水。

港口必须配备充分的驳船和集装箱，用来接收停靠在港口的船舶产生的石油、油性混合物的沉积物、残留物和废弃物。

除向行政主管部门提出申请外，任何船舶、油轮不得进行装卸作业，行政主管部门应当指引船舶、油轮到特定地点处置废弃物和不洁压载水。

第 57 条 行政主管部门负责人应当要求所有埃及注册船舶、或处于埃及水域的近海平台，必须配备减少污染的工具和设备。

在埃及港口停靠或经过其沿海区的外国船舶必须按照《公约》及其附件的规定配备减少污染的设备。

第 58 条 埃及注册船舶所有人或管理人，以及《公约》缔约国的船舶所有人或管理人，应当备存船上油类登记册。所有与油类有关的作业，均须以《公约》确立的方式登记，特别注意以下内容：

（a）装运、交付或其他石油货物运输作业时指明油的类别。

（b）为确保船舶、货物、人员安全而排放油类或油类混合物时指明类别。

（c）由于碰撞或事故引起油或油性混合物泄露时指明泄漏的程度。

（d）不洁压载水或清洗水箱中的舱底水的排放。

（e）污水处理。

（f）机舱舱底污水的排放，包括机舱内船舶在港口外收集的油。

对于安装在埃及水域中的近海平台，由本法实施条例规定油类或油性混合物排放方式。

第 59 条 海运部长经与原油部长、环境事务部长协商共同确定，在不违背修正后的 1969 年布鲁塞尔《国际油污损害民事责任公约》规定的情况下，所有总吨位为 2000 吨及以上、在阿拉伯埃及共和国登记的油轮和其他输油船，以及在阿拉伯埃及共和国领海或专属经济区作业的总吨位在 150 吨以上的设备，须向行政主管部门出具保险凭证、赔偿保证凭证或其他形式的金融担保凭证。

油轮进入埃及领海时，应当出示有效的保险凭证，保险内容应当涵盖行政主管部门评估的所有损害赔偿，

在《国际油污损害民事责任公约》缔约国登记的船舶，应当向船舶登记国的行政主管部门出具保险凭证。

第二节　有害物质污染

第 60 条　禁止载运有害液体物质的油轮故意或过失、直接或间接排放有害物质、废弃物或沉积物，损害水域环境、公共健康或海洋的其他合法用途。禁止在容器、水箱、便携式储罐、陆地或铁路集装箱中携带有害物质的船舶，通过阿拉伯埃及共和国领海或专属经济区时处置此类物质。

禁止在阿拉伯埃及共和国的领海或专属经济区内投掷动物尸体。

第 61 条　所有接收本法第 60 条第 1 款所述油轮的装卸港口，以及所有船坞，均应配备充分的设施来接收有害液体物质及废弃物。

第 62 条　载运有害液体物质的油轮应当按照《公约》规定配备货物登记册，船长或负责该登记册的人员应当记录《公约》中规定的所有操作事项。

第 63 条　实施扣押的行政主管部门代表和司法人员，有权责令任何载有有害物质可能污染埃及领海或专属经济区的船舶的船长或负责人，立即采取必要措施减少事故发生造成的污染。禁止载运有害物质的船舶向大陆架或专属经济区倾倒污染物和废弃物。

第 64 条　为保护船上人员生命安全或者为使船舶自身不受损害而采取措施造成污染的，适用本法第 54 条的规定。

第 65 条　船长或船舶负责人应当遵守《公约》第 2 条第 8 款规定的所有条件。

第三节　污水和垃圾污染

第 66 条　禁止船舶和近海平台向阿拉伯埃及共和国领海或专属经济区排放污水。相关排放必须依照本法实施条例规定的标准和程序处理。

第 67 条　所有在阿拉伯埃及共和国水域中勘探、开发自然资源和矿产

资源的船舶、近海平台，以及停靠埃及港口的船舶，不得在埃及领海或专属经济区内处置垃圾。船舶用于将垃圾运送到接收设施或行政主管部门指定地方的，由行政主管部部长法令确定费用标准。

第 68 条 所有装卸港口、稳定或浮动的船坞都应当配备必要且充分的设施，以接收船舶的污染废水和垃圾。

第二章 陆源污染

第 69 条 禁止包括公共场所、商业、工业、旅游、服务设施在内的所有设施，故意或过失、直接或间接地向埃及海岸、毗邻水域排放或投掷可能造成污染的未经处理的物质、废弃物或液体。前述禁止排放实行按日计罚。

第 70 条 不得违反本法及其实施条例关于污染物排放的规定，为海岸或近海的设施或公共场所颁发建筑许可证。除非该许可申请人完成环境影响评价研究，承诺提供废物处理单位，并在废物处理单位作业后再行运作。

第 71 条 本法实施条例应当规定经处理后允许排放可降解污染物的工业单位必须遵守的规格和标准。实施条例规定的相关部门，应当对其实验室处理过的液体废物样品进行定期分析，并将分析结果通知行政主管部门。违反相关规定的，给予当事人一个月的宽限期处理废物，使其符合规定的规格和标准。在上述宽限期内未完成处理或者经实验证明继续排放会对水环境造成严重损害的，应当采取行政手段强制停止排放，吊销营业执照。此外，实施条例还应当对工业设施在水环境中排放不可降解污染物质的处罚进行规定。

第 72 条① 依照本法第 96 条和第 69 条，在水环境中排放的单位管理人员，对其雇员违反本法规定的行为负责。若前述单位管理人员完全知悉违法行为，因玩忽职守而犯罪的，依照本法第 84 条之二规定处罚。

第 73 条② 未经环境事务署和行政主管部门同意，禁止在埃及海岸线

---

① 根据 2009 年 3 月 1 日在官方公报（第 9 - Bis 号）发布的 2009 年第 9 号法律修改。
② 根据 2009 年 3 月 1 日在官方公报（第 9 - Bis 号）发布的 2009 年第 9 号法律修改。

200 米内建造任何设施。本法实施条例应当制定相应的实施程序和条件。

第 74 条① 未经环境事务署和行政主管部门同意，禁止采取可能影响天然海岸线或改变其内外部结构的措施。

第 75 条② 相关行政部门代表有权在其职权范围内进入本法第 73 条和第 74 条所称的禁区，进行工程检查。如果发现违反上述规定行为，应当责令违规者恢复原状，否则立即暂停工程并恢复原状，相关费用由违规者和受益人共同担负。费用以行政查封的方式收取。

第三章 国际证书

第 76 条 埃及船舶持有港口和灯塔部颁发的国际防止石油污染证书、国际防止散装运输有毒液体物质污染证书。上述证书的签发应当符合《公约》规定的条件，证书有效期自签发之日起不得超过 5 年。

第 77 条 所有悬挂《公约》缔约国国旗的，定期往返埃及港口、领海或专属经济区从事石油运输作业的船舶，必须持有《公约》规定的有效的国际防止石油污染证书。

对于符合本条第 1 款规定的，悬挂《公约》非缔约国国旗的船舶，海运部部长只有在确认船舶已获得港口和灯塔部门颁发的防止石油污染证书后，才能许可船舶定期在埃及港口或专属经济区内从事石油运输作业。

第四章 行政和司法程序

第 78 条 行政主管部门代表和驻外领事官员，应当视为具有实施本法第 3 篇规定扣押权的司法人员。司法部长与行政主管部门负责人可以根据执行本法的需要，在遵守国际法规则的前提下，协商确定赋予其他官员上述权限。

第 79 条 前条所称司法人员经授权，在面对违法行为时，如船舶船长或

---

① 根据 2009 年 3 月 1 日在官方公报（第 9 – Bis 号）发布的 2009 年第 9 号法律修改。
② 根据 2009 年 3 月 1 日在官方公报（第 9 – Bis 号）发布的 2009 年第 9 号法律修改。

者责任人欲立即离港的，在依照本法第四篇规定缴纳罚金和损害赔偿金前，可以临时收取款项。除行政主管部门确定的为消除违法行为的不利影响所需费用和损害赔偿外，所收取的款额不得少于违法行为规定的最低限度。

在不违反 1969 年在布鲁塞尔签署的《国际油污民事责任公约》规定的情况下，可以提供高于上述金额价值并由行政主管部门接受的财产担保。

第 80 条 在不违反《刑事诉讼法》规定的情况下，本法第 78 条所述的官员有权登上船舶和近海平台，进入岸上建造的设施，检查石油运输的方式和海洋污染物质。确保其符合本法及其实施过程中颁布的法令，同时须确保废弃物处置设备的可用性。

依据该程序得出的结论，行政主管部门应当就海洋环境保护的必要性作出决定。有关当事人自收到通知之日起 15 日内，可以向本法第 81 条所述的上诉委员会提出抗议。除非该委员会在争议解决前作出中止执行的决定，否则不应中止执行该决定。

第 81 条 有关部门部长应当依据本法实施条例的规定，颁布部长法令组建上诉委员会。上诉委员会应当位于港口的工作区域内或附近的行政机关内，并由以下成员组成：

——国务院顾问任主席。

——环境事务署代表。

——港口和灯塔部门代表。

——国防部代表。

——石油和矿产部代表。

——违规行为发生范围内行政主管机关代表。

委员会可以征求水环境领域的一位或多位专家的意见。委员会的职责是解决因执行本法第三篇规定而产生的行政争议。委员会在听取各方意见后，所作出的决议获出席会议多数成员赞成视为通过，如果出现平局，主席应投决定性的一票。相关当事人可以向国务院行政法院对委员会的决定提出异议。

第 82 条 在埃及港口停泊，或者经许可在领海或专属经济区作业的船舶的船长或使用人，应当向行政主管部门的代表或负责执行本法规定的司法人员提供履行其职能所需的设施。

第 83 条　在执行本法第三篇的规定时，行政主管部门可以依据部长法令，寻求国防部、内政部、石油和矿产资源部门以及苏伊士运河管理局或者任何其他职能部门的协助。

第 83 条之二[①]　对任何违反本法的行为都应当立即采取措施。

第四篇　处罚

第 84 条[②]　除其他法律规定更严厉的处罚外，任何违反本法第 28 条规定的人，应当处以监禁和/或五千埃及镑以上五万埃及镑以下的罚金。

在所有情况下，法院应当没收被扣押的鸟类、动物、生物、植物和化石，以及用于犯罪的机器、武器、设备、运输工具。

第 84 条之二[③]　违反本法第 22 条、第 37 条（a 项）、第 69 条规定的，应当处以一年以下监禁和/或五千埃及镑以上十万埃及镑以下的罚金。

违反本法第 19 条、第 23 条规定的，应当处以五万埃及镑以上一百万埃及镑以下的罚金。

构成累犯的，罚金的最低和最高限额应当加倍，最高监禁期限应当加倍。

除上述处罚外，还可以责令关闭企业、撤销已颁发的许可证，或者责令停止违法行为。

第 84 条之二 –1[④]

违反本法第 13 条第 2 款（d 项）规定的，处一万埃及镑以上十万埃及镑以下的罚金。

除上述处罚外，对未取得本法第 13 条之二项所称证书而从事咨询服务

[①]　根据 2009 年 3 月 1 日在官方公报（第 9 – Bis 号）发布的 2009 年第 9 号法律增加。

[②]　根据 2009 年 3 月 1 日在官方公报（第 9 – Bis 号）发布的 2009 年第 9 号法律修改。

[③]　根据 2009 年 3 月 1 日在官方公报（第 9 – Bis 号）发布的 2009 年第 9 号法律增加。

[④]　根据 2009 年 3 月 1 日在官方公报（第 9 – Bis 号）发布的 2009 年第 9 号法律增加。

的咨询公司，可以责令停业。

第 85 条　违反本法第 30 条、第 31 条、第 33 条规定的，应当处以一年以上监禁，和/或一万埃及镑以上二万埃及镑以下罚金。

第 86 条　违反本法第 36 条规定的，处以二百埃及镑以上三百埃及镑以下的罚金。违反本法第 39 条规定的，处以五百埃及镑以上一千埃及镑以下的罚金。法院可以责令暂停许可证，期限为一周以上六个月以下，构成累犯的，法院可以吊销许可证。

第 87 条①　违反本法第 42 条第 1 款规定的，除没收违法使用的机械设备外，还应当处以五百埃及镑以上二千埃及镑以下的罚金。

违反本法第 35 条、第 37 条（b、d 项）、第 38 条、第 40 条、第 41 条、第 43 条、第 44 条、第 45 条、第 46 条（第 1 款）、第 47 条之二规定的，处一千埃及镑以上二万埃及镑以下的罚金。

构成累犯的，前两款规定的罚金应当加倍。

违反本法第 46 条第 2 款规定的，处五十镑以上一百镑以下的罚金。

第 88 条　违反本法第 29 条、第 32 条和第 47 条规定的，应当处以五年以上监禁，并处二万埃及镑以上四万埃及镑以下的罚金。违反本法第 32 条规定的，应当自费转口违法行为所涉的危险废物。

第 89 条　违反 1982 年第 48 号有关保护尼罗河及水道免受污染法律第 2 条、第 3 条最后一款或第 4、5、7 条及其相关法令的规定，应当处以二百埃及镑以上二万埃及镑以下的罚金。

构成累犯的，应当判处监禁，并处前款规定的罚金。

凡属违法行为，应当责令在公共工程和水资源部规定的期限内拆除或者改正。逾期不拆除或者不改正的，公共工程和水资源部有权以行政手段强制移除或者纠正，所需费用由违法者支付，同时撤销相关行政许可。

第 90 条②　有下列违法行为之一的，处以三十万埃及镑以上一百万埃及镑以下的罚金：

1. 违反本法第 49 条、第 60 条的规定，在领海或者专属经济区内排放

---

① 根据 2009 年 3 月 1 日在官方公报（第 9 - Bis 号）发布的 2009 年第 9 号法律修改。

② 根据 2009 年 3 月 1 日在官方公报（第 9 - Bis 号）发布的 2009 年第 9 号法律修改。

或者处置油、油性混合物或有害物质。

2. 违反本法第 52 条的规定，未按规定处理排放的废弃物和污染物的，或者未采用防止损害海洋环境的安全程序的。

3. 在领海或专属经济区内故意处置或倾倒船舶及其部件，以及工业设施、污染物或任何来源的垃圾。

构成累犯的，应当判处监禁，并处前款规定的罚金。

在任何情况下，违法者应当承诺在行政主管部门确定的期限内消除违法行为的影响；否则，行政主管部门应当消除影响，所产生的全部费用由违法者承担。

第 91 条[①] 违反本法第 54 条 b 项的规定，故意或过失延误或损害船舶及其设施，影响卸载的，应当判处监禁和/或三十万埃及镑以上一百万埃及镑以下的罚金，违法行为人同时应当按照受委托行政主管部门规定支付消除违法行为影响的费用。

构成累犯的，应当加倍罚金，本法实施条例应当参照污染程度和违反本条规定引起的环境损害后果，制定消除违法行为影响所需费用的参数。

第 92 条 实施下列行为之一的，处七万埃及镑以上三十万埃及镑以下罚金：

1. 违反本法第 57 条，在使用埃及港口或者在特定海域航行的外国船舶，未配备污染控制设备的。

2. 违反本法第 54 条 b 项的规定，在船舶及其设备发生损坏之前或之后，未采取必要的预防措施防止或减少污染的不利影响，或者船舶及其设备损坏后未及时通知行政主管部门的。

3. 违反本法第 55 条的规定，未及时向行政主管部门通报溢油事故、溢油发生的情况、溢出物质的性质、比例及采取的措施的。

构成本条第 1 项的累犯，应当加倍罚金；构成本条第 2 项和第 3 项所述违法行为的累犯，应当判处监禁和/或三十万埃及镑以上五十万埃及镑以下的罚金。

在任何情况下，违法行为人应当在违反行政主管部门确定的时间范围

---

① 根据 2009 年 3 月 1 日在官方公报（第 9 – Bis 号）发布的 2009 年第 9 号法律修改。

内消除违法行为的影响，否则行政主管部门应当消除影响，所产生的费用由违法者承担。

第 93 条　实施下列行为之一的，处四万埃及镑以上二十万埃及镑以下的罚金：

1. 违反本法第 56 条的规定，未经行政主管部门许可，擅自从事装卸船舶、油轮作业的。

2. 船舶或油轮未保存本法第 58 条，第 62 条，第 76 条，第 77 条规定的证书和登记册的。

3. 违反本法第 66 条、第 67 条的规定，从船舶排放污染废水或者投掷垃圾的。

4. 违反本法第 50 条的规定，在阿拉伯埃及共和国注册的船舶向海中排放或处置油或油性混合物，则应当处以十万埃及镑以上五十万埃及镑以下的罚金。[①]

第 94 条　实施下列行为之一的，处四万埃及镑以上十五万埃及镑以下的罚金：

1. 违反本法第 57 条的规定，经阿拉伯埃及共和国登记注册的船舶，未配备减少污染所必需的仪器和设备的。

2. 违反行政主管当局检查人员或者司法工作人员依据本法第 53 条、第 63 条规定，对载运石油、有害物质的船舶在发生事故时作出的命令。

第 94 条之二[②]

任何人在领海、专属经济区或大陆架倾倒危险废物的，应当处监禁和/或一百万埃及镑以上五百万埃及镑以下罚金，同时，违法行为人应当缴纳消除污染行为不利影响所需的费用，以及环境损害赔偿。

第 95 条　违反本法规定的，故意造成个人永久性残疾的，处十年以下监禁。违反本法规定，造成三人以上人身伤害的，处以监禁。

违法行为导致人员死亡的，处以有期苦役；违法行为导致三人以上死亡的，则处以永久性苦役。

---

① 根据 2009 年 3 月 1 日在官方公报（第 9 - Bis 号）发布的 2009 年第 9 号法律修改。
② 根据 2009 年 3 月 1 日在官方公报（第 9 - Bis 号）发布的 2009 年第 9 号法律增加。

第 96 条 船舶所有人、责任人以及勘探、开采海洋油田和其他自然资源，包括石油运输设施的合同当事人和本法第 69 条所述设施的所有人，凡因违反本法规定而给自然人或者法人造成损害的，对应当支付的罚金和消除其影响的费用，均应当在各自职权范围内承担连带责任。

第 97 条 前款中规定的处罚，适用于所有国籍和类型的船舶，包括非《公约》缔约国的船舶在阿拉伯埃及共和国领海或专属经济区内，排放油类、油性混合物或者禁止倾倒淹没的物质的。

第 98 条 违反本法第 73 条、第 74 条规定的，应当处六个月以下监禁和/或五千埃及镑以上五万埃及镑以下的罚金。①

法院不得下令中止执行罚金，在任何情况下，未经法院判决，行政机关可以以行政手段停止、拆除违规工程，扣押违规工程使用的机械、设备和材料，所产生的费用由违法行为人支付。经定罪后，则没收此类机械设备。

第 99 条 本法所述罪行的管辖权，若是本法第 97 条所述的船舶在阿拉伯埃及共和国领海内或专属经济区内实施犯罪的，由犯罪行为地法院管辖。法院应当迅速对案件作出裁决。

在本条所述两个区域之外实施犯罪的，由悬挂埃及国旗的船舶注册的港口所在地法院管辖。

第 100 条 在不违背本法第 79 条规定的情况下，行政主管部门可以对任何未缴纳即时罚金和/或简易案件的船舶，采取法律程序予以扣押。

如果行政主管部门接受逾期支付或者无条件财政担保的，可以解除。

第 101 条 实施本法规定的处罚不影响其他法律规定的更严厉的处罚。

最后条款

第 102 条 在不违反本法第 78 条的情况下，经司法部长与环境事务部长协商，由司法部部长法令指定的各省的分支机构及环境事务署的雇员应当享有下列司法官员的职权：对违反本法及其实施本法法令的犯罪行为，有权实施缉获。

---

① 根据 2009 年 3 月 1 日在官方公报（第 9 - Bis 号）发布的 2009 年第 9 号法律修改。

第 103 条　任何关心环境保护的公民和组织都有权举报任何违反本法规定的行为。

第 104 条　有关行政部门的检查员以及环境事务署的检查员，如有司法官员处理环境事务的权限，则应当各自在其职权范围内向其所属行政机关报告违反本法规定的行为，同时，有关行政部门应当采取必要的法律程序。

（李蕊、方晓庆　译；张小虎、洪永红　校）

《阿尔及利亚环境保护法》

（第 03～10 号法）*

（伊历 1424 年 5 月 20 日，公历 2003 年 7 月 20 日通过）

此法为阿尔及利亚伊历 1424 年 5 月 20 日，公历 2003 年 7 月 19 日通过的第 03～10 号关于促进可持续发展的环境保护法。

阿尔及利亚共和国总统，

根据《宪法》规定，尤其是第 119 条、第 120 条、第 122 条 19 款及第 126 条的规定；

根据 1966 年 6 月 8 日颁布的第 66 - 154 号《民事诉讼法典》修订版；

根据 1966 年 6 月 8 日颁布的第 66 - 155 号《刑事诉讼法典》修订版；

根据 1966 年 6 月 8 日颁布的第 66 - 156 号《刑法典》修订版；

根据 1973 年 7 月 25 日颁布的关于批准施行 1972 年 11 月 23 日于巴黎签署的《保护世界文化和自然遗产公约》的第 73 - 38 号法令；

根据 1974 年 5 月 13 日颁布的关于批准施行 1971 年 12 月 18 日于布鲁塞尔签署的《国际油污损害赔偿基金公约》的第 74 - 55 号法令；

根据 1975 年 9 月 26 日颁布的第 75 - 58 号《民法典》修订版；

根据 1976 年 2 月 20 日颁布的第 76 - 04 号《预防火灾及恐怖主义风险的安全施行条例》及《民防委员会工作条例》；

根据 1976 年 10 月 23 日颁布的第 76 - 80 号《海事法典》修订版；

---

* 法典译文版本信息：本法颁布于 2003 年 7 月 20 日，译文为现行版本。——译者注

根据 1979 年 7 月 21 日颁布的第 79 - 07 号《海关法典》修订版；

根据 1982 年 8 月 21 日颁布的第 82 - 10 号《捕猎法》；

根据 1983 年 2 月 5 日颁布的第 83 - 03 号《环境保护法》；

根据 1983 年 7 月 16 日颁布的第 83 - 17 号《水域法》修订版；

根据 1984 年 6 月 23 日颁布的第 84 - 12 号《森林管理法》修订版；

根据 1984 年 7 月 7 日颁布的第 84 - 17 号《财政法》修订版；

根据 1985 年 2 月 16 日修改完善的第 85 - 05 号《健康保障及体质提升法》；

根据 1987 年 8 月 1 日颁布的第 87 - 17 号《植物检验检疫法》；

根据 1988 年 1 月 26 日颁布的第 88 - 08 号《兽医及动物健康保护法》；

根据 1989 年 12 月 19 日颁布的第 89 - 23 号《示范法》修订版；

根据 1990 年 4 月 7 日颁布的第 90 - 08 号《市镇法》；

根据 1990 年 4 月 7 日颁布的第 90 - 09 号《省份法》；

根据 1990 年 11 月 18 日颁布的第 90 - 25 号《土地权属法》修订版；

根据 1990 年 12 月 1 日颁布的第 90 - 29 号《城市规划法》修订版；

根据 1990 年 12 月 1 日颁布的第 90 - 30 号《财产法》；

根据 1990 年 12 月 4 日颁布的第 90 - 31 号《社团法》；

根据伊历 1418 年 9 月 2 日，公历 1997 年 12 月 31 日颁布的第 97 - 02 号《1998 年年度财政规划法》；

根据伊历 1419 年 2 月 20 日，公历 1998 年 6 月 15 日颁布的第 98 - 04 号《文化遗产保护法》；

根据伊历 1420 年 4 月 15 日，公历 1999 年 7 月 28 日颁布的第 99 - 09 号《能源管理法》；

根据伊历 1422 年 4 月 11 日，公历 2001 年 7 月 3 日颁布的第 01 - 10 号《矿产法》；

根据伊历 1422 年 4 月 11 日，公历 2001 年 7 月 3 日颁布的第 01 - 11 号《渔业及水产养殖法》；

根据伊历 1422 年 5 月 29 日，公历 2001 年 8 月 19 日颁布的第 01 - 14 号《道路规划、安全及警戒法》；

根据伊历 1422 年 9 月 27 日，公历 2001 年 12 月 12 日颁布的第 01 - 19

号《废料管控及清理法》；

根据伊历 1422 年 9 月 27 日，公历 2001 年 12 月 12 日颁布的第 01 - 20 号《土地管理及可持续发展法》；

根据伊历 1422 年 11 月 22 日，公历 2002 年 2 月 5 日颁布的第 02 - 01 号《煤气及电力管道传输法》；

根据伊历 1422 年 11 月 22 日，公历 2002 年 2 月 5 日颁布的第 02 - 02 号《沿海地带保护及评估法》；

根据伊历 1423 年 12 月 16 日，公历 2003 年 2 月 17 日颁布的第 03 - 03 号《城市扩张及旅游景点管理法》；

根据 1963 年 9 月 11 日颁布的第 63 - 344 号《关于批准加入〈防止海洋石油污染国际公约〉的决定》；

根据 1980 年 1 月 26 日颁布的第 80 - 14 号《关于批准阿尔及利亚加入 1976 年 2 月 16 日于巴塞罗那签署的〈地中海污染防治公约〉的决定》；

根据 1981 年 1 月 17 日颁布的第 81 - 02 号《关于批准加入 1976 年 2 月 16 日于巴塞罗那签署的〈防止船舶和飞机倾废造成的海洋污染公约〉的决定》；

根据 1981 年 1 月 17 日颁布的第 81 - 03 号《关于批准加入 1976 年 2 月 16 日于巴塞罗那签署的〈在紧急情况下合作控制地中海和其他有害物质造成污染的协定书〉的决定》；

根据 1982 年 12 月 11 日颁布的第 82 - 437 号《关于批准加入 1977 年 2 月 5 日于开罗签署的〈北非国家联合打击沙漠化行动议定书〉的决定》；

根据 1982 年 12 月 11 日颁布的第 82 - 439 号《关于批准阿尔及利亚加入 1971 年 2 月 2 日于伊朗签署的〈关于特别是水禽栖息地的国际重要湿地公约〉的决定》；

根据 1982 年 12 月 11 日颁布的第 82 - 440 号《关于批准加入 1968 年 9 月 15 日于阿尔及尔签署的〈大自然及其资源保护非洲公约〉的决定》；

根据 1982 年 12 月 11 日颁布的第 82 - 441 号《关于批准阿尔及利亚民主共和国加入 1980 年 5 月 17 日签署的〈保护地中海不受陆地来源污染的雅典议定书〉的决定》；

根据 1982 年 12 月 25 日颁布的第 82 - 498 号《关于批准加入 1973 年 3

月 3 日于华盛顿签署的〈濒危野生动植物种国际贸易公约〉的决定》;

根据 1992 年 9 月 23 日颁布的第 92 - 354 号《关于批准阿尔及利亚加入 1985 年 3 月 22 日签署的〈保护臭氧层维也纳公约〉的决定》;

根据 1992 年 9 月 23 日颁布的第 92 - 355 号《关于批准加入 1987 年 9 月 16 日签署的〈消耗臭氧层的蒙特利尔协定书〉及 1990 年 6 月 27 ~ 29 日于伦敦签署的〈关于消耗臭氧层物质的蒙特利尔协定书的修正〉的决定》;

根据伊历 1413 年 10 月 18 日,公历 1993 年 4 月 10 日颁布的第 93 - 99 号《关于批准加入联合国大会 1992 年 6 月 5 日通过的〈联合国气候变化框架公约〉的决定》;

根据伊历 1416 年 1 月 7 日,公历 1995 年 6 月 6 日颁布的第 95 - 163 号《关于批准加入 1992 年 6 月 5 日于里约热内卢签署的〈生物多样性公约〉的决定》;

根据伊历 1418 年 12 月 21 日,公历 1998 年 4 月 18 日颁布的第 98 - 123 号《关于批准加入〈修正 1969 年国际油污损害民事责任公约的 1992 年议定书〉的决定》;

根据伊历 1419 年 1 月 19 日,公历 1998 年 5 月 16 日颁布的第 98 - 158 号《关于阿尔及利亚民主共和国保留性加入〈控制危险废物越境转移及其处置巴塞尔公约〉的决定》;

经议会审定;

决定颁布以下条款:

序　篇

第 1 条　本法旨在确立可持续发展框架下的环境保护规则。

第一编　总则

第 2 条　可持续发展框架下的环境保护主要目标在于:

——确立环境管理的基本原则及规则;

——推动国内可持续发展进程,以净化国民生活环境及巩固国民生命健康保障体系；

——通过监控污染物及其他有害物质成分，预防可能对环境造成的不利影响；

——修复受损地域的生态环境；

——促进现有资源的合理、环保化利用及清洁技术的全过程运用；

——增强国民对环境保护信息的敏感度及参与度，鼓励社会各界建言献策。

第 3 条　本法以下列基本原则为基础：

——保护生物多样性原则，禁止一切对生物多样性产生重大不利影响的行为；

——防止自然资源退化原则，禁止一切破坏诸如水、大气、表土、底土等可持续发展中必不可少的自然资源的行为，须从整体上把握上述自然资源在可持续发展中的作用；

——替换原则，若可能对环境造成不利影响的行为可被另一具有较小风险的行为代替，尽管后者成本较高，但顾及其对环境保护的价值，依然采纳后者；

——一体化原则，须在政府部门规划及项目实施过程中坚持贯彻环境保护及可持续发展的内容；

——源头预防及环境污染防治原则，应在充分考虑可控成本的前提下使用现今最为先进的技术整治环境污染，同时，污染者应在采取可能严重损害环境的行为前充分考虑他人权益；

——防患原则，针对现今科技领域最尖端的技术，不得以相关技术不成熟为由，阻碍兼具预防重大环境损害及成本可控特点的有效措施；

——污染者负担原则，任何引发或可能引发重大环境损害的个人均须支付污染防治费用或个人自行恢复环境原状；

——参与信息公开原则，国民具有环境状况知情权及参与环境决策论证过程的权利。

第 4 条　本法中以下概念是指：

保护区：用于保护生物多样性、自然资源及其他相关保护对象的特殊区域。

自然保护区：与环境保护相关的整体或部分区域，其中尤其包括自然遗迹、景观及景点。

群落生境：具备显著稳定性的集合物理、化学因素的地理区域。

可持续发展：描述人类力图寻求社会经济持续发展与环境保护间平衡过程，并逐渐将环境保护纳入满足今世后代需求的"发展"的概念。

生物多样性：包括陆地、海洋及其他水上、综合性生态系统在内的各类生物多样性系统，其中包括物种自身、物种间及生态系统间的多样性。

生态系统：包括植物、动物、微生物及其生活的非生物环境在内的，通过相互作用形成的有机、复杂的动态系统。

环境：诸如空气、大气、水、表土、底土、动植物及遗传资源等生物、非生物自然资源相互作用后，与其生存环境、周围环境、自然建筑共同形成的相互影响的整体。

污染：所有由人类活动引发或可能引发的对健康、安全、人类福祉、动植物、空气、大气、水源、土壤、集体和个人利益造成不利影响的直接或间接的环境变化。

水污染：水域内足以改变水域物理、化学、生物属性的各类有害物质。这里所指的污染可能对人类健康、动植物水陆栖息地造成损害并影响水域正常功能的发挥。

大气污染：空气或大气中由于煤气、蒸汽、烟雾、固体或液体颗粒造成的可能对生态环境造成不利影响的有害物质。

景点：具有特殊地理位置、历史渊源的领土部分。

第二编　环境管理实施方法

第 5 条　环境管理的实施主要由以下部分组成：

——建立环境信息反馈组织；

——确立环保标准；

——规划国家环保事务实施细则；

——建立环境测评体系；

——建立独立的司法制度及监督机构；

——推动个人及环保组织的参与。

第一章　环境信息

第6条　环境信息体系主要包括：

——由公共或私人机构负责管理的环境信息采集网络；

——网络组织方式及环境信息采集情况；

——信息处理过程、方式及环境数据的认证；

——包含既定环境信息在内的一般性环境信息、科学信息、技术信息、统计信息、财政信息、经济信息数据库；

——国家及全球规划中涉及的众多环境信息要素；

——下述第7条中对应的信息公开程序。

本条文的具体实施方式由配套规章规定。

第一节　环境信息权

第7条　法人或自然人均有权向相关部门申请环境信息公开。

依法申请公开的信息可包含反映国家环境状况的各类有效数据及与环境保护相关的规章、具体环境治理方式及程序。

信息的公开方式由配套规章规定。

第二节　环境保护具体权利

第8条　掌握可能对公共健康产生直接或间接不利影响信息的法人或自然人，有义务将信息告知当地政府部门、主管环境事务的部门。

第9条　在不与其他法律条文冲突的前提下，公民均拥有获取其生活区域内环境风险及环境保护措施方面信息的权利。

其中包括获取技术风险及可预见自然风险信息的权利。

环境保护措施知情权的适用条件及方式须向社会公布，具体内容由配套规章规定。

第二章　环境标准的确立

第10条　国家负责监督各项环境事务的实施：

国家需设置相关环境限值、警戒线标准、环境质量标准，尤其是需针对特殊情况下空气、水资源、表土、底土、集汇地带建立监督机构，确立监督措施。

本条文的具体实施方式由配套规章规定。

第 11 条 国家需出台有助于保护大自然、动植物及其栖息地、自然资源，保持生态平衡、消除资源退化隐患的措施，并推动其规范化的实现，以防治污染及保障环保工作的顺利开展。

第 12 条 除上述第 10 条及第 11 条规定外，仍需针对生态环境展开自我监测及自我调节功能。

针对生态环境展开自我监测与自我调节的具体机制、程序、适用领域、区域、适用地、内容和实施方式应通过配套规章规定。

第三章 环境治理规划

第 13 条 主管环境的政府部门需颁布符合国家可持续发展要求的环境治理规划。

规划需确立国家在环境领域采取的具体行动和措施。

第 14 条 国家环境治理规划及可持续发展规划期限一般为五年。

规划需根据配套规章中的具体规定起草及审核通过。

第四章 重点项目环境影响评估系统：环境影响审查

第 15 条 如果开发项目、基础设施、固定装置、工厂、其他桥涵构造物、所有建造工程与项目对环境，尤其是对生物物种、资源、自然环境区、自然保护区、生态平衡、生活领域、生活质量产生直接或间接、短期或长期的影响，则需根据实际情况对其作出环境影响评估或说明。

此条款的具体实施方式由配套规章规定。

第 16 条 环境影响评估的具体内容由配套规章规定，其中至少包含：
——关于计划施行活动内容的报告；
——活动点及其周围可能受人类活动影响的环境原始情况介绍；

——计划施行活动对环境及人类健康潜在影响的介绍，以及解决方法及建议替换方式；

——计划施行活动对文化遗产及社会经济状况影响的报告；

——补救措施报告，其中包含降低、消除、弥补对环境及人类健康消极影响的具体措施。

以下内容均由配套规章规定：

——需公开的评估状况内容；

——环境影响说明的具体内容：

——对环境产生较大影响的工程清单；

——环境影响力较弱的工程清单。

第五章　特殊法律制度

第 17 条　本法框架下确立的特殊法律制度旨在建立多层级机构及特定保护区。

第一节　各级机构

第 18 条　本法宏观上对工厂、工作室、工地、采石场、矿井，由法人或自然人开发经营、公共或私人性质的设备等可能对卫生健康、安全、农业、生态系统、自然资源、景点、建筑物、旅游区、他人便利存在风险的场所进行规制。

第 19 条　经现行法律、阿尔及利亚行政官或市镇人民议会委员长授权的环境部门及其他相关部门根据设备的重要性、风险或不利影响对其进行分类评估。

若安装的设备无须进行环境影响评估及说明，则应向相关市镇人民议会委员长申请审批。

条款的具体实施方式由配套规章规定。

第 20 条　需安装的设备若涉及国防领域，则应参照上述第 19 条规定由国防部门批准实施。

第 21 条　上述第 19 条中的授权批示需配备环境影响评估或说明、民意调查、上述第 18 条中涉及项目的潜在危险及可能风险草案，必要时需配备当地有关部门及政府意见。

授权仅在满足上述条件后才能作出。

第 22 条 环境影响评估或说明由项目负责人配合，由环保部授权的研究机构、鉴定机构、咨询机构出具。

第 23 条 以下与设备安装相关的内容由配套规章规定：

——设备目录；

——上述第 19 条中授权许可、中止、延缓的具体程序；

——设备使用规定；

——设备具体部件的特殊技术规定；

——设备操作条件及方式、设备临时或长期保管的具体方法。

第 24 条 上述第 23 条中的设备主要指未经安装的设备；

上述 23 条规定之外的已安装设备的使用规则由配套规章规定。

第 25 条 若未包括在设备清单里的设备对上述第 18 条中所涉及利益产生重大风险或不利因素，行政官可在环境部门出具的报告的基础上，要求相关人员采取必要措施消除既定风险或不利影响。

若在规定时间内相关人员未落实消除风险的操作，设备安装将会中止，直至其满足所需条件，并且采取了包括申请担保在内的临时措施。

第 26 条 当提交审批的设备曾在固定土地区域内使用或正在使用，土地的出卖方需以书面形式告知受卖方由于设备使用给土地或其他设备所造成的关键风险及不利因素。

第 27 条 本章中关于设备安装环境影响分析、鉴定的费用由开发者承担。

本条款具体实施方案由配套规章规定。

第 28 条 各类已授权设备的开发者需选取环保负责人。

本条款的具体实施方案由配套规章规定。

第二节 保护区

第 29 条 本法中的保护区是指受特殊机制保护的景点、土壤、动植物、生态系统或整体上受环境保护的区域。

第 30 条 上述第 29 条中的特殊机制由与人类住所、不同性质的经济活动、致力于保障环境要素养护的限制性规则组成，该机制保护对象的分类由具体环境要素决定。

第 31 条　保护区包括：

——自然保护区；

——国家公园；

——自然景观；

——栖息地或生物物种管理区；

——陆域或海域风景保护地；

——自然资源保护区。

第 32 条　环境部门所出具的报告中需针对各类别保护区确立适宜的保护措施、相关管控规则与规定、保护区归类或区分方式、条件。

本条款的具体实施方案由配套规章规定。

第 33 条　上述条款中的等级评定程序在特定机制下进行，必要时可在评定期间封锁保护区。一切有可能损害生物多样性、整体上损害保护区正常功能发挥的行为均被禁止。其中尤其禁止捕猎、渔业、农林牧业、工业、矿业、广告业、商业、工程建筑、提取国家特许或普通材料、取水、使用各类公共交通工具、放任家畜乱闯及飞越保护区上空的行为。

为实现对生物多样性要素更宽泛、科学的保护，可针对保护区内一部分或多个部分领域施行特殊限制令。

本条款的具体实施方案由配套规章规定。

第 34 条　地域划分需参照上述等级评定结果。

任何根据本法出让、租让或授权已划分等级土地的个人，需明确告知受卖方、土地承租人或特许权享有人等级划分情况。

出让人、租让人或授权人须在履行告知义务后的 15 日内向保护区主管部门报备。

第六章　个人及环保组织的参与

第 35 条　依法建立且长期致力于环保及生活质量提高事务的组织有权参与环境法律事务，并为之建言献策。

第 36 条　在不与其他现行法律条文相违背的前提下，无论该事务是否与协会内成员相关，上述第 35 条中的组织可就环境损害向有管辖权的法院提起诉讼。

第 37 条 依法建立的组织可针对直接或间接损害公共利益的行为行使特定的民事权利。组织通过禁止环境保护类法律条文中所涉及的危险行为，推动人类生活质量的提高，水资源、空气、大气、表土、底土、自然保护区、城市生态环境的有效保护及污染的防治。

第 38 条 当法人在上述第 37 条所涉及的领域中遭受同一个人、同一行为所导致的同一类别损害，法人可根据上述第 35 条规定，经组织中不少于 2 人授权后以组织名义向法院提出赔偿申请。

授权需各相关人员通过书面方式确认。

根据前款规定提起刑事诉讼的组织可参照民事诉讼的具体内容及程序进行。

第三编　环境保护规定

第 39 条 本法针对环境保护事项作出下列规定：

——生物多样性保护规定；

——空气及大气保护规定；

——水源及水域保护规定；

——表土及底土保护规定；

——沙漠地带保护规定；

——生活环境保护规定。

第一章　生物多样性保护规定

第 40 条 尽管捕猎及渔业法中存在相关许可规定，但出于特殊的科学利益或保护国内生物多样性的需要，下列行为为本法所禁止：

——摧毁鸟巢、诱捕鸟类、损坏及破坏其生存环境，运输、贩卖、利用、买卖动物活体或标本的行为；

——摧毁、切割、损坏、拔除、采摘植物及其果实，运输、贩卖、利用、买卖参与生态循环的植物，非法持有从生态环境中采集的标本；

——摧毁、蚀变、损坏动植物栖息地的行为。

第41条 应在充分考虑特殊、脆弱情形下野生植物生长地重建条件及针对特定动物物种保护需求后确立野生动植物保护清单。

同时需具体化各物种的保护措施：

——上述第40条所提及的明令禁止行为的具体属性；

——所禁止行为的禁止期限、适用区域及阶段。

该条款的施行方式由配套规章规定。

第42条 在不违反本法条文、其他现行法律条文及不侵犯他人权益的前提下，为满足公民对于生活环境、身体健康、安全、卫生及其他对生活或健康未造成不利影响的需求，公民有权饲养动物。

第43条 在不违反其他环境保护法律条文的前提下，创立饲养、销售、租赁、运输野生动物、向公众开放的研究野生或家养动物活体标本的组织均需取得授权。

授权方式、条件及组织运行规则由配套规章规定。

第二章 空气及大气层保护规定

第44条 本法所指大气层、密闭空间内的大气污染对自然界的直接或间接影响如下：

——危害人类身体健康；

——导致气候变化或臭氧层变薄；

——损害生物资源及生态系统；

——危害公共安全；

——影响人口数量；

——产生污秽或恶臭气味；

——影响农业及粮食产量；

——腐蚀建筑及损害景点特性；

——遭受物质财产的损失。

第45条 房屋，工业、商业、艺术、农业组织，以及交通工具、其他不动产项目的建设、开发和利用应适应环境保护的需要，避免和减少空气污染。

第 46 条　当大气污染的排放对人类、环境、财物构成威胁，污染者应根据相应条文减轻或避免污染物的排放。

工业联盟应遵守相关法律条文，减少或避免使用引发臭氧层变薄的材料。

第 47 条　根据上述第 45 条及第 46 条规定，以下内容由具体规章规定：

（1）需禁止、限制、管控向大气中排放毒气、烟尘、烟雾，液体或固体微粒行为的情形及条件；

（2）需遵守条文中与房屋、车辆及其他可移动物品相关规定的法定期限；

（3）根据上述第 45 条需对房屋建造、上述第 23 条目录未涵括组织的建立、交通设备，室内陈设物的生产，氢碳燃料的使用进行限制、管控的情形；

（4）为解决紧急情形下的特殊问题，权力机关作出司法裁决、采取行政措施的情形及条件。

第三章　水资源及水域保护规定

第一节　淡水资源的保护

第 48 条　在不违背现行法律条文的前提下，水源地及水域保护应满足以下条件：

——根据现行与公众健康、环境相关的法律规定保障供水、优化水源地及水域利用、功能发挥；

——平衡水域生态系统、干涸地带及水栖动物间的关系；

——保证休闲娱乐、水上运动及景点维护的需要；

——保障水资源的储备和正常流动。

第 49 条　为评估污染等级，需对地表或地下水、流动水，湖泊、池塘、沿岸水域及水域群落进行清查。

同时应在配套文件中载明各水域的物理、化学、生物及菌落分布特征，并对水域环境状况作出判断。

配套规章中需明确：

——上述文件、清查目录的出具程序、方式及有效期限；

——流动水、水系、湖泊、池塘、沿岸水域及地下水处理需满足的技术规范及其物理、化学、生物、细菌学特征；

——规章确立的生态质量目标；

——针对相应污染应采取的保护和生态恢复措施。

第50条　排水设备自投入使用起仅可在规章规定的情形下排污。

此外，规章仍特别规定：

（1）需限制或禁止倾倒、流出、直接或间接排放污水及污染物以及其他有可能改变地表或地下水、沿岸水域水质行为的情形；

（2）需管制排放具有物理、化学、生物、细菌学特性的水源，以及提取与分析水源样本的情形。

第51条　本法禁止任何向用于地下水回流的水源地、水井、钻井或废弃引水通道倾倒或排放污废水的行为。

第二节　海洋水域的保护

第52条　尽管现行海洋环境保护法存在相关许可规定，阿尔及利亚法律明确禁止向海洋水域排放、浸没、焚烧危险物质等具有以下性质的行为：

——损害公众健康及海洋生态系统；

——危害海上活动，包括航海，水产养殖及渔业活动；

——改变海水水质及效用；

——降低海洋及沿海水域娱乐价值及旅游业吸引力。

本条款涉及的物质清单由配套规章规定。

第53条　环境部长可在民意调查后对规章的修改与增加提出建议，并授权对海洋水域无害的排放、浸没、焚毁行为。

第54条　当人类生活、船只或飞行器安全无法得以保障时，上述第53条的规定在恶劣天气或其他因素造成的不可抗力因素下不再适用。

第55条　需投放至海洋水域的各类材料、物质、废料的装卸需取得环境部长的授权。

本条款中对相关物质投放、浸没的授权即对相关物质装船或卸船的授权。

允许授权、使用、暂停及撤销授权的情形由配套规章规定。

第56条 一旦船只、飞行器、机械设备、移动平台或平台船只上装有有害、危险物质或碳氢化合物，且极有可能对沿海水域或相关利益造成严重、紧迫危险，船只、航空器、机械设备或平台所有人需采取一切必要措施消除危险。

在紧急情况下，若上述措施仍然无效或未如期发挥效用，权力机关可在所有人有能力承担的费用范围内采取必要措施。

第57条 运输危险、有毒、污染货物的商船如需在阿尔及利亚法律规定的水域附近或水域内航行，相应船只的船长需报告船只航行及事故情况，并告知航行过程中对海洋环境、水域及国境可能形成的风险。

本条款的具体实施方案由配套规章规定。

第58条 根据国际公约关于碳氢化合物致污民事责任担责情形及范围的规定，海上运输大量散装碳氢化合物的船只所有人需对氢碳化合物渗漏或排放造成的污染承担相应赔偿责任。

第四章 关于表土及地下土壤保护的规定

第59条 禁止任何破坏及污染作为有限、可再生或不可再生资源的土地、表土、地下土壤及其养分的行为。

第60条 对土地的利用应因时制宜，本法严格限制对土地进行不可逆开发的行为。

用于农业、工业、城市规划或其他用途的土地利用和规划应在遵守环境法规定的同时，符合城市规划的相关规定。

第61条 对地下资源的开发应遵守现行法律及理性原则。

第62条 以下内容由配套规章规定：

（1）防止沙漠化、土壤侵蚀、耕地消失、土地盐碱化、化学产品对土地及相关资源的污染或其他短期或长期内可能蚀变土壤等环境变化的条件及特殊环境保护措施；

（2）可在农业生产中施用肥料及其他化学物质的条件，尤其是：

已授权清单上的物质，

不影响土壤质量或其他干涸地带生态环境且施用方式合理、施用数量在批准范围内的物质。

第五章　沙漠地带的保护

第 63 条　防治沙漠化的规划应考虑环境因素。

规划的酝酿、起草、采用及计划具体内容、实施方式由配套规章规定。

第 64 条　对沙漠地区生态系统、生物多样性的保护方式及措施，以及环境构成要素、相关区域脆弱性的补救措施由配套规章规定。

第六章　生活环境的保护

第 65 条　在不违反现行城市规划法律的前提下，为了更好地保护生态环境，灌木丛、公共花园、休闲场所以及其他得以优化生活环境的公共区域需单独分类。

分类的具体方式由配套规章规定。

第 66 条　下列地点禁止张贴广告：

（1）古建筑；

（2）自然遗迹及景点；

（3）保护区；

（4）公共行政楼宇；

（5）树木。

禁止在具有观赏和历史研究价值的建筑物上张贴广告，具体规制方式由配套规章规定。

第 67 条　根据上述第 66 条的规定，张贴在居民点的广告需遵守现行配套规章中对张贴位置、面积、高度及环境维护的规定。

第 68 条　广告的悬挂要求由广告法具体规定。关于招牌与广告悬挂的具体内容由配套规章规定。

第四编　防治有害物质的规定

第一章　防治化学物质的规定

第 69 条　防治化学物质的规定旨在保护人类及其生活环境不受化学物质、制品及产品的威胁，其中包含化学产品自然状态、已经过工业加工状态及加工过程中可能产生的危害。

本章规定不适用于以下情形：

（1）用于科学研究或分析的化学物质；

（2）为保护人类及其生活环境，用于医学、美容、卫生保健、食品原料、农业检疫、肥料、推动文化发展、食品添加剂、制作爆炸物的化学物质及需事先通过申报、许可或授权才可进入市场的物质；

（3）放射性物质。

第 70 条　需根据具体情形、标准及方式许可化学物质进入市场。

需制定危险产品及相关应对措施清单，其中包括完全或部分禁止引进或再出口的产品及产品销毁措施。

本条款的具体实施方式由配套规章规定。

第 71 条　鉴于化学物质的危险性，权力机关有权对上述第 70 条所指清单中或清单外，由生产商或进口商供应的进入买卖市场的化学物质，就以下一个或几个要素实行管控：

（1）市面上含有化学物质的混合制剂；

（2）化学样本或含有化学物质的制剂；

（3）市面上销售、已扩散或分散的多用途纯化学物或混合化学物；

（4）其他一切对人类或环境产生影响的材料。

第二章　防治噪声污染的规定

第 72 条　本章关于防治噪声污染的规定旨在预防、消除或减轻具有危害人体健康、引发严重问题或造成环境污染性质的噪声或震颤声音的传播或传导。

第 73 条　在不违反现行相关条款的前提下，企业、机构、活动中心、未出现在环境保护指定管控的设备分类目录中的永久性暂时性的公共或私人设施产生大量噪声的活动，以及运动类嘈杂性活动、户外极有可能产生噪声危害的活动均为本法管控对象。

第 74 条　上述第 73 条规定的极有可能产生噪声危害或引发上述第 72 条中危害的活动均需得到授权。

授权与否取决于环境影响评估及公众与实际情况相符的意见。

需授权活动清单、授权方式、防治噪声污染总则、活动规则、预防、管理及隔音措施、噪声污染活动远离居民区的条件及管控方式由配套规章规定。

第 75 条　上述第 74 条的规定不适用于国防、民防公共服务、灭火活动及设施，同时也不适用于特殊法律条款下的道路交通基础设施规划及建设活动。

第五编　特别条款

第 76 条　为消除、减少生产过程中产生或产品释放的温室气体及各种类型的污染物，引进相关环境设备的工业企业，可依据财政法的规定，享受特定的财政与税收奖励。

第 77 条　对于优化环境有所贡献的法人或自然人可享受税费优惠政策。优惠比例由财政法具体规定。

第 78 条　针对环境保护设立国家奖励。

该条款的具体实施方式由配套规章规定。

第 79 条　环境教育需纳入教育提纲。

第 80 条　针对主要环境风险的保护措施，主要指：

——对特定区域、工业中心及重大工程的环境评估程序；

——城市中心区绿地化改革程序。

该条款的具体实施方式由配套规章规定。

第六编　环境责任

第一章　关于生物多样性的责任

第 81 条　任何在非必要情形下遗弃、公开或非公开虐待或残忍对待家畜、被驯服或被囚禁动物的个人将被判处 10 日至 3 个月的监禁并处以五千至五万第纳尔的罚金，或择一处罚。

若行为人为累犯，则加倍处罚。

第 82 条　违反本法第 40 条规定的行为人将被处以一万至十万第纳尔的罚金。

出现以下行为的行为人将被同样处以上述处罚：

——在未经上述第 43 条授权，通过野生动物饲养单位出售、租借、冷冻或建立国内外动物标本陈列馆对外展览的行为；

——违反上述第 43 条规定监禁家养、野生或被驯服动物的行为。

若行为人为累犯，则加倍处罚。

第二章　关于保护区的责任

第 83 条　违反本法第 34 条规定的行为人将被处以 10 日至 2 个月的监禁，并处一万第纳尔至十万第纳尔的罚金，两者可单独适用或并处。

若行为人为累犯，则加倍处罚。

第三章　关于空气及大气保护的责任

第 84 条　违反本法第 47 条造成大气污染的行为人将被处以五千至一万五第纳尔的罚金。

若行为人为累犯，则将被处以 2 个月至 6 个月监禁，并被处以五万至十五万第纳尔的罚金，两者可单独适用或并处。

第 85 条　根据上述第 84 条作出判决后，法官仍可命令按规定进行工程整改工作，其所需费用由被告承担。必要时，法官仍可在工程整改完工前禁止行为人使用可能造成大气污染的设备和其他相关设备。

若工程或整改无法进行，法官可为被告设立其履行规章中规定义务的期限。

第 86 条 若行为人未遵守上述第 85 条规定的时效，法院可对其处以五千至一万第纳尔的罚金，并处以每日不低于一千第纳尔的逾期罚金。

另外，法院仍可依法禁止行为人在工程、整改完工或履行义务前使用造成污染的设备。

第 87 条 道路法中关于车辆污染的处罚规定仍适用于本法。

第四章　关于水资源及水域的责任

第 88 条 若出于对严重违法行为进行调查或获取信息需要，检察官或负责案件审理的法官可下令对海船、飞行器、机械设备或本法第 52 条中所指的平台进行封锁。

有管辖权的司法机关可在行为人通过相应支付方式支付保证金后随时撤销封锁。

违约金的用途、使用方式及归还条件由刑事诉讼法中相对应的条文规定。

第 89 条 违反本法第 52、53、54、55、56、57 及 58 条的行为人由行为地有管辖权的法院作出判决。

有管辖权指的是：

——标的物为海船、机械设备或平台，其登记所在地则为有管辖权法院所在地；

——标的物为外国或未经登记的车辆，其行为发生地则为有管辖权法院所在地；

——标的物为飞行器，飞行过程中违法后的飞行降落地则为有管辖权法院所在地。

第 90 条 违反上述第 52 及 53 条，被认定犯罪的国内海船管理人、国内航空机长、海面上指挥机械设备下潜或焚毁的指挥员、水域固定或浮动平台的负责人将被处以 6 个月至 2 年，同时处以十万至一百万第纳尔的罚金，两者可单独或并处。

若行为人为累犯，则加倍处罚。

第 91 条 在上述第 90 条的情形中，机械设备的下潜、浮起或焚毁行为均须在最短期限内由管理人向海事部门报备，否则将被处以五万至二十万第纳尔的罚金。

报备需具体提及上述行为发生的情形。

第 92 条 若未被判处上述第 90 条中的刑罚，但建筑物所有权人、船只、航空器、机械设备或平台负责人的行为违反其制定的相关规则，所有权人或负责人仍将被处以以上刑罚，对其可能处以上述两倍的最高刑罚。

当所有权人或负责人未向船长、机长、机械设备或平台具体操作人制定与本法相匹配的海洋保护规则，所有权人或负责人将被视为行为的共犯。

当所有权人或负责人为法人，上述两段中的责任将由实际负责公司管理、经营的法定代表人或领导人，抑或其授权的人员承担。

第 93 条 触犯 1954 年 5 月 12 日于伦敦签署的《关于预防海洋水域国际公约》及其修正案条例中碳氢化合物排放规则的船长，一旦其向海洋排放碳氢化合物或其混合物的行为被认定为犯罪，则将被处以 1 年至 5 年的监禁，并被处以一百万至一千万第纳尔的罚金，两者可单独或并处。

若行为人为累犯，则加倍处罚。

第 94 条 未触犯上述条款但违反本法第 93 条规定的海船船长将被处以 6 个月至 2 年的监禁，并被处以十万至一百万第纳尔的罚金，两者可单独适用或并处。

若行为人为累犯，则加倍处罚。

第 95 条 上述第 94 条中所指的海船指的是：

——油轮；

——其他推进机器装机功率高于海运部标准的船舶；

——机动式、牵引式或加力式的港口设备、驳船及内河油轮；

国家海军舰艇不适用于上述第 94 条的规定。

第 96 条 在海上油轮经常性通过的阿尔及利亚管辖水域中，本法第 52、53、54、55、56、57 及 58 条同样适用于未经登记的未签订伦敦公约国家的船只以及上述第 95 条中的各类船只。

第 97 条 船长基于其重大错误、过失、疏忽、失职或未遵守法律及规章规定而导致污染水域污染物的排放，并未能及时控制或无法避免污染，则将被国家法院处以十万至一百万第纳尔的罚金。

处罚同样适用于所有权人、负责人或类似上述情形下引起污染事故船只船长的人员。

根据本条款，被认定为能有效避免严重及紧急的、威胁船只安全、人类生活或环境的连续性排放行为无须进行处罚。

第 98 条 任何违反上述第 57 条的行为将被处以十万至一百万第纳尔的罚金。

第 99 条 尽管起诉理由仅为海洋污染物或设备对个人造成损害，但根据本法第 57 条，被法院认定为向水域中投放碳氢化合物或其混合物的行为仍将被处以 1 年至 5 年的监禁，并同处二百万至一千万第纳尔的罚金。

第 100 条 以直接或间接方式向地表水、地下水或法律规定的海洋水域投放、倾倒或放任污染物排放的行为，无论该行为导致了一种还是多种污染物的排放，也无论其对人类健康、动植物损害、浴场效用降低是否仅是造成短暂性不利影响，行为人仍将被处以 2 年的监禁，并处五十万第纳尔的罚金。

若排放行为经其他法令授权，本节条文仅在法令规定不被遵守时适用。

法庭仍可要求被告人恢复海洋生态原状。

该刑罚及处罚方式仍适用于向地表水、地下水、法律规定的海洋水域、沙滩或河岸投放或抛入数量较大废料的行为。

第五章　关于分类机构的责任

第 101 条 违法行为的笔录由司法警察及环境主管部门作出，并需将额外的两份复印件递交至阿尔及利亚行政官及其他国家主管部门。

环境主管部门宣誓如下：

……①

---

① 根据官方下载文本，宣誓誓言处文本为乱码而未翻译。——译者注

第 102 条　未经上述第 19 条的授权而擅自使用机械设备，将被处以 1 年的监禁及五十万第纳尔的罚金。

法庭可在其依照上述第 19 条及第 20 条规定获得授权前禁止其使用机械设备，这一暂时性禁止令受法律保护。

法庭仍可规定其在特定期限内将生态环境恢复至原样。

第 103 条　违反上述第 23 条及第 25 条中中止及终止措施，或违反上述第 102 条禁止令的使用机械设备的行为将被处以 2 年的监禁及一百万第纳尔的罚金。

第 104 条　在特定期限内未遵守禁止令，根据上述第 23 条及第 25 条中技术要求继续使用机械设备的行为将被处以 6 个月的监禁及五十万第纳尔的罚金。

第 105 条　在特定期限内未遵守禁止令，在业务停止后检测、恢复机械设备的使用或开放景点的行为将被处以 6 个月监禁及五十万第纳尔罚金的处罚。

第 106 条　阻止监督、管理或鉴定人员履行职责的行为将被处以 1 年监禁及十万第纳尔罚金的处罚。

第六章　关于环境危害的责任

第 107 条　阻止根据本法负责违法情况搜证及调查机关履行职责的行为将被处以 6 个月监禁及五万第纳尔罚金的处罚。

第 108 条　未经上述 73 条情形下授权的行为将被处以 2 年监禁及二十万第纳尔罚金的处罚。

第七章　关于生活环境的责任

第 109 条　在上述第 66 条中禁止的场所或位置张贴、维护被禁止的广告、招牌或设计招牌的行为将被处以十五万第纳尔罚金的罚金。

第 110 条　罚金的数量根据单次广告、招牌及设计招牌的具体数量决定。

第七编　违法情况搜证与调查

第 111 条　除司法警察单位负责刑事诉讼程序及其依法被授权的职权内监督事项的办公人员及警察外,以下人员也可被授权参与与本法相关的违法情况搜证及调查:

——本法第 21 条及刑事诉讼法中规定的官员及公务人员;

——环境管理部门中的技术官员;

——民防部门的办公人员及公务人员;

——海事部门行政人员;

——港口办公人员;

——国家海岸警卫队公务人员;

——国家海军舰艇指挥员;

——海洋信号工程师;

——国家海船指挥员;

——科技和海洋研究所技术公务员;

——海关公务人员。

由阿尔及利亚领事馆负责搜证域外海洋保护违法行为、收集评估环境影响、公布违法行为人信息及报告国内环境主管部门及其他相关部门。

第八编　最后条款

第 112 条　违反本法的行为事实及过程均须在有效笔录中载明。

笔录需自检察官审讯结束后 15 日内提交至国家检察部门,并在同等期限内将复印件交由当事人保存。

第 113 条　1983 年 2 月 5 日颁布的第 83 – 03 号《环境保护法》从此失效。

上述法律的具体实施条例在新的配套实施规则出台前 24 个月内仍然有效。

第 114 条 本法将会在阿尔及利亚民主共和国《政府公报》上发布。

伊历 1424 年 5 月 19 日，公历 2003 年 7 月 19 日颁布于阿尔及尔。

阿卜杜勒阿齐兹·布特弗利卡

（龙婷 译；李伯军 校）

《埃塞俄比亚环境污染控制法》

（2002 年第 300 号法）*

序　言

鉴于，一些社会和经济发展的努力可能造成环境损害，使这些努力适得其反；

鉴于，保护人类的健康和福祉，维护生物群和自然的价值，是全体人类的责任和义务；

鉴于，消除污染或者在一定情况下利于社会经济发展，减轻污染的活动是可取的；

根据《埃塞俄比亚联邦民主共和国宪法》第 55 条第（1）款，制定本法。

第一章

1. 短标题

本公告可引称为"2002 年第 300 号环境污染控制法"。

2. 定义

在本法中：

＊　法典译文版本信息：本法颁布于 2002 年 12 月 3 日，译文为现行版本。——译者注

（1）"环保署"指环境保护署；

（2）"化学品"指由其自身、混合物、制剂中制造或从自然界获得的元素或化合物；

（3）"有权机关"指依照法律委托，对本规定所称主体负有责任的联邦或地区政府机关；

（4）"主管法院"在联邦政府的情况下是指初审法院，在国家级地区州的情况下是指根据该州法律指定的法院；

（5）"废液"指经处理或未经处理直接或间接进入环境的废水、气体或其他液体；

（6）"环境"指所有物质的总和，无论是处于自然状态还是被人类、其外部空间和影响其质量或数量，以及人类或其他生物的福祉，包括但不限于土地、大气、天气和气候、水、生活事物、声音、气味、味道、社会因素、美学；

（7）"环境巡视员"指根据本法第 7（1）条所指定的主体。

（8）"有害物质"指任何对人体健康或者环境有害的固态、液态或气态物质，或任何植物、动物或者微生物；

（9）"有害废弃物"指任何被认为有害于人类安全、健康或环境的物质；

（10）"人"指自然人或法人；

（11）"污染物"指直接或间接地：

（a）改变接收部分环境的质量，影响其有益使用的物质；

（b）产生有毒物质、疾病、臭味、放射性、噪声，振动、热量或任何其他危险或潜在危害人体健康或者其他生物的现象；

（12）"污染"指通过改变环境任何部分的任何物理的、放射性的、热的、化学的、生物的或其他性质而造成的对生物的健康、安全或福利有危险的或潜在危险的环境状况以及违反本公告或任何其他相关法律项规定的任何条件、限制或禁止。

（13）"地区"指根据《埃塞俄比亚联邦民主共和国宪法》第 47（1）条规定的任何地区包括亚的斯亚贝巴和德雷瓦行政区。

（14）"区域环境机构"指受该区域政府委托，负责保护或管理环境和

自然资源的区域政府机构;

（15）"排放"指以故意或其他方式将污染物排放到环境中。

第二章　污染控制

3. 污染控制

（1）任何人不得违反相关环境标准，污染或致使他人污染环境。

（2）环保署或区域环境机构可对违反法律，向环境排放污染物的人采取行政或相关法律措施。

（3）从事可能造成污染或其他危害环境活动的人，一旦环保署或有关区域环境机构作出决定，须配备合理技术以尽量避免或减少废物的产生，并在可行的情况下采取可回收的方法。

（4）任何造成污染的人应按环保署确定的方式和期限清理或支付清理污染环境的费用，该期限由有关区域环境机构决定。

（5）当任何活动对人类健康或环境构成威胁时，环保署或有关区域环境机构应采取必要措施，关闭或搬迁企业，以防止造成危害。

4. 化学危险废物管理

放射性物质

（1）未经环保署或相关区域环境机构许可，禁止产生、保存、储存、运输、处理或处置任何危险废物。

（2）任何从事收集、回收、运输、处理、处置危险废物的人必须采取适当的预防措施，防止对环境、人类健康和生命安全造成损害。

（3）放射性物质的进口、开采、加工、保管、分配、储存、运输或者使用，应当取得主管机关的许可。

（4）进口、制备、保存、分销、储存、运输或使用属于危险化学品或限制用途的化学品，须取得环保署或有关区域环境机构或任何其他主管机构的许可。

（5）任何从事化学品的制备、生产、生产或运输或经营的人应确保该化学品按照相关标准进行登记、包装和标识。

5. 城市废物管理

（1）各城市应通过城市垃圾综合管理系统，保证收集、运输，并根据情况对城市垃圾进行回收、处理或安全处置。

（2）环保署应与有关区域环境机构合作，监测和评估城市废物管理系统的适当性，并确保其实施的有效性。

（3）公共场所的维护人员，须始终确保提供足够和适当的厕所、容器及其他必要的处置垃圾的设施。

（4）环保署应与相关的区域环境机构和任何其他主管机构合作，监测废物处置设施的使用情况，并采取必要措施确保其可用性令人满意。

第三章　环境标准

6. 环境标准

（1）环保署应与环境机构协商，根据科学和环境原则制定切实可行的环境标准。需要制定标准的行业至少应当包括以下内容：

（a）向水体和污水系统排放污水的标准。

（b）规定大气环境质量的空气质量标准，规定固定污染源和流动污染源的允许排放量。

（c）可用于土壤或可在土壤上或土壤中处置的物质类型和数量标准。

（d）考虑到国内的沉降模式和科学技术能力，规定允许最大噪声水平的标准。

（e）废弃物管理标准，规定各类废弃物产生、处理、贮存、处理、运输和处置的标准和方法。

（2）应规定有害气体的来源，以防止造成危害。

（3）环保署可根据保护和恢复环境的需要，针对不同的区域规定不同的环境标准。

（4）国家级地区州可根据具体情况，采用比联邦一级确定的更严格的环境标准。但是，不得采用比联邦一级更宽松的标准。

（5）环保署可在特定期间内，授权豁免某些为促进公众利益而须遵守特定环境标准规定的责任。

第四章　环境巡视员

7. **环境巡视员**

（1）环境巡视员（以下简称巡视员）由环保署或相关区域环境机构指派。

（2）巡视员在履行其在法规定的权力和职责时，应做到应有的勤勉和公正。

8. **巡视员的权力和职责**

（1）巡视员应具有以下权力和职责：

（a）确保遵守环境标准及其相关要求；

（b）在不损害本条第（3）款和第（6）款的情况下，无须事先通知或具备法院命令，有权随时进入任何土地或处所；

（c）单独或有证人在场的情况下询问任何人；

（d）查阅、复制或摘录与污染有关的任何文件、文档或其他文件；

（e）按要求免费取用任何材料的样品，并进行或促使他方进行检测，以确定其是否对环境或生命造成损害；

（f）拍摄、测量、绘制或检查任何商品、工艺或设施，以确保符合本法和其他相关法律；[①]

（g）根据本法或其他相关法律规定，扣押任何被认为已用于犯罪的物品和设备。

（2）如任何人违反本法或任何其他有关法律的任何条文，当值巡视员须指明违反规定的事项，并可规定限期纠正的措施。

（3）当值巡视员在执行公务时，发现可能造成环境损害的行为时，应当责令立即采取改正措施，直至停止作业。

（4）每名巡视员必须持有环保署或当地环境保护部门颁发的身份证件，并加盖公章，经要求出示证件。

（5）提取样品时，所有人有权出席或派人参加，并通知被抽取样品的人。

（6）当值巡视员执行公务时，除认为上述通知有损监督检查人员有效

---

① 原英文文版本为（i）项，疑为（f）之误，故译文改为（f）。——译者注

履行职责外，应当告知企业经营者。

9. 上诉权

（1）任何人对监察员采取的任何措施有异议的，可在采取措施之日起10日内，视情况向环保署署长或有关区域环境机构提出申诉。

（2）对依据本条第（1）款规定所作出的处理决定不服或者没有作出决定的，可以自处理决定作出之日或者期满之日起三十日内向法院起诉。

10. 激励措施

（1）应根据本法发布的规章来确定鼓励采用能防止或减少现有经营者污染的方法。

（2）进口用于控制污染的新设备，经环保署核定，免征关税。

11. 控诉权

（1）任何人均有权向环保署或有关的区域环境机构对造成环境实际或潜在损害的人提出投诉，而无须表明利益相关。

（2）当环保署或区域环境机构未能在三十日内作出处理决定或投诉人对处理决定不服的，可以在决定作出之日或逾期之日起六十日内向法院起诉。

第五章　犯罪和处罚

12. 一般条例

（1）任何人根据本法或任何其他有关法律构成犯罪，但《刑法》或本法未规定处罚方式，一经定罪即应负以下责任：

（a）如属自然人，处以五千比尔以上一万比尔以下罚金或者一年以下有期徒刑，或两者并罚；

（b）如属法人，对其处以一万比尔以上二万比尔以下罚金。

（2）法人依照本条第（1）项规定被判有罪的，对其负责人应当知道所犯罪行而未适当履行职责的，处五千比尔以上一万比尔以下罚金或者二年以下有期徒刑或拘役，或二者并罚。

（3）除非《刑法》规定了更严厉的处罚，否则本法规定的处罚应适用。

13. 与巡视员有关的犯罪

（1）阻碍、阻挠巡视人员执行公务，不服从巡视人员的合法指令或者要求，冒充巡视人员，拒绝巡视人员进入土地、场所或者阻碍巡视人员查阅资料，阻碍巡视人员查阅、复制、摘录纸质资料、文件或者其他文件，或者对巡视人员隐瞒、误导、谎报的，构成犯罪。

（2）根据本条第（1）款的规定构成犯罪的自然人，一经定罪，可处三千比尔以上一万比尔以下的罚金，如属法人，处以一万比尔以上二万比尔以下的罚金，并对直接负责的主管人员处以一年以上二年以下的有期徒刑，或处以五千比尔以上一万比尔以下的罚金，或两者并罚。

14. 与记录有关的犯罪

任何人均需按照本法规定保存活动或产品、废物的种类、特征、数量或任何其他信息的记录，篡改上述记录，构成违法，处以一万比尔以上二万比尔以下的罚金。

15. 与危险废弃物及其他具有危险性的物质有关的犯罪

（1）未按照法律的规定管理危险废物或者其他物质，或者对危险废物和其他物质未标签、未如实标示或者隐瞒有关情况，或者参加、企图帮助、帮助非法运输危险废物或者其他物品的，是犯罪行为。

（2）自然人犯本条第（1）款所述罪行，一经定罪，可处二万比尔以上五万比尔以下罚金；法人可处五万比尔以上十万比尔以下罚金。并对主管人员处以五年以上十年以下有期徒刑，或并处五千比尔以上一万比尔以下罚金。

16. 与污染有关的犯罪

自然人违反本法或根据本法发布的规章的规定排放污染物，即属犯罪，一经定罪，处以一千比尔以上五千比尔以下的罚金或一年以上十年以下的监禁，或二者并处，法人处以五千比尔以上二万五千比尔以下的罚金。对主管人员处以五年以上十年以下有期徒刑，或处以五千比尔以上一万比尔以下罚金，或两者并罚。

17. 没收和恢复

法院在此之前根据本公告或根据本公告发布的规定而被起诉的人除了对其施加的任何处罚外，还可以：

（a）没收犯罪时使用的有利于国家的物品或以其他方式处置；

（b）清理及处置扣押的物品、化学品或设备的费用由被告人承担；及

（c）被告人恢复到造成损害之前的环境状态，并且在无法恢复时支付适当赔偿。

第六章　其他规定

18. 临时条款

迄今业已发布的规章如符合本法规定可继续适用。

19. 提供信息的义务

（1）任何人从事与本法或任何其他相关法律的任何规定有关的活动，应环保署或有关区域环境机构的要求，提供关于相关活动的信息。

（2）环保署应有权获取所有环境数据和信息。

20. 发布规章的权力

部长委员会可以颁布有效实施本法所必需的规章。

21. 不适用的法律

任何与本法不符的法律或惯例，涉及本法规定的事项均不再适用。

22. 生效日期

本法自 2002 年 12 月 3 日起施行。

2002 年 12 月 3 日签署于亚的斯亚贝巴。

（曹童　译；张小虎　校）

《埃塞俄比亚环境影响评估法》[*]

（2002 年第 299 号法）

序　言

鉴于，环境影响评估用于预测和管理由于修改或终止某项开发活动而使其处于设计、施工、运行或进行中的状态而产生的环境影响，从而有助于预期的发展；

鉴于，在公共文书获得批准之前对可能影响环境的因素进行评估，是协调和整合环境、经济的有效手段，以促进可持续发展的方式将文化和社会因素纳入决策过程；

鉴于，对可能产生不利环境影响的预测和管理，以及最大限度地提高其社会经济效益，将有助于实现《宪法》所载的环境权利和目标；

鉴于，环境影响评估有助于实现行政透明度和问责制，并使公众，特别是社区参与可能影响到公众及其环境的事态发展；

因此，根据《埃塞俄比亚联邦民主共和国宪法》第 55（1）条，特此公告如下。

第一章

1. 短标题

此法可被引述为 2002 年第 299 号"环境影响评估法"。

---

* 法典译文版本信息：本法颁布于 2002 年 12 月 3 日，译文为现行版本。——译者注

2. 定义

在本法中：

（1）"环保署"是指环境保护署；

（2）"环境"是指所有物质的总和，无论是处于自然状态还是被人类、其外部空间和影响其质量或数量，以及人类或其他生物的福祉，包括但不限于土地、大气、天气和气候、水、生活事物、声音、气味、味道、社会因素、美学；

（3）"环境影响评估"是指在实施一项建议时，对其产生的任何积极或消极影响进行鉴别和评估的方法。

（4）"影响"是指任何可能对人类健康或安全、植物、动物、土壤、空气、水、气候、自然或文化遗产、其他物质结构，或总体上影响到环境、社会、经济或文化条件的任何变化；

（5）"许可机构"是指法律授权颁发投资许可证、贸易许可证、经营许可证、工作许可证或商业组织登记证的任何政府机构；

（6）"人"系指任何自然人或法人；

（7）"污染物"是指直接或间接：

（a）改变接收部分环境的质量，影响其有益使用的物质；

（b）产生有毒物质、疾病、臭味、放射性、噪声，振动、热量或任何其他危险或潜在危害人体健康或者其他生物的现象；

（8）"项目"指根据本法发布的任何指令所列类别下的新开发活动、重大扩建或变更或任何现有的工程，或已停止的工程的总计；

（9）"项目申请人"是指公共部门的任何政府机关或发起项目的私营部门的任何人；

（10）"公共文书"系指政策、战略、方案、法律或国际协定；

（11）"地区"是指根据埃塞俄比亚宪法第 47（1）条规定的任何地区包括亚的斯亚贝巴和德雷瓦行政区。

（12）"区域环境机构"是指受该区域委托，负责保护或管理环境和自然资源的区域政府机构。

第二章

3. 一般规定

（1）未经环保署或相关区域环境机构的授权，任何人不得实施根据本法第5条发布的指令中确定需要进行环境影响评估的项目。

（2）在不影响本条第（1）款的前提下，环保署或相关区域环境机构认为本项目可能产生的影响不大时，可决定不要求相关项目申请人进行环境影响评估。

（3）任何许可机构在签发任何项目的投资许可证、贸易许可证或经营许可证之前，应确保环保署或相关区域环境机构已批准实施。

（4）环境影响报告书的批准，或者环境影响评估部门和区域环境保护部门授权，并不免除项目申请人的赔偿责任。

（5）在不影响本条第（4）款的情况下，经证明是受害人本人或者第三人造成损害，并且该受害人、第三人对损害的发生不负有责任的，方可免除责任。

4. 确定影响的考虑因素

（1）项目的影响应根据项目的规模、地点、性质、累积效应和其他同时发生的影响或现象、跨区域效应、持续时间、可逆性或不可逆性等因素进行评估。

（2）在评估一个既有正面效应又有负面效应的项目时，主管部门或相关区域环境机构评估该项目的负面影响应谨慎行事，不能冒险；但如果项目的正面效应只是轻微超过负面效应或者正面效应不是非常确定，那么评估结果应当说明非常可能导致重大负面环境影响。

5. 需要环境影响评估的项目

（1）根据本法发布的任何指令中列出的任何类别的每个项目都应进行环境影响评估。

（2）除其他事项外，根据本条第（1）款提供的任何指令应确定以下类别：

（a）不可能产生负面影响，且不需要进行环境影响评估的项目；

（b）可能产生负面影响并因此需要进行环境影响评估的项目。

6. 跨区域影响评估

（1）申请人应对可能产生跨区域影响的项目进行环境影响评估，并与可能受影响的社区协商。

（2）跨区域影响项目的立项所在地的区域环境保护机构应当确保该项目的环境影响报告书提交环保署。

（3）环保署在对可能造成跨区域影响的项目的环境影响研究报告进行评估前，应当确保与各区域内可能受影响的社区进行协商，听取他们的意见并将其意见公布于众。

第三章

7. 申请人的职责

（1）申请人应进行环境影响评估，确定其项目可能产生的不利影响，并纳入其预防或控制方法，并向环保署或相关区域环境机构提交环境影响研究报告以及环保署或相关区域环境机构认为必要的文件。

（2）申请人应确保其项目的环境影响和由满足主管部门指令要求的专家编制的环境影响研究报告得到执行。

（3）进行环境影响评估和编制环境影响报告书的费用应由申请人承担。

（4）申请人在实施其项目时，必须遵守授权条款。

8. 环境影响研究报告

（1）环境影响研究报告应包含足够的信息，使环保署或相关区域环境机构能够确定项目是否以及在何种条件下进行。

（2）环境影响研究报告至少应包含以下内容：

（a）项目的性质，包括拟采用的技术和工艺；

（b）在执行过程中和操作过程中所排放的污染物的含量和数量；

（c）操作所需的能源和数量；

（d）关于可能的跨区域影响的信息；

（e）所有预计的直接或间接、积极或消极影响的特点和持续时间；

（f）为消除、最大限度地减少或减少负面影响而建议的措施；

（g）发生事故时的应急计划；

（h）以及实施和运行过程中的自我审核和监督程序。

（3）环保署应发布指南，确定准备和评估环境影响所需的条件。

9. 环境影响研究报告审查

（1）提交环保署或相关区域环境机构审查的环境影响研究报告应包括一份简短的声明，以非技术性术语阐述研究报告内容，并确认研究报告中所涉信息的完整性和准确性。

（2）环保署或有关区域环境机构在考虑公众意见和专家意见基础上对环境影响研究报告进行评估后，应当在 15 个工作日内：

（a）在确信该项目不会造成负面影响的情况下无条件批准该项目，并签发授权书；

（b）经认定能够有效消除或者减轻不利影响的，对该项目附条件地予以批准和签发授权书；

（c）如果确信无法避免负面影响，则拒绝实施项目。

10. 经批准的环境影响报告书的效力

（1）环境影响研究报告书授权期限届满，未按照授权期限实施的，该项目的环境影响报告书批准书即行失效。

（2）对依据本条第（1）款所作决定的适当性提出异议者，可酌情向环保署或有关的区域环境机构提出申请。

（3）环保署或有关的环境保护署应在收到根据本条第（2）款提出的申请之日起 30 日内，除特殊情况外，作出是否延长报告有效期或责令修订或重新进行环境影响评估的决定。

第四章

11. 新情况的发生

如果在提交环境影响研究报告后发现有重大影响的不可预见事实，环保署或相关区域环境机构可酌情，下令修改或重做环境影响评估，以解决影响。

12. 实施监测

（1）环保署或相关区域环境机构应监督授权项目的实施情况，以评估授权期间项目申请人所作的所有承诺和义务的遵守情况。

（2）当申请人未能按照其所订立的合同或对其施加的义务实施授权项目时，环保署或相关区域环境机构可命令其采取特定的整改措施。

（3）任何其他授权或许可机构应根据环保署或相关区域环境机构暂停或取消任何项目实施授权的决定，暂停或取消其可能签发的有利于项目的许可。

13. 环境影响评估公共文书

（1）根据本条第（2）款发布的任何指令中任何类别的公共文书，应在批准前进行环境影响评估。

（2）环保署应发布指南，以确定可能产生重大环境影响的公共文书的类别及其影响评估程序。

（3）根据本条第（2）款发布的指令，环保署或政府发起任何需要进行环境影响评估的类别的公共文书，应确保其已接受环境影响评估。

（4）任何政府机关应与环保署合作，以便评估其编制的公共文书对环境造成的影响。

14. 管辖权

（1）环保署负责对环境影响报告书进行评估，并监督其在联邦机构许可、执行或监督下实施，或有可能产生跨地区影响时的监测。

（2）如果项目不需要得到联邦机构的许可、执行和监督，并且不太可能产生跨地区的影响，则由各地区环境保护部门负责评估授权或者监督其环境影响研究报告的实施。

第五章

15. 公众参与

（1）环境影响报告书应由环保署或者相关区域环境保护机构公开征求意见。

（2）环保署或相关区域环境机构应确保将公众，特别是可能受项目实施影响的社区的意见纳入环境影响研究报告及其评估中。

16. 激励措施

（1）环保署或有关的区域环境机构应在其所能提供的能力范围内，支持旨在修复退化环境的项目的实施。

（2）在不影响本条第（1）款的情况下，环保署可在其能力允许的范围内，提供任何环境恢复或污染预防或清除项目的财政和技术支持，以支付额外费用。

17. 申诉程序

（1）任何人对环保署或相关区域环境机构关于本项目的授权或监督或任何决定不服，均可向环保署署长或相关区域环境机构负责人提交申诉申请。

（2）环保署署长或相关区域环境机构负责人在接到根据上述第（1）项的规定所做的投诉之日起 30 天内应当作出决定。

第六章

18. 犯罪及刑罚

（1）在不违背《刑法典》规定的前提下，任何人违反本法或任何其他有关法律或法规的规定，即构成犯罪，应承担相应的责任。

（2）任何未经环保署或区域环境保护机构批准，或在环境影响报告书中作虚假陈述，构成犯罪的，依法追究刑事责任，可处五万比尔以上十万比尔以下的罚金。

（3）任何人如果未能根据本法保存记录或未达到授权条件，即属犯罪，可处一万比尔以上二万比尔以下罚金。

（4）法人犯罪时，除应受处罚外，对其还可以判处以下刑罚；负责人未能勤勉尽责的，还应被处以五千比尔以上一万比尔以下的罚金。

（5）任何人因本法或条例或其指示所定罪行而被法庭检控，除可判处刑罚外，还可命令被定罪的人恢复原状或以任何其他方式补偿所造成的损害。

第七章　其他规定

19. 发布规章的权力
部长委员会可以颁布有效实施本公告所必需的规章。

20. 有权发布指令
环保署可发布有效执行本公告所需的指令。

21. 合作的义务
任何人都有义务配合本法的实施。

22. 不适用的法律
任何与本法不符的法律或惯例，涉及本法规定的事项均不适用。

23. 生效日期
本法自 2002 年 12 月 3 日起施行。

2002 年 12 月 3 日签署于亚的斯亚贝巴。

埃塞俄比亚联邦民主共和国总统吉尔马·沃尔德·齐治斯（Girma Wdde-Giorgis）

（曹童　译；张小虎　校）

《加纳环境保护署法》*

（1994 年第 490 号法）

此法是为了修正和巩固环境保护、农药控制和管理及其有关事项的相关法律而制定。

第一章 环境保护机构的设立

1. 机构的设立

（1）现设立一个叫"环境保护"的机构——环保署。

（2）环保署是一个永久延续的法人团体，并加盖公章，且可以公司名义起诉和被起诉。

（3）环保署在执行其职能时，可取得和持有动产或不动产，并可以订立合同或进行其他交易。

2. 职能

环保署的职能是：

（a）就环境政策的制定向部长提供咨询意见，特别是对保护环境方面提出建议；

（b）协调与环境技术或实际方面有关的机构活动，并为这些机构与环境部之间提供沟通渠道；

（c）协调有关机构管制工业废物的产生、加工、贮存、运输和处置的

---

* 法典译文版本信息：本法颁布于 1994 年，译文为现行版本。

活动；

（d）自行或与其他人或团体合作，确保控制和防止废物的排放，并保护和改善环境质量；

（e）为本法的目的与外国和国际机构协商与合作；

（f）① 签发环境许可证及污染消减通知书，以管制废物的排放、储存或任何其他污染源及对环境或部分环境质量有危险或潜在危险的物质的数量、类型、成分及影响；

（g）以指令、程序或警告的形式向任何其他人或团体发出通知，以控制环境中噪声的音量、强度和质量；

（h）就空气、水、土地及任何其他形式的环境污染，包括废物的排放和有毒物质的管制，规定标准及准则；

（i）确保开发项目在规划和执行过程中遵守规定的环境影响评价程序，包括现有项目执行的合规性；

（j）与政府机构、区议会和其他机关以及控制污染和保护环境的机构保持联络和合作；

（k）对环境问题进行调查，并就这些问题向部长提出建议；

（l）促进研究、调查、检测和分析，以改善和保护共和国的环境，维护健全的生态系统；

（m）发起和推行正规和非正规教育方案，提高公众对环境及国家经济和社会生活的重要性的认识；

（n）促进环境管理的有效规划；

（o）建立环境与环境保护综合数据库，为公众提供参考；

（p）组织培训会，制定培训方案，收集和公布与环境有关的报告和资料；

（q）依照本法和本条例征收环境保护税；

（r）规范农药的进出口、生产、分销、销售和使用；

（s）履行本法或任何其他法令赋予的任何其他职能。

---

① 英文原版为（j），疑为（f）之误，故译文改为（f）。——译者注

3. 部长的指示

为了公共利益，部长可就政策事项向环保署执行其职能发出一般性指示。

4. 管理机构

（1）环保署的管理机构是由下列人员组成的理事会：

（a）熟知环境事务的人担任理事长，

（b）执行理事，

（c）科学和工业研究委员会的一名代表，不低于首席调查官的职级，

（d）加纳标准理事会的一名代表，不低于首席科学官的级别，

（e）环境部、地方政府、财政部、卫生部和教育部各派一名不低于主任级别的代表，

（f）加纳工业协会的一名代表，以及

（g）其他三位是有金融或商业方面知识的人，其中至少有一位是妇女。

（2）理事会成员应由总统根据《宪法》第70条任命。

（3）总统在根据本条作出委任时，应考虑有关人士在与环境有关的事项上的知识、专长及经验。

5. 任期

（1）执行理事以外的成员，

（a）任职不超过三年，可以连任；

（b）可随时致函总统辞去职务。

（2）无充分理由连续三次缺席理事会议的理事不再是理事会成员。

（3）总统可以因不能履行职务、行为不端或其他正当理由罢免议员。

（4）理事长应在理事会成员出现空缺后一个月内通过部长通知总统。

6. 津贴

应向成员支付的津贴，由环境部长与财政部长协商确定。

7. 理事会会议

（1）理事会通常应至少每三个月举行一次会议，以便在理事长确定的时间和地点分派业务。

（2）应不少于三分之一的成员的要求，理事长应召开理事会特别会议。

（3）理事会议由理事长主持，理事长不在时，由出席会议的理事推举一人主持。

（4）理事会会议的法定人数应由执行理事或以执行理事身份行事的人和其他六名成员组成，就与政策或财务有关的重要事项或问题，应由理事会确定更多的成员组成。

（5）除第（4）款另有规定外，由理事会确定的事应由出席并参加表决的成员过半数决定。

（6）在票数相等的情况下，理事长或主持理事会会议的人有权投决定票。

（7）理事会可要求非理事会成员的人出席其任何会议，但该人不得在会议上就某一事项进行表决。

（8）理事会议程序的有效性不受其成员空缺或成员的任命或资格缺陷的影响。

（9）理事会应根据本条决定和规范其自身程序。

8. 利害关系的披露

（1）与理事会审议的事项有直接或间接利害关系的成员

（a）应披露与该事项权益的性质，以及

（b）不得参与理事会就该事项进行的审议或作出的决定。

（2）未能根据第（2）款披露利害关系的理事终止其理事资格。①

9. 理事委员会

环保署在执行管理职能时，可将理事会成员或非成员，或二者兼有人员组成理事委员会，并将环保署可决定的管理职能指派给每个委员会成员。

10. 危险化工委员会

（1）在不损害第9条的原则下，现设立一个委员会，名为危险化学品委员会，由

（a）执行委员作为委员长，

（b）下列单位的一名代表：

（i）加纳标准理事会，

（ii）加纳原子能委员会，

（iii）加纳可可理事会，

---

① 原文如此，疑为第（1）款之误。——译者注

（iv） 食品与农业部农作物服务司，

（v） 食品和农业部兽医服务司，

（vi） 科学和工业研究委员会。

（c） 由理事会提名三名来自环保署的官员，

（d） 由环境部长提名其他三名在有毒化学品管理方面有专门知识和经验的人员。

（2） 危险化学品委员会的职能是，

（a） 通过收集有关危险化学品进口、出口、制造、分销、销售、使用和处理的信息，监测危险化学品的使用情况，

（b） 就危险化学品的监管和管理向委员会和执行委员提供建议，以及

（c） 履行委员会或执行委员可能指示的与化学品有关的任何其他职能。

11. 区域和地区办事处

（1） 在各地区首府和各区，由理事会决定设立环保署的区域和地区办事处。

（2） 区域或地区办事处应设有公职人员，该公职人员可由理事会与公务员事务委员会协商后决定。

（3） 区域或地区办事处应履行理事会授予的职能。

执行与管控

12. 环境影响评价

（1） 根据理事会建议环保署可书面通知对环境有或可能有不利影响的企业，在通知所指明的期间提交环境影响评价。

（2） 环保署根据第（1）款发出通知时，应向就影响环境事宜负责发放牌照、许可证、批准书或同意书的机关或政府部门告知该通知业已发出，并告知该机关或部门不得发放许可证、许可证、批准书或同意书，除非在其遵守通知后，事先得到环保署的书面批准。

13. 执行通知

（1） 理事会如认为某项经营的活动对环境或公众健康构成严重威胁，应向该项经营的负责人送达一份执行通知书，要求该负责人采取理事会规定的步骤，以阻止或停止活动。

（2） 执行通知须指明

（a）违法的行为，

（b）需要采取的措施，

（c）采取措施的时间，以及

（d）必要时犯罪活动的立即停止。

（3）任何人违反根据第（1）款发出的执行通知，即属犯罪，经简易程序定罪，可处不超过 250 罚金单位的罚金及 1 年以下监禁，或同时处罚金及监禁。

14. 部长的职权

（1）根据第 13 条第（1）款获得送达通知书的人，没有在理事会可能批予的规定时间或较长期间内遵从通知书所载的指示，则在不损害根据第 13 条第（3）款提出的检控的情况下，部长可以采取适当步骤确保执行该通知。

（2）为实现第（1）款之目的，警务人员、环保署人员或部长授权的公职人员可使用所需的强制力以确保遵守执行通知。

（3）任何人妨碍或妨碍其他根据本条行事的人，即属犯罪，经简易程序定罪，可处不超过 200 罚金单位的罚金以及 6 个月以下的监禁，或同时处罚金及监禁。

（4）除非法院另有裁决，否则部长或机构为防止或制止犯罪活动而支出的合理费用，可作为民事债务向责任人追偿。

15. 环境保护巡视员

（1）为本法之目的，理事会可任命环境保护巡视员。

（2）巡视员或由理事会授权的人员

（a）除享有第 54 条所规定的权力外，可在合理时间进入任何场所，以确保遵守本法规或其他与环境保护有关的法规，以及

（b）如场所的负责人要求，则须出示所需的授权书。

（3）任何人侵犯或妨碍正式授权的人执行第（2）款所指的职能，即属犯罪，一经简易程序定罪，可处不超过 200 罚金单位的罚金或 6 个月以下的监禁，或同时处罚金及监禁。

国家环境基金

16. 基金的设立

（1）现设立国家环境基金。

（2）基金包括

（a）政府为保护或改善环境而提供的补助金，

（b）环保署在履行其职能时收取的税款，以及

（c）给环保署的捐赠物和赠送物。

17. 基金设立的宗旨

基金款项须应用于

（a）公众环境教育，

（b）与环保署职能有关的研究、学习和调查，

（c）人力资源开发，以及

（d）理事会与环境部长协商确定的其他目标。

18. 基金的管理

（1）基金由理事会、财务总管和总会计师或财务总管和总会计师的两名代表管理。

（2）基金内的款项应存入在财务总管及总会计师批准后由理事会开立的银行账户。

（3）第25条及26条关于账目、审计和年度报告适用于基金的管理。

19. 基金理事会的职能

（1）为管理基金，理事会应

（a）为基金创造资金制定方案，

（b）根据基金的宗旨确定基金划拨的款项，以及

（c）确定基金年度目标。

（2）理事会可将其认为适当的部分基金投资于政府证券，或以部长与财政部长协商批准的方式投资。

（3）从基金中支付的款项应由理事长、执行理事和理事会其他一名成员签字。

管理

20. 环保署的部门

理事会可在环保署内设立有效履行环保署职能所必需的部门。

21. 执行理事

（1）执行理事由总统根据《宪法》第195条任命，为环保署的首席执行官。

（2）执行理事根据任命书中规定的条款和条件任职。

（3）根据理事会的一般指示，执行理事负责指导环保署的工作方向，处理环保署的日常事务，并确保执行理事会的决定。

（4）执行理事可以书面形式将一项职能委托给环保署的一名职员，同时保留履行委托职能的最终责任。

（5）执行理事为基金秘书。

22. 其他职员的任命

（1）为适当和有效地履行环保署职能，总统根据宪法第195条和总统确定的规定和条件任命其他官员和雇员。

（2）其他公职人员可调任或借调到环保署。

（3）环保署可聘请专家和顾问提供服务。

23. 权力的下放

总统可根据《宪法》第195条第（2）款的规定，将环保署公职人员的任命权下放。

24. 环保署的财政

理事会应在财政年度结束前至少三个月，编制并向部长提交下一财政年度环保署的收入和支出概算，以提交议会。

25. 账目和审计

（1）理事会应按照审计长确定的格式，适当地保存账簿和其他记录。

（2）理事会应在财政年度结束后三个月内，将环保署的账簿和记录提交审计长审计。

（3）审计长应在根据第（2）款提交报告后的三个月内对环保署的账簿和记录进行审计，并向部长提交报告副本，部长应将报告提交议会。

（4）经部长事先批准，审计长可发布关于进行审计或进行补充审计的指示。

（5）环保署的财政年度应与政府的财政年度相同。

（6）执行理事应编制每个财政年度的预算，并将预估数提交理事会核准，然后按照第 24 条的规定转交部长。

26. 年度报告和其他报告

（1）理事会应在财政年度结束后七个月内，向部长提交一份关于该年度环保署活动的年度报告，其中应包括审计长的报告。

（2）部长应在一个月内将年度报告提交议会，并附上部长认为必要的声明。

（3）理事会应向部长提交部长可能书面要求的其他报告。

27. 提供信息及未提供信息的处罚

（1）执行理事或由执行理事授权的环保署职员可以书面形式向任何人提出要求，或要求任何人在书面规定的时间和地点出席，以提供执行理事认为合理的为本法之目的所必需的信息。

（2）任何人，他

（a）没有合理的理由

（i）未能提供根据第（1）款要求的资料，或

（ii）拒绝或未能按照第（1）款的要求出席；

（b）提供虚假信息或该人没有理由相信是真实的信息，或

（c）妨碍公职人员依法履行本法规定的职责，

即属犯罪，一经简易程序定罪，可处不超过 250 罚金单位的罚金或 1 年以内监禁，或同时处罚金及监禁。①

（3）如果法人根据本法或其规章构成犯罪则

（a）如果是公司而非合伙，该公司的每名董事或高级管理人员构成犯罪；

（b）如属合伙，则每名合伙人或高级管理人员构成犯罪。

（4）根据本条第（3）款定罪时，如果涉嫌犯罪的人证明其不知情或没有默许犯罪，并且具有为防止犯罪而尽到应有的注意和勤勉义务的情节，则不构成犯罪。

---

① 原文本中存在第 27 条（3）和（4）款，但其与本条内容不符，且与第 59 条重复，故此处删除。——译者注

第二章　农药管控和农药登记管理[*]

农药登记

28. 登记

（1）任何人不得进口、出口、制造、分销、宣传、销售或使用农药，除非该农药已由环保署按照本法进行登记。

（2）除第（1）款另有规定外，环保署可授权进口未登记的农药。

（a）如果农药是

（i）用于实验或研究目的而非分销，或者

（ii）在国家紧急情况下使用，或

（iii）只在加纳共和国过境运输，且经理事会确认该农药准许进入目的地国，或

（b）部长根据立法文件规定。

（c）在下列情况下，环保署可授权生产未经注册供出口的农药将按照进口商提供的规格生产，以及

（d）该规格符合出口国适用的要求。

（3）环保署可以授权制造未登记的农药，以用于出口，如果

（a）该农药根据进口商的特定要求而制造，且

（b）该特定要求符合该国用于出口目的的需要。

（4）在决定是否批准某农药的注册及注册农药的分类时，理事会须考虑

（a）农药制剂的特性，如急性经皮肤、经口腔或吸入毒性；

（b）农药的持久性、迁移性和对生物浓度的敏感性；

（c）从使用农药中获得的经验，例如滥用农药的可能性和任何与现有实验室毒理学信息相反的良好安全记录；

（d）其使用模式的相对危险性，例如颗粒状土壤应用、超低容量或粉尘空中应用或鼓风喷雾器应用；

---

[*]　该部分在1996年《农药控制和管理法》（第528号法）已有规定。

（e）预期应用的范围；

（f）可能向申请人或公共机构要求的支持数据和其他技术信息；以及

（g）其他与农药管理有关的事项。

29. 注册登记申请书

（1）任何人均可向环保署申请农药注册。

（2）申请书应采用规定的格式，并附有规定的费用、资料、样品和环保署确定的其他材料。

30. 农药的分类

（1）为登记之目的，环保署应将农药分类为

（a）如根据第 28 条第（3）款后，就一般用途而言，该农药在申请注册时，应考虑到不会对环境造成不合理的不利影响；

（b）如在无附加监管限制的情况下，按照普遍公认的惯例使用农药可能对人、动物、作物或环境造成不合理的不利影响，应限制使用或暂停使用；或

（c）禁用的农药。

（2）根据第（1）款分类为限制、暂停或禁用的农药须遵守第 63 条中规定的先前知情同意程序。

31. 批准

环保署可在符合规定条件的情况下批准一种农药，只有在该农药符合规定条件的情况下，才可对其进行登记

（a）农药在预期应用上是安全有效的，以及

（b）该农药已在当地条件下进行了药效和安全性测试。

32. 临时许可

（1）关于农药的注册申请，环保署应确定

（a）注册所需的大部分信息已提供给登记机关，以及

（b）农药不会对人、动物、作物或环境造成毒性危险，

未经登记即在农药注册之前，可以临时许可农药使用。

（2）临时许可应符合登记机关书面规定的条件。

（3）如果农药登记申请被拒绝，环保署应取消临时许可。

33. 临时许可的期限

（1）临时许可农药的有效期不超过经理事会确定的一年。

（2）环保署可要求申请人

（a）提交信息，以及

（b）样品分析

环保署认为有必要以此确定是否给予临时许可，以及在何种条件下应给予临时许可。

34. 农药登记的驳回

农药被环保署拒绝登记的，应当自决定之日起 14 日内，将拒绝登记的情况和拒绝登记的理由书面通知申请人。

35. 注册期限及注册续期

（1）农药登记自登记之日起，有效期不超过 3 年。

（2）环保署如确信已登记的农药在加纳共和国内仍然安全有效，可登记一次续期三年。

（3）农药注册的续期须

（a）提交给环保署可能要求的信息、分析或样品，以及

（b）环保署确定的其他条件。

36. 机密信息的保密

除非获得法律授权，否则环保署不得披露申请人就农药注册或更新而提供的、经环保署和申请人同意的机密信息。

37. 环保署修改、禁止或暂停使用农药的权力

环保署如确认某注册农药在其现有注册条件或临时许可下

（a）无效，或

（b）可能对人、动物、农作物或环境造成危害，

可在注册后任何时间或在临时许可期内，在政府公报上修改农药分类、暂停或禁止该农药或取消注册或临时许可。

38. 农药登记册

（1）环保署须备存农药登记册，在登记册内，环保署须记录已登记及临时许可农药的名称及详情。

（2）农药登记册的内容应由环保署定期审查。

39. 政府公报的发布

环保署须每年在政府公报发布

（a）注册的农药及其分类，

（b）临时许可的农药，

（c）暂停或禁用的农药，以及

（d）对农药分类的修改。

农药经销商

40. 农药经营许可证

（1）除依照本法颁发的许可证外，任何人不得进口、出口、制造、分销、宣传或销售农药。

（2）根据本法颁发的许可证应符合环保署书面规定的条件。

41. 豁免

环保署可根据立法文书豁免该文书所指明的农药，使其不受第 40 条规定的许可证的规制。

42. 申请经销商许可证

农药的进口、出口、生产、分销、宣传或者销售，应当按照规定的格式向环保署提出申请，申请书应当附有已支付环保署规定的费用和所需的资料。

43. 经销商许可证的颁发

如果环保署有合理理由相信申请人遵守许可证规定的条件，环保署可签发许可证，授权申请人进口、出口、制造、分销、宣传或销售农药。

44. 农药使用的保障措施

（1）任何人不得以不符合本法或本条例的方式使用或要求员工使用农药。

（2）与使用农药有关的人，应当将滥用农药的危险告知其他使用农药的人。

（3）条例规定某农药应由环保署授权的人使用或在其监督下使用，除非得到授权或监督，否则任何人不得使用该农药。

（4）在不提供和要求员工使用防护设施和安全操作农药的衣物的情况

下，任何人不得要求或准许员工在受雇期间操作或使用农药。

（5）发放许可证的条件是须备有防护设施和衣物，因此雇主在员工使用或操作与许可证有关的农药时，应提供符合规定的设施及衣物。

（6）除非符合农药使用规定，任何人不得收获或出售使用过农药的食物，包括在种植和收获期间使用过农药的食物。

45. 许可证的暂停，取消

环保署可暂停或取消执照

（a）如果有合理理由相信经营者未能或拒绝遵守本法、法规或许可的其他条件，或

（b）取消或暂停应当是防止或消除对人类、作物、动物或环境的危害所必需的。

46. 申诉（上诉）

（1）经营者因不服许可证被吊销或取消，可向部长提出申诉。

（2）部长应在收到申诉书面通知后30天内做出决定。

（3）经营者如有下列情况之一，可向高等法院上诉

（a）由于部长未能在30天内做出决定，或

（b）对部长的决定不服。

47. 一般监管权

环保署可在指定时间内限制或禁止在指定地区使用注册农药。

48. 符合登记的农药

（1）任何人不得改变农药的配方、成分或用法，或以任何其他方式改变农药属性。

（2）任何人不得售卖根据第28条第（2）款（b）项输入的登记或临时许可的农药或未登记的农药，如由于

（a）生产过失，

（b）变质，或

（c）事故或其他原因，

该农药不符合登记条件、临时许可条件或授权条件。

49. 已登记农药的宣传

任何人不得以下列之一方式宣传已登记或临时许可的农药

（a）虚假的，

（b）有误导性或与申请时提供给环保署的信息不一致的，或

（c）忽略环保署规定的警示。

50. 农药容器和包装

（1）环保署可规定批发和零售农药所要求的容器、标签和包装方式。

（2）登记农药的容器、标签或者包装，由环保署规定，任何人不得

（a）制造、进口、出口、分销、宣传或销售注册农药，除了该农药的包装或容器符合规定，或

（b）涂改农药的标签而误导农药的性质。

51. 记录和报告

任何人进口、出口、制造、分销或销售农药，须记录该人进口、出口、制造、分销或销售的农药的数量，而该记录应

（a）自制作之日起，保持十年，以及

（b）在环保署要求的时间和方式下提供给环保署。

52. 理事会行使职能

（1）本法赋予环保署的职能由理事会行使。

（2）理事会可根据本法将任何职能委托给理事会委员会、理事会成员或其他人。

53. 农药技术委员会

（1）现设立农药技术委员会，其成员包括

（a）理事会任命的主席，

（b）加纳原子能委员会国家核研究所化学系主管，

（c）一名拥有加纳可可理事会可可服务部农药方面的专门知识的代表，其级别不低于执行理事，

（d）粮食和农业部植物保护和监督服务部主任，

（e）食品和农业部兽医服务部主任，

（f）卫生部的一名代表，

（g）加纳标准委员会一名不低于高级科学官员级别的代表，

（h）一名来自海关、税务和预防服务部的代表，职级不低于首席执行官，

（i）加纳工业协会的一名代表，

（j）加纳全国农民和渔民协会的一名代表，

（k）土地和林业部的一名代表，

（l）一名环保署的代表，其级别不低于资深项目官员，并担任委员会秘书；及

（m）环境部的一名代表。

（2）委员会应履行理事会赋予的职能。

（3）委员会会议到会的法定人数为7人。

（4）委员会应规范自己的程序。

执行

54. 巡视员职权

（1）区议会有关小组委员会委员或根据第15条任命的巡视员可以

（a）检查使用农药的设备；

（b）检查农药储存、处置设施或者农药储存、处置场所；

（c）检查实际或报告接触农药的土地；

（d）调查因使用农药而对人和动物造成伤害或对土地和水源造成损害的投诉；

（e）采集已使用或即将使用的农药样品；

（f）监督农药的销售和使用；

（g）审查许可证或本法或条例要求的其他文件和复印。

（2）巡视员如有合理理由相信有人已违反本法规定或违反条例的罪行，虽没有搜查令，

（a）可进入和搜查认为犯罪或非法使用的农药正在储存的场所，专门用作居住的场所除外；

（b）可拦截并搜查认为正用于犯罪的车辆；

（c）可扣押认为在犯罪过程中使用的设备、农药或器具；

（d）可逮捕涉嫌犯罪的人。

（3）巡视员须在合理切实可行范围内，对依据第（1）款没收的物品或物件开出书面收据，并在收据中说明没收的理由。

（4）根据第（1）款被逮捕的人，须在 48 小时内送交法院。

（5）任何情况下，在巡视员进入和搜查任何处所前，应要求其出示搜查该处所的授权证明。

55. 分析及证明

（1）为分析而采集的农药样品应提交给环保署指定的分析员进行分析。

（2）在根据本法进行的诉讼中，出示由环保署指定的分析员签署的证书是证明所述事实的初步证据。

56. 妨碍巡视员工作的处分

任何人

（a）妨碍巡视员行使本法或条例赋予的权力，或

（b）不服从巡视员根据第 54 条作出的合法查询或规定，

即属犯罪，一经定罪，可处不超过 200 罚金单位的罚金或 6 个月以下的监禁，或同时处罚金及监禁。

57. 其他罪行和处罚

（1）任何人

（a）除第 28 条第（2）款另有规定或获豁免外，进口、出口、制造商、分销商、广告商、售卖或使用未经登记的农药，

（b）违反第 40 条第（1）款的规定，未经许可而进口、出口、制造、分销、宣传或销售农药，或

（c）违反第 44 条的规定使用农药或要求员工使用农药，或

（d）以违反第 48 条第（1）款的方式改变农药配方、成分或使用，或

（e）违反第 48 条第（2）款的规定销售登记或临时许可的农药，该农药因生产、变质、事故或其他原因不符合本法规定的条件，或

（f）违反第 50 条第（2）款就农药的供应而制定的规定，

即属犯罪，一经定罪，可处不超过 500 罚金单位的罚金或两年以内监禁，或同时处罚金及监禁，如属连续犯，可就犯罪持续期间，每日另处不超过 25 罚金单位的罚金。

（2）违反第 49 条的人

（a）以虚假、误导或与登记时提供给登记机关的信息不一致的方式宣传农药，或

（b）包括在农药标签或附带说明中误导或虚构的声明，

即属犯罪，一经定罪，可处不超过 250 罚金单位的罚金或一年以内的监禁，如属连续犯，则可就犯罪持续期间，每天另处不超过 10 罚金单位的罚金。

（3）任何人

（a）不能或拒绝保存或提交待保存记录的内容，或

（b）故意或疏忽作出虚假记录，或

（c）提交虚假或误导性陈述，

即属犯罪，一经定罪，可处不超过 200 罚金单位的罚金或 12 个月以内的监禁；如属连续犯，则可就犯罪持续期间，每天另处不超过 10 罚金单位的罚金。

（4）除本法另有规定外，若任何人披露其在履行本法规定的职能时获得的专有信息，即属犯罪，一经定罪，可处 200 罚金单位以下的罚金或 12 个月以内的监禁，或同时处罚金及监禁。

58. 农药的销售

被起诉违反第 28 条售卖农药的人，如提出抗辩，则不能作为免责辩护的是

（a）在出售时，有合理理由相信该农药已注册，或声称与该容器内的内容物并无差异，或

（b）出售的该农药不违反本法的规定。

59. 集团犯罪

（1）凡一集团被判犯有本法所规定的罪行

（a）如果是公司，而非合伙，该公司的每名董事或高级管理人员均构成犯罪；

（b）如属合伙，则每名合伙人或高级管理人员均构成犯罪。

（2）根据第（1）款涉嫌犯罪的人如果证明具有下列情形则不构成犯罪

（a）不知情或没有默许犯罪，并且

（b）具有为防止犯罪而尽到应有的注意和勤勉义务的情节。

60. 没收

任何人因违反本法或本条例被定罪的，法院除可判处刑罚外，亦可将

犯该罪行所使用的设备、农药或器具没收给加纳共和国，而根据本法颁发的许可证应在法院指示的期限内暂停或取消。

其他规定

61. 海关人员

（1）海关人员

（a）应协助执行本法，以及

（b）应防止违反本法的农药进口。

（2）环保署须向海关关长提供持有许可证进口商的名单及已注册及禁用农药的名单。

（3）关长须备存进口农药的记录，并须根据环保署的指示定期向环保署呈交副本。

62. 规章

（1）部长可根据理事会的建议，通过立法方式，制定规章

（a）与保护、发展和恢复环境有关的标准和业务守则；

（b）环保署要求的关于开发项目的类别、企业、建筑或环境影响评价的进展或环境管理计划；

（c）可能释放到环境中的物质的类型、数量、条件或浓度；

（d）制造、进口、使用、收集、储存、再利用、回收和处置可能对环境有害的物质；

（e）废弃物的一般处置；

（f）任何特定动植物物种的保护；

（g）须缴付费用的事项及须缴付的款额；

（h）根据本法要求许可的事项；以及

（i）为使本法生效的一般性条款。

（2）尽管有1959年《法定文书法》，（第52号）第9条的规定，根据本法制定的条例可处以不超过250罚金单位的罚金或1年以内的监禁，或同时处罚金及监禁，如在犯罪持续期间，则每天另处以不超过10罚金单位的附加罚金。

（3）部长可根据理事会的建议，并与粮食和农业部部长协商，通过立法，制定相关规章

（a）农药的制造、进口、出口、分销和销售；

（b）对重大农药事故的报告或委派人员或办公室对事故以及报告的程序；

（c）认为可能对人、蔬菜、农作物、牲畜、野生动物或益虫造成伤害或可能污染环境的农药或农药容器的储存、运输和处置程序；

（d）农药标签的形式和内容；

（e）登记农药的包装方法；

（f）农药容器及其处置；

（g）农药宣传广告；

（h）该农药的用途及使用方式；

（i）使用或经营农药的场所的许可证；

（j）接触农药后的农作物收割、屠宰和挤奶的行为（包括在农作物种植期间实施的此种行为）；

（k）根据授权条款在授权人的监督下施用农药；

（l）农药分析；

（m）处理农药时使用的设施或穿戴的衣物；

（n）农药的处置；

（o）进口、制造、配制、分销、销售农药的人员应当保存的记录；

（p）农药的空中施用；

（q）农药喷洒器；

（r）根据许可证的要求，豁免某些特定种类和数量的农药的进口；

（s）环保署对经销商的许可以及农药登记费用的规定；及

（t）为了使这项法令生效的一般性规定。

（4）违反本条任何条款，处以不超过250罚金单位的罚金或1年以内的监禁，或同时处罚金及监禁，如在犯罪持续期间，则每天处以不超过10罚金单位的附加罚金。

63. **解释**

在本法中，除非上下文另有要求，

"广告"是指通过印刷或电子媒介、标志、展示、礼品、演示或口碑宣传农药的销售和使用；

"环保署"是指根据第1条设立的环境保护署；

"禁用农药"是指环保署已禁止登记使用或因健康或环境原因未经环保署批准注册使用的农药；

"理事会"是指根据第4条第（1）款规定设立的管理机构；

"理事长"是指理事会理事长；

"委员会"是指根据第53条设立的农药技术委员会；

"法院"是指有管辖权的法院；

"经销商"是指进口、出口、生产、分销、广告或销售农药的人；

"落叶剂"是指一种或多种物质的混合物，当应用于植物时，会导致叶子或树叶从植物上脱落或不脱落；

"干燥剂"是指当应用于植物时，加速植物组织干燥的物质或物质混合物；

"分销"是指商业供应、运输、储存或销售；

"区议会"包括市议会和大都市议会；

"配方"是指为使产品达到所要求的用途而设计的各种成分的组合，或用户购买的农药形式；

"职能"包括权力和职责；

"基金"是指根据第16条设立的国家环境基金；

"巡视员"包括理事会根据第15条委任的人，以及根据第54条获授权的区议会有关小组委员会的成员；

"标签"包括在农药或其容器上、附在农药或其容器上、包含在农药或其容器中、属于农药或其容器或与农药或其容器一起制作的文字、印刷品或插图；

"制造"是指与农药有关的

（a）制备、合成、制造活性成分或其他成分，

（b）添加物质、混合、配制、包装或重新包装、贴上标签或以其他方式处理活性成分，以便出售，

但不包括进行与除害剂有关的合法研究或实验，或作出构成该研究或实验的一部分或附带的事物；

"成员"是指理事会成员；

"部长"是指负责环境的部长；

"负责人"是指就一项事业、企业、建筑或开发而言，包括根据其命令

或代表其进行或将进行该项事业、企业、建筑或开发的人；

"有害生物"是指昆虫、啮齿动物、鸟类、鱼类、软体动物线虫、真菌、杂草、微生物、病毒或任何其他对人类或动物健康有害的动植物生命、农作物、储存的农产品、加工食品、木材、布、织物或任何其他无生命物体；

"农药"是指

（a）一种或多种物质的混合物，其目的是防止、破坏、驱除或减少害虫的破坏性影响，或

（b）拟用作植物调节剂、落叶剂、干燥剂或木材防腐剂的物质或物质混合物；

"植物调节剂"是指一种物质或其混合物，应用于观赏植物或农作物或其产品时，通过生理作用引起生长速度的加速或减慢，或以其他方式改变这些植物或其产品的表现方式，但不包括用作植物营养素、微量元素、营养化学物质、植物接种剂或土壤改良剂的物质；

"场所"包括建筑物、土地、船舶、飞机、商队，但专门用作住宅的建筑物或地方除外；

"规定的"是指法规规定的；

"事先知情同意程序"是指环保署为健康和环境原因交换、接收和处理关于限制、暂停和禁用农药的通知信息的国际操作程序；

"区域首府"是指该区域的行政首府；

"规章"是指根据本法制定的规章；

"出售"包括作为虫害防治服务的一部分而标价出售和提供农药，尽管该农药被描述为免费的或包含在该服务中；

"对环境的不合理不利影响"是指对人类、动物或植物生命有害或使环境对人类、动物或植物生命危险的影响。

64. 废除和保留

（1）1994 年《环境保护署法》（第 490 号法）和 1996 年《农药控制和管理法》（第 528 号法）已被废除。

（2）尽管根据第（1）款被废除，

（a）根据任何已废除的成文法则发出的文书、许可证或命令，在本法生效时有效的，应继续有效，直至根据本法修改或撤销；

（b）根据 1994 年《环境保护署法》（第 490 号法）第 4 条设立的委员会成员应继续任职，直至该法第 5 条规定的官员任期届满。

（3）本法规定，为破产的环境保护署或代表破产的环境保护署而持有的权利、资产、财产、义务、负债以及为该署或由该署雇用的人员均转移至根据本法设立的机构。

65. 过渡性条款

自本法生效之日起 6 个月后，应依照本法登记农药，并依照本法颁发农药经营许可证。

（范二可　译；张小虎　校）

《加纳环境评估条例》[*]

为了行使 1994 年《环境保护署法》（第 490 号法）第 28 条赋予负责环境事务的部长的权力，并根据环境保护署理事会的建议，于 1999 年 2 月 18 日制定了本条例。

第一章　环境许可证

1. 需要注册及发放环境许可证的业务

（1）任何人不得开始从事本条例附录 1 所指明的任何业务，或与附录所列事项相关的任何业务，除非在开始之前，该业务已于环境保护机构进行登记，且该机构已就该业务发放环境许可证。

（2）任何人不得就环境保护机构认为已经或可能对环境或公众健康产生不利影响的任何业务开展活动，除非该业务在开始前已由环境保护机构就其进行登记注册。

2. 现有业务

环境保护机构认为自本条例生效日起现存的任何业务已经或可能对环境或公众健康产生不利影响的，该机构应向负责人发出书面通知，要求其在通知所指明的时间内就该业务进行登记并取得环境许可证。

3. 环境影响评价

环境保护机构不得为本条例附录 2 所述的任何业务发放环境许可证，除

非负责人就该业务向其提交了根据本条例进行的环境影响评价。

4. 申请环境许可证

（1）根据条例 1 或 2 要求登记业务并获得环境许可证的人应以环境保护机构所确定的形式向其提交申请。

（2）申请费用由环境保护机构决定。

（3）除了申请人在提出申请时必须提供的任何资料外，环境保护机构可要求申请人提供本机构认为对初步评估该业务的环境影响所必需的有关其业务的其他资料。

5. 通过筛选申请进行初步评估

（1）环境保护机构在收到申请书及任何其他有关资料后，应在初步评估时，就如下因素，对申请进行筛选：

（a）业务活动的地点、规模及可能的产量；

（b）计划使用的技术；

（c）若有公众所关注的事项，特别是若有直接居民所关注的事项；

（d）土地用途；

（e）与申请所涉特定业务有关的任何其他因素。

（2）申请人应为使环境保护机构能够确定其业务的环境评估水平的目的，编写并向该机构提交一份关于该业务的报告，报告应列明：

（a）业务对环境、健康和安全的影响；

（b）切实保证避免在业务过程中造成任何可避免的不利环境影响；

（c）切实保证处理不可避免的环境和健康影响问题，并在必要时采取措施减少该影响；

（d）开展业务的替代办法。

6. 筛选报告

在根据第 5 条进行筛选之后，环境保护机构应就申请发出一份筛选报告，并在该报告中说明申请是否：

（a）获批准；

（b）有异议；

（c）要求提交初步环境报告；

（d）要求提交环境影响报告书。

7. 环境许可证的注册及发放

（1）环境保护机构在初步评估时批准申请的，应对申请事由所涉及的业务进行登记注册，并就该业务发放环境许可证。

（a）环境保护机构初步评估时反对申请的，构成不接受申请，申请人不得开始业务活动；已经开始的，应终止业务活动。

（b）环境保护机构初步评估时认为申请获得批准、拒绝批准、要求提交初步环境报告或要求提交环境影响说明书的，应在收到环境许可证申请之日起 25 天内通知申请人。

8. 授予环境许可证的费用及公布

（1）每一环境许可证均应支付由环境保护机构确定的费用，但为颁发许可证而要求提交环境影响报告书的情况除外，许可证费用应为拟议项目开发成本的 1%。

（2）环境保护机构应在许可证发出日起 3 个月内，以对其决定授予的每项环境许可证作出通知的形式，在政府公报和大众媒体上公布。

第二章　初步环境报告及环境影响报告书

9. 初步环境报告

（1）环境保护机构在审议申请时认为有必要就该申请提交初步环境评估的，应要求申请人就拟议的业务提交初步环境报告。

（2）根据第（1）款提交的初步环境报告，应包含原环境许可证申请书所提交资料外的其他详情，并须具体说明拟议业务对环境的详细影响。

（3）环境保护机构在审议初步环境报告后批准该报告的，应当对业务进行登记，并颁发环境许可证。

（4）环境保护机构收到初步环境报告后，认为该业务活动可能对环境造成重大不利影响的，应要求申请者就该业务提交一份环境影响报告书，以评估拟议业务的环境影响。

10. 环境影响报告书

（1）本条例第 9 条第（4）款所称申请者应就拟议业务提交环境影响报告书的，应在向环境保护机构提交的范围界定报告中予以概述。

11. 范围界定报告

范围界定报告应列明申请者将进行的环境影响评价的范围或程度，且应包括一份职权范围草案，其中应包含环境影响报告书中需要处理的基本问题。

12. 参考范围草案

参考范围草案须规定拟议业务的环境影响报告书须涉及下列事项：

（a）对业务的描述；

（b）对业务的必要性分析；

（c）业务的替代办法，包括不开展业务的替代情况；

（d）选址事宜，包括说明选址原因及是否考虑其他选址；

（e）确定现有环境状况，包括社会、经济和其他主要环境问题；

（f）在拟议业务的不同发展阶段，环境、社会、经济及文化方面对其造成潜在、正面及负面影响的情况；

（g）对人们健康的潜在影响；

（h）缓解社会经济、文化和公众健康对环境造成任何潜在负面影响的建议；

（i）监测可预测的环境影响和拟定缓解措施的建议；

（j）现有或将制订的应急计划，以应对任何无法预测的负面环境影响及拟定的缓解措施；

（k）与可能受业务运行影响的公众的协商意见；

（l）有助于理解环境影响报告书内容的地图、规划、表格、图表和其他说明性材料；

（m）临时环境管理计划；

（n）就业务活动可能对土地或财产造成的损害支付赔偿金的建议；

（o）说明加纳以外的任何地区是否可能受到该业务的影响。

13. 就范围界定报告采取的措施

（1）环境保护机构应在收到范围界定报告后展开审查，并在收到报告后25天内通知申请者该报告是否被接受。

（2）环境保护机构决定接受范围界定报告的，应通知申请者根据该报告提交环境影响报告书。

（3）环境保护机构决定不接受范围界定报告的，应建议申请人酌情修改该报告，并告知其可自愿重新提交。

14. 环境声明中应处理事项①

（1）在根据本条例第13条第（2）款提交环境影响报告书时，申请者应在该报告书中根据范围界定报告的内容，对拟议的环境业务作出明确评估。

（2）② 环境影响报告书亦应述及业务在构建前、构建、运行、终止及后终止各阶段可能对环境造成的直接及间接影响，包括：

（a）环境介质中污染物的浓度，包括来自流动或固定来源的空气、水和土地；

（b）与群落、栖息地、动植物群有关的污染物浓度造成的任何直接生态变化；

（c）生态过程的改变，如通过食物链传递能量、分解和生物积累，可能影响到任何群落、栖息地或动植物物种；

（d）倾倒废弃物、清理植物和填料等活动直接破坏栖息地现状的生态后果；

（e）噪声及振动水平；

（f）气味；

（g）车辆运输的生成和交通事故增加的可能性；

（h）与社会、文化和经济模式相关的变化；

（i）因本款第a至d项所述事项引起的现有或潜在使用价值资源的减少。

（j）③ 直接或间接创造就业机会；

（i）移民及其引起的人口变化；

（ii）提供道路、学校和卫生设施等基础设施；

---

① 目录与法条不同，目录为：Matters to be addressed in environmental impact statement and publication of notice of environmental impact statement，法条为：Matters to be addressed in environmental statement。此处采法条。

② 原英文版本称为"1."，疑为排版之误，应为（2）。——译者注

③ 原英文版本称为"1."，疑为排版之误，应为（j）。——译者注

（iii）本地经济；

（iv）文化变迁，包括移民与旅游可能引起的冲突；

（v）拟议业务区域内的潜在土地用途。

（3）① 环境影响说明书亦应包括有关该业务对拟议业务范围内及附近人员可能造成的健康影响的资料。

（4）② 采矿和其他采掘业的环境影响说明书应包括复垦计划。

15. 范围通知的广告

（1）申请人被要求提交环境影响报告书的，其应：

（a）向有关部委、政府部门和组织以及有关的都市、市或区议会发出拟议业务的通知；

（b）在至少一家全国性报刊及在拟议业务所在地发行的任何一家报刊上刊登广告；

（c）提供范围界定报告副本，以供处拟议业务地区的公众查阅；

（2）本条例附录3所载表格，应用作第（1）款所规定的广告用途。

16. 环境影响报告书的审议、审查及其公告的发布

（1）申请人应向审查环境影响报告书的机构提交环境影响报告书副本12份。

（2）申请者还应将环境影响报告书的副本送交环境保护机构指定的与所从事业务活动有关的部委、政府部门和组织。

（3）环境保护机构收到环境影响报告书，应按照附录4所指定的格式，在大众媒体上发布一个为期21天的环境影响报告书公告，并在适当地点张贴其认为环境影响报告书的必要部分。

（4）依第（3）款规定所发布公告的一切费用，由申请人承担。

（5）公众、有关公共机构、组织、非政府组织、大都市、市和区议会以及地方社区可就本条例所发布公告的任何事项提出意见和建议。

17. 公开听证会

（1）环境保护机构应就下列情况举行公开听证会：

---

① 原英文版本称为"1."，疑为排版之误，应为（3）。——译者注
② 原英文版本称为"1."，疑为排版之误，应为（4）。——译者注

（a）根据第 16 条所发布的公告，就拟议业务的开展似乎有严重的公众不良反应的；

（b）该业务将涉及社区搬迁、迁移或重新安置的；

（c）环境保护机构认为该业务可能对环境产生广泛和深远的影响的。

（2）为举行公开听证会，环境保护机构应委任一个由不少于三人和不多于五人组成的专家组。

（3）至少三分之一的专家组成员应为拟议业务所在地理区域的居民，且若存在不同意见，应针对听证会主题进行反映。

（4）专家组主席应由环境保护机构从该组成员中任命，但不得为拟议业务所在地的居民。

（5）专家组应听取将向其提交意见的人士及团体的陈述；应考虑向其提交的所有陈述书，并在开始听取陈述日起不少于 15 天的期间内，以书面形式向环境保护机构提出建议。

18. 公众听证会后审查环境影响报告书

（1）环境影响报告书草案应在收到公开听证会的建议后，由环境保护机构进一步审查。

（2）环境保护机构经审查，认为环境影响报告书不合格的，应当书面通知申请人，并要求其

（a）后续提交经修订的环境影响报告书；或

（b）进行环境保护机构认为必要的进一步研究。

19. 完成环境影响报告书并授予环境许可证

环境保护机构经审查，认为环境影响报告书合格的，应当书面通知申请人，并在其提交 8 份经批准的环境影响报告书精装副本及 1 份软磁盘副本后，向其授予必备的环境许可证。

20. 确定申请的期限

（1）在符合本条例规定下，根据本条例提出的环境许可证申请，应由环境保护机构在收到填好的申请表之日起不超过 90 天内审定并送交申请人。

（2）第（1）款不适用于：

（a）要求举行公开听证的申请；

（b）环境保护机构只要求提交初步环境报告的；

（c）拟定及提交环境影响报告书所需的时间。

21. 环境许可证的有效期

（1）授予申请人环境许可证的，自授予之日起18个月内有效。

（2）未能在第（1）款所规定的18个月内开展活动的，环境许可证在该段期限届满后宣告无效。

（3）依照第（2）款规定环境许可证宣告无效的申请人需要有效许可证的，应当重新向宣告许可证无效的有关审批机关提交批准申请，并说明重新申请的理由。

（4）环境保护机构在考虑根据第（3）款所提出的申请后，可决定

（a）将已获批准的评估报告用于重新提交的申请；

（b）在其指示领域内修订评估报告。

22. 环境证书的要求

（1）凡获批准的初步环境报告书或环境影响报告书所关乎的业务，在环境许可证发放后开始其运作的，负责人应在开始作业之日起24个月内自环境保护机构之处取得环境证书。

（2）环境证书应依环境保护机构所确定的条件签发，否则不得予以签发，除非负责人已向其提交证据或证明：

（a）实际开始作业；

（b）取得其他可适用的许可证及批准书；

（c）遵守环境影响报告书或初步环境报告所载的缓解承诺；

（d）并已根据第25条的规定向环境保护机构提交了第一份年度环境报告。

（3）应就环境证书支付环境保护机构所确定的费用。

23. 复垦资金

要求复垦计划的业务应当根据核准的复垦工作计划，缴纳复垦保证金。

24. 环境管理计划

（1）初步环境报告书或环境影响报告书已获批准的业务责任人，应在开始作业后的18个月内及其后每3年，就其业务向环境保护机构提交一份环境管理计划。

（2）从事本条例生效前已存在的附录1所列任何业务者，亦应在本条

例生效后的 18 个月内及其后每 3 年，提交一份环境管理计划。

（3）环境管理计划应采用环境保护机构的指定格式。

（4）环境管理计划应制定拟采取的措施，以控制业务的运作可能造成的任何重大环境影响。

第三章　其他规定

25. 年度环境报告的提交

（1）根据本条例获得环境许可证者，应在开始作业之日起 12 个月内及其后每 12 个月，向环境保护机构提交其业务的年度环境报告。

（2）年度环境报告应采用环境保护机构的指定格式，并载有该机构的指示详情。

26. 暂时吊销、取消或撤销许可证和证书

（1）根据本条例，凡许可证或证书的持有人具有以下情形的，环境保护机构可暂停、取消或撤销已发出的环境许可证及证书：

（a）在开始作业前，未能获得法律所要求的与其业务有关的任何其他授权的；

（b）违反本条例或其他与环境评估有关法规的任何规定的；

（c）未能在到期日支付本条例所规定的任何款项的；

（d）存在违反其许可证或证书所规定任何情形的行为的；或

（e）未能遵守其评估报告书或环境管理计划中的缓解承诺的。

（2）在业务开展前或开展期间，因自然原因造成环境发生根本性变化的，环境保护机构亦可暂停发放环境许可证或证书；如果发生这种变化，环境评估报告书及环境管理计划应当根据新的环境状况进行修订。

27. 受害人的投诉

（1）因环境保护机构的决定或措施而遭受损害者可向部长提交书面投诉。

（2）申诉人应在其知道与投诉有关的决定或措施后 30 天内，提交投诉于部长。

（3）投诉应：

（a）陈述反对的问题；

（b）附上反对决定的副本；及

（c）附上所有与认可和确定投诉有关的文件。

（4）部长应在收到投诉后 14 天内任命一个由以下人员组成的专家组：

（a）下列各项部门的代表：

（i）不低于主任级别的环境部门的代表：

（ii）不低于国家资深检察官级别的总检察长部门的代表：

（iii）负责有关业务的部门的代表：以及

（b）两名在所涉业务的相关领域具有专长的人士。

（5）部长应将投诉提交专家组，专家组应公正听取各方意见，并达成合理结果。

（6）专家组在听取各方意见后可：

（a）更改环境保护机构的决定；

（b）要求环境保护机构在规定期限内确定申请；

（c）其认为合理的任何其他指示。

（7）根据本条例任命的专家组应作出处理决定，并在部长向其提交任何事项之日起 60 天内向部长报告。

（8）专家组的议事程序应充分记录在案，并附上其所作决定的理由。

（9）专家组应将有关决定及程序副本送交：①环境保护机构；②有关部门。

28. 政府公报刊物

环境保护机构应安排在政府公报刊登一切有关工作守则、标准及指引的公告

（a）本条例规定的指导事项；

（b）与环境的保护、发展和恢复有关的事项。

29. 犯罪和处罚

任何人

（a）违反第 1 条规定，在未就其业务签发环境许可证的情况下开始经营的；

（b）违反第 2 条规定，未遵守环境保护机构关于业务的登记注册和取

得环境许可证的指示;

（c）违反第 3 条规定，未在业务开始前或依环境保护机构指示，就条例附录 2 所述业务进行环境影响评价的;

（d）故意向环境保护机构提交或提供本条例任何规定所要求资料的;

（e）违反第 25 条规定，未提交年度环境报告的;

（f）违反本条例的任何条文的。

即属犯罪，经简易程序定罪的，判处不超过 2000000① 的罚金或一年以下监禁，或并处罚金和监禁，属持续犯罪的，对犯罪持续期间每日另处不超过 200000② 的罚金。

30. **解释**

（1）在本条例中，如全文无特别要求，"该法"是指 1994 年的《环境保护署法令》（第 490 号法令）;

"对环境或公共健康的不利影响"指企业可能对环境造成的任何变化，包括任何变化对健康、社会经济和文化条件的影响;

"机构"指根据 1994 年《环境保护署法令》（第 490 号法令）设立的环境保护署。

"环境评估"指有序、系统的识别、预测和评估

（a）一个企业可能对环境、社会经济、文化和健康产生影响的过程;以及

（b）缓解和管理这些影响;

"环境影响评价"指对提案进行有序和系统评估的过程，包括其备选方案和目标及其对环境的影响，包括缓解和管理这些影响;该过程从提案的最初概念扩展到执行阶段直至完成，并在适当情况下停止运作;

"环境影响"包括人为工程或活动对生活造成的任何直接或间接、积极或消极的环境变化。一般而言，生物多样性、自然或环境资源的质量或数量及其使用、福祉、健康、人身安全、风俗习惯、文化遗产或合法的谋生手段;

---

① 英文中为 1／-2million。——译者注
② 英文中为 1／-200000。——译者注

"环境影响报告书"指在环境影响评价程序中由申请人准备的关于其提案的评估案例；

"环境许可证"指在企业注册后或在提交初步环境报告或环境影响报告书后签发的准许企业开始经营或继续经营的环境许可证明；

"部长"指负责环境的部长；

"缓解"指就拟设立或现有的企业而言，消除、减少或控制企业对环境的不利影响，包括通过更换、修复、补偿或任何其他方式来恢复对环境造成的损害；

"NGOs"指非政府组织；

"环境发生根本性变化"指作为环境影响报告书依据的环境概况发生变化；

"责任人"的定义与《环境保护署法令》规定的定义相同；

"初步环境报告"指包含除登记表中所含信息外的详细信息的文件，特的详细地说明了企业对筛选报告中所定义环境的影响；

"复垦保证金"指履约保证金、采矿保证金或复垦保证金，是指由环境保护署和相关负责人商定的存放在信誉良好银行中的资金，作为因进行开垦或复垦工程而破坏土地的违约保证金；

"范围界定"指根据本条例第11条进行的评估；

"范围界定报告"指总结范围界定结果的报告；

"筛选"指对环境许可证申请的初步评估，包括对本条例第5条所列因素的考虑；

"筛选报告"指总结筛选结果的报告；

"业务"指企业所承诺的开发、建设、项目、结构、建筑、工程、投资、计划、方案以及对该业务的修改、延期、报废、拆除、恢复、关停等实施可能产生重大影响的活动方案。

（2）就本条例而言，附录5所指明的地区属于环境敏感地区。

附录 1［第 1（1）条］ 要求注册和环境许可证的农业及相关服务

（1）农业

社区牧场

（a）涉及清理面积超过 40 公顷的土地；或

（b）涉及清理位于环境敏感地区的土地。

水果和其他蔬菜农场

管理范围

（a）涉及清理面积超过 40 公顷的土地；或

（b）涉及清理位于环境易受破坏地区（环境敏感地区）的土地。

（2）捕鱼及诱捕

垂钓

（a）在咸水、微咸水或淡水中进行鱼类或贝类养殖，包括建造码头以外的岸基设施；

（b）永久性捕集器或堰式渔场，咸水。

捕鱼附带的服务——鱼类或贝类养殖和繁殖服务，或鱼类或贝类孵化服务，包括建设码头以外的岸基设施。

（3）伐木和林业

伐木——

在主要以采伐木材为目的的承包区管理林地。

（4）林业服务

林业服务

（a）农药的应用；

（b）引进动物、植物或微生物制剂的外来物种。

1999 年《环境评估条例》采矿（包括磨矿）、采石和油井

（5）采矿

（a）金属矿山；

（b）非金属矿山

（6）原油和天然气

（a）原油或石油生产设施；

（b）天然气生产设施。

（7）采石场及砂石坑

采石场

（a）总面积大于 10 公顷的石矿场；或

（b）任何部分须位于环境分隔区内。

砂石坑

（a）总面积大于 10 公顷，或

（b）任何部分须位于环境敏感地区内。

制造业

（8）食物

肉类及家禽产品

（a）屠宰场；

（b）肉类、脂肪或油类加工设施

（c）家禽加工设施。

鱼类制品

面粉，谷物食品和饲料加工厂

（9）饮料

（a）酒厂产品；

（b）啤酒厂产品；

（c）红酒。

（10）橡胶产品

（a）轮胎和管子；

（b）橡胶软管和皮带；

（c）其他橡胶产品。

（11）塑胶产品

（a）泡沫塑料和膨胀塑料产品；

（b）塑料管和管件；

（c）塑料薄膜和塑料板；

（d）其他塑料产品。

（12）皮革及相关产品

（13）主要文本（主要产品）

（a）人造纤维及长丝纱；

（b）纺纱及机织布；

（c）宽幅针织物。

（14）纺织品

（a）天然纤维加工及毡制品；

（b）地毯、垫子及小毛毯；

（c）帆布及相关产品

（d）其他纺织产品。

（15）木材

（a）锯木厂、规划厂和瓦片厂；

（b）单板和胶合板；

（c）其他木材产品；

（d）使用危险化学品或类似化学工艺的木材保存设施；

（e）刨花板或晶圆板生产。

（16）纸张及有关产品

（a）纸浆及纸张；

（b）沥青屋面；

（c）其他改装纸制品。

（17）原生金属

（18）金属制品

（19）运输设备

皮革及相关产品

皮革厂

造船和修理设施，从事建造和修理排水量超过 4000 吨的各类船舶，包括用于石油、天然气或矿产资源开采的海洋生产平台。

非金属矿产品

（20）精炼石油产品

（a）建造距商业、工业、住宅区3公里以内的汽油、天然气或柴油储存库。

（b）农用化学品；

（c）塑料和合成树脂；

（d）油漆和清漆。

（e）肥皂及清洁剂；

（f）其他化工产品。

（21）其他制造业

科学和专业设备

（a）照相胶片和感光板制造；

（b）地砖、油毡和涂层织物制造；

（c）其他制成品。

（22）建筑

工业建筑（建筑物除外）

（a）建造石油、天然气及其他相关产品从源头输送至配送点的管道，其中

（i）管道的任何部分须设于距离现有通道500米的地方；

（ii）管道的任何部分应位于环境敏感地区；

（b）容量大于1兆瓦的柴油发电厂；

a. 容量大于1兆瓦的燃气轮机发电厂；b. 核电厂。

（23）公路和重型建筑

（a）道路

（b）自来水厂及污水处理系统

（i）建造用于从水源向分配点输送水的干线管道；

（ii）建造污水管道；

（iii）建造污水管道排水口。

（c）水力发电厂及相关建筑物

（i）大坝及相关水库建设；

（ii）流域间或流域内调水；

（iii）水电开发建设。

（24）公用设施

（a）设立废弃物处置场；

（b）建立收集或处置危险废弃物的设施。

批发贸易

（25）石油产品

石油产品批发设立

石油产品存储设施

（26）其他产品，批发①

废料、批发为任何类型的废料、垃圾或废弃物的组装、分解、分类、批发经营而设立的设施。

（27）服务

经济服务管理

（a）为任何目的引进外来动植物物种的资源保护和管理方案；

（b）资源保护和管理方案，包括将本地动植物物种引入在拟议时并不出现的名单；

（c）指定用于平房开发或其他娱乐性开发的土地。

住宿、餐饮服务

（28）住宿服务

建立休闲度假营地。

（29）娱乐及休闲服务

商业运动

（a）建立赛马场；

（b）建立用于赛车俱乐部的赛车场；

（c）建立设施，包括小道；

（d）建立户外射击场；

（e）建立码头业务；

（f）建立机动娱乐车辆设施，包括小道；

（g）其他娱乐和休闲服务。

---

① 原文"1. AGRICULTURE"处，存在"Construction of all airport or airstrips as well as the enlargement of existing airports or airstrips.（建立所有机场和机场跑道，以及扩大现有机场的跑道）"，经核实，此处拟系印刷错误，该条款应当位于附录第 2 款。——译者注

附录 2　1999 年《环境评估条例》

（第 3 条）强制进行环境影响评价的承诺书

（1）农业①

（a）农业用地不少于 40 公顷；

（b）需要重新安置 20 个以上家庭的农业方案。

（2）机场

建立所有机场和机场跑道，以及扩大现有机场的跑道

（3）排水和灌溉

（a）建设水坝和人工湖；

（b）湿地排水；

（c）灌溉方案。

（4）填海工程

（a）沿岸填海；

（b）挖泥或沙洲、河口。

（5）渔业

（a）建造渔港；

（b）港口扩建；

（c）陆上水产养殖事业。

（6）林业

（a）将山地林地转为其他土地用途；

（b）在用于供水、灌溉或水力发电的水库集水区或毗邻森林、野生动物保护区的区域内进行砍伐或将林地转为其他土地用途；

（c）把湿地转为工业、住房或农业用途。

（7）住房

（a）人类住区发展事业；

（b）房地产开发。

---

① 为上文重叠部分，根据上下文，推定应该在此处。——译者注

（8）工业

（a）化学品——每种产品或组合产品的生产能力超过 100 吨/日；

（b）①

（c）石油化学品－所有规格或原材料要求不小于 100 吨/日；

（d）有色金属冶炼

（i）各种规格的铝合金；

（ii）所有尺寸的铜；

（iii）日产不小于 50 吨的其他产品；

a. 非金属水泥

石灰－10 吨/日及以上生石灰回转窑或 50 吨/日及以上立窑。

a. 钢铁；

b. 造船厂；

c. 纸浆和纸张。

（9）基础设施

（a）建造医院；

（b）工业区发展；

（c）道路、公路建设；

（d）新城镇建设；

（e）铁路建设。

（10）港口

（a）港口建设；

（b）港口扩建，每年增加 25％或以上的装卸能力。

（11）矿业

（a）在采矿租赁总面积超过 10 公顷的地区开采和加工矿物；

（b）采石场

计划在现有村庄、住宅区、商业区、工业区或指定用作住宅、商业或工业发展的区域半径 3 公里范围内，开采骨料、石灰石、硅石、石英岩、砂

---

① 经查证，附录 2 第 8 条 b 款内容，在加纳议会官网、联合国粮农组织官网等提供的正式文本中均存在缺失，故本处缺漏。——译者注

岩、大理石和装饰性建筑石料；

（c）挖沙厂。

（12）石油

（a）油气田开发；

（b）建造离岸及岸上管道；

（c）建造油气分离、加工、装卸和储存设施；

（d）建造炼油厂；

（13）发电和输电

（a）建造蒸汽发电站；

（b）实施水坝和水力发电计划；

（c）在国家公园内建设联合循环设施；

（d）建造核电站；

（e）安装输电线路。

（14）度假村及娱乐产业发展

（a）建设拥有40间以上客房的海滨度假酒店；

（b）建设山顶度假村或酒店；

（c）开发国家公园的旅游或娱乐设施；

（d）开发岛屿水域的旅游或娱乐设施。

（15）废弃物处理及处置

（a）有毒有害废弃物

（i）建造焚烧厂；

（ii）建造回收厂（场外）；

（iii）建造污水处理厂（场外）；

（iv）建造安全填埋厂；

（v）建造贮存设施（场外）。

（b）城市固体废弃物

（i）建造焚烧厂；

（ii）建造合成厂；

（iii）建造回收再生工厂；

（iv）建造城市生活垃圾填埋场；

（v）建造垃圾场。

（c）城市污水

（i）建造污水处理厂；

（ii）建造海上排污口；

（iii）粪便处理。

（16）供水

（a）建造水坝蓄水库；

（b）工业、农业或城市地下水开发。

（17）环境保护和管理

（a）从指定的野生动物保护管理区域内，取消"指定"地位的活动；
与下列有关的活动

（i）野生动物保护管理；

（ii）森林保护经营；

（iii）流域保护和管理；

（iv）动植物的商业性开发。

1999 年《环境评估条例》

附录 3 ［第 15（2）条］

环境影响评价（简称环评）范围界定公告

（公司/机构名称）

_____ 建议设立一个

_____ 在 _____ 在 _____ 。

（工程项目承办）（地点）

_____ 属于 _____ 。

（地区）（区域）

特此通知 _____ 。现供公众查阅。

日期

附录 5 1999 年环境评估条例^① ［第 30（2）条］
环境敏感区

（1）所有被依法宣布为国家公园、流域保护区、野生动物保护区和包括圣林在内的保护区。

（2）具潜在旅游价值的地区。

（3）造成本地野生动植物濒危或受威胁的地区。

（4）具有独特历史、考古或科学价值的地区。

（5）传统上由文化团体占据的地区。

（6）易发生自然灾害的地区（如地质灾害、洪水、暴雨、地震、滑坡、火山活动等）。

（7）易发生森林火灾的地区。

（8）具有临界斜坡的丘陵地区。

（9）被列为主要农业用地的地区。

（10）含水层补给区。

（11）具有以下一种或多种情况的水体

（a）生活用水；

（b）管制和保护区内的水；

（c）供野生动物和渔业活动的水。

（12）红树林区——具有以下一种或多种情况的特征

（a）原始生长和密集生长的地区；

（b）主要水系河口附近地区；

（c）靠近或毗邻传统渔场的地区；

（d）抵御海岸侵蚀、强风或暴雨洪水的天然缓冲区。

负责环境事务的 Cletus AVOKA（克莱图斯．阿伏卡）部长

政府公报公告期：1999 年 2 月 26 日。生效：1999 年 6 月 24 日

（王朝乾 译；张小虎 校）

---

① 英文版原文没有附录 4。——译者注

《津巴布韦环境管理法》*

2002 年第 13 号法，2004 年第 5 号法（第 23 条）**，

2005 年第 6 号法（第 28 条）***

　　本法旨在为自然资源和环境保护提供可持续性的管理；防止环境污染和环境退化；以备制订国家环境保护计划和其他管理及保护环境的计划；设立一个环境管理署和环境基金；修订各项法令中对集中保护区及委员会相关事宜的提述；废止《自然资源法》（第 20：13 章），《空气污染防治法》（第 20：03 章），《危险物品法》（第 15：05 章）和《有害杂草法》（第 19：07 章）；并就与上述事项有关或附带的事项作出规定。

　　本法由津巴布韦总统和议会颁布。

第一章　序言

1. 定义及生效日期

（1）本法可引称为"环境管理法"。

（2）本法自总统签署之日起实施。①

---

* 法典译文版本信息：本法颁布于 2002 年，后经 3 次修改，译文为现行版本。——译者注

** 2004 年《防辐射法》（2005 年 7 月 1 日施行）。——译者注

*** 2005 年《一般法律修正案》（2006 年 2 月 3 日施行）。——译者注

① 2003 年 3 月 17 日，除第 144 条（废除三项法令）和第三章第 1 段（第 69 条提及废除"水法"）外。见 2003 年 3 月 14 日 2003 年第 103 号法。2006 年第 74 号法将例外条款的日期定为 2006 年 4 月 7 日。

2. 解释

在本法中——

"环境管理署"指根据第9条设立的环境管理署；

"主管机关"

（a）关于林地，指根据《森林法》（第19：05章）设立的林业委员会；

（b）关于公园和野生动物用地，指根据《公园和野生动物法》（第20：14章）设立的国家公园和野生动物管理部门；

（c）关于公有土地或重新安置土地，是指部长根据第133条赋予环境管理职能的在其所在区域设立的农村地区委员会；

（d）就水污染而言，指部长在政府公报公告中确定为有关水域的主管机关的人，或如没有确定为有关水域，则为拥有有关水域沿岸土地的主管机关的人；

（e）就被转让的土地而言，指

（i）该土地的占用人；或

（ii）如果土地没有占用者，则指土地的使用者；或

（iii）如果土地既无占用人也无使用者的，则指该土地的所有者；

并包括由占用人、使用者或土地所有人以及（视情况而定）为该土地的主管机关指定的人；

"生物多样性"指1992年通过的《联合国生物多样性公约》所界定的生物多样性；

"理事会"指根据第11条设立的环境管理理事会；

"建造"包括建筑、维护、修理、执行、重建或改变；

"议事会"指根据第7条设立的国家环境议事会；

"开发商"指任何提出或承诺实施项目的人；

"署长"指环境管理署的署长；

"尘埃"指任何能够分散或悬浮在大气中的细粒或分解状固体；

"废水"指源自家庭、农业或工业活动的废水或其他液体，不论这些废水或液体是经过处理还是未经处理，也不论其是否直接排放或间接进入环境；

"排放"指源自家庭、农业或工业活动、车辆、发动机或工程的气体、

烟雾、灰尘或气味；

"环境"指

（a）自然和人类为在岩石圈和大气、水、土壤、矿物和活生物中产生的生物和非生物资源，无论是本土的还是外来的，也无论它们之间的相互作用如何；

（b）生态系统、栖息地、空间环境或其他组成部分，不论是自然的还是由人类和社会群体改造或建造的，包括城市化地区、农业地区、乡村地貌和具有文化意义的地方；

（c）有助于（a）款和（b）款所列事项价值的经济、社会、文化或美学条件和品质；

"环境审计"指对环境的保护和管理进行系统的文件编制和定期的客观评价；

"环境委员会"指根据《农村地区政务委员会法》（第29：13章）任命的农村地区委员会的环境委员会；

"环境影响评价"指对项目进行评估，以确定其对环境和人类健康的影响，并制定所需的环境监测和管理程序与计划；

"环境影响评价报告"指第100条中提及的环境影响评价报告；

"生效日期"指第1条第（2）款规定的本法生效日期。①

"政府当局"指国家或政府的任何部、司、机关或环境管理署，也包括地方政府；

"危险物质"指任何物质，无论是固体、液体或气体，还是任何对人类健康或环境有害的有机体；

"危险废物"指有毒、有腐蚀性、有害、易爆、易燃、有放射性或对环境有毒有害的废物；

"检查员"指根据第35条委任的检查员；

"外来入侵物种"一般指外来植物，这些植物已经适应本地环境，并通过渗透和取代本地植物而威胁到本地物种的生存，特别是具有第118条赋予

---

① 2003年3月17日，第144条（废除三项法案）和第三章第1段（提及废除《水法》第69条）除外。见2003年3月14日的2003年第103号法。根据2006年第74号法，上述例外条款的日期已确定为2006年4月7日。——译者注

该术语的含义；

"发证机关"指任何在成文法的授权下，依法有权向需要获得许可证方能开展活动之人颁发许可证的人；

"管理"，就环境而言，指着眼于获得其保护、保存、规制、恢复、可持续利用等全部或部分功能组合的管理；

"部长"指总统可随时指派其执行本法的环境与旅游部长或任何其他部长；

"监测"指持续或定期地评估环境任何部分的发展状况和趋势，以及任何活动对环境和人类健康是否存在实际或潜在影响；

"国家环境计划"指根据第十章编制的国家环境计划；

"自然资源"包括：

（a）津巴布韦的空气、土壤、水和矿物；

（b）津巴布韦的哺乳动物、鸟类、鱼类和其他动物；

（c）津巴布韦的树木、草和其他植被；

（d）津巴布韦的泉水、淡水、海绵、芦苇床、沼泽地、沼泽和公共溪流；

（e）根据法定文书的通知，总统可宣布为自然资源的任何其他事物，包括他认为因其美学吸引力或风景价值而应予以保护的景观或景色；

"有毒或攻击性气体"指附录5第四章所指明的气体、烟气、尘埃、气味及烟雾；

"占用人"，就土地或处所而言，指任何合法占用或控制土地或处所的人；

"高级人员"指根据第35条委任的高级人员

"所有权人"，就土地或处所而言，指

（a）在契约注册处注册为该土地或处所所有权人的人；或

（b）如属国家土地，则除

（i）公有土地

（ii）林地

（iii）本条第（e）项所提述的土地；负责土地经营或管理的部长；或

（c）如属公有土地，则由部长负责管理《社区土地法》（第20：4章）；或

（d）如属林地，则由林业委员会负责；或

（e）根据一项协定或法令依法持有或占有土地，包括国家土地，并根

据该协定或法令规定的条件获得土地所有权的任何人；包括

（i）本条第（a）项或（e）项所指所有权人的法定代表；及

（ii）公司的清算人为本条第（a）项或（e）项所指的所有权人且公司正在清算中；

"污染物"指从任何过程中释放出的能够造成污染的物质。

"污染"指因地下一定数量并持续地的排放、发散或沉积对环境的物理、热、化学、生物或放射性性质造成的任何直接或间接改变的物质，对环境或人类健康造成实际或潜在危险；

"房屋"指任何建筑物或构筑物，包括该建筑物或构筑物所在的土地；

"项目"指对环境具有或可能产生影响并在附录1中指明的活动；

"负责任的部长"，就环境事务而言，指根据任何法律被授权或要求行使环境方面的任何职能的部长或副总统；

"可持续利用"指利用或开发环境，以防止任何自然资源的绝灭、耗竭或退化，并容许以自然方法或其他方式补充自然资源；

"部长"指对整个部门负责的部长；

"国家土地"指归属于总统的土地；

"烟雾"包括在烟雾中排放的煤粉灰、煤烟、沙砾和颗粒；

"运输工具"指任何机动车辆、火车、船只、飞机或其他类似运输工具；

"使用者"，就土地而言，指除所有权人或占用人外，在土地上拥有或行使任何权利或以任何方式使用土地的人；

"水"包括

（a）地表水；以及

（b）所有在任何私人土地或排水渠上自然上升或自然流入私人土地的水，即使它没有明显地汇入任何公共溪流；以及

（c）所有地下水；

"废物"包括以液体、固体、气体或放射性形式排放或沉积于环境中而造成污染的家庭、商业或工业物料；

"湿地"指任何湿地、沼泽、泥炭地或水域，不论天然或人造、永久或暂时的，其水是静态或流动的、新鲜的、淡水的或咸水的，包括毗邻湿地的河岸地带；

"工程"指为管理环境而采取或将要采取的措施，或为管理环境而建造或将要建造的任何东西。

3. 本法在相关法律上的适用

（1）除有相反的明文规定，本法应被解释为对与本法不冲突或不一致的任何其他法律的补充，而非替代。

（2）其他法律与本法抵触或不一致的，以本法为准。

第二章　环境管理总则和部长职能

4. 环境权与环境管理原则

（1）每个人都有权：

（a）享受对健康无害的清洁环境；以及

（b）获取环境信息；并且

（c）保护环境，造福今世后代，参与实施制定的合理立法、政策等措施

（i）防止污染和环境退化；以及

（ii）确保自然资源的生态可持续管理和利用，同时促进合理的经济和社会发展。

（2）在不违反本法的前提下，下列环境管理原则应适用于所有个人和所有政府环管机关的行为，如果这些行为对环境有重大影响：

（a）环境的所有因素都是相互联系和彼此关联的，因此必须综合环境管理，并采取切实可行的最佳环境选择；

（b）环境管理必须把人类及其需要放在首要位置；

（c）必须促进所有有关各方和受影响各方参与环境管理，必须使所有人有机会发展实现公平和有效参与所必需的理解、技能和能力；

（d）必须促进环境教育、环境意识以及知识和经验的分享，以提高社区处理环境问题的能力，并培养符合环境管理的价值观念、态度、技能和行为；

（e）发展必须在社会、环境和经济上是可持续的；

（f）应防止预期对环境和公民环境权的不利影响，在无法完全避免的情

况下，应尽量减少和补救；

（g）任何造成污染或环境退化的人应支付补救这种污染或环境退化的费用和由此产生的有害健康的费用，以及预防、控制或尽量减少进一步的污染、环境损害或不利健康影响的费用；

（h）为了国家利益，必须履行与环境有关的全球和国际责任；

（i）在管理和规划程序中，特别是在环境受到大量人力资源使用和发展压力的情况下，应给予敏感、脆弱和高压下的生态系统特别关注。

（3）第（1）及（2）款所列有关环境管理的环境权及原则，须：

（a）作为制订环境管理计划的总体框架；

（b）为行使根据本法或任何其他成文法则保护或管理环境的任何职能的准则；以及

（c）指导有关环境保护或管理的任何其他法律的解释、管理和执行。

5. 部长的一般职能

（1）根据本法，部长的职责如下：

（a）规范环境管理，促进、协调和监测环境保护和污染控制；以及

（b）管制所有政府环境管理署和其他环境管理署将对环境产生影响的活动及其范围；以及

（c）在每五年任期结束时向议事会提出一份关于环境状况的报告；以及

（d）监管自然资源利用的环境和趋势以及这种利用对环境或其任何部分的影响；以及

（e）统筹推广公众对环境管理的认识和教育；以及

（f）依本法规定处罚危害环境之人；以及

（g）确保对造成环境损害负责的个人或环境管理署承担赔偿该损害的费用。

部长经与理事会和负责的部长协商后，应具有履行这一职责所需的权力。

（2）除本法第（1）款所列部长具有的一般情况职能外，部长还应具有以下职能：

（a）制定并组织实施环境管理政策；以及

（b）向政府建议津巴布韦应加入哪些国际和区域环境公约，并确保将

这些公约纳入国内法。

6. 部长的委派权

部长可根据本法将认为适当的职能委派给环境管理署或议事会。

第三章　国家环境议事会

7. 国家环境议事会的成立

（1）现设立国家环境议事会，该议事会由以下成员组成：

（a）当时负责附录 2 所列事项的相关部长秘书[①]；

（b）由部长与有关大学协商后任命两名大学代表；

（c）由部长与专门研究机构协商后任命两名该机构代表；

（d）由商务部长与商业组织协商后任命三名商界代表；

（e）由部长在与有关组织协商后任命两名在环境领域活跃的地方非政府组织代表；

（f）环境管理署署长任议会会秘书；

（g）经部长批准，议事会不时增选的其他成员。

（2）部长应指定一名成员为议事会主席，一名成员为议事会副主席，副主席应在主席不能行使其职权的任何期间行使主席的职能。

（3）部长应在政府公告上公布根据第（1）款第（b）、（c）、（d）、（e）和（g）项所指定的人的姓名。

（4）根据第（1）款作出的委任，任期为三年，除非获委任人：

（a）向部长发出书面辞职通知；或

（b）未经主席许可，连续三次缺席议事会会议；或

（c）被判有罪并被判处 6 个月以上的监禁或超过四级的罚金；或

（d）因长期的身体或精神疾病而丧失履行议事会成员职责的能力；或

（e）部长与议事会协商后认为其行为方式与议事会成员身份不符的；或

（f）被裁定破产或与债权人订立任何计划或安排。

---

① 2005 年第 6 号法删除"常任秘书"并由"秘书"取代。——译者注

8. 议事会的职责和职能

（1）议事会的职能如下：

（a）就政策制定提供咨询意见，并就该法的执行情况提供指导；及

（b）就国家目标宗旨提供咨询意见，并确定保护环境的政策和优先事项；

（c）促进公共部门、地方权力机关、私营部门、非政府组织和其他参与环保计划的组织之间的合作；以及

（d）就与环境有关的职能的协调向所有适当的人员和当局提出建议；

（e）审查环境管理计划和环境行动计划的准则并向部长提出建议；以及

（f）审查国家环境计划；以及

（g）审查保护环境的激励措施并提出建议；以及

（h）履行部长根据本法赋予的其他职能。

（2）议事会须在每个财政年度内，在其认为适合处理其事务的地点举行最少四次会议。

（3）主席主持议事会的所有会议；主席缺席时，由副主席主持。

（4）议事会秘书应编制及保存议事会所有的会议记录。

（5）议事会的权力不因议事会成员的空缺或议事会成员的委任有任何缺陷而受影响。

（6）除本条另有规定外，议事会须规制其本身的程序。

第四章 环境管理署

9. 环境管理署的成立

特此设立一个环境管理署，称为环境管理署，该环境管理署为一个能够以自己的名义起诉和被起诉的法人团体，根据本法，它可以执行法人团体依法可以执行的一切行为。

10. 环境管理署的职能和权利

（1）在不违反本法和其他任何成文法的情况下，该环境管理署的职能如下：

（a）制定空气、水、土壤、噪声、振动、辐射和废物管理的质量标准；

（b）协助和参与环境管理有关的任何事项；特别是：

（i）制订编制国家环境计划、环境管理计划和地方环境行动计划的准则；

（ii）管制及监测废物的收集、处置、处理及循环再造；

（iii）管制及监测任何污染物或有害物质向环境的排放；

（iv）以登记册形式保存根据本法签发的所有许可证和许可证的记录；

（v）管制及监测控制外来物种；

（vi）管理、监测、审查和批准环境影响评价；

（vii）管制和监测脆弱的生态系统的管理和利用；

（viii）制定法规范本，制定地方管辖范围内的环境管理措施；

（ix）制定和实施保护环境的激励措施。

（x）向政府建议该国可能加入的公约，并将其条款纳入国内法；

（xi）基于第 5 条第（1）款第（c）项的目的，每 5 年统筹编制一份环境状况报告；

（xii）执行对环境管理与保护有必要或值得的工作，该工作是符合公共利益或被有关当局忽略的；

（xiii）向任何人送达书面命令，要求其执行或接受书面命令中规定的环境保护措施；

（xiv）为确保各项目符合本法要求，需对包括在生效日期之前开始实施的任何项目进行定期环境审计；

（xv）管理和监测任何人取得津巴布韦生物与遗传资源的情况；

（xvi）建议部长制定与本法有关的条例；

（xvii）执行部长指示的其他职责和职能。

（2）在根据第（1）款第（a）项制定质量标准前，环境管理署应与其认为与相关标准负有责任的其他部长、协会、机构或当局进行协商；

（3）根据第（2）款进行协商后，环境管理署应：

（a）在政府公报及发行量广泛的报章刊登公告，说明拟制定的质量标准将实施的地点，以及就质量标准提出反对或陈述的期限；

（b）根据第（a）项公告，在公告中指定的每个地点展示拟制定的质量标准的复印件不少于 30 天。

（4）根据本条第（1）款制定质量标准时，环境管理署应充分考虑根据第（3）款第（a）项收到的反对意见或陈述；

（5）根据第（1）款制定的质量标准应为政府或个人依据本法或其他法规行使其环境保护职能时所参照的最低标准。

（6）为更好行使其职能，环境管理署可根据本法由其本身或其代理机构从事附件三所列事项的全部或部分，无论该行为是当然的或附条件的，也不论该行为是单独的抑或共同的。

第五章 环境管理理事会

11. 环境管理理事会的成立

根据本法，该环境管理署的运作应由一个称为环境管理理事会的机构控制和管理。

12. 理事会的组成

（1）根据本条及 13 条，理事会应由部长与总统协商后任命的不少于 9 名且不超过 15 名成员组成。

（2）根据第（1）款任命的成员：

（a）在以下领域应至少各包含一名专家：

（i）环境计划和管理领域；

（ii）环境经济学领域；

（iii）生态学领域；

（iv）污染（防治）领域；

（v）废弃物管理领域；

（vi）土壤科学领域；

（vii）有害物质（治理）领域；

（viii）水（污染防治）领域；

（ix）公共卫生领域。

（b）有一位成员应是根据《法律执业者法》（第 27：07 章）注册的法律从业人员；

（c）其中一人为环境部的部长秘书；

（3）每当理事会出现空缺时，部长应：

（a）呼吁其认为含具备专门知识能够胜任理事会成员的组织向其提交一份适合被理事会任命的人员名单；

（b）根据（a）项的要求向总统提交名单；

总统在填补空缺时应适当考虑此类名单。

13. 理事会成员资格的取消

（1）如存在下列情况，任何人不得担任理事会成员：

（a）该人既不是津巴布韦的公民，也不是津巴布韦的常住居民；

（b）不论根据何国法律被宣告破产或无力偿还债务，且未恢复或清偿的；

（c）不论根据何国法律，已与债权人进行债权转让、安排或和解，且该转让、安排与和解尚未废止或撤销；

（d）该人被判：

（i）在津巴布韦涉嫌犯罪；或

（ii）在津巴布韦境外实施的行为，但在津巴布韦构成将被处以6个月以上的监禁，且不会被罚金代替的犯罪，而不论其是否被判处缓刑或被赦免；

（e）该人被判：

（i）在津巴布韦犯有涉及不诚实的罪行；或

（ii）在津巴布韦境外实施任何行为在津巴布韦认为是不诚信的犯罪；

或被判处不论何种数额的罚金与不论何种期限的监禁，而不论该刑法是否已被宣告缓刑。

（2）该人系：

（a）议会议员；

（b）两个或两个以上法定机构的成员；

不得获委任为理事会成员，亦无资格出任理事会成员。

（3）根据第（2）款第（b）项，任何被任命为议事会或理事会成员的人系法定机构或法定机构的行政负责人的，将被视为该法定机构的一员。

14. 理事会成员的任期和服务条件

（1）理事会成员的任期应由总统在任命时确定，任期不超过三年。

（2）任期届满的成员在其被重新任命或新的委员被任命之前，需继续

履职;

但根据本款的规定,任何成员不得继续任职超过 6 个月。

(3)不再担任理事会成员的人有资格被再次任命为理事会成员。

(4)理事会成员的条件由总统确定。

15. 理事会成员的离职制度

(1)在下列情况下,理事会成员应辞去其职位:

(a)在其通过部长向总统递交书面辞职通知之日起一个月内,或在其与部长同意的其他通知期满后;

(b)不论其是否被判缓刑,该成员开始执行不可以罚金代替的监禁之日起:

(i)在津巴布韦涉嫌犯罪;

(ii)在津巴布韦境外实施的行为,但在津巴布韦被认为是犯罪的;

(c)被取消第 13 条的成员资格的;

(d)根据第(2)款或第(3)款的规定,须其辞去成员职位的。

(2)若理事会成员存在以下行为,总统可要求其辞去理事会职务:

(a)犯有使他不能继续担任委员职务的行为;

(b)按照第 14 条的规定,未能遵守其任职条件的;

(c)在精神上或身体上没有能力有效地行使其作为成员的职能的。

(3)如果理事会成员未经理事会主席同意连续三次无正当理由缺席会议,总统可根据部长的建议要求该成员离职,但该离职要求需至少提前 7 天通知。

16. 理事会空缺的补充

除本章另有规定外,如理事会成员死亡或离职,总统可任命一人填补该空缺;

但如成员人数少于第 12 条所规定的最低人数,总统应任命一人填补该空缺。

17. 理事会主席和副主席

(1)总统应指定一名成员担任理事会主席,指定另一名成员担任副主席。

(2)理事会副主席在主席职位空缺或主席因任何原因无法履职时行使

主席的职能。

18. 增选理事会成员

在部长批准下，理事会可增选成员：

（a）如该人按照第 13 条的规定被取消了理事会成员资格，则不得增选该人加入理事会；

（b）增选人员对理事会的任何决定均无投票权。

19. 理事会的会议和程序

（1）根据本法规定，理事会应举行会议以处理事务，并按其认为适当的方式休会、结束会议并以其他方式规范其会议和程序：

理事会每年最少举行四次会议。

（2）理事会主席可在任何时候自行组织召开或应不少于两名成员的书面请求召开理事会特别会议，该会议的召开应不早于收到请求后七天也不迟于收到请求后三十天。

（3）根据第四款的规定，主席或副主席（在主席缺席时）应主持理事会会议。

（4）如主席及副主席均缺席理事会的会议，出席会议的成员可选出其中一人以主席身份主持该会议。

（5）理事会任何会议均须由过半数成员的法定人数组成。

（6）所有经理事会授权或理事会要求执行的行为、事项或事务，均须在有法定人数出席的理事会会议上过半数票决定。

（7）在理事会的所有会议上，每一名成员都应就任何一项问题享有一票表决权，但是：

（a）在票数相等的情况下，主席或主持会议的人除其审议票外，应有决定性的一票；

（b）任何成员均不得参与审议、讨论或表决提交理事会的任何有关其作为成员的离职的问题。

（8）在理事会全体成员中分发并经过半数成员同意的任何提案，应与在理事会正式召开的会议上通过的决议具有同等效力，并应列入理事会下次会议的记录，

但如任何成员要求将任何该等建议提交理事会，则本款不适用于该

建议。

20. 理事会的执委会

（1）为更有效地行使其职能，理事会可设立执委会，以赋予其认为适当的职能：

但赋予执委会的职能不得妨碍理事会本身行使该职能，且理事会可修订或撤销执委会在行使该职能时所作的任何决定。

（2）成立执委会时，理事会可任命非理事会成员作为执委会成员。

（3）理事会主席或执委会可在任何合适的时间及地点召开该执委会的会议。

（4）根据本条规定，执委会及其成员应比照适用第19条第（2）至第（8）款关于理事会及其成员的规定。

21. 理事会及其执委会的会议记录

（1）理事会应将在理事会或其执委会的会议上所作的会议记录和会议决定记入为该目的而备存的会议册内。

（2）与第（1）款相关的任何经会议主席签字或与下一届理事会主席或委员会主席相关的会议记录，都应视情况作为该次会议的议程或所作决定的初步证据。

（3）理事会需确保在按照第（2）款的规定签署会议记录后立即将所有会议记录的副本送交部长供其参考。

22. 理事会及其执委会成员的报酬和津贴

（1）理事会及其执委会成员享有报酬

（a）部长可视情况为理事会成员或执委会成员规定报酬（如有）；

（b）部长应视情况规定该成员因理事会或执委会事务而支出的合理费用（如有）。

（2）在理事会成员任职期间不应减少其应支付的报酬。

23. 对理事会的指示

（1）部长可向理事会发出政策指示，理事会应采取一切必要措施予以遵守。

（2）部长在向理事会发出第（1）款规定的指示之前，应书面通知理事会拟议的指示，理事会应在30天内或部长许可的更长时间内以书面形式向部长提交其对该提案的意见以及该提案可能对财政、商业利益、其他资源及环境管理署职能产生的影响。

（3）在收到理事会根据第（2）款提交的意见后，部长可确认、更改或撤回向理事会提交的任何拟议指示，如果部长确认了某一指示，无论该指示是否更改，理事会应立即遵守该指示。

（4）如理事会根据本条收到任何指示，理事会需在其年报中列出其所收到的指示、理事会就第（2）款所表达的意见以及理事会根据第（3）款收到的最后指示。

（5）如果理事会未能履行本法或其他法律规定的义务，部长可指示理事会在其指明的时间内采取其认为必要的行动来纠正该事项。

在发出此指示前，部长应给予理事会机会就此事提出它希望提出的陈述。

（6）如果理事会未能在部长指定的时间内按照第（2）款的指示采取行动，部长可代表理事会采取适当行动以纠正该事项。

（7）理事会须在第 24 条所提述的报告中，列出根据第（1）和（2）款给予理事会的每项指示的性质及实质内容，以及理事会就其指示提出的意见。

24. 理事会的报告

（1）理事会应在每年年底后尽快向部长提交一份年度报告，说明理事会在该年度处理的事项。

（2）理事会可在任何时候向部长提交其认为宜就该问题进行提交的特别报告。

（3）部长应在收到下列报告后的十四天内向议会提交该报告：

（a）根据第（1）款提交的年度报告；

（b）理事会根据第（2）款向部长提交且要求部长向议会提交的特别报告；

25. 理事会有权接触所有部长

理事会在履行其职能时，应通过其主席直接接触每一位部长，并应随时向负责环境的部长通报会议情况。

26. 理事会就技术问题咨询专家

当出现需要审议专业或技术问题的事项时，理事会应咨询其认为有资格就该问题提供咨询意见的人士。

27. 理事会举行听证会

（1）对于根据本法或其他法律法规要求或允许审议或采取行动的事项，理事会可以在部长的指示下举行听证会。

（2）凡理事会举行听证会的，任何与听证会上提交的问题有利益关系的人，须在合理范围内获取相关问题的通知及便利，以便其就该问题作出其所希望的陈述。

28. 理事会在听证中传唤证人及取证权

（1）为举办听证会，理事会应享有与地方法院同等权力来传唤证人、要求证人宣誓、审查证人并要求证人出示证件。

（2）传唤证人出庭做证或出示任何名册、文件或记录前，理事会应效仿地方刑事法院传唤证人，先出示经主席签署的传票。

（3）任何被传唤做证或出示名册、文件、记录做证的人均享有如同其被地方刑事法庭传唤出席做证同等的特权及豁免。

29. 证人不出席做证、不做证或不出示证件的惩罚

（1）任何被理事会传唤做证或出示名册、文件、记录的人以及：

（a）没有合理的理由，未能遵照传票出庭；

（b）听证会上

（i）无正当理由拒绝宣誓做证；

（ii）已宣誓，没有正当理由拒绝对向其合法提出的问题做充分和满意的答复；

（iii）无正当理由拒绝出示合法要求其出示的名册、文件或记录；

即属犯罪，可对其处以不超过第二级的罚金或不超过三个月的监禁，或并处。

（2）法庭如裁定该人犯有第（1）款所列罪行，除可对其处以任何刑罚外，还可视情况对其采取如同对待候审犯人一样的羁押措施，直至其同意宣誓或令人满意地完全回答所有合法向其提出的问题，或出示名册、文件或记录。

30. 听证会上做伪证的惩罚

证人在宣誓后做假证，理事会明知其做假证或没有合理证据证明做证真实的即属犯罪，应当被处以不超过第七级的罚金或不超过两年的监禁，或并处。

31. 理事会可将法律问题提交高等法院

（1）如理事会的决定中产生任何法律问题，理事会可自行或根据直接受该命令影响的人请求，将问题留作高等法院决定。

（2）如有人根据第（1）款提出保留，理事会应以个案形式将问题向高等法院司法常务官陈述。

（3）根据第（2）款提出的个案陈述所应遵循的程序及高等法院就此享有的权力均应按照《高等法院法》（第 7：06 章）就个案所制定的规则办理。

32. 理事会建议和决定的证明

一份经理事会秘书签署的意图提出理事会或执委会建议或决定的文件即为初步证据，其内容一经出示可被任何法庭接纳。

33. 维护国家利益

在理事会审议任何影响政府下某一部委或部门的事宜时，部长可指定任何人向理事会陈述观点，理事会应接受该人士向其提出的陈述。

第六章　环境管理署职工

34. 署长的任命及其职能

（1）理事会经部长批准，应从具有与环境管理署职能有关的资格和经验的人士中任命署长：

如果有人不符合第 13 条规定的任职资格，或该人属于第 15 条第（a）（b）（c）项所述应当离职的情况，则该人不得任命为署长或成为环境管理署成员。

（2）署长应根据理事会决定且和财政部长协商后经部长批准的时间、任期内与条件下进行任职。

（3）在理事会的监控下，署长需：

（a）执行理事会经部长批准可能指派给他的环境管理署职能；

（b）负责环境管理署的活动、资金和财产的有效管理；

（c）对环境管理署工作人员的行为和纪律行使一般权力；

（d）执行理事会指派的、本法或其他法律法规授予或委任的其他职能。

（4）理事会根据第 3 款分派职能：

（a）可以笼统地或具体地提出，但须符合理事会所确定的条件、限制、保留和例外；

（b）可随时被理事会撤销；

（c）不得妨碍理事会本身行使该职能。

35. 检查员及其他官员

（1）理事会可指定：

（a）其认为必要的能开展检查并确保执行本法的检查员人数；

（b）其认为必要的能实现本法目的的环境官员、发证官员及其他官员的人数

（2）根据第（1）款任命的人员应接受署长的监督和控制。

（3）环境管理署应确保向每一位检查员提供能证明其检查员身份的文件。

36. 署长、检查员和其他官员的监督职能

署长、检查员及其他官员应执行本法职能以确保监督：

（a）国家、他人或环境管理署受法律赋予促进健康、清洁和安全环境的职能，适当地行使这些职能；

（b）根据第 96 条的规定制订环境管理计划且其执行符合本法原则；

（c）下列行为、状况和情形应在法律切实可行和允许的范围内予以避免、减少、管理或调节：

（i）生态系统破坏、生物多样性减少；

（ii）土地、空气、水的污染与退化；

（iii）构成民族文化遗产的景观和遗址的破坏；

（d）废物循环再利用或以负责任的方式处置；

（e）协调有关土地、空气、水和土壤污染以及危险废物管理的政策和方案；

（f）协调和遵守环境质量标准；

（g）避免任何可能对环境产生不利影响的活动。

37. 检查员及官员的权力

（1）根据本条的规定，官员或检查员可在任何合理的时间，执行本法及根据本法制定的任何法规，无须手令或事先通知：

（a）进入津巴布韦境内的任何土地、房屋、船只、车辆或其他地方，以确定该法是否得到遵守；

（b）官员①或检查员如有合理怀疑，可审查任何对环境或自然资源有害的活动；

（c）依照本法规定，为进行检测或分析而采集或移除任何物质或物品的样品；但须通知该土地、房屋、船只、车辆或其他地方的所有人或占有人样本被抽取或移走；

（d）扣押任何物品、船只、厂房、设备或其他被合理认为在本法项下用于犯罪的物品；

（e）要求出示、检查、检测或复制根据本法及其他法规要求签发或出示的执照、许可证、记录或其他文件。

（2）官员或检查员不得在任何私人住宅或设计及用于住宅的任何部位行使第（1）款第（a）项下的权力，除非：

（a）经居住地方占用人同意；

（b）环境管理署签发了搜查令。

（3）检查员拟进入之地的所有人或占有人应在合理时间内按检查员要求提供进入该处所所需要的设备，以供检查员行使第（1）款之权力。

（4）官员②或检查员如认为有必要立即采取行动保护环境，可采取下列任何一项或两项措施：

（a）如任何活动违法本法规定或违反根据本法颁布的执行标准造成环境污染的，可关闭该处所不超过三个星期；

（b）向土地或处所的所有人、使用人或占有人送达书面命令，要求该所有人、使用人或占有人采取该命令所指明的防止对环境和自然资源造成损害的措施。

---

① "官员"字样由第 2005 年第 6 号法第 28 条写入。
② "官员"字样由第 2005 年第 6 号法第 28 条写入。

（5）根据本条规定，第（4）款第（b）项所指的命令在撤销、废止或环境保护令取代之前具有完全效力。

（6）官员或检查员在命令送达后十四天内须将该命令的副本连同产生该命令的详细情况一并送交署长。

（7）无论该处所的所有人、占有人或使用人是否提起上诉，署长都应在 30 天内复核根据第（6）款提交给他的命令，署长可更改或撤销该命令。

38. 环境管理署对合同及文书的执行

理事会批准的协议、合同或文书可由理事会一般或特别授权的人士代表环境管理署签订与执行。

39. 环境管理署的报告

（1）除了根据《审计和财政法》（第 22：03 章）的规定向部长提交年度报告，环境管理署还应：

（a）应部长要求向其提供其他报告；

（b）应理事会要求向部长提交环境管理署运营、担保、活动等方面的报告。

（2）理事会应向部长提交其不论何时要求的环境管理署运营、担保和活动资料。

40. 部长可要求提供统计数据和资料

部长可随时指示理事会提供环境管理署的收入资料和数据，并可附加或选择性要求其提供环境管理署的活动、资金和财产资料和数据，理事会应立即遵守任何此类指示。

41. 环境管理署的事务调查

（1）部长可在任何时候书面任命一名或多名人员对环境管理署的事务进行调查，该事务包括第七章规定的基金管理等。

（2）根据第（1）款规定任命的人员参照《调查委员法》（第 10：07 章）第 9 至第 13 条、第 15 至第 18 条的规定，享有拘留权之外的权力，包括根据第（1）款规定的调查权、传唤权和要求提供证据的权力。

第七章　环境管理署的财务规定

42. 环境管理署基金

环境管理署基金由以下部分组成：

（a）根据《议会法》目标而拨款给环境管理署的资金；

（b）其他个人、机构或任何国家的政府向环境管理署提供的贷款、捐款、补助等；

（c）环境管理署根据本法提供或接受服务产生的费用或收费；

（d）环境管理署在其运作过程中或其他收费所累积的资金；

（e）环境管理署运作期间产生的费用或根据《所得税法》（第 23：06 章）附录二十八征收的碳税等。①

43. 环境管理署不急需的资金投资

环境管理署非立即需要的资金可按理事会与部长协商后核准的方式进行投资。

44. 环境管理署财政年度

本署的财政年度为 12 个月，截止到每年的 12 月 31 日或规定的其他日期。

45. 环境管理署的账目

（1）环境管理署应保存好记录环境管理署活动、基金和财产的账目及部长指示的特殊账目和记录。

（2）在每一财政年度结束后，环境管理署应尽快编制该财政年度或部长指定阶段的账目报表并提交给部长。

46. 环境管理署账目的审计

（1）正如《审计和财政法》（第 22：03 章）将环境管理署资产界定为公共财产、理事会的成员和环境管理署的员工均被界定官员，环境管理署的账目应由主审计师或审计长审计，该两人应具有《审计和财政法》第 8 条和第 9 条所赋予的全部职能。

---

① 编辑注：《所得税法》第 36E 条征收碳税是为了综合收入基金的利益。

（2）理事会成员或环境管理署员工、代理人具有以下行为的：

（a）不向主审计师和审计长提供根据第（1）款进行审计所需的解释或资料；

（b）妨碍主审计师或审计长根据第（1）款进行审计；

属违法行为，可对其处以不超过一级的罚金或不超过三个月的监禁，或并处。

（3）尽管有第（1）款的规定，主审计师或审计长仍可指定一名有合适资格的人员审计环境管理署的账目，但该人员应：

（a）符合第（1）款和第（2）款的规定，如其被任命为主审计师和审计长。

（b）该被任命的审计人员因执行审计工作产生的费用由环境管理署资金支付。

47. 内部审计员

《审计与财政法》（第22：03章）第19条的规定应参照适用于内部审计员的各个方面，如同该审计员为部长负责下环境管理署的一个部门。

第八章　环境基金

48. 环境基金的设立

特此设立环境基金，根据本法，环境基金的管理和控制由部长作为受托人。

49. 基金的组成

基金由以下部分组成：

（a）根据第50条须缴纳的环境税；

（b）根据《议会法》之目的拨付的款项；

（c）经部长和财政部长批准，通过捐赠贷款或其他财政援助获得的款项；

（d）根据本法或其他规定可授予本基金的款项。

50. 环境税

（1）部长经与理事会协商并财政部长批准，可通过法定的通知方式，向对环境造成影响的某个或某类人征收环境税。

（2）在根据第（1）款规定征收环境税时，部长应明示：

（a）税费的支付、收取、缴付的负责人；

（b）税费的支付、收取和缴付的方式及时间；

（c）计算税费的依据；

（d）不缴或逾期缴付应付税费的附加费、利息及其他款项；

（e）收费日期；

但该日期不得早于该法定通知在政府公报上刊登的日期。

（3）部长根据第（1）款制作法定文书后的下一个议事会会议日，部长应将该文书提交议会，在该文书提交议会之日起三十天内，应根据议会决议予以废止：

但该法定文书的撤销，不影响其生效日期与撤销日期之间所作之事的效力。

（4）部长可通过有管辖权的法院提起诉讼，向须支付、收取或汇出环境税的人追讨根据本条应缴付的税款。

（5）所有以征收环境税方式汇出或收取的款项，连同与征收环境税有关的附加费、利息及其他应付款项，均须存入本基金。

51. 基金的管理

根据该法，基金应按照部长的指示进行管理。

52. 基金的运用

基金应用于：

（a）使环境管理服务标准化，并在提供这些服务时保持高质量标准；

（b）向地方权力机关或其指定代理人提供补助金，以协助有需要的人在不影响环境的情况下获得自然资源；

（c）资助或协助资助将环境管理服务扩展至服务不足的地区；

（d）提升与促进环境管理服务领域的研究和发展；

（e）协助培训提供环境服务的人员；

（f）为津巴布韦的利益鼓励并促进外国技术提供者转让环境管理服务技术；

（g）恢复退化的环境；

（h）清理污染的环境；

（i）提高公众对环境管理问题的认识；

（j）部长可以法定通知文书确定其他目标。

53. 基金的年度财政

本基金的财政年度为 12 个月，至每年 12 月 31 日止。

54. 会计账簿和基金审计

（1）部长应确保：

（a）与本基金有关的所有财务交易的账目及其他记录均已备存；

（b）就每个财政年度而言：

（i）资产负债表；

（ii）第（a）款所述交易的陈述准备就绪，不得无故拖延。

（2）就像基金的资产是公共货币或国家财产一样。正如《审计与财政法》（第 22：03 章）将环境管理署资产界定为公共财产或国家资产，基金的账目应由主审计师和审计长审计，主审计师和审计长应享有《审计和财政法》第 9 条所赋予的一切权力。

第九章　环境质量标准

55. 标准和执行委员会的设立

（1）兹设立一个标准和执行委员会作为理事会的委员会。

（2）标准和执行委员会由附录 4 所载的委员组成。

（3）负责实施本法的部长秘书为标准与执行委员会主席。

（4）标准和执行委员会应按其认为适当的方式规范其会议和程序。

（5）标准和执行委员会可增选人员出席其会议，增选人应参加委员会的审议，但无表决权。

56. 标准与执行委员会的职能

标准与执行委员会应与环境管理署协商：

（a）就如何制定衡量水质的标准和程序向理事会提供咨询意见；

（b）向理事会建议不同用途的水的最低水质标准，包括：

（i）饮用水；

（ⅱ）工业用水；

（ⅲ）农业用水；

（ⅳ）娱乐用水；

（ⅴ）渔业和野生动物用水；

（ⅵ）其他规定用水；

（c）分析并向理事会提交向环境排放废水的条件；

（d）为保护渔区、水域、水源和水库以及其他可能需要特别保护的地区，编写并向理事会提出准则或条例；

（e）确定水污染对环境、人类、动植物影响的研究领域并向理事会提出建议；

（f）建议理事会就实际或疑似的水污染进行调查，包括收集数据；

（g）建议理事会采取措施或授权进行必要的工程以防止或减轻因自然原因、遗弃的工程或经营而造成的水污染；

（h）记录用以确定水质和污染控制标准的分析方法，并指定实验室提供所需的分析服务，或请理事会设立该实验室；

（i）收集、维护和解释工业和地方权力机关关于污水预处理、性质和水平的数据；

（j）向理事会建议在排入污水收集系统前处理污水所需的措施；

（k）向理事会建议在污水排放入海前处必须进行的处理工作；

（l）监测和控制水污染向理事会提出必要的建议。

57. 禁止水污染

（1）任何人排放或使用任何有毒或有害物质、放射性废弃物或其他污染物，或允许任何人违反水污染控制标准向水环境倾倒或排放此类物质，即属违法，可处不超过十四级的罚金或一千五百万美元，以较大者为准，或处以五年以下有期徒刑，或并处。①

（2）根据第（1）款被裁定有罪的人，除被判处以上刑罚或罚金外，还须：

（a）支付清除有毒有害物质、放射性废弃物或其他污染物的费用，包

---

① 根据 2005 年《普通法修正法》（2005 年第 6 号）第 28 条修订的处罚。

括可能由政府部门引起的损毁环境的修复费用。

（b）向第三方支付赔偿、恢复原状的费用，这些费用可由法院根据第三方的申请决定。

58. 向理事会提供工厂信息的义务

灌溉工程计划、排污系统、工业生产车间或任何其他可能排放废水或其他污染物或已排放废水或其他污染物的企业的所有人或运营商，须按要求向理事会提交有关该等流废水或其他污染物的数量及质量的准确资料。

59. 只能向排污系统排放废水

（1）任何行业或工业企业的每一位所有者或经营者，均须将来源于该行业或工业企业的废水或其他污染物排放至现有的污水排放系统，而地方权力机关经营或监管该污水系统，则须按规定的费用发出必要的排放许可证。

（2）任何行业或工业企业的支持者或所有者在获发排放污水进入环境的许可证前，应先安装适当的污水处理装置，以在将污水排放到环境中之前对其进行处理。

60. 污水排放许可证

（1）在两个或两个以上毗邻的地方权力机关管辖范围内经营排污系统的地方权力机关，或任何行业或工业企业的所有者或经营者，如无理事会签发的污水排放许可证，不得向环境排放任何污水或其他污染物。

（2）第（1）款所提述的行业或工业企业的所有者或经营者，如在本法施行前向环境排放废水或其他污染物，应在该生效日期起计的12个月内向理事会申请污水排放许可证。

（3）每项污水排放许可证申请均须以订明格式，并附有订明费用。

（4）在根据第（1）款和第（2）款颁发许可证前，理事会应：

（a）征求有关地方权力机关及其认为适当的组织和人员的意见；

（b）考虑拟排放的污水或污染物对受影响水道或其他水源的水质可能造成的影响；

（c）考虑现有许可证对有关水道或其他来源的影响；

（d）考虑到依赖受影响水道的河岸居民、生态系统、人类居住区和农业计划的用水需求。

（5）理事会如拒绝授予污水排放许可证的申请，须在 21 天内将其决定通知申请人，并以书面陈述拒绝该申请的理由。

（6）根据本法颁发的污水排放许可证须采用订明的格式，接受其订明的条件限制。根据许可证的规定，在其订明的期限内有效并可续期。

61. 吊销污水排放许可证

如有下列行为，理事会可以书面形式吊销污水排放许可证：

（a）许可证持有人违反本法的任何规定；

（b）许可证持有人未遵守许可证指明的条件；

（c）理事会认为根据环境利益或公共利益应吊销的。

62. 注册污水排放许可证

（1）理事会应备存一份登记册，登记根据本法签发的所有污水排放许可证。

（2）登记册为公开文件，任何人在缴付订明费用后，可于任何合理时间在该环境管理署的任何处所查阅该登记册。

63. 空气质量标准

（1）标准与执行委员会应：

（a）就如何制定衡量空气质素的标准及程序向理事会提供咨询意见；

（b）向理事会建议：

（i）环境空气质量标准；

（ii）职业空气质量标准；

（iii）各种来源的排放标准；

（iv）移动和固定污染源的空气污染控制标准和准则；

（v）其他空气质量标准；

（c）就通过重新设计工厂或安装新技术或两者同时进行来减少现有的空气污染源所需要的措施向理事会提出建议，以满足本条规定的标准要求；

（d）向理事会建议减少温室气体排放的准则，并确定适当的技术以减少空气污染；

（e）就排放污染物的浓度和性质向理事会提出建议；

（f）向理事会推荐在排放过程中控制污染物的最佳可行技术；

（g）向理事会建议确定监测空气污染物的分析方法和设立必要的分析

服务实验室的数目，以供理事会考虑；

（h）请理事会对实际或可疑的空气污染进行调查，包括飞机和其他自动推进交通工具、工厂和发电站造成的污染；

（i）请求理事会命令工厂或其他空气污染源提交其所要求的申报表及资料；

（j）为监测和控制空气污染而作出一切看来必需的事情。

（2）任何人违反根据本章制定的排放标准而排放导致空气污染的物质（即排放超过某一排放源规定数量的物质）即属犯罪，可处不超过十四级或不超过 1500 万美元的罚金（以数额较大者为准）、处以不超过 5 年的监禁，或并处。

（3）根据第（2）款被裁定有罪的人，除被判处罚金和监禁外，还须：

（a）支付清除污染的费用，包括政府环境管理署在修复因排放而受损或破坏的环境时可能产生的费用。

（b）向受犯罪影响的第三方提供法院根据第三方的申请而决定的赔偿、修复、归还或补偿费用。

64. 气体排放许可证

如无理事会颁发的气体排放许可证，任何行业或环境管理署的所有者与经营者均不得排放导致或可能导致空气污染的物质与能源。

65. 申请气体排放许可证

（1）申请气体排放许可证须以订明形式附加订明费用向理事会提出。

（2）颁发气体排放许可证前，理事会应：

（a）考虑排放物可能对环境空气质量造成的影响；

（b）考虑影响同一空气资源的现有许可证；

（c）适当考虑居民、人类居住区和其他工商业活动的需要。

（3）根据本法颁发的气体排放许可证受许可证指明的条件所限制，在许可证指明的期间内有效，并可延续至许可证指明的期间。

（4）理事会拒绝气体排放许可证申请的，应在作出决定后 21 天内以书面形式告知申请人拒绝理由。

66. 吊销气体排放许可证

存在以下行为的，理事会应以书面形式吊销气体排放许可证：

（a）持证人违反本法规定或根据本法订立的条例；

（b）持证人未能遵守许可证的限制条件；

（c）如果理事会认为吊销气体排放许可证符合环境或公众利益的。

67. 注册气体排放许可证

理事会应备存根据本法颁发的气体排放许可证登记册。该登记册为公开文件，任何人在缴付订明费用后可在合理时间查阅。

68. 机动车辆及其他交通工具的气体排放

（1）交通工具的所有者和经营者不得在违反该类交通工具订明的排放标准的情况下，以导致空气污染的方式或条件运行该交通工具。

（2）根据本条规定，任何交通工具的经营者违反第（1）款所提述的排放标准污染环境即属犯罪，并应：

（a）一经定罪，可处三级以下的罚金。

（b）如因第二次被定罪或因其后的罪行被定罪，可处六级以下的罚金；如欠缴罚金，可处不超过六个月的监禁。

（3）交通工具的经营者如承认、准备向警务人员或检查人员承认其已犯第（2）款所述罪行，而其先前并无就该罪行被定罪，亦未曾就本款给予警告，则须由警务人员或检查人员给出书面警告，告知其在与警务人员或检查人员所议定的期间（不少于3个月）内，为防止交通工具违反其所属类别规定的排放标准需采取的措施。

（4）就第（2）款所述罪行而言，

（a）任何人

（i）未遵从第（3）款所述书面警告；

（ii）曾被裁定犯第（3）款所述罪行；且

（b）警务人员或检查人员有理由相信，将就（a）项所述罪行进行审讯的裁判法院在将该人定罪后，不会判处监禁或超过第3级罚金；

（a）项所述人员可向（b）项所述警务人员或检查人员提交一份签署文件，承认其犯有上述罪行，并向该警务人员或检查人员缴纳不超过第三级的罚金，根据第（5）款规定，该人即无须就其所犯罪行出庭应诉。

（5）《刑事诉讼与证据法》（第9：07章）第356条适用于根据第（4）款认罪的程序。

（6）根据第（4）款缴纳的罚金如存放于检查员处，则成为环境管理署资金的一部分。

但是，根据《刑事诉讼与证据法》（第9：07章）第348条追回的任何超过存放数额的余额不得构成该环境管理署资金的一部分。

69. 废弃物的标准

标准与执行委员会应向理事会建议：

（a）采取必要措施，查明对人类健康和环境有危险的材料与工艺；

（b）发布准则并规定管理（a）项所列材料和程序的措施；

（c）规定废弃物的标准、分类方式及分析方法，并就处置和清理此类废弃物的标准提出建议；

（d）规定处理、储存、运输、隔离和销毁废弃物的措施。

70. 禁止排放废弃物

（1）任何人不得以对环境造成污染或对人健康不利的方式排放或处置在津巴布韦境内外产生的任何废物。

（2）除以下情况外，任何人不得运输废弃物：

（a）根据理事会签发的有效许可证进行废弃物运输的；

（b）根据理事会颁发的许可证建立废弃物处置场的。

（3）凡其活动产生废物的人均须采取必要措施，通过处理、回收和再循环尽量减少废物。

（4）部长或检查人员可根据第117或118条（视情况而定）发出命令，要求第（3）款所述之人采取第（3）款所指明的措施，以便通过处理、回收和再循环尽量减少废物。

（5）任何

（a）违反第69条规定的措施或标准排放与处置废弃物；或

（b）并非按照第（1）款（a）项规定颁发的有效许可证运输废弃物至废弃物处置场的；

即属犯罪，可处不超过5年的监禁或不超过五百万美元的罚金，或同时处以罚金和监禁。

71. 申请废弃物许可证

（1）任何人拟在津巴布韦境内运输废弃物、经营废弃物处置场或废弃物处理厂、产生规定类型或数量的危险废物，应先向理事会申请授予废弃物许可证。

（2）申请废弃物许可证须以订明格式提出，并附有订明费用。

（3）理事会拒绝根据本条提出的申请，应在作出决定后 21 天内将该决定通知申请人，并说明理由。

（4）任何人在本法生效时拥有或经营废弃物处置场或处理厂、产生危险废弃物，应在本法生效后 6 个月内根据本条向理事会申请废弃物许可证。

72. 危险废弃物

（1）标准和执行委员会应与理事会协商，向理事会建议关于确定危险废物分类的标准，以确定：

（a）危险废物；

（b）易燃废物；

（c）腐蚀性废物；

（d）有毒废物；

（e）放射性废物；

（f）理事会认为有必要进行分类的其他废物。

（2）理事会应根据标准和执行委员会的建议发布准则，并建议部长制定根据第（1）款确定的各类危险废物的管理条例。

（3）第（2）款所述的条例可规定以下事项的程序和标准：

（a）对允许进出口的有毒有害化学品和材料的进出口管制；

（b）化学品和材料的分配、储存、运输和处理。

73. 禁止向环境排放危险物质、化学物品和材料或石油

（1）任何人不得违反第 72 条的规定将危险物质、化学物品、石油或含有油类的混合物排放到水域及其他环境的任何部分。

（2）任何人违反第（1）款向水域或环境的任何部分排放危险物质、化学物品、油类或含有油类的混合物即属犯罪，如该罪行被定罪，则：

（a）支付清除危险物质、化学物品、石油或含有石油的混合物的费用，包括政府环境管理署或机关在恢复因排放而受到损害或破坏的环境可能发生的费用；

（b）根据第三方的申请，以法院确定的方式赔偿、恢复、归还或补偿

第三方的费用。

（3）任何生产或贮存设施、运输工具的所有者或经营者如在违反第（1）款的情况下排放，应：

（a）立即向理事会或相关政府官员发出排放通知；

（b）立即使用可用的最佳清理方法开始清理操作；

（c）遵从理事会不时发出或安排的指示。

（4）凡生产、贮存设施或运输工具的所有者或经营者在理事会所指示的不超过 6 个月的期限届满时，拒绝、忽略或没有根据第（3）款采取适当行动，则：

（a）理事会可暂时占有该生产或贮存设施、运输工具，以采取或安排采取必要的补救措施制止有关有害物质、化学物品、油类或含油类混合物的排放并恢复由此对环境造成的损害；

（b）处置该生产或贮存设施或运输工具，以支付按照（a）项采取的措施而产生的费用。

74. 农药和有毒物质的标准

（1）标准与执行委员会经与环境管理署协商，应向理事会建议拟制定以下事项的标准和实施草案：

（a）农产品、加工食品和动物饲料中农药残留的浓度；

（b）规范农药、有毒物质的进口、出口、生产、储存、分配、销售、使用、包装、运输和广告；

（c）确保农药和有毒物质正确标记和包装；

（d）监测农药和有毒物质对环境的影响；

（e）制定农药、有毒物质的储存、包装、运输的执行程序和条例；

（f）用于农药和有毒物质的监测和控制的一般事项。

75. 申请注册农药和有毒物质

（1）有意制造、进口、加工新农药或有毒物质或有意加工现有农药、有毒物质的人，在进口、制造、加工或对农药、有毒物质进行再加工之前，须按规定的方式向理事会申请农药或有毒物质的登记。

（2）第（1）款所指的申请应包括名称、商标和分子结构、建议的使用类别、农药或有毒物质的估计量以及理事会可能要求的与健康和其他环境影响有关的数据。

（3）任何人在本法生效以前制造、进口或加工农药或有毒物质，应在本法生效后一年内以规定的方式向理事会申请注册该农药或有毒物质。

76. 注册农药和有毒物质

（1）理事会可根据第 75 条的规定登记农药或有毒物质，并可按照规定或理事会确定的条件进行登记。

（2）除理事会另有规定外，每种农药或有毒物质的注册期为十年。

（3）注册可按理事会所订明的时间再续期 10 年，或按理事会所订明的其他期限续期。

（4）理事会拒绝登记农药、有毒物质的，拒绝通知应当说明拒绝理由。

77. 与农药或有毒物质相关的犯罪

（1）任何人不得：

（a）违反第 74 条规定的标准或措施，在环境中使用或处置农药或有毒物质；

（b）改变农药或有毒物质的构成，违反第（a）款所述的任何标准或措施；

（c）违反（a）款所指的标准或措施分离、更改或销毁杀虫剂或有毒物质上的标签。

（2）任何人不得出售、要约出售、持有待售、进口、提供进口、接受、向他人传递或提供明知违反第 76 条未经注册或有理由相信未经注册的农药或有毒物质。

（3）任何人违反本条规定即属犯罪，一经定罪，可处不超过一千万美元的罚金或不超过十年的监禁，或并处。

（4）任何人如第二次犯罪或其后再次被定罪，可处不超过一千万美元的罚金或不超过十年的监禁，或并处。

78. 没收农药和有毒物质

（1）理事会怀疑为本法规定的犯罪标的物的农药或有毒物质，应依法没收扣押。

（2）凡根据第（1）款没收农药或有毒物质，如存在以下情况，应在 12 个月后归还：

（a）未对农药或有毒物质提起诉讼；

（b）没有人因该农药或有毒物质被判有罪。

79. 噪声标准

标准和执行委员会应与环境管理署协商，向理事会建议：

（a）为维护公共健康和环境健康制定排放噪声与声波污染的最低标准；

（b）规定测量向环境排放噪声与声波污染的标准和程序；

（c）规定测量次声波的标准和程序；

（d）规定适用于建筑工地、厂房机械、机动车辆、飞行器（包括超音速）、工商业活动的噪声水平和排放标准；

（e）为减少不论从何种来源排放到环境中的不合理噪声及声波污染而制定的准则。

80. 禁止超过既定标准的噪声

任何人排放超过第79条规定标准的噪声即属犯罪，一经定罪，可处以不超过第十四级的罚金或不超过十二个月的监禁，或并处。

81. 有关噪声标准的豁免

（1）尽管存在第80条的规定，理事会可要求颁发一份不超过三个月的临时许可，允许排放超过既定标准的噪声，该等噪声根据理事会确定的条件和期限进行排放，例如烟花爆竹、爆破、射击及特定重工业经营等活动。

（2）凡已根据第（1）款给予豁免，暴露于过高噪声水平的工人须按照规定的措施和理事会颁布的指令受到充分的保护。

82. 有害气味的控制标准

标准和执行委员会经与环境管理署协商，应向理事会建议：

（a）规定有毒气味的测量和确定程序；

（b）规定控制有害气味环境污染的最低标准；

（c）规定用于消除有害气味的措施准则，无论该准则是人类活动还是自然现象。

83. 禁止乱扔垃圾

（1）任何人不得在土地、水面、街道、马路或其他场地丢弃、倾倒或遗留任何垃圾，但为该目的设置容器或特别设计、指明、提供场所的除外。

（2）运输工具的所有人须确保不会从其运输工具上抛掷垃圾。

（3）任何个人或有关地方权力机关须时刻确保有足够且合适的容器或场所放置垃圾。

（4）任何违反第（1）款和第（2）款的人即属有罪，应被处以不超过第三级的罚金（除非有关地方权力机关管辖范围内的附录对有关罪行作出规定）。

84. **已废止**

85. **已废止**

86. **已废止**

第十章　环境计划

87. 国家环境计划

（1）为提升与促进与环境有关的战略合作、计划与活动，确保津巴布韦环境的保护与可持续管理，环境部长应编制国家环境计划。

（2）为制订国家环境计划，部长应：

（a）在必要情况下向有关当局、机构和人员咨询；

（b）从部长认为拥有与编制计划相关知识的专家处获取证据、资料或意见。

88. 国际环境计划的内容

国家环境计划应制定管理、保护、修复、恢复环境的战略和措施，包括：

（a）保护自然环境中的生态进程、自然系统和自然风光以及保护生物多样性；

（b）促进物种和生态系统的持续利用以及自然资源的有效利用和再利用；

（c）预防或减缓促进全球气候变化的活动，保护臭氧层；

（d）保护环境不受人造建筑、装置、产品或加工、人类活动造成的干扰、退化、毁损、中毒或破坏；

（e）津巴布韦加入的国际公约的执行情况；

（f）保护环境免受污染，防止有害和不受控制地使用危险物质；

（g）总体确保采取综合办法来维持和改善环境，以提供可接受的生活质量。

89. 征求公众意见

为完善国家环境计划部长应：

（a）在政府公报或广泛发行的报纸上刊登公告，公布国家环境计划，写明将公布的地点和就该计划提出反对意见或建议的期限。

（b）根据（a）项发布公告后不少于 30 天的期间内，在公告所指明的地点张贴国家环境计划的复印件。

90. 批准国家环境计划

（1）如在根据第 89 条第（a）项发出的公告所指明的期间后：

（a）未收到对公告的反对意见或建议，部长可批准国家环境计划并确定其生效日期；

（b）已收到对公告的反对意见或建议，部长应考虑所有反对意见和建议，并可：

（i）批准国家环境计划并确定其生效日期；

（ii）进行其认为必要的进一步磋商。

（2）进行进一步磋商后，部长应根据磋商对国家环境计划作出其认为必要的修改。

（3）根据第（2）款重新向部长提交国家环境计划时，部长可：

（a）批准国家环境计划并确定生效日期；

（b）进行其认为必要的进一步磋商。

第（2）款和本款应适用于每一次的进一步协商和重新提交，直至部长批准国家环境计划。

（4）部长应安排在政府公报上公布国家环境计划开始实施的日期。

91. 执行国家环境计划的公示

部长应确保根据第 90 条实施的国家环境计划在正常工作时间内，于部长办公室或部长指定的津巴布韦其他地点，向公众免费开放以供查阅。

92. 执行国家环境计划的效果

（1）根据第 90 条实施的国家环境计划应对包括国家在内的所有人都具有约束力。

（2）凡因任何法律就环境授予或委以相关职能的个人或地方权力机关，在行使其职能时均须顾及已根据第 90 条实施的国家环境计划。

（3）在不限制第（1）及（2）款的概括性的原则下：

（a）在根据《地区、城镇和国家规划法》（第 29：12 章）编制和实施区域和总体规划时，应考虑根据第 90 条实施的国家环境计划；

（b）除按照第 90 条实施的国家环境计划外，任何人不得实施任何项目。

93. 对执行国家环境计划的修改

（1）如部长认为已根据第 92 条实施的国家环境计划应予修改，部长应：

（a）在政府公报和广泛发行的报刊上发布公告，说明修改国家环境计划的建议，以及载有该项建议的国家环境计划将在何处公开展示和就该项建议提出反对意见或建议的期间。

（b）根据（a）项发出公告后不少于 30 天内，在公告所指明的每个地点张贴载有拟议变更的国家环境计划副本。

（2）考虑针对第（1）款公告收到的反对意见和建议后，部长可以确认国家环境计划的拟议变更内容和变更后的国家环境计划。

94. 审查和更新国家环境计划

（1）在根据第 90 条实施国家环境计划后不超过十年，或在部长指定的更长期限后每隔十年（不超过十年），部长应对国家环境计划进行审查，并决定是否应根据第 88 条第（1）项编制新计划。

（2）第 87 条至 89 条适用于根据第（1）款编制新的国家环境计划。

（3）根据第 90 条确定的国家环境计划自新计划实施之日起停止生效。

95. 地方政府的环境行动计划

（1）各地方政府应按照部长发布的指示，为其管辖区域编制一份环境行动计划。

（2）环境部长经与负责地方政府事务的部长协商后，应根据第（1）款制定拟编制计划的内容及其编制程序。

（3）地方政府应：

（a）向公众展示环境行动计划的复印件并附陈述说明可就该计划向政

府作出建议的时间;

（b）就（a）项规定的展示所在地点、展示期限及公众可就计划向政府所作建议的时间向公众发布公告。

96. 环境管理计划

（1）根据本条:

"指定当局"是指:

（a）行使可能影响环境或涉及环境管理的职能或从事经营活动;

（b）由环境管理署在政府公报公告指明的政府机关、个人或该类型的人。

（2）各指定当局应在部长指定的期限内编制环境管理计划。

（3）根据第（2）款编制的环境管理计划,须载有以下内容:

（a）对指定当局就环境所行使的职能描述;

（b）对设定或适用的环境标准的描述;

（c）对旨在实施该计划的政策、计划和方案的说明;

（d）要求他人遵守的程度;

（e）与其他人在环境管理方面的合作安排;

（f）说明指定当局将以何种方式确保其职能的行使遵守本法、其他法律、环境标准,从而实现对环境的管理和保护。

（4）规定制定、开发和实施环境计划的程序及其他事项。

第十一章 项目的环境影响评价、审计和监测

97. 需要进行环境影响评价的项目

（1）根据本章,不符合以下规定的,附录1所列的项目不得实施:

（a）根据第99条提交环境影响评价报告后,署长已根据第100条就该项目颁发许可证;

（b）许可证处于有效期内;

（c）遵守署长颁发的许可证上的条件。

（2）根据第（4）款规定,任何人明知实施项目违反第（1）款规定而仍为之的即属犯罪,可处不超逾1000万美元的罚金或不超逾5年的监禁,

或并处。

（3）环境管理署可根据第十条第（1）款第（xiii）项向明知实施项目违反第（1）款规定的人下发命令，命令该人：

（a）以命令中规定的方式减轻任何不利环境的影响；

（b）若环境管理署认为无法减轻不利环境影响的，应命令该人销毁与项目有关的工程。

（4）根据第（3）款送达命令前，环境管理署须以书面形式将该项目对环境产生不利影响的性质通知该人，并须给予该人就此事作出申述的充分机会。

（5）发证机关不得根据任何法律就第（1）款所列项目颁发许可证，署长已根据第 100 条就该项目颁发许可证或该项目已根据第 100 条被视为获得批准的除外。

98. 开发商需提交计划书

（1）在对某项目进行环境影响评价前，开发商应向署长提交计划书，其中应载有与评估和项目有关的规定信息。

（2）署长收到计划书后须立即进行审查，审查后应：

（a）要求开发商根据署长的合理要求提供进一步的信息；

（b）如认为拟制作的环境影响评价能正确评估项目对环境的影响，则批准计划书并要求开发商继续准备环境影响评价；

（c）如认为不符合（b）项所规定的条件，则拒绝该计划书并向开发商提供编制新计划书所需的指示。

（3）根据第（2）款批准计划书时，署长可确定与评估范围有关的条件，有关的开发商须遵守该条件，包括要求开发商聘用一名独立于开发商的环境规划及管理服务专家，以拟备环境影响评价。

（4）如有关的开发商没有就某项目及其评估提交本条所指的计划书，署长可拒绝考虑该项目的环境评估报告。

99. 环境影响评价报告的内容

某项目的环境影响评价报告应：

（a）详细说明项目及其实施活动；

（b）说明选择项目拟建地点的理由；

（c）详细说明项目可能对环境或其任何部分产生的影响，包括项目的直接、间接、累积、短期和长期影响。

（d）详细说明为消除、减少或减轻项目可能对环境造成的任何预期不利影响而提出的措施，确定监测和管理项目环境影响的方法；

（e）说明其他国家的环境是否可能受到该项目的影响，以及为尽量减少对该环境的损害而须采取的措施；

（f）在适用的情况下，说明开发商打算如何在项目中整合生物多样性；

（g）简要说明开发商编制环境影响评价报告所采用的方法。

100.审议环境影响评价报告和签发证书

（1）收到环境影响评价报告的60日内，署长应：

（a）审议报告并根据本条作出决定；

（b）安排将其决定通知开发商；未能通知的，视为批准该项目。

（2）署长在审议环境影响评价报告时，可采取下列任何行动：

（a）根据第（3）款的规定，批准与环境影响评价报告有关的项目；

（b）要求开发商对项目的整个或部分进行进一步的环境影响评价；

（c）要求开发商提供署长认为必要或值得的进一步信息或做署长认为必要或值得的其他事情，同时考虑到实现本法目标的需要。

（3）在考虑是否批准环境影响评价报告所涉及的项目时，署长：

（a）应考虑项目对环境可能产生的影响及既存的类似项目对环境的实际影响；

（b）应考虑项目在多大程度上符合国家环境计划，及是否存在适用地方权力机关环境管理计划的地方；

（c）可咨询他认为与该项目有利害关系的任何当局、组织、团体、环境管理署或个人。

（4）署长可在其根据第（2）款批准的项目上施加其认为适当的条件。

（5）根据第（1）款批准项目后，署长应以规定的形式向开发商颁发许可证，以：

（a）确定项目；

（b）说明开发商的名称和地址，开发商为公司的，说明公司的注册办事处；

（c）说明证书的签发日期和届满日期；

（d）列明署长根据第（4）款规定的条件；

（e）列明规定的其他事项。

101. 证书的有效期

（1）署长根据第100条颁发的证书自颁发之日起两年内有效。

如有正当理由，署长可将已在规定期限内开始但尚未完成的项目的证书有效期延长不超过一年。

（2）对于在证书有效期届满后的规定期限内尚未开工的项目，署长不得延长有效期。

102. 证书登记

（1）署长应保存按第100条颁发的证书登记册，并在登记册内记录每份证书的以下内容：

（a）获发证书的工程项目；

（b）获发证书的开发商；

（c）证书的生效及届满日期；

（d）证书规定的条件；

（e）证书的修订、暂停和吊销；

（f）规定的其他详情。

（2）付规定的费用后（如有），根据第（1）款保存的登记册应在合理时间内于署长办公室向公众开放以供查阅。

103. 禁止转让证书

（1）根据第100条获发证书的开发商未经批准不得向他人委派、割让或转让该证书。

如获发证书的开发商的自然人去世或公司被清算，则该证书被视为转让给其继承人或清算人，该等转让无须获得署长批准。

（2）证书在违反第（1）款的情况下一经委派、割让或转让即告无效。

104. 证书修订、暂停或吊销

（1）若项目实施过程中，署长根据新证据或开发商的报告确信项目为污染源或对环境构成威胁，可根据第（3）款规定：

（a）吊销根据第100条颁发的项目证书并要求编制新的环境影响评价

报告；

（b）修改证书或其签发条件；

（c）发出其认为防止或尽量减少对环境污染或威胁所需的指示，包括与以下事项有关的指示：

（i）项目的实施和规划方法；

（ii）消除、减少或减轻项目对环境负面影响所需的工程或行动；

（iii）与该项目有关的研究和监测方案；

（iv）关于项目对环境影响的定期报告。

（2）根据第（3）款规定，若署长发现开发商存在下列行为，可暂停或吊销其根据第100条颁发的证书：

（a）以欺诈、失实陈述或虚假、误导性陈述为依据取得证书的；

（b）未能遵守就颁发该证书而施加的条件的；

（c）已违反第105条、第106条第（2）款或第107条规定的。

（3）在根据第（1）或（2）款采取行动前，署长须将其拟采取的行动及采取该行动的理由通知有关开发商，并须给予开发商就此事作出申述的合理机会。

105. 如项目未实施或变更，开发商理应通知署长

根据100条获发证书的开发商在下列情况下应立即通知署长：

（a）在证书有效期届满前，明显不能实施项目的；

（b）项目发生任何改变对环境造成实质性影响的；

（c）项目对环境造成的影响与环境影响评价所述影响在性质或程度上存在实质性差异。

106. 项目的环境审计

（1）署长经与适当的政府协商后，应对包括在生效日期前开始实施的项目进行或安排进行环境审计，以确保其实施符合本法要求。

（2）为展开第（1）款规定的审计项目，开发商应保存记录并应署长要求向其提交。

107. 开发商减少项目对环境的不良影响

（1）每名发展商均须采取一切合理措施，以防止或在无法防止的情况下减轻因实施项目而可能对环境造成的不良影响。

（2）开发商应就其根据第（1）款采取的措施立即向署长报告，除非该措施已在环境影响评价报告中作出说明，或根据第105条规定做了报告。

108. 检查环境影响评价报告

环境影响评价报告应在支付规定费用（如有）后，在合理时间内于署长办公室开放供公众查阅：

任何人不得将其中所载的任何资料用于个人利益，但根据本法或其他法律就环境保护和管理事宜提起的民事诉讼除外。

第十二章　保护与改善环境

109. 总统可留出国家土地或基于环境用途取得其他土地

（1）为施行本条：

"土地"包括对土地的任何权益或权利。

（2）如果总统根据部长的建议，确信这样做符合公众的普遍利益或部分公众利益，其可以基于改善或适当管理环境的目的拨出国家土地或获取其他土地。

（3）为施行第（2）款，总统与土地所有人之间无协议的情况下，《土地取得法》（第20：10章）将参照适用于该土地强制获取行为。

110. 总统可基于环境用途留出公共土地区域

（1）总统可以基于养护或改善自然资源、保护灌溉工程或水源的目的拨出公用土地：

但在负责管理《社区土地法》（第20：4章）的部长确信已在其他地方为因该地区的划界而受影响的居民作出适当的规定之前，不得划出该土地。

（2）根据第140条第（1）款关于划拨土地的法律规定与其他法律或根据《社区土地法》（第20：4章）或《农村地区委员会法》（第29：13章）适用于土地的法律规定相冲突的，以本法规定为准。

111. 部长可建造工程

（1）尽管有其他法律，部长仍可安排建造保护或管理环境的工程，如果：

（a）其认为该工程是为公众利益需要或合宜的；

（b）负责该土地的政府或个人未能或拒绝建造有关工程；

（2）根据第（1）款的一般性原则，部长可基于下列目的安排建造工程：

（a）保护公共河流的河床、堤岸、河道或任何水源；

（b）处理或控制暴雨；

（c）减轻或防止土壤侵蚀；

（d）节约用水；

（e）处置和管理废物；

（f）控制地下水位及处理灌溉排水。

（3）在按照第（1）款建造对地方权力机关的运营或财政产生直接和实质性影响的工程前，部长应征求政府意见。

（4）根据第（1）款建造工程的费用，应根据《议会法》先行拨付。

112. 根据第 111 条建造工程的费用分摊

（1）根据第 111 条建造的工程，如果部长认为：

（a）任何人将以土地所有人、占有人或使用人的身份受益于工程，或因任何人以土地所有人、占用人或使用人的身份的作为或不作为而使工程的建造成为必要；

（b）在考虑所有情况后，（a）项所指的人员支付全部或部分工程费用是公平公正的；

部长可向该人员发送通知并要求其向国家支付通知中注明的费用，该笔费用为工程的全部或部分费用（视情况而定）。

（2）如果在根据第（1）款发送通知后五年内，部长确信由于情况的变化，该人员从工程中受益的程度较之通知送达时存在实质性增加或减少，部长可向该人员另行发送通知，增加或减少其应付费用（视情况而定）。

（3）接收第（1）款或第（2）款规定的通知书之人若承认为通知书中规定的费用承担法律责任，或承担其与部长议定的其他金额：

（a）该笔款项成为该人所欠债务且由其向国家支付；

（b）自通知送达之日起，至所承认的数额支付给国家为止，未付数额应按规定的利率支付利息；

但如根据第（2）款发出的通知要求该人支付比先前通知更少的款额，

则该债款的数额须相应减少，部长应安排退还该人已向国家支付的超额部分。

（4）如果根据第（1）或（2）款收到通知的人不承认对通知中规定的金额负有责任，部长可向行政法院提出申请，强制该人向国家支付该金额，如果行政法院确信：

（a）该人以土地的所有人、占有人或使用人的身份从工程中获益，或该人以土地的所有人、占有人或使用人的身份作为或不作为而使工程的建造成为必需；

（b）在考虑所有情况后，该人支付全部或部分工程费用是公平公正的；

行政法院应命令该人支付法院认为公正和公平的款项。

113. 湿地保护

（1）部长可宣布任何湿地为生态敏感区，并可对该地区或周围的开发施加限制。

（2）除非按照环境管理署的明确书面授权，任何人不得与理事会和负责水资源的部长协商确定：

（a）开垦或排干任何湿地；

（b）在对湿地有或可能有不利影响或对湿地内任何动物或植物的生活有不利影响的方式上钻孔或挖隧道，扰乱湿地；

（c）将任何外来动植物物种引入湿地。

（3）违反第（2）款的，可处不超过第八级的罚金或不超逾两年的监禁，或并处。

114. 部长可以下令保护环境

（1）根据本条规定，部长可向土地的所有人、占有人或使用人送达书面命令，要求所有人、占有人或使用人：

（a）采取或采取此类措施或；

（b）在部长规定的合理时间内，建造此类工程或；

（c）避免进行此种活动；

如部长认为有必要保护环境免受被送达命令的所有人、占有人或使用人的作为或不作为的影响。

（2）部长可向土地的所有人、占有人和使用人发送命令，以取代检查员根据第 115 条的规定发出命令。

(3) 在不局限第（1）及（2）款的原则下，可就以下一项或多项事宜发出命令：

(a) 要求建设或维护水土保持工程；

(b) 要求保存或保护公众河流或水源的河床、堤岸或河道；

(c) 禁止或限制饲养、移动家畜；

(d) 控制水量，包括暴雨水量；

(e) 禁止或限制挖掘或移走黏土、砾石或砂砾沉积物，包括任何覆盖层或表土；

(f) 禁止或限制种植、使用该土地，或种植、使用该土地的方法；

(g) 禁止在部长认为离公共河流、水源太近的地方挖掘、建造建筑物；

(h) 地下水位控制与排灌用水处理；

(i) 禁止或限制砍伐、毁损、破坏植被；

(j) 要求清除及处理化学残留、废水、废物或有害物质；

(k) 限制使用农药；

(l) 降低或减少任何类型的污染；

(m) 从土地或房屋移除、处理垃圾或其他废弃物；

(n) 要求恢复矿区；

即使存在相反的法律规定，该命令可要求被控告人：

(i) 采取所需措施，以恢复因其活动而退化的土地，包括更换土壤、重新种植树木及其他植物，以及尽可能恢复独特的地质、物理、生态、考古或历史特征，建造或重新安置垃圾处理场；

(ii) 制止、防止或改变导致或可能导致污染的行为；

(iii) 其行为导致土地退化的，应根据命令指定向土地所有人支付补偿款。

(4) 根据第（1）款和第（2）款作出的命令应指明：

(a) 部长认为不利于环境保护和管理的活动；

(b) 被控告人的详情；

(c) 该人被要求采取行动的期间；

(d) 因不遵守命令可能受到的处罚。

（5）如果：

（a）第（1）或（2）款规定的命令送达的土地的所有人、占有人或使用人，经审慎调查后仍不能确定其下落；

（b）已尝试以挂号邮递方式向土地的所有人、占有人或使用人送达第（1）或（2）款所指的命令，但该命令仍未送达。

该命令可在政府公报及在受该命令影响的土地所在地区内流通的报章刊登，则该命令视为已送达土地的所有人。

（6）部长不得根据第（1）款或第（2）款发布命令，除非：

（a）有关土地的检查；

（b）审议检查员、环境委员会或部长认为有能力就此事提供咨询意见的人提供的信息或建议；

部长认为为保护环境或防止环境损害该命令是必要的。

（7）不得根据第（1）或（2）款发出以下命令：

（a）部长认为直接影响当地政府的命令，除非已征求政府意见；

（b）要求土地的所有人、占有人或使用人建造工程，除非该命令所寻求改善的条件是由该所有人、占有人或使用人的作为或不作为引起或促成的；

（c）如果命令要求任何人违反或拆除《水法》（第20：24章）中定义的水利工程，除非该法律中定义的部长同意该命令；

（d）部长认为将直接影响《矿业和矿产法》（第21：05章）第5条定义的采矿点工作的任何事项，除非已咨询负责管理该法的部长。

（8）根据第（1）或（2）款作出的命令，可通过向土地所有人、占有人或使用人送达通知而予以更改或作废，本条准用于其他变更与作废情况。

（9）根据第（1）或（2）款作出的命令，在部长根据第（8）款作出更改前须保持有效，直至部长根据第（7）款或行政法庭根据第十四章提出上诉而撤销该命令为止。

（10）任何人拒绝或故意不遵从第（1）或（2）款所订对其有约束力的命令即属犯罪，可处不超过第6级的罚金或不超过1年的监禁，或并处。

（11）就第（10）款所订罪行定罪，并不妨碍就罪行的持续进行进一步起诉。

115. 检查员可以下令保护环境

（1）检查员如认为需要立即采取行动保护环境，可向土地或房屋的所有人、占有人或使用人送达书面命令，要求该所有人、占有人或使用人采取命令所指明的措施，以防止对环境造成损害。

（2）除另有规定外，根据第（1）款作出的命令在撤销、作废或被部长的命令取代之前均具有效力。

（3）根据第（1）款送达命令后，检查员应立即将命令副本与作出命令的详细书面说明送交部长。

（4）部长收到第（3）款规定的命令后，应确认、撤销或替换该命令。

（5）任何人拒绝或故意不遵从检查员根据第（1）款作出的命令即属犯罪，可处不超过第3级的罚金或不超过6个月的监禁，或并处。

116. 生物多样性的保护和获取

（1）部长应采取必要措施，以保护生物多样性和履行津巴布韦根据1992年通过的《联合国生物多样性公约》承担的义务，并可：

（a）查明津巴布韦生物多样性的组成部分；

（b）确定濒临灭绝的生物多样性的组成部分；

（c）编制和维持津巴布韦生物多样性的清单；

（d）确定对生物多样性的实际威胁和潜在威胁，并制定必要的措施，以防止、消除或减轻这些威胁的影响；

（e）制定措施更好地保护稀有及特有的野生动植物物种；

（f）制定保护津巴布韦生物多样性的国家战略、计划和方案；

（g）促进将生物多样性的保护和可持续利用纳入相关的部门政策、计划和方案；

（h）以书面形式要求包括政府在内的开发商将生物多样性的保护和可持续利用纳入任何对生物多样性有或可能有不利影响的项目；

（i）保护当地社区在生物多样性方面的固有财产权利；

（j）支持将保护生物多样性的传统知识与科学知识相结合；

（k）禁止或限制任何人获取或出口津巴布韦生物多样性的任何组成部分。

（2）部长可根据理事会的建议，经与负责的部长协商采取必要的行动或措施，以保护特定地区的生物多样性，并可：

（a）推广与保护当地生物多样性相适应的土地使用方法；

（b）选择和管理环境保护区，以保护各种陆地和水生生态系统；

（c）建立和管理环境保护区附近的缓冲区；

（d）禁止或管制外来动植物物种的进口和引进；

（e）查明、促进和将传统知识纳入当地生物多样性的保护和可持续利用；

（f）确定保护面临灭绝的物种、生态系统和动植物栖息地的特别措施。

（3）部长经与有关当局协商，可规定不针对任何地方的生物多样性保护措施，包括建立和管理种质库、植物园、动物园、动物庇护所和其他类似设施的措施。

（4）部长可以根据理事会的建议，向负责的部长建议释放在根据第（3）款某个特定区域内养护的动物或动物物种至自然栖息地或生态系统中。

117. 管理生物和基因资源

（1）部长根据环境管理署的建议，可通过条例控制或限制任何人获得津巴布韦的生物和遗传资源。

（2）在不损害第（1）款的一般性的原则下，第（1）款所指明的条例可：

（a）禁止出口和进口种质，但根据部长颁发的许可证和部长施加的条件除外；

（b）规定技术拥有者与政府公平分享从津巴布韦的种质资源的技术开发中产生的利益；

（c）就根据（a）项颁发的出口许可证而须缴付的费用以及就获取种质资源而须缴付的费用，制定条文；

（d）规定转基因生物的使用、处理、移动、包装和进出口。

第十三章　对外来入侵物种的控制

118. 本章的解释

"清除"，对于外来入侵物种，指挖掘、拔出和焚烧外来入侵物种，或采用部长授权的其他销毁手段；

"外来入侵物种"指：

（a）整个津巴布韦，附录5第一章中规定的植物；

（b）附录5第3栏第二章指明的任何区域，以及该部第1及2栏相对于该范围指明的植物；

"地方权力机关"是指市、镇、市议事会或农村地区委员会；

"所有人"包括

（a）如属公司或协会，指公司或协会的经理、董事或类似的职务负责人；

（b）如属合伙，则指该合伙的任何成员；

就土地而言，"负责人"指：

（a）土地的占有人，如属无人占用的土地，则为土地的注册所有人；

（b）就采矿地点而言，是指该地点的所有人；

（c）对于已被授予放牧权或其他权利的国家土地，是指此类权利的所有人；

（d）就公共土地而言，则指占有人、使用该土地的人、对该土地具有司法管辖权的酋长或首长、距离该土地最近的村庄居民；

（e）就公共土地或城镇土地、道路或其他地区而言，指该土地、道路或其他地区在其控制下或在其管辖范围内的地方权力机关。

119. 负责清除外来入侵物种的人员的职责

（1）负责人有义务：

（a）清除或促使清除其负责土地上生长或出现的外来入侵物种；

（b）其负责的土地上出现外来入侵物种时立即向检查员报告。

（2）未清除或促使清除外来入侵物种的负责人：

（a）即属犯罪（如外来入侵物种为附录5第三章指明），可处第8级以下罚金或不超过1年的监禁；

（b）即属犯罪（如外来入侵物种为附录5第三章指明以外的），可处第4级以下罚金或不超过6个月的监禁；或并处。

（3）责任人如承认或准备向警务人员或检查员承认其违反第（1）款（a）项的罪行，而该负责人先前并无就该罪行被定罪，亦未曾根据本款给予警告，则由警务人员或检查员向其发出书面警告，要求其在与警务人员或检查员所议定的期间内（不少于三个月），采取为清除或促使清除在其负责的土地上生长或出现的外来入侵物种的必要工作或步骤。

（4）其中

（a）负责人如：

（i）未遵守根据第（3）款发出的书面警告；或

（ii）曾被裁定犯第（3）款所提述的罪行；且

（b）警务人员或检查员有理由相信，将就（a）项所提述之人的罪行而审讯的裁判法院在就该罪行将其定罪后，不会判处监禁或超过第四级的罚金；

（a）项所提述之人可签署一份文件，并将该文件交付（b）项所述警务人员或检查员，承认其已犯上述罪行，并向该警务人员或检查员存入后者所厘定但不超逾第四级的款项，而该人须随即无须出庭应诉犯下上述罪行的控罪，第（5）款另有规定的除外。

（5）《刑事诉讼和证据法》（第9：07章）第356条适用于根据第（4）款认罪的程序。

（6）根据第（4）款存放的款项，如存放于检查员处，即构成该环境管理署资金的一部分：

但超过根据《刑事诉讼和证据法》（第9：07章）第348条收回的存款余额，不得构成环境管理署资金的一部分。

120. 进入土地检查的权利

检查员可在任何合理时间进入任何土地（不论是否围封），以确定是否有外来入侵物种在该土地上生长。

121. 通知送达的方式

（1）根据第119条第（3）款作出的警告，应以书面刑事提出，并由发出警告的人签署。

（2）存在以下情况该警告即视为送达：

（a）送达责任人的；

（b）寄往负责人通常或最后为人所知的居住地的；

（c）如以预付挂号信寄出，寄往最后为人所知的住所或营业地点的负责人的。

122. 检查员可以清理土地，但负责人需支付费用

（1）如果责任人未能按照第119条第（3）款中的警告清理土地，检查员在收到部长的书面授权后，可在有或无协助的情况下进入该土地，并清除在其中发现的任何外来入侵物种。

（2）第（1）款所载的任何条文，均不得免除负责人根据本款可能造成的罚金，而部长可向有管辖权的法院提起诉讼，追讨清理受污染土地的费用及开支。

123. 禁止在任何河道或道路放置外来入侵物种

（1）任何人不得放置、致使或准许放置任何外来入侵物种或外来入侵物种的种子：

（a）在任何河流、溪流、灌溉渠或其他水道内；

（b）在任何道路或土地上。

（2）任何人违反第（1）款，即属犯罪，如该罪行涉及：

（a）附录5第三章所指明的外来入侵物种或外来入侵物种的种子，须受第119条第（2）款（a）项所指明的惩罚；

（b）附录3第三章所指明的外来入侵物种以外的外来入侵物种或外来入侵物种种子，处以第119条第（2）款（b）项所订明的刑罚。

124. 取得种子样本及处理供出售的植物、种子或谷物的权力

（1）检查员可在合理时间进入任何出售植物、种子或谷物的场所，抽取该处所的样本。

（2）如检查员发现有增加外来入侵物种繁殖或传播的可供出售的植物、种子或谷物，检查员认为适当的时候可以规定的方式要求承销人或供应商进行处理或承担处理费用。

（3）如果该植物、种子或谷物没有按照第（1）款的规定进行处理或处理无效，部长可以向承销人或供应商送达书面命令，安排销毁该植物、种子或谷物。

125. 地方权力机关有权制定附录

每一地方权力机关均有权制定附录，强制地方权力机关范围内的土地占有人保持其土地不受外来入侵物种侵犯。

126. 相关人可请求部长宣布一种植物为外来入侵物种

（1）根据本章规定，所有人或占有人可按规定方式，向部长申请宣布某种植物为外来入侵物种。

（2）部长在收到此类申请后，应在政府公报和在申请地区或部分地区广泛发行的报纸上发出书面通知，该通知应：

（a）列明申请的性质；

（b）指明申请的有关地区或部分地区；

（c）呼吁上述地区或部分地区的负责人就反对加入申请提出书面意见；

（d）给予不少于30天的时间提交该书面意见。

（3）部长应考虑根据第（2）款提交的所有意见，并应在收到反对意见的期限到期后的三十个工作日内作出决定，是否批准或拒绝该申请。

（4）部长须就其根据第（3）款作出的决定给予书面通知并说明理由，并须在政府公报及在申请地区广为发行的报章上刊登该项决定。

127. 附录 3 的更改

部长可随时与环境管理署协商，通过法定文书增补或修订附录3，或替换该附录的部分或全部。

第十四章　上诉

128. 第十四章的解释

在本章及第133条中：

"权力机关"是指部长、秘书、环境管理署、署长或地方政府。

129. 对检查员的决定提起上诉

（1）根据本条规定，任何受检查员的行为、决定或命令侵害的人员可向署长提起上诉。

（2）根据第（1）款提出的上诉须以规定的格式及方式提出，并在其所针对的行动、决定或命令作出后30天内向署长提出。

（3）在根据第（1）款提出的上诉中，署长可进行或安排就该事宜进行他认为适当的调查，并可确认、更改或撤销上诉所针对的行动、决定或命令：

但署长应确保上诉人及检查员有充足的机会就该事宜作出申述。

（4）署长须确保其就第（3）款作出的决定通知上诉人及检查员。

130. 对权力机关的决定提起上诉

（1）根据本条规定，任何因有关当局根据本法作出的决定而受到侵害的，可在收到有关当局的决定或行动后二十八天内以书面形式向部长提起上诉，并在上诉中提交规定的费用。

但该上诉不得中止有关当局所发出的任何命令、决定或行动的执行。

（2）为裁定第（1）款所述的上诉，部长（如他并非上诉所涉当局）可要求当局向他提供作出上诉决定或行动的理由，以及支持其理由的证据副本。

（3）部长在经过适当而迅速的调查后，可对根据第（1）款所述的上诉行为作出他认为公正的命令。

（4）针对部长根据第（3）款作出的命令，应向行政法院提出上诉。

（5）根据第（4）款提起的上诉须以规定格式与方式，在法院规定的期限内提出。

（6）在就第（4）款提出上诉时，行政法院可确认、更改或撤销上诉所针对的决定或行动，并可作出法院认为公正的命令，不论该命令是关于诉讼费用或其他方面的。

131. 为本法目的成立的行政法院的组成

（1）为审理根据本章提起的上诉或根据第 112 条提交的事项，行政法院应由一名高级法院的院长以及至少两名根据第（2）款任命的陪审员组成。

（2）根据第（3）款规定，指第（1）款所述的陪审员是指：

（a）从终审法院首席法官批准的人士名单中委任的陪审员，该人是或曾经是环境署任职不少于 5 年的官员；以及

（b）须由行政法院院长提名并获终审法院首席法官批准的非公职人员名单中委任的陪审员。

（3）每当行政法庭需要审理和裁判一项需要具备特殊知识的事项，而该特殊知识通常是第（2）款第（b）项的审判人员不具备时，行政法院的院长可在咨询终审法院的首席法官后任命一名特别陪审员代替或增补第

（2）款第（b）项的陪审员。

第十五章　国际义务和承诺

132. 国际义务和承诺

（1）如政府尚未加入一项国际环境协议（下称"协议"），部长可向内阁和议会建议批准或加入相关协议。

（2）部长根据第（1）款提出的建议应包括以下内容：

（a）确保执行的现有资源；

（b）利害关系方和受影响方的意见；

（c）国家可获得的利益；

（d）对国家的不利影响；

（e）协议生效的预计日期；

（f）为使协议生效而需要签署的政府和国家的最低数目；

（g）所有国家有关部门各自的责任；

（h）加入该协议对国家事务的潜在影响；

（i）如有保留，则应作出保留；

（j）部长认为相关的其他事项。

（3）如果政府是某一协议的缔约方，部长在遵守宪法规定的情况下，应（除非该协议是由议会通过的）在政府公报上公布该协议的规定，包括其修订和增补内容。

（4）部长可以制定以下规章：

（a）协调协议的执行；

（b）根据协议分配包括其他国家机关的责任；

（c）包括为汇编和更新协议所要求的报告和向议会提交之目的收集资料；

（d）传播与该协议有关的信息及与该协议有关的国际会议报告内容；

（e）与协议有关的研究、教育、培训、提高认识和能力建设方面的举措和步骤；

（f）确保协议中的公众参与是有必要或有需求的；

（g）执行和遵守协议的规定，包括确立犯罪和在适用的情况下规定刑罚；

（h）使协议生效所需的其他事项。

（4）部长可在提出第（1）款所述建议之前，在政府公报刊登公告说明其提出建议的意图，并征求书面意见。

第十六章　总则

133. 地方权力机关的职能

部长可通过法定文书，将本法规定的职能分配给地方权力机关，以管理其辖区范围内的环境；

但如果某自然资源受其他法律规制，部长在分配与该自然资源有关的职能前应先征得负责执行该法律的部长同意。

134. 部长等就保留的公共土地所享有的权力

（1）本法的任何内容都不得被视为限制《农村地区政务委员会法》（第29：13章）关于农村地区的公共土地自然资源的权力。

（2）任何行使第（1）款所提述权力的人，均可获得部长、秘书及环境管理署的意见及合作。

135. 环境管理激励措施

部长根据环境管理署的建议经与负责财务的部长协商，确定：

（a）为促进环境的保护和管理以及自然资源的养护和可持续利用所必要的财政、经济或社会激励措施；以及

（b）为防止不可持续地使用自然资源和控制污染物的产生而采取的必要措施。

136. 遵守自然正义法则

在行使本法规定的职能时，部长、秘书、环境管理署、署长和其他人员或政府当局应确保自然正义法则得到遵守，且应采取一切合理措施，确保每一个因行使该职能而受利益影响的人得到足够的机会就该事项作出申述。

137. 第九章规定的其他违法行为及其惩罚

（1）为实现第九章的目的，如有人：

（a）阻碍或妨碍检查员根据本法行使其权力或履行其职责；

（b）具有欺诈的故意，篡改根据本章提取的样品或物品；

（c）作出与有害物质或危险物品有关的任何虚假或误导性陈述：

（i）在委员会的任何发言中；或

（ii）在销售过程中；或

（d）出售有害物质或危险物品，而该有害物质或危险物品的容器上或容器内出现与该等物品有关的虚假或误导性陈述；或

（e）基于商业或贸易的目的，利用检查员或分析员根据本章制作或颁发的报告或证书；或

（f）为获取有害物质或危险物品向供应商提供虚假信息或出示伪造文件；或

（g）从未获得经营许可的场所出售有害物质或危险物品；或

（h）进口或销售可登记但未在津巴布韦登记的有害物质；或

（i）出售用任何未标记或不当标记的容器装纳的有害物质；

即属犯罪。

（2）任何人如犯第（1）款所述罪行，应负以下责任：

（a）一经首次定罪，可处不超过第十四级的罚金或不超过十二个月的监禁，或并处；

（b）第二次或多次定罪，处以不超过第十四级罚金或不超过四年的监禁，或并处。

（3）法院根据第（1）款判处某人犯罪的，可经检察官申请宣布没收犯罪所涉及的有害物质和危险物品归国家所有。

（4）根据第（2）款被没收的有害物质或危险物品，应按照部长与环境管理署协商后的指示销毁或以其他方式处理。

（5）法庭根据第（1）款判处某人犯罪的，应将定罪及判刑通知环境管理署，并可命令环境管理署吊销业已向其颁发的许可证。

138. 第十三章规定的其他犯罪行为及其惩罚

（1）任何人阻止或妨碍检查员根据第十三章履行其职责即属犯罪，应

处以不超过第十三级的罚金或不超过一个月的监禁，或并处。

（2）任何人不得明知而出售、要约出售或展示任何可能增加外来入侵物种繁殖或传播的植物、种子或谷物。

（3）任何人违反第（2）款即属犯罪，如该罪行涉及：

（a）可能造成附录5第三章所指明的外来入侵物种繁殖或扩散，处以第119条第（2）款（a）项所指明的刑罚；

（b）可能造成附录5第三章所指明的外来入侵物种以外的外来入侵物种繁殖或扩散，处以第119条所指明的刑罚。

139. 违反本法的其他刑罚

（1）如果有人被判违反本法耕种土地，部长可以：

（a）命令该人在部长规定的期限内移除或销毁其在土地上非法种植的作物；

（b）安排将该人在该土地上非法种植的作物收割并交付部长指定之人。

（2）法庭如裁定某人犯有本法所订罪行，可命令该人作出以下部分或全部行为：

（a）采取法院根据部长建议所规定的必要补救行动，以恢复受该罪行影响的环境或工程；

（b）补偿部长采取的补救行动；

（c）补偿因犯该罪给他人造成的损害。

（3）任何法院的法官均有权根据第（2）款作出命令，而不论涉及数额多少。

140. 规章

（1）部长经与环境管理署和相关部长协商后可制定规章，规定本法要求或允许规定的事项，或部长认为实施本法而必须规定的事项。

（2）根据第（1）款订立的规章可规定：

（a）与空气、水、土壤、噪声、振动、辐射、废水、排放物、废物和有害物质有关的环境标准；

（b）管制或禁止可能消耗臭氧层的活动和做法，包括限制或禁止使用任何使用或含有消耗臭氧物质的器具、设备或其他装置；

（c）管制或禁止可能造成环境污染的活动和做法；

（d）生物多样性和遗传资源的保护和可持续利用；

（e）进行环境影响评价的程序；

（f）申请污染许可证的方式及与申请应提交的资料；

（g）禁止或限制土地、公共河流堤岸或毗邻人工涵养水源的土地耕种；

（h）湿地、河流或溪流的河床、河岸或河道以及水源的保护；

（i）根据本法保护和维护为管理环境而建造的工程或实施的措施；

（j）禁止使用或拥有雪橇和部长认为对环境造成过度伤害的其他交通工具；

（k）禁止或限制挖掘或清除黏土、砾石或沙石沉积物，包括任何覆盖层或表土；

（l）减少和限制土地上牲畜或家畜的数量；

（m）津巴布韦全部或部分不合法地区的定义：

（i）放牧、饲养或准许放牧、饲养牛或其他牲畜；

（ii）砍断、砍倒、伤害或毁坏任何植被；

但根据本款定立的规则需在受其影响的省或地区发行的一份或多份报刊公布及刊登至少一个月后生效。

（n）扣押非法侵入或走失的牲畜或可能对土地造成损害的牲畜，以及根据《牲畜非法侵入法》（第19：14章）的规定，对此类牲畜进行必要或权宜的修改；

（o）公用土地的用途，以及供使用或占用的条款和条件；

（p）为施行本法的而保存的记录，并将该等记录转交给条例规定的个人或当局；

（q）包括国家、地方权力机关和环境管理署的赔偿和费用的支付的条款和条件，根据这些条款和条件，人们可以查阅或获得向部长所作报告的副本；

（r）根据本法办理任何事项的费用与收费；

（s）本法项下任何债务的应付利息；

（t）管理、控制或限制任何此类危险物质的制造、销售、拥有、储存、运输、进口或使用；

（u）防止外来入侵物种或外来入侵物种种子的引进和传播；

（v）管制、限制或禁止在任何处所内安装、更改或延长不符合法规所指明规定的燃具；

（w）移除任何已安装、扩展、更改或正在违反法规或不符合法规所规定的条件而使用的燃具；

（x）管制、限制或禁止使用或销售不符合本法规定的燃料；

（y）规定由管有或控制燃具的人，就该装置所消耗燃料的质量、性质及类型，保存记录及提交申报表；

（z）就燃具（不论是否安装在任何处所内）的检查，以及从事该项检查之人的权力及职能订立条文；

（aa）管制或限制在建筑物内安装或设置暖气或烹调设施，并禁止在建筑物内安装本法所指明的器具种类以外的任何器具，或安装不符合本法所规定的任何器具；

（bb）有效控制任何处所排放或散发的烟雾；

（cc）为防止由尘埃引起的产生或持续性的损害或将该损害减至最低而须采取的措施；

（dd）管制、限制及禁止沉积性质或数量足以造成或可能造成由尘埃引起损害的物质；

（ee）限制、管制及禁止进行任何导致或可能导致由尘埃引起的损害的活动。

（ff）本法规对内燃机进行分类，并豁免任何类别或类型的内燃机受此法规规制；

（gg）要求任何等级或类型的内燃机在其上安装或编入本法规定的一个或多个系统或装置，以防止或减少向大气排放空气污染物；

（hh）就第（gg）项所提述的系统或装置的测试及检验作出规定；

（ii）就颁发（gg）项所提述的系统或装置的批准证书的人或当局作出规定；

（jj）为法规订立及指定新的机动车内燃机；

（kk）规定、限制或禁止可用于内燃机燃料的种类和数量，以及用于加热、产生蒸汽或电力或任何工业过程的燃料；

（ll）一般限制、调节或控制机动车内燃机排放到大气中的空气污染物；

（3）除非得到负责财政的部长批准，部长不得就第（2）款第（q）段所述事项制定规章。

（4）根据第（1）款所作的条例可作出对违反其规定的处罚：

但刑罚不得超过第十四级罚金或十二个月监禁，也不得同时处以该罚金及监禁。

141. 附录 1 的修订

（1）部长可通过法定文书修改附录 1，在其中增加、删除或修改任何项目。

（2）在行使第（1）款规定的权力时，部长可根据项目的规模将任何活动定义为项目。

142. 本法的修订

（1）附录 6 各章所指明的法律须按该部分所列明的范围予以修订；

（2）尽管有第（1）款的规定，任何根据第（1）款所述在紧接该生效日期前生效的法定文书，仍须像根据本法订立的文书一样有效。①

143. 废止《自然资源法》（第 20：13 章）及其保留条款

（1）在本条中：

"保育委员会"是指根据已废止法律为集中保护区设立的保育委员会；

"已废止法律"是指《自然资源法》（第 20：13 章）。

（2）根据本条，《自然资源法》（第 20：13 章）被废止。

（3）在紧接规定日期之前，根据废止的法案而生效的任何法律、条例、章程、通知、命令或裁决，应与根据本法制定或授予的法律、条例、章程、通知、命令或裁决一样继续有效。

（4）任何根据已废止的法律合法地制定、完成或展开的事项或事情，如在紧接该固定日期前已生效或能够取得效力，则在符合本法的规定下，继续具有或能够取得效力（视情况而定），并应被视为已根据本法制定、完成或开始实施。

（5）部长应向根据已废止法律成立的每个保育委员会发出书面指示，说明农村地区委员会继承保育委员会资产和负债的条款、条件和程序。

---

① 第 6/2005 号法令第 28 条插入第（2）款。

144. 废止第 20：23 章、第 15：05 章和第 19：07 章①

（1）《大气污染防治法》（第 20：23 章）、《有害物质与物品法》（第 15：05 章）、《有害杂草法》（第 19：07 章）被废止。②

（2）即使有第（1）款的规定，任何根据第（1）款所述的行为在紧接该固定日期之前生效的法定文书，仍须像根据本法制定的文书一样有效。③

145. 将国家的某些资产、义务等转让给环境管理署

（1）在本条中：

"生效日期"是指根据第（2）款确定的日期，该日期是本法的生效日期；

"转让日期"，就根据本条将任何财产、权利、责任或义务转让给环境管理署的日期。

（2）国家资产和权利是指：

（a）生效日期之前，由空气污染单位、水污染单位、有害物质控制单元和有毒杂草单位使用或其他相关的资产和权利；

（b）以及由部长指定的资产和权利；

所有这些资产和权利连同与之相关的责任或义务，应自部长指定的日期起转移至环境管理署。

（3）在相关的转移日，部长所指示的国家的每项资产和权利连同与其有关的责任或义务，都应转移并归属于环境管理署。

（4）在移交日期前存在的所有债券、抵押、契约、合同、文书、文件和工作安排以及相关的任何资产、权利、债务或义务应根据本条移交给环境管理署。在该日期当日及之后国家作为缔约国的，均应完全有效，并由易名的环境管理署代替国家强制执行或提出异议。

（5）文书登记员无须就根据本条转移给环境管理署的不动产、权利或义务，在所有权证书或其他文件、登记册上作出任何批注，但当环境管理署就此等产权、权利或义务向文书登记员提出书面要求时，须安排将有关

---

① 经查证本法中所有类似"Chapter 20：03"的表述均系该法在津巴布韦国家立法中的统一编号，代指整部法律，而并非指《津巴布韦环境管理法》中的第 20 章第 3 条，据此，此处直译为："第 20：03 章"。——译者注

② 自 2006 年 4 月 7 日起生效（见 2006 年第 74 号法，可与 2003 年第 103 号法一并解读）。——译者注

③ 第 6/2005 号法令插入的第（2）款。

的产权证、其他文件或登记册上国家的名称免费替换为环境管理署的名称。

（6）任何转让给环境管理署的资产、权利、责任或义务，在有关转让日期前存在或未决的诉讼或诉讼程序，可由该环境管理署以其可能的方式实施或继续；在本法未通过的情况下，由国家强制执行或继续执行（视情况而定）。

（7）第（6）款不适用于在国家和该国雇用人员之间的有关转移日期之前存在或未决的任何诉讼或诉讼程序。

（8）在有关雇员同意的前提下，环境管理署应聘用在本法生效之日在处理环境问题的不同部门工作的部长和环境管理署共同同意的人员。

（9）根据第（8）款聘用的人员应按环境管理署经有关人员同意，并与部长协商后可能确定的条款和条件聘用。

（10）第（8）及（9）款所提述的人，如从公职转为受雇于环境管理署，则须获准继续按照 1992 年《公职（退休金）规章》（1992 年第 124 号规章）或其他法律缴纳养老金，而该等法律规定他们在转职之前立即缴纳养老金，但须符合理事会与部长协商后确定的条款和条件。

（11）尽管本法有其他规定，如某人：

（a）作为公共服务的一员，根据第（8）款的规定获得了环境管理署的聘用机会但拒绝利用该机会；

（b）且后来离开公职，因此有权因裁撤其职位而领取退休金的；

除部长和公共服务委员会同意外，在其离职之日起十年内不得在理事会以任何身份任职。

146. 引用文献的解释

在任何成文法律或任何文件中，除经附录 2 修订的法律条文外，凡涉及自然资源理事会，均须解释由环境管理署取代。

附录 1（第 2 条和第 97 条）
需要进行环境影响评价的项目

1. 水坝和人工湖泊；

2. 排水和灌溉——

（a）湿地或野生生物栖息地的排水；

（b）灌溉方案。

3. 林业

（a）将林地转为其他用途；

（b）将天然林地转化为用于供水、灌溉或水力发电的水库集水区内或与公园和野生生物邻近地区的其他用途。

3. 住房开发。

4. 工业——

（a）化工厂；

（b）钢铁冶炼厂和工厂；

（c）除钢铁以外的冶炼厂；

（d）石化工厂；

（e）水泥厂；

（f）石灰厂；

（g）农用工业；

（h）纸浆和造纸厂；

（i）制革厂；

（j）啤酒；

（k）涉及危险或有毒物质的使用、制造、处理、储存、运输或处置的行业。

6. 基础设施——

（a）公路；

（b）机场和机场设施；

（c）新的铁路线路和支线；

（d）新城镇或乡镇；

（e）中型及重型工业场所。

7. 采矿和采石——

（a）矿产勘查；

（b）矿产开采；

（c）选矿；

（d）采石。

8. 石油生产、储存和分配——

（a）油气勘探开发；

（b）管道；

（c）石油和天然气的分离、处理、处理和储存设施；

（d）炼油厂。

9. 发电和输电——

（a）火力发电厂；

（b）高压氧方案；

（c）高压输电线路。

10. 旅游胜地及娱乐发展——

（a）度假设施和旅馆；

（b）码头；

（c）狩猎行动。

11. 废物处理和处置——

（a）有毒和有害废物：焚烧厂、回收工厂（场外）、废水处理厂（场外）、填埋设施、储存设施（场外）；

（b）城市固体废物：焚烧、堆肥和回收/回收装置、填埋设施；

（c）城市污水：污水处理厂，出口至水生系统，出水灌溉方案。

12. 供水——

（a）工业、农业或城市供水用地下水开发；

（b）主要运河；

（c）跨排水调水；

（d）主要管道；

（e）从河流或水库取水。

附录 2（第 7 条）
国家环境议事会的各部委代表

负责下列事项或领域的部长：

农业

教育

能源

环境

林业

采矿业

财政

健康

工业

水资源

司法

地方政府

旅游

附录3（第10条）
环境管理署的权力

1. 为取得行使其职能所需或方便的处所，并为此目的而购买、承租或交换、出租或以其他方式取得不动产权益与其有关的权利和特许权、授予、权力和特权。

2. 购买、交换、租用或以其他方式取得行使其职能所必需或方便的动产。

3. 以维持、改变或改善由其获取的财产

4. 抵押任何资产或任何资产的一部分，并在部长的批准下出售，交换，租赁，处置，转账或以其他方式处理资产不需要的任何资产或一部分行使其职能，以决定是否考虑。

5. 以环境管理署的名义开立银行账户，并以其职能为目的发行，制作，接受，背书，贴现，执行和发行本票，汇票，证券和其他可转让或可转让票据。

6. 投保可能发生的损失、损害、风险和责任。

7. 订立合同，订立保证或提供与履行其职能有关的担保，并修改、撤销或撤销该等保证或担保。

8. 经部长批准，设立并管理理事会认为适当或必要的本法案未具体规定的基金或储备金来行使环境管理署的职能。

9. 支付此类报酬和津贴，并给予其认为合适的员工休假、奖金等。

10. 为雇员在退休、辞职、离职或其他终止服务时、在他们生病或受伤的情况下及其家属提供金钱福利，并为此目的制定保险政策，建立退休金或公积金，或为确保雇员及其家属获得本条规定所涉及的任何或全部金钱利益所必需的其他规定。

11. 购买、承租、交换或以其他方式取得土地或住宅供其雇员使用或占用。

12. 建造住宅、外建筑物或改善工程，供其雇员在其购买、租出、交换或以其他方式取得的土地上使用或占用。

13. 向其雇员出售或出租住宅和土地。

14. 向其雇员提供或担保用于购买属于雇员的住宅或住宅用地、建造住宅和改善住宅的贷款，须受理事会不时施加的任何条件约束。

15. 如果理事会认为出于证券保证之需为贷款提供担保，环境管理署可以提供担保。

16. 向该环境管理署的任何雇员提供购买车辆或其他财产的贷款，但须服从理事会不时施加的任何条件。

17. 为提高雇员的技能、知识或用途而做任何事情，并在这方面提供或协助其他人提供培训、教育和研究，包括为此类培训颁发奖学金。

18. 提供理事会认为可由环境管理署提供的适当服务，并为服务收取理事会不时决定的费用。

19. 单独或与其他组织或国际环境管理署一起开展任何活动，以促进对收入问题的更好了解。

20. 向其他国家的税务当局提供技术咨询或援助，包括培训设施。

21. 在理事会批准下，接受任何组织或个人的任何捐赠、馈赠或协助。

22. 代表国家在任何法院或分庭提起和参与诉讼用于收回任何收入，并采取可能需要的其他步骤追回收入。

23. 做本法要求或允许环境管理署做的任何事情。

24. 一般而言，做所有旨在促进、附带或有助于履行本法或任何其他成文法所规定的环境管理署职能的事情。

附录4 ［第55条第（2）款］
标准与执行委员会的组成

1. 由以下各方面负责的代表各部委的人，由有关部门的负责人提名，并由环境与旅游部长任命—

农业

教育

能源

环境

林业

矿业

金融

安全

工业与贸易

水资源

司法

当地政府

旅游

劳工

信息

2. 由环境与旅游部长根据各部委和相关机构的提名而任命的人员

非政府组织

行业或雇主组织

劳工或工会

学术和研究机构

附录5（72至118条）
外来入侵物种以及有毒或刺激性气体

第一章　津巴布韦的外来入侵物种

Botanical name 植物学名	Common name 常用名
Avena fatua L. 小颚花	Wild oat 野生燕麦
Azolla filiculoides Lam 细叶杜鹃	Water lettuce 水生菜
Cuscuta spp. 大豆菟丝子	Dodder 菟丝子
Eichhornia crassipes Solms 凤眼莲	Water hyacinth 水葫芦
Harrisia martinii（Labouret）Britton 卧龙柱属植物－新桥	Moonflower cactus 月花仙人掌
Lantana camara L. 马缨丹	Cherry－pie 樱桃派
Opuntia aurantiaca Lindl. 仙人掌	Jointed cactus or jointed prickly pear 有节的仙人掌或有节的仙人球
Pistia Stratiotes L. 大藻	Azolla 水蕨

第二章　某些区域的外来入侵物种

Botanical name 植物学名	Common name 常用名	Area 地区
Salvinia auriculata Aubl. 丹参	Water－fern 水蕨	Throughout Zimbabwe except on the waters of Lake Kariba 整个津巴布韦除了卡里巴湖的水域
Salvinia molesta D. S. Michell 鼠尾草，米歇尔	Kariba weed or water－fern 水蕨草	Throughout Zimbabweexcept on the waters of Lake Kariba 整个津巴布韦除了卡里巴湖的水域

第三章

第 27 条　指出的特定外来入侵物种——详见第一章

第四章　有毒或刺激性气体

有毒或刺激性气体是指以下气体、烟雾、气味和烟雾—

（a）含有或由一氧化碳、碳氢化合物、酒精、苯酚、焦油、有机酸或其衍生物、卤素、有机氮、硫、氰化物、氰化物、氨、无机酸或酸性氧化物组成的气体；

（b）含有或由灯具、氧化铝、砷、氡、镉、钙、铬、钴、铜、铁、铅、镁、锰、汞、氧化铝、镍、磷、钾、硒、二氧化硅、钠、硫、钛、锡、钨、钠或锌组成的烟气；

（c）主要由石棉粉尘、水泥粉尘、棉尘、铁或磷酸盐氧化物或碎石厂的灰尘组成的粉尘；

（d）肉类或鱼类加工厂、造纸厂、净化厂或制革厂发出的气味；

（e）在特殊加工中散发出的烟雾。

附录 6（142 条）
对本法的修正案

第一章 《农业金融法》（第 18：02 章）

第 54 条 废止了第（1）款和第（2）款。

第二章 《水法》（第 20：24 章）

1. 第四章废止了第 68，69，70，71 条。①

2. 在第 6 条（2）（k）中，增加"关于环境部长根据《环境管理法》（第 20：27 章）规定的环境水质标准"。

3. 在第 13 条（1）（a）（iii）中，将"规定的质量标准"改为"《环境管理法》（第 20：27 章）规定的质量标准"。

4. 废止第 119（2）（b）条和第 119（3）条。

5. 在第 119（2）（c）条中，将之改为"与环境部长协商后，任何人为第六章的目的采集任何气体、液体或固体的样本"。

第三章 《森林法》（第 19：05 章）

1. 在第 40 条中，删除"自然资源理事会建议征用"的规定，并用"根据《环境管理法》（第 20：27 章）第 19 条设立的环境理事会建议征用"

---

① 关于废除第 69 条，仅自 2006 年 4 月 7 日起生效（见 2006 年第 74 号法，与 2003 年第 103 号法一并解读）。

代替。

2. 在第 46 条第（2）款中，废止（c）款，并取代：

"（c）应由《环境管理法》（第 20：27 章）第 46 条所提及的要求选取环境管理署长"；

3. 在第 54 条中，废止"保育委员会"的定义，

以"环境委员会"替代，"环境委员会"是指根据《农村地区政务委员会法》（第 29：13 章）第 61 条任命的环境委员会。

4. 在第 55 条第（2）款中，从（b）款中删除"或密集保护区"。

5. 在第 56 条，删除第（1）款中的"自然资源理事会和有关保育委员会"，并代以"私人土地所在的区域内的农村地区委员会"。

6. 在第 57 条

（a）在第（1）款

（1）删除"保育委员会成员"并代以"环境委员会成员"；

（2）在（a）和（b）款中删除了"保育委员会的面积"，并取代"农村地区委员会的面积"；

（b）废止第（2）款并代以：

《环境管理法》（第 20：27 章）第 2 条所界定的部长，或以此目的任命的其他人，可就津巴布韦的任何私人土地行使第（1）款所赋予的环境委员会成员的权力；

（c）在第（3）款中删去第（a）款，"保育委员会，或自然资源理事会，或由保育委员会或自然资源理事会委任的任何人"，并代以"第（2）款所指的环境委员会或部长，或由该委员会或该部长委任的任何人"。

7. 在第 58 条

（a）在第（1）款

（i）删除"保育委员会"而代以"环境委员会"；

（ii）第（a）款删除了"自然资源理事会"，而代以《环境管理法》（第 20：27 章）第 2 条所定义的"部长"；

（b）在第（3）款中删去"自然资源理事会，保育委员会"，而代以"第（1）款第（a）段中的部长，环境委员会"。

8. 在第 68 条中，从第（4）和（6）条中删除"向自然资源委员会作

出决定及其",而代以"向《环境管理法》(第20：27章)第2条界定的部长作出决定,以及这个"。

9.在第69条

(a)第(1)款删除"自然资源理事会",而代以《环境管理法》(第20：27章)第2条所界定的"部长";

(b)在第(2)款中,删除"《自然资源法》(第20：13章)第三章",并代以《环境管理法》(第20：27章)第九章;

(c)废止第(3)款和第(4)款,并代以：

"(3)如果部长认为在农村地区委员会区域内保育或保护自然资源是必要或适当的做法,则他可以

(a)授权委员会拟订计划,处理可能规定的事项,以预防该区内的火灾;和

(b)在与《环境管理法》(第20：27章)第2条中所定义的部长协商后,授权该部长向该区域内任何土地的所有者,占用者或使用者发出书面命令,使其按照(a)段制订的计划行事。

(4)任何根据第(3)款授予的权力下达的命令,均应视为根据《环境管理法》(第20：27章)第68条给出的命令。"

第四章 《农业土地安置法》(第20：01章)

在第(1)款第14条中,从(b)款中删除"根据《自然资源法》(第20：13章)任命的环境保护委员会,或"。

第五章 《共同土地法》(第20：04章)

在第(1)款的第10条中,删除(b)款中的"根据《自然资源法》(第20：13章)设立的自然资源理事会",而代以"《环境管理法》(第20：27章)第2条中定义的部长"。

第六章 《公园和野生动物法》(第20：14章)

1.第2条中

(a)废止"保育委员会"的定义;

(b)插入以下定义

"环境委员会"是指根据《农村地区政务委员会法》(第29：13章)第61条任命的环境委员会。

2. 第 77 条中

（a）第 1 款中

（i）删除"自然资源理事会和自然保护区"，并替换为"《环境管理法》（第 20：27 章）第 19 条所设立的环境理事会和环境"。

（ii）在（a）、（b）、（c）及（d）段中，删去所有"（非特指的）保育委员会"及"（特指的）保育委员会"而分别代之以"（非特指的）环境委员会"及"（特指的）环境委员会"；

（b）在第（8）款中，删去"保育委员会"而代以"环境委员会"；

（c）在第（9）款中，删去"保育委员会"而代以"环境委员会"；

（d）在第（10）款中

（i）删除"环境保护委员会"而代以"环境委员会"；

（ii）删除首次出现的"自然资源理事会"，而代以"根据《环境管理法》（第 20：27 章）第 19 条成立的环境理事会"；

（iii）从（a）和（b）段中删除"环境保护委员会"，而代之以"环境委员会"；

（iv）删除第二次出现的"自然资源理事会"，而代以"环境理事会"；

（e）在第（11）、（12）和（13）款中，删去"环境保护委员会"而代以"环境委员会"。

3. 在第 78 条中

（a）在第（1）款中，删去所有"（非特指的）保育委员会"和"（特指的）保育委员会"，而分别取代"（非特指的）环境委员会"和"（特指的）环境委员会"；

（b）废止第（2）款而代以

"《环境管理法》（第 20：27 章）第 2 条所界定的部长，或因此目的任命的其他人，可就津巴布韦任何被转让的土地，行使第（1）款所赋予的权力。"

4. 在第 79 条中，删除第（1）、（2）款：

（a）"保育委员会"，并代以"环境委员会"；

（b）"自然资源理事会"，并"根据《环境管理法》（第 20：27 章）第 19 条设立的环境理事会"

5. 在第 81 条中，废止"（a）阻碍或妨碍——"，而代以

（i）环境委员会委员；或

（ii）根据《环境管理法》（第 20：27 章）第 19 条成立的环境理事会或该理事会的任何成员；或

（iii）《环境管理法》（第 20：27 章）第 2 条所定义的部长；或

（iv）任何由（i）（ii）（iii）所提及的个人或团体委任的人，

在行使本部分法律视情况而赋予他或它的权力；或

6. 在第 123 条

（a）在第（1）款内，删除"（非特指的）保育委员会"及"保育委员会"，并分别代之以"（非特指的）环境委员会"及"环境委员会"；

（b）在第（4）及（5）款内，删除"保育委员会"，并代之以"环境委员会"。

第七章　《农村土地法》（第 20：18 章）

在第 12 条中，从（b）款中删除"根据《自然资源法》（第 20：13章）任命的保育委员会"，并取代"根据《农村地区政务委员会法》（第 29：13 章）第 61 条任命的环境委员会"。

第八章　《农村地区政务委员会法》

1. 在第（1）款第 2 款中，

（a）通过废止"自然资源保护委员会"和"自然资源保护小组委员会"的定义；

（b）通过插入以下定义，

"环境委员会"是指根据第六章第（2）款任命的环境委员会；

"环境小组委员会"指

（1）根据第 61 条第（6）款委任的环境小组委员会；或

（2）根据第 61 条第（9）款指定为环境小组委员会的区发展委员会或农村发展委员会；

（c）废止"农村发展委员会"的定义而代之以

"农村发展委员会"，是指《传统领导人法》（第 29：17 章）第 17 条所指的农村发展委员会；

2. 废止第 61 条及代之以

61. 环境委员会和小组委员会

（1）本条中

"部长"是指《环境管理法》（第 20：27 章）第 2 条定义的部长。

（2）每个委员会均须委任一个委员会，名为环境委员会，行使以下职能：

（a）向区域市政局推荐管理和保护市政局辖区内环境的措施；及

（b）根据任何其他法律，向区域市政局建议执行环境措施的方法，而该等措施是该局获授权或须采取的；及

（c）根据《环境管理法》（第 20：27 章）编写并向环境委员会建议环境计划；以及

（d）一般来说，与部长合作实现《环境管理法》（第 20：27 章）的目标和宗旨。

（3）环境委员会应由议事会与部长协商后确定的成员人数和成员组成。

（a）半数为市政局委任的议员；及

（b）除议员外，半数应由议事会与部长协商后任命。

（4）根据第（3）款（b）段获委任为环境委员会委员的人，任期须按市政局的条款及条件而定。经部长批准。

（5）部长授权的人有权出席环境委员会的任何会议，但对会议上决定的任何问题没有表决权。

（6）为协助其环境委员会履行其职能，议事会可与根据《环境管理法》（第 20：27 章）第 19 条设立的环境理事会协商，如部长有指示，则

（a）委任一个或多个环境小组委员会，在市政局辖区内的一个或多个行政区或一个或多个乡村内，行使与环境及自然资源有关的职能；及

（b）委托给任何此类环境小组委员会或环境委员会的任何职能。

（7）根据第（6）款委任的环境小组委员会由下列成员组成：

（a）一名主席，为该行政区的议员或小组委员会为之设立的选区（视情况而定）的一名议员；及

（b）由部长提名的人；及

（c）对于第（8）款所选定的在组成小组委员会的区域内的每个行政区

或村庄，不得超过两名增选成员；

（d）在负责《环境管理法》（第20：27章）管理的部长同意下，根据部长制定的条例任命或选举的其他人。

（8）为了根据第（7）款（c）的规定为环境小组委员会选择增选委员，议事会的首席执行官应在各有关选区召集选民公开会议，并在会议上，应按照会议商定的方式选举增选委员；

但如该会议未能选出所需的成员数目，则议事会可委任该等成员。

（9）部长如认为适宜，可为本条的目的指定一个区发展委员会或一个乡村发展委员会作为环境小组委员会。

（10）议事会应确保根据第（6）款任命每个环境小组委员会的区域的边界与议事会区域的一个或多个选区或村庄的边界一致。

3. 在第（2）款第159条中，删去（d）段中的"乡村发展委员会及"。

第九章　《城市市政会法》（第29：15章）

在第181条中，删除了第（1）款中的"《自然资源法》（第20：13章）"，而代之以"《环境管理法》（第20：27章）"。

（杨芳　译；张小虎、张宁、刘林琳　校）

《肯尼亚环境管理与协作法》

（1999 年第 8 号法）

[通过日期：2000 年 1 月 6 日]
[施行日期：2000 年 1 月 14 日]

此议会法是为建立适当的环境管理法律和环境管理体制框架以及与此有关的事项和附带事项而制定

[1999 年第 8 号法，2006 年第 6 号法，2006 年第 17 号法，2007 年第 5 号法，2009 年第 6 号法，2015 年第 5 号法，2015 年第 25 号法，2017 年第 12 号法]

鉴于通过颁布环境立法框架以建立合法的和制度化的环境管理框架之期望；

鉴于不同部门倡议促进法律和管理协作以提高国家管理环境能力之必要；

鉴于环境是国民经济、社会、文化和精神进步的基础；

现由肯尼亚议会制定如下法律——

第一章　序言

1. 简称

本法可称为《1999 年环境管理与协作法》。

2. 定义

在本法中，除非本文另有规定——

"空气质量"是指此规章定的或根据此法推定的空气污染物的浓度测量值。

"周围空气"是指地球周围的大气，但建筑物中与地下空间的大气除外。

"环境测量"是指任何污染物、有毒有害物质的检测或检查，或者是查明其成分或性质或者其对环境的任何一部分所产生的影响的过程（无论是物理方面的、化学方面的还是生物方面的），或者是通过检查排放物、噪声或亚声频震动的记录以查明噪声或亚声频震动的强度或其他特性或者其对环境的任何一部分所产生的影响。

"环境分析员"是指根据第 119 条所任命或指派的分析人员。

"环境状况年度报告"是指根据第 9 条所准备和发布的报告。

"环境署"是指第 7 条中所建立的国家环境管理署。

"受益使用"是指有利于公众健康、公众福利或公众安全的，出于保护环境免受废弃物、排放物、散发物和沉积物的影响而对环境或环境中的任何元素或部分的使用。

"受益环境"是指通过在负担土地上施加一项或多项义务而受益的环境。

"生物多样性"是指来自包括陆地生态系统、水生态系统和生物所分布的生态群等所有来源的生物之间的生态综合体。包括物种内的多样性，物种间的多样性以及生态系统的多样性。

"生物资源"包括生物或其部分的基因资源，或任何其他对人类有实际的或潜在的用途或价值的生物组织或生态系统。

"负担土地"是指任何已被强制实行环境地役权的土地。

"内阁大臣"是指目前对环境和自然资源事项负责的内阁大臣。

"化学品"是指包括以制造工业化学品、农药、化肥和药品等行为为目的的任何形式的化学品，无论其是单独存在或存在于混合物中或配制品中，无论其是被生产出来的还是源自自然界。

"沿海区域"是指陆地与海洋相互作用的地貌区域，包括由生物和非生物成分或生态系统组成的陆地和海洋区域，它们彼此共存、相互作用，并与社会经济活动相联系；

"大陆架"的定义为《联合国海洋法公约》赋予它的含义。

"监管区"是指内阁大臣在此法中指定的区域。

"县环境行动规划"是指在根据第 40 条制定的县级环境行动规划。

"县环境委员会"是指按照第 29 条建立的委员会。

"县政府"定义为地方政府法（2012 年第 17 号）第 2 条赋予它的含义。

"沉积带"是指第 28 条所提到的沉积地带。

"发起人"是指根据此法属于环境影响评估过程项目的发起人。

"理事"是指根据第 10 条所任命的理事。

"署长"是指国家环境管理署根据第 10 条任命的署长。

"生态系统"是指植物、动物、微生物群落的动态体系和它们的作为一个基本单元相互作用的非生物环境。

"污水"是指经处理或未经处理、直接或间接排入水环境的气体废物、水或液体或来自于家庭的、农业的、贸易的或工业的液体。

"环境要素"在与环境有关时是指环境的任何重要组成部分，包括水、大气、土壤、植被、气候、声音、气味、景区、鱼类和野生动物。

"环境"包括人类周围环境的物理因素，如土地、水、大气、气候、声音、气味、味道，生物因素如动物和植物，社会因素如景观，并且包括自然和人为建造的环境。

"环境审核"是指对环境组织、环境管理和环境设备在节能环保方面的系统的、有记录的、定期的、客观的评估。

"环境地役权"是指根据第 112 条实施的地役权。

"环境教育"包括认识价值和澄清概念的过程，以培养理解和体会人与其文化、生物物理环境之间相互关联所必需的能力和态度。

"环境影响评估"是指进行系统的审查以确定一个方案、活动或项目是否会对环境产生任何不利影响。

"环境监察员"是指根据第 117 条所任命或指派的环境监察员。

"环境管理"包括环境保护，能源节约，可持续地使用各种环境要素或环境的组成部分。

"环境监测"是指对任何对环境产生实际的或潜在影响的活动或现象进行持续的或定期的判断，无论其是短期的还是长期的。

"环境组织"是一个公益组织，其目的是保护环境和自然资源，并且是正式注册的以社区为基础的组织或社会公益组织。

"环境规划"是重视迫切的环境需求的长期规划与短期规划。

"环境资源"包括空气、土地、植物、动物和水及其美学价值在内的资源。

"环境恢复令"是指一种根据第 108 条发布的命令。

"环境友好"包括对环境无任何损害或破坏的任何现象或活动。

"易地保护"是指自然生态系统和生物机体的栖息地之外的保护。

"专属经济区"是指《联合国海洋法公约》规定的专属经济区的定义。

"财政年度"是指在每年 6 月 30 日起十二个月。

"普通基金"是指根据第 20 条创立的普通基金。

"遗传资源"是指有实际价值或潜在价值的遗传物质。

"良好的环境实践"是指与本法或其他相关法律的规定相一致的实践。

"有害物质"是指任何可能会对人类健康或环境有害的化学制品、废弃物、毒气、药物、有毒物质、植物、动物或微生物。

"危险废物"是指任何被国家环境管理署确定为有害的废物或第 91 条规定的属于其他任何种类的废物。

"本土知识"是指任何有关资源、环境要素、环境能力、环境实践和使用及其准备过程，动植物物种和遗传资源的使用和存储的传统知识。

"就地保护"是指在自然生态系统和生物机体的栖息地之内的保护。

"代际公平"是指现代人应确保在行使有利于环境利益的权利时，环境的健康，多样性和生产力得到保持或提高，以造福子孙后代。

"代内公平"意味着目前这一代人都有平等的权利从对环境的开发利用中受益，并有平等享有清洁健康的环境的权利。

"领导机构"是指任何法律赋予其管制或管理环境或自然资源的任何组成部分的的职能的任何政府部、部门、半国营集团、国营公司或地方当局。

"环境部"是指当时负责与环境有关的事项的管理的部。

"含石油混合物"是指具有此法所规定的含油量的物质或液体的混合物，或者如果没有规定这种含油量，则为混合物中一百万种成分的油含量为一百份或更多的混合物。

"全国公益组织委员会"是指由 1990 年公益组织协调法（1990 年第 19 号）第 23 条设立的委员会。

"国家环境保护行动规划"是指第 37 条提到的规划。

"自然资源"是指《宪法》第 260 条所规定的自然资源定义。

"自然资源协议"是指一项协议，涉及将授予任何人或代表包括国家政府在内的任何人的权利或特殊许可让渡给另一方以在肯尼亚开采任何自然资源。

"噪声"是指任何本质上令人反感或可能对人类健康或环境造成不利影响的不良声音。

"行业空气质量"是指根据或依照本法规定的在人类活动发生的建筑物或地下空间内的大气中的物质或能量的浓度。

"占用人"是指占用或者控制房地产的人，并且就不同部分被不同人占用的房地产而言，指占有或控制每个部分的相应的人。

"石油"包括：

（a）原油、精炼油、柴油、燃油和润滑油；以及

（b）其他任何可能规定的对石油的描述；

"所有人"就任何处所而言是指：

（a）该处所的注册所有人；

（b）该处所的承租人或转租人；

（c）该解释部分的（a）和（b）的所描述的任何其他业主的代理人或委托人；如果（a）和（b）所描述的业主无法查询或已经死亡，则其法定代理人为业主；

（d）暂时收取该处所租金的人，无论此人是以其本人身份或作为他人的代理人或委托人还是作为接管人收取，如该处所被租于租客，则可获得租金的人为业主；以及

就任何船舶而言，指已登记为该船舶所有人或没有登记却拥有该船舶的人；但在由任何国家拥有并由该国的公司注册为船舶经营人的情况下，"船东"应包括该国家和船舶的船长；

"臭氧层"是指 1985 年《保护臭氧层维也纳公约》界定的行星边界层上方的大气层；

"污染物"包括液体、固体或气体的任何物质当其——

（a）可能直接或间接改变现在环境任何方面的质量；

（b）对人体健康或环境产生危害或有潜在的危害；并且包括令人难以接受的气味、辐射能、噪声、气温变化或环境的任何部分或要素的物理的、化学的或生物的变化。

"污染者付费原则"是指清理因污染而被破坏的任何环境要素、补偿污染的受害者的费用，由于污染行为而损失的有益用途的成本以及与上述内容有关的或附带的其他费用由依本法或其他适用的法律以污染定罪的人支付或承担。

"污染"是指通过排放，排放或堆积废物直接或间接改变环境任何部分的物理、热学、化学、生物或放射性质，从而对任何有益使用造成不利影响，造成对公众健康、安全或福利，或对动物、鸟类、野生动物、鱼类或水生生物或植物有实际危害或潜在危害的情况，或违反本法所许可的任何条件、局限或限制。

"可行性"是指在考虑到当地情况和知识等因素的情况下的合理可行的方法，"可行方法"包括保持工厂的高效性和供给，合理使用工厂，以及操作和加工过程中的实际占用人的监管。

"风险预防原则"是当环境有被破坏的风险时，无论其是否严重或不可逆转，不应将缺乏充分的科学确定性作为推迟采取有效措施防止环境恶化的理由。

"处所"包括信息、建筑物、土地以及所有可继承的在任何处所中使用的与贸易有关的房产和机器、工厂或交通工具。

"项目"包括任何项目中可能对环境产生影响的工程、计划或政策。

"项目报告"是指第58节提及的拟议开发项目可能对环境产生影响的简要说明。

"提议人"是指提出、执行或为附录2所指明的项目、计划担保的人。

"专有信息"是指与肯尼亚法律或肯尼亚加入的任何国际条约保护的任何制造工艺，商业机密，商标，版权，专利或配方有关的信息。

"省环境局局长"是指根据第16条所任命的省环境局局长。

"公共部门"是指根据第31条建立的公共部门。

"辐射"包括电离辐射和其他可能对人体健康和环境产生不利影响的辐射。

"区域发展委员会"是指根据议会法建立的区域发展委员会。

"规章条例"是指根据本法制定的规章条例。

"修复基金"是指根据第25条建立的全国环境修复基金。

"部分"在环境方面是指以声音、空间、区域、数量、质量或时间或上述内容的结合来表现出来的环境的任何一部分或多个部分。

"船"包括所有种类的船、飞行器或可以漂浮的结构体。

"土壤"包括土、沙、岩石、页岩、矿物、植被和在土壤中的动植物及其衍生物,如灰尘。

"标准"是指根据本法或根据依本法制定的任何其他法律条文制定的排放物或散发物的限制。

"战略环境评估"是指分析和处理政策、规划、项目和其他战略举措对环境影响的正式的、系统的过程。

"可持续发展"是指通过维持支持生态系统的环境容量以满足当代人的需求又不损害后代人满足其需求的发展。

"可持续利用"是指目前对环境或自然资源的利用不会损害后代人的使用或降低支持生态系统的环境容量。

"领水"是指《海洋区域法》(第371章)第3条规定的领水。

"贸易"是指起初在固定场所或在不同地点进行的可能导致物质和能源排放的任何交易,业务或经营活动,包括根据本法规定为交易,业务或经营活动的任何活动。

"传统知识"是指肯尼亚人在传统教育背景下或没有传统教育背景下可能在社会或文化上获得的知识。

"法庭"是指根据第125条设立的全国环境法庭。

"信托基金"是指根据第24条设计的全国环境信托基金。

"自愿环境管理"是指鼓励自愿遵守保护环境原则,这是一种符合环境保护规章和鼓励创新环保实践方法的具有成本效益和高效率的方法。

"废弃物"包括任何规定为废弃物的物质,无论其是以液体、固体、气体或放射性物质的形式以一定的数量、组成或方式在环境中排放、散发或沉积,且可能引起环境的改变。

"水"包括饮用水、河流、溪流、河道、水库、井水、水坝、运河、海峡、沼泽、明渠或地下水。

"湿地"是指沼泽地、泥炭地或水域,无论其是人工的还是自然的,是永久的还是暂时性的,无论水是静止的还是流动的,无论是淡水的还是咸水的,也包括在低潮时水位不超过六米的海水。

"野生动植物"具有《野生动植物保护和管理法》(2013 年第 47 号)所赋予其的含义。

[2015 年第 5 号法,第二章]

第二章 总则

3. 享有清洁健康的环境之权利

(1)根据宪法及相关法律,肯尼亚的每个人都有享受清洁健康的环境之权利,并有保护和改善环境的义务。

(2)第 1 款所规定的清洁健康的环境权包括肯尼亚的任何人为娱乐、教育、健康、精神和文化之目的出入不同的公共环境或其部分。

(2A)每个人都应与国家机关合作以保护环境和确保生态可持续发展和自然资源的可持续利用。

(3)如果一个人主张其享有清洁健康环境的权利已经、正在或可能被拒绝给予、被侵犯或被威胁,那么在不妨碍就同一事件采取的任何其他合法行动的情况下,此人可以以自己的名义或代表一个团体或一类人,某个协会的成员或为公共利益向环境和土地法院申请救济,环境和土地法院可以作出这样的命令,发出该等令状或发出其认为适当的指示——

(a)防止、阻止或终止任何对环境有害的作为或不作为;

(b)强制任何公职人员采取措施防止或中止对环境有害的作为或不作为;

(c)要求任何正在进行的活动依照本法规定接受环境审核;

(d)强制对环境恶化承担责任的人在损害发生之前尽可能地将退化的环境恢复原状;并且

(e)对任何受污染的受害者提供补偿,以及由于污染行为而造成的有益用途的损失和与上述内容有关或附带的其他损失。

(4)根据本条第(3)款起诉的人需具备诉讼能力,即使此人不能证明被告的作为或不作为已经或可能导致其个人损失或人身伤害，但此类诉讼的前提是——

（a）不是无根据诉讼或滥诉；或

（b）不是滥用法庭程序。

（5）环境与土地法院在行使根据第（3）款授予的司法权时，应遵循以下可持续发展原则——

（a）公众参与制定环境管理政策，计划和程序的原则；

（b）肯尼亚任何社区传统上用于管理环境或自然资源的文化和社会原则，只要这些文化和社会原则具有相关性并且不违背正义和道德且不与任何成文法冲突；

（c）两个或两个以上国家共同管理环境资源的国际合作原则；

（d）代际和代内公平原则；

（e）污染者付费原则；和

（f）风险预防原则。

[2015 年第 5 号法令，第二章第 3 条]

3A. 信息公开

（1）在遵守有关信息公开的法律的前提下，每个人都有权获取国家环境管理署、领导机构或任何其他人员掌握的与实施本法有关的任何信息。

（2）想要获取第（1）款所指信息的人应向国家环境管理署或领导机构申请，并可能在支付规定费用后才获准获得这些信息。

[2015 年第 5 号法令，第 4 条]

第三章 政府机构

全国环境委员会

4. 已被 2015 年第 5 号法令第 5 条废除。

5. 内阁大臣的职能

内阁大臣应当：

（a）负责本法的政策制定和指导；

（b）制定全国目标并决定环境保护的政策和重点项目；

（c）促进公共部门、地方当局、私营部门和非政府组织及其他类似组织参与环境保护项目的合作；

（ca）在政策制定和环境保护措施规划中提供公众参与的证据；并且

（b）旅履行本法规定的其他职能。

[2015 年第 5 号法令，第 6 条]

6. **已被 2015 年第 5 号法令第 7 条废除**。

国家环境管理署

7. 国家环境管理署的设立

（1）设立一个机构名为国家环境管理署（环境署）。

（2）国家环境管理署应当是一个永久存在并且有公章的法人，并应当以法人的名义，能够——

（a）起诉和被起诉；

（b）占有、购买、管理、处分动产和不动产；

（c）借款；

（d）签订合同；以及

（e）为本法的适当管理进行的可由法人依法执行的其他所有事情和行为。

8. 国家环境管理署总部

国家环境管理署总部应设立在内罗毕，但环境署应确保其服务可在共和国的所有地区实行。

[2015 年第 5 号法令，第 8 条]

9. 国家环境管理署的目标与职能

（1）国家环境管理署建立的目标和宗旨是对所有与环境有关的事务进行全面的监督和协调，并成为政府执行所有有关环境政策的主要机构。

（2）在不损害前述规定的一般性的原则下，环境署须——

（a）协调领导机构正在开展的各种环境管理活动，并促进环境研究与发展政策、计划、方案和项目的融合，以确保在可持续收益的基础上妥善管理和合理利用环境资源，改善肯尼亚人民的生活质量；

（b）评估肯尼亚的自然资源及其利用和保护情况；

（bb）审计并确定肯尼亚自然资源的净值或价值及其利用和保护；

（c）就土地使用规划向有关部门提出建议；

（d）审查土地使用形式，确定其对自然资源的数量和质量的影响；

（e）（已删除）；

（f）就环境管理的立法和其他措施向政府提供咨询意见，或根据具体情况执行环境领域的相关国际公约，条约和协定；

（g）就肯尼亚应加入的区域性和国际环境保护公约，条约和协定向政府提供咨询意见，并在肯尼亚为缔约方的情况下跟进落实此类协议；

（h）进行环境领域的研究，调查和勘测，并收集、整理和传播关于此类研究，调查或勘测结果的信息；

（i）调动和监视财务和人力资源的使用情况，以便进行环境管理；

（j）识别依照本法进行的环境审核和环境监测的有关项目或方案或项目和方案、规划、政策的类型；

（k）启动和采取程序和保障措施，以防止可能导致环境恶化的事故并在事故发生时采取补救措施；

（l）监测和评估包括有关领导机构正在开展的活动，以确保环境不因这些活动而退化，遵守环境管理目标，并对即将发生的环境紧急情况给予适当的预警；

（m）与有关领导机构合作开展旨在加强环境教育，提高公众意识和促进公众参与的方案；

（n）制定、颁布和传播有关环境管理和预防或减少环境恶化的手册，守则或指导方针；

（o）在可能的情况下为从事自然资源管理和环境保护的主体提供咨询和技术支持；

（p）每两年撰写一次报告并将其提交给内阁大臣，报告肯尼亚的环境状况，在这方面可指示任何领导机构撰写并提交关于其管理下的环境部门状况的报告；

（q）鼓励自愿的环境保护实践和自然资源保护、地役权、租赁、生态系统服务支付和其他此类行为，并在这方面制定准则；

（r）与其他领导机构合作，发布准则并制定措施，以使肯尼亚的陆地区域森林覆盖率保持在至少百分之十；

（s）履行政府可能分配给委员会的其他职能，或者附带或有助于委员会行使本法规定的任何一项或所有职能。

（3）内阁大臣应在国会在下次会议发布后的二十一天内，将其在国民议会发表会议期间或会议期间之外发布的，在国民议会之前根据第（2）（p）款规定的环境状况年度报告尽快准备好。

[2015年第5号法令，第二章第9条]

10. 国家环境管理署理事会

（1）国家环境管理署应由理事会管理，理事会应由以下人员组成——

（a）由总统任命的主席；

（b）环境部负责环境署事务的常务秘书或常务秘书指定的环境部其他官员；

（c）由内阁大臣从理事会通过竞争性招聘程序选定的三名候选人中选任一人为署长；

（d）负责管理财务的首席秘书或其代理人；

（e）由内阁大臣任命的并非公职人员的六名职员；

（f）总检察长或其代理人。

（2）根据第（1）（a），（c），（d）或（e）款获委任的人士至少在环境法、环境科学、自然资源管理或相关的社会科学方面持有认可大学的硕士研究生学位，署长至少要在相关领域有15年的工作经验。

（3）第（1）（a）款和第（1）款第（e）项提及的成员应当在不同时间任命，以便其各自任期的届满日期在不同时间。

（3A）如果署长职位空缺，理事会可任命一名代理署长以该身份行事，但任期不得超过六个月。

（4）根据第（1）款第（a），（c）和（e）段委任的成员任期为四年，并有资格连任一期，任期四年。

（5）理事会应从根据第（1）款（e）段委任的成员中选出一名副主席。

（6）理事会应在每个财政年度召开至少四次会议。

（7）理事会主席应主持其出席的理事会的每场会议，主席缺席时，副主席应主持会议，副主席缺席时，应当由出席会议的成员在其中推举一名成员来行使主席对于该会议和在此进行的业务交易的一切权利。

（8）理事会任何事项的决议，如果无法全票通过，应以出席成员的过半数投票表决，如票数均等，主席或会议主持人应投决定票。

（9）理事会业务交易的法定人数为七人，包括主持人；理事会被授权或被要求做的所有行为，事项或事情，应由出席并参加表决的过半数成员通过的决议生效。

（10）理事会秘书无权就理事会的任何事项进行表决。

（11）理事会成员的任命可以由委任机构终止当其——

（a）宣告破产或与债权人签订债务清算调解协议；

（b）被判定犯罪，并被判处六个月或以上的有期徒刑，且不得以罚金取代；

（c）由于长期的身体或精神疾病而无法履行其作为理事会成员的职责；

（d）由于任何原因无法履行其职位的职能。

（12）凡理事会成员在其任期届满前去世或辞职或以其他方式离职，则委任机构须委任另一人代替该成员。

（13）如果署长由于暂时丧失工作能力可能长期无法履行其职能时，总统可以任命一名替补人员，履行署长的全部权力，直至总统确定署长工作能力丧失的情况已经终止。

（14）（a）署长是环境署的首席执行官，并应受本法的管辖，负责环境署的日常事务；

（b）理事应履行本法规定的职责和署长可能赋予的额外职责；

（c）已被已被2015年第5号法令第10条废除。

（15）根据第（6），（7），（8）及（9）款，理事会应制定自己的章程。

[2015年第5号法令，第二章第10条]

11. 国家环境管理署的权利

环境署应有根据本法适当履行其职能所需的一切权力，特别是在不损害前述内容的一般原则的前提下，环境署应有权——

（a）以最有利于环境署建立的目标的行为管理、监督、支配环境署的资产；

（b）确定为环境署的资本和经常性支出以及准备金作出的拨备；

（c）接受赠款、赠予、捐赠或资助，并从中作合法支出；

（d）与肯尼亚境内外的其他机构或组织建立联系当环境署认为此举可能适并且有利于环境署的设立目的；

（e）为环境署的资金开立一个或多个银行账户；以及

（f）按照第 26 条规定的方式投资环境署未立即需要的任何资金。

12. 领导机构的权利

（1）国家环境管理署可在合理告知其意图之后，指示任何领导机构在指定时间和方式下，履行本法或任何其他成文法在环境领域对领导机构施加的职责，如果领导机构不遵守这些指示，环境署可以自己执行或指令他人执行，由此产生的费用可由环境署向领导机构作为民事债务收回。

（2）任何人不遵守第（1）款的规定，即属违法。

［2015 年第 5 号法令，第二章第 11 条］

13. 国家环境管理署的业务与事务处理

根据本法，环境署应制定其自己的程序。

14. 署长与理事的薪酬

署长与理事应领取理事会根据薪金与报酬委员会当时的建议实时确定的薪水与津贴。

［2015 年第 5 号法令，第二章第 12 条］

15. 国家环境管理署代表

在不违反本法规定的情况下，环境署可通过一般决议或在任何特定情况下通过决议，将本法规定的环境署的任何权利、履行的任何职能或任何职责委托给环境署的成员、高级职员、雇员或代理人。

16. 国家环境管理署职员

出于适当履行本法或其他成文规章规定的职能的需要，环境署可以根据其确定的条款和服务条件任命高级职员或其他职员。

17. 国家环境管理署公章

环境署公章由环境署直接保管，非经环境署指令不得使用。

18. 个人责任免除

如果环境署成员或环境署任何高级职员、雇员或代理人所作的任何事项或事情是善意地为执行环境署的职能、行使其权力或履行其职责而作出的，则不得使该成员、高级人员、雇员或代理人或任何按照指示行事的人对该行为、主张或要求承担个人责任。

19. 国家环境管理署对于损害的责任

第 18 条的规定并不免除环境署对因行使本法、其他成文法、完全无效或部分无效的法律或任何赋予其的权利而给任何人造成的人身、财产或利益的损害支付补偿金或损害赔偿金。

20. 普通基金

（1）国家环境管理署须设立专属普通基金。

（2）以下项目应存入普通基金——

（a）在环境署行使本法赋予的权力或履行本法规定的职能过程中可能产生或归属环境署的款项或资产；

（b）内阁大臣根据第（3）款划拨给环境署的款项；以及

（c）由任何其他来源提供、捐赠或贷款给环境署的款项。

（3）议会为环境署行使本法所赋予的权力或履行职能的支出而划拨的资金不得成为普通基金的款项。

（4）环境署在贯彻其目标、执行其职能、履行其职责时产生的支出，应由普通基金支付所需的一切款项。

[2015 年第 5 号法令，第二章]

21. 财政年度

国家环境管理署的财政年度为每年 6 月 30 日止的 12 个月。

22. 年度预算

（1）国家环境管理署应在每个财政年度开始前至少三个月拟备该年度的收支预算。

（2）年度预算应对该财政年度环境署的支出预算作出特别规定，该预算应用于——

（a）支付环境署职员的薪金、津贴和其他费用；

（b）支付环境署职员的养老金、退休补贴及其他费用；

（c）对环境署建筑物和场地的适当维护；

（d）环境署的设备或其他财产的维护、修理与更换；

（e）设立备用金，以承担支付退休金、保险、建筑物或设备的更换费用或环境署认为适当的其他事项的未来尚不确定的责任。

（3）财政预算应在相关的财政年度开始前由环境署通过，并提交内阁大臣通过，财政大臣通过财政预算后，未经内阁大臣允许环境署不得增加年度预算。

[2015 年第 5 号法令，第二章]

23. 账目与审计

（1）环境署应保存其所有收支及资产账簿和记录。

（2）每个财政年度结束前三个月内，环境署应向总审计长提交其账目和——

（a）环境署这一年度的收支报表；和

（b）环境署在这一年度最后一天的资产和债务报表。

（3）环境署的年度决算报表应根据《宪法》第 226 条、第 229 条和 2012 年《公共财政管理法》（2012 年第 18 号法）的规定编制、审计和报告。

[2015 年第 5 号法令，第 13 条]

24. 国家环境信托基金

（1）兹设立一项基金，称为国家环境信托基金（以下简称"信托基金"）。

（2）信托基金应包括——

（a）信托基金从任何来源收到并专门指定用于信托基金的捐款、捐赠、让与和赠予的款项；

（b）国家环境管理署从普通基金制定划拨用于信托基金的款项或其他资产。

（3）信托基金应由内阁大臣根据薪金和薪酬委员会的建议，以内阁大臣规定的条款和条件，在政府公报中任命的五名受托人组成的理事会管理。受托人须为至少持有环境法、经济学、环境科学或自然资源管理领域的认可大学研究生学位的人，并在获委任时受《宪法》第六章规限。

（3A）第（3）款提到的理事会应是信托基金受托人理事会，是一个永

221

久延续且有公章的法人团体，可以其法人名义起诉和被起诉。

（3B）信托基金应以信托契据规定的方式管理，就本法而言，信托契据应视为构成管理基金运用与运作的规则和条例。

（4）信托基金的目的是促进旨在进一步满足环境管理、能力建设、环境奖励、环保宣传、奖学金和补助金要求的研究。

（5）理事会可根据协会的建议，决定对信托基金的某些捐款应专门用于奖励对环境的杰出贡献。此类奖励和赠予的获得者需专门从事环境管理。

［2015 年第 5 号法令，第二章，第 14 条］

25. 国家环境修复基金

（1）兹设立一项基金，称为国家环境修复基金（以下简称"修复基金"）。

（2）修复基金应包括——

（a）国家环境管理署不时厘定的费用比例或存款债券；

（b）将工业和其他项目牵头者捐赠或向其征收的款项，作为对修复基金的捐款。

（3）修复基金应归环境署所有，并且依本法由署长管理。

（4）修复基金的目的是在无法确定行为人或要求环境署进行干预以控制或减缓环境恶化的特殊情况下，作为减缓环境恶化的补充保险。

（5）内阁大臣可通过政府公报发布命令，向项目提议人征收修复基金的资金。

［2015 年第 5 号法令，第二章］

26. 资金投资与资产处置

（1）根据本法，环境署可将其任何资金投资于受托人目前可将信托基金投资于其中的有价证券，或投资于财政部实时批准投资的其他有价证券。

（2）依据本法，环境署可以在与财政部协商后，向其确定的一家或多家银行存入并非立即用于该目的的任何款项。

（3）环境署的资产在以下情况中可以被处置——

（a）其为环境署的正常经营期间的流动资产；

（b）按照第 22 条编制和获批的年度预算中已考虑到收益的处置和利用；

（c）在年度预算中未考虑这种处置的情况下，经内阁大臣和财政部批准，可以出售或其他方式进行。

［2015 年第 5 号法令，第二章，第 15 条］

27. 年度财务决算报告

（1）署长应在财政年度结束后尽快且不迟于三个月向内阁大臣提交一份关于环境署在该财政年度活动的财务决算报告。

（2）署长根据第（1）款提交的报告应包括环境署财务方面的信息，并在报告中应附——

（a）上一财政年度的收支审计报表；

（b）环境署下一财政年度的收支预算；

（3）内阁大臣应在收到第（1）款所述报告后 14 天内将报告提交国民议会。

［2015 年第 5 号法令，第二章，第 16 条］

28. 保证金

（1）环境署应建立一个登记册以登记那些在以不符合良好环境行为的方式运作时对环境产生或很可能产生重大不利影响的活动、工厂及企业。

（2）负责财政的内阁大臣可根据内阁大臣的建议，出于为良好环境行为建立适当的担保的目的，规定从事第（1）款规定的活动，经营工厂和其他企业的人支付保证金。

（3）如经营人已确定遵守环境署规定的良好环境行为，则环境署须在不超逾六个月的期间内，将按照第（2）款规定的保证金无息退还给该活动经营者、工厂运营人或其他企业。

（4）环境署在给予经营者陈述意见的机会后，如果经营者对违反本法规定的环境行为负有责任，可没收保证金，如果环境署确信经营者已成为惯犯，环境署还可根据本法取消发给经营者的任何许可证。

（5）经营者对根据本法没收保证金的行为不服的，可以向管辖法院提起诉讼。

（6）根据本条征收的每笔可退还保证金的收益，须拨入修复基金，并须视为修复基金的一部分，直至依据第（3）款退还给经营者或被环境署没收为止。

（7）根据本条存入修复基金的款项所产生的任何利息都须为了环境署

223

的利益。

[2015 年第 5 号法令，第二章，第 17 条]

县环境委员会

29. 县环境委员会

（1）县长应通过政府公报成立该县的县环境委员会。

（2）每个县环境委员会由以下人员组成——

（a）主管环境事务的县执行成员担任主席；

（b）一名管辖区域全部或部分在县内的国家环境管理署高级职员担任县环境委员会秘书；

（c）每个政府部门的一名代表负责附录 1 规定的县级事务；

（d）县长任命的县内农民或牧民的两名代表；

（e）县长任命的在相关县内经营的商会的两名代表；

（f）县长和全国公益组织联合会协商任命的在县内从事环境管理项目的公益组织的两名代表；

（g）辖区全部或部分在县内的每个区域发展委员会的一名代表；

（3）根据本条任命人员应与该县指定代表的有关机构协商。

（4）县长根据本条任命人员时应确保——

（a）残疾人士与边缘化群体有平等的机会；

（b）相同性别的成员不超过全体成员的三分之二；

（5）根据第（2）款第（c）至（g）项委任的县环境委员会成员，任期三年，并有资格再获委任连任一届。

[2015 年第 5 号法令，第二章，第 18 条]

30. 县环境委员会的职能

县环境委员会应——

（a）负责对其所在的县内环境进行适当的管理；

（b）每五年制订一次县级战略环境保护行动计划；

（c）履行本法规定的，或者县长可能随时在政府公报上通知其履行的附加职能。

[2015 年第 5 号法令，第二章，第 19 条]

31. 国家环境处

（1）现设立国家环境管理署的一个委员会，称为国家环境处（以下简称"环境处"），其成员包括——

（a）由内阁大臣任命的一名主席，其须有被任命为肯尼亚环境和土地法院法官的资格；

（b）总检察长代表；

（c）肯尼亚律师公会的代表；

（d）有能力处理环境事务，由县政府议会任命，并担任该部门的秘书之人；

（e）由内阁大臣任命的商界代表；

（f）由内阁大臣任命的在环境管理方面发挥积极作用的两名成员。

（2）除根据第（1）（b）款委任的成员外，该环境处成员的任期为三年，但有资格再获委任：但任何成员不得任职超过两届。

（3）除根据第（1）（b）款委任的成员外，环境处成员可以——

（a）在任何时候通过主席以书面形式通知内阁大臣辞职；

（b）如果该成员有下列情况之一，则内阁大臣可将其免职——

（i）未经主席允许连续三次缺席环境处会议；

（ii）被判刑事犯罪，并被判处六个月以上有期徒刑或一万先令以上罚金；

（iii）因身体或精神疾病丧失工作能力；或

（iv）因其他方面原因不能或不宜履行其职能。

（4）如果环境处的成员在任期届满前离任，任命机构应为此指定一个合适的替代人选。

（5）如果环境处成员由于工作能力暂时丧失而无法履行其职务的情况可能会延长，则任命机构可以为该成员任命一名替代成员，直至内阁大臣确定无工作能力的情况已经停止。

（6）环境处应依照本法制定其程序。

［2015 年第 5 号法令，第二章，第 20 条］

32. 国家环境处的职能

国家环境处的职能是——

（a）调查——

（i）任何针对人或环境管理署的有关肯尼亚环境条件的主张或控告；

（ii）其认为的可能与环境恶化有关的案件，并向议会报告其调查结果和相关建议；

（b）编写定期报告并提交给议会（council），其活动定期报告将成为关于第9（3）条所述环境状况的年度报告的一部分；

（bb）代表公民进行环境公益诉讼；

（c）履行和行使议会可能分派的任务或赋予的权力。

[2015年第5号法令，第二章，第21条]

33. 国家环境处的权利

（1）国家环境处可以通过书面通知要求任何人——

（a）国家环境处调查根据第32条提出的控告时，提供一切相关合理协助；

（b）国家环境处调查根据第32条提出的控告时，到案配合调查相关事项。

（2）做出以下行为的人——

（a）拒绝遵守或没能遵守他本能遵守的国家环境处对其的要求的；

（b）妨碍或阻碍国家环境处依本法行使其权利的；

（c）在重要情况下向国家环境处提供其明知是虚假的信息或进行其明知是虚假的陈述；

（d）到案配合国家环境处调查，在任何重要情况下进行其明知是虚假的陈述，即属犯罪。

（3）根据第（2）款定罪的人应被判处不超过五千先令的罚金。

（4）第（2）款规定的罪名属持续犯罪的，除第（3）款所规定的刑罚外，犯罪人在犯罪持续期间每日被处一千先令。

[2015年第5号法令，第二章，第22条]

34. 国家环境处特权

环境处处长及其成员不得因依本法善意履行环境处职责而被起诉。

[2015年第5号法令，第二章]

35. 利害关系的披露

（1）如果环境处的成员与环境处事项有直接或间接的利害关系，并出席了环境处关于此事项调查的会议，则他应在会议开始后尽快在会议上公开这一事实，并且不得参与对该事项的审议、商讨或对该事项的问题的决议，且不得在审议此事项时被计入会议的法定人数。

（2）根据第（1）款作出的利害关系披露应记录在会议记录中。

[2015 年第 5 号法令，第二章]

36. 环境处的薪酬及其他费用

（1）环境处处长及其成员的薪酬、支出的费用和津贴应由议会决定。

（2）第（1）款所述的报酬费用或津贴以及环境处依本法履行其职能所产生的任何其他费用应从议会为此提供的款项中支付。

[2015 年第 5 号法令，第二章]

第四章　环境规划

37. 国家环境保护行动规划

（1）国家环境管理署应在本法生效后两年内和此后每六年作出国家环境保护行动规划，并规划通过前确保公众参与。

（2）环境署应将第（1）款规定的规划提交内阁大臣批准通过。

（3）该规划被批准通过后，内阁大臣应将其提交国家土地委员会和土地部。

（4）内阁大臣应将国家环境保护行动规划刊登在公报上。

（5）环境署应每三年审查一次国家环境保护行动规划。

[2015 年第 5 号法令，第 23 条]

38. 国家环境保护行动规划的内容

国家环境保护行动规划应——

（a）包括对肯尼亚自然资源的分析并说明自然资源的分布和数量的定期变化；

（b）包括综合考虑代内公平的自然资源的各种用途和价值的分析概况；

（c）建议适当的法律和财政激励措施，用于鼓励商业界将环境要求纳入其规划和运营流程；

（d）建议通过环境教育的方法，强调可持续利用环境和自然资源对于促进国家发展的重要性以提高国民意识；

（e）制定环境和自然资源规划和管理的实施指导方针；

（f）确定可能影响自然资源及其所处的更广泛的环境的实际或可能的问题；

（g）鉴定和评估城市和农村居民区发展的趋势对环境的影响，并制定策略改善其负面影响；

（h）就将环境保护标准纳入发展规划和管理提出指导方针；

（i）就预防、控制或减轻对环境的特定的和一般的不利影响确定政策或提出立法；

（j）优先考虑环境研究领域并概述使用此类研究成果的方法；

（jj）考虑并记录根据《国家博物馆和文化遗产法》宣布或视为已由内阁大臣宣布的所有古迹和保护区；

（k）在不违反前述规定的情况下，不时审查和修改以纳入新出现的知识和现实情况；

（l）在国民议会通过的情况下，对所有人和所有政府部门、机构、国有企业或其他政府机构具有约束力。

[2006 年第 6 号法令，第 77 条，2015 年第 5 号法令，第二章]

39. 省级环境保护行动规划

已被 2015 年第 5 号法令，第 24 条废除。

40. 县级环境保护行动规划

（1）各县环境委员会都应当在本法生效后一年内和此后每五年制订一份县级环境保护行动计划，供县议会审议通过。

（2）各县环境委员会在编制县级环境规划时，应当进行公众参与，并考虑到已经通过的每一个县级环境保护行动规划，以期实现这些规划的一致性。

（3）各县的县级管理署成员应将第（1）款所规定的县级环境保护行动规划提交内阁大臣，以纳入第 37 条规定的国家环境保护行动计划。

（4）国家环境管理署应考虑每个县级环境保护行动规划，建议将此类规划纳入国家环境保护行动规划或对其作出变更。内阁大臣应根据国家环境管理署的建议，为编制环境保护行动规划发布指导方针并制定措施。

[2015 年第 5 号法令，第 25 条]

41. 县级环境保护行动规划的内容

依照第40条编制的县级环境保护行动规划应包括对第38条（a）款至（j）款中与各县有关的事项的处理条款。

[2015年第5号法令，第二章，第26条]

41A. 环境保护行动规划的目标

环境保护行动规划的目标是协调和统一国家和各县政府为以下目的制定的环境政策、规划、项目、决策——

（i）尽量减少程序和职责的重复，促进可能影响环境的职能履行的一致性；

（ii）确保全国范围内的环境保护；

（iii）阻止任何人，国家机关或公共实体对环境作出的不合理行为，损害其他县或者国家的经济或者健康利益。

[2015年第5号法令，第二章，第27条]

41B. 监督环境保护行动规划的实施情况

（1）国家环境管理署应监督国家和县级环境保护行动规划的完成情况，并可以采取其认为必要的任何措施或作出任何询问，以确定规划是否被执行。

（2）如果根据第（1）款采取的任何措施或进行的任何调查的结果，环境署认为规划未得到实质性的执行，环境署应向有关机构发出书面通知，要求其采取环境署认为有必要采取的具体措施来纠正不执行规划的行为。

（3）有关机构在收到第（2）款所述通知后三十日内，应以书面形式回复该通知，述明——

（a）若对该通知有异议，可提出其异议；

（b）为确保各个规划被执行将采取的措施；

（c）有关机构认为与该通知有关的其他信息。

（4）在审议有关机关的陈述及其他有关资料后，环境署应在收到第（3）款所指的答复后三十日内发出最后通知——

（a）批准修改或撤销第（2）款所述的通知；

（b）指定措施和一定期间，在此期间内采取此种措施来纠正不执行规划的行为。

（5）环境署应保存所有环境保护行动规划的记录，并确保这些规划可

229

供公众查阅。

[2015 年第 5 号法令，第 27 条]

第五章　环境保护与能源节约

42. 河流、湖泊、海洋及湿地保护

（1）未经国家环境管理署在环境影响评估之后作出的事先书面批准，任何人不得在肯尼亚的河流、湖泊、海洋或湿地中进行以下任何活动——

（a）在河流、湖泊、海洋或湿地中或在河流、湖泊、海洋或湿地下建立、重建、放置、改变、延伸、移除或毁坏任何结构或部分；

（b）挖掘、钻探、建设隧道或破坏（disturb）河流、湖泊、海洋或湿地；

（c）在任何河流，湖泊，海洋或湿地中引入任何动物，无论其是外来的还是本土的，是死亡的还是生存的；

（d）在任何河流，湖泊，海洋或湿地中引入或种植植物样本的任何部分，无论是外来的还是本土的，无论是死亡的还是生存的；

（e）当某种物质对河流、湖泊、海洋或湿地造成或可能对环境造成不利影响时，将任何物质投放入河流、湖泊、海洋或湿地中，或投放到其底部或底部以下；

（f）引导或阻碍河流、湖泊、海洋或湿地使其改变自然正常的流向；

（g）从湖泊、河流、海洋或湿地中排水；

（h）内阁大臣在国家环境管理署的建议中提出的其他事项。

（2）内阁大臣可通过在公报发布公告，划定湖岸、湿地和沿海地区或河岸为保护区并加以其认为必要的管制，以保护湖岸、湿地和沿海地区或河岸不退化，在这样做的同时应考虑到以下因素——

（a）湖岸、湿地、海岸带或河岸的地理面积；

（b）居住在湖岸、湿地、沿海地区或河岸的社区居民的利益。

（3）内阁大臣可以通过在公报发布公告，发布关于管理河流流域，湖泊流域，湿地或沿海地区的一般和特殊的命令、条例或标准，这些命令、条例或标准可能包括有关任何有环境恶化风险的地区的管理，保护或养护

措施，同时应提供——

（a）考虑到有关部门的利益的情况下制定的湖泊、河流、湿地或沿海地区的整体环境管理规划；

（b）预防或控制海岸侵蚀的措施；

（c）红树林和海岸礁石生态系统的保护；

（d）在沿海地区采矿的计划，包括恢复矿区的策略；

（e）预防和控制一切故意和过失向海洋、湖泊或河流排污的应急计划；

（f）保护湿地的计划；

（g）制定规章规制水生生物和非生物资源的获取以确保最佳可持续产量；

（h）设立特别准则规制在大陆架，领海和专属经济区获取和利用生物资源和非生物资源；

（i）促进环境友好型旅游；

（j）生物资源管理。

（4）环境署应与有关领导机构协商，制定湖泊和河流环境管理准则。

（4A）为了国防、公共安全、公共秩序、公共道德、公共卫生或土地使用规划的利益，内阁大臣可以制定规则规定土地或土地上的任何权益。

（5）任何人违反或不遵守根据本条作出的命令、规则或标准，即属违法。

［2007 年第 5 号法令，第 77 条，2009 年第 6 号法令，第 77 条，2015 年第 5 号法令，第二章，第 28 条］

43. 传统利益的保护

（1）内阁大臣可以通过政府公报，宣布通常位于湖盆、湿地、沿海地区或河流流域或森林附近或其周围的当地社区的传统利益为受保护的利益。

（2）环境署应与有关领导机构和利益相关者协商，制定湖泊流域、湿地、森林或海岸地带内的或附近的重要栖息地的指导方针和共同管理措施，这些措施应考虑居住于其中的当地社区的利益。

［2015 年第 5 号法令，第二章，第 29 条］

44. 山顶、山坡、山区与森林保护

环境署应与相关领导机构协商，制定、颁布和实施规章、程序、指导

方针和措施以可持续利用山坡、山顶、山区和森林，这些规章、方针、程序和措施应控制森林采伐和位于任何位于山坡、山顶或山区的自然资源任何自然资源的利用，以保护异地，防止水土流失，管理人类居住区。

45. 丘陵与山区的认定

（1）各县环境委员会应当确定其管辖范围内有环境恶化风险的丘陵和山区。

（2）若出现以下情况，则一个丘陵地区或山区有环境恶化的风险——

（a）其易发生水土流失；

（b）此类地区已发生山体滑坡；

（c）植被覆盖已经退化或有可能以快于植被更新的速度退化；

（d）此类地区的任何其他土地使用活动都可能导致环境恶化。

（3）各县环境委员会应告知国家环境管理署其根据第（1）款已经确认的有环境恶化风险的丘陵和山区。

（4）国家环境管理署应保存根据第（1）款确定的有环境退化风险的丘陵和山区的记录册。

〔2015 年第 5 号法令，第二章，第 30 条〕

46. 山顶、山坡与山区的重新造林与造林

（1）各县环境委员会应划定根据第 45 条第（1）款确定的哪些区域将成为造林或再造林的目标。

（2）各县环境委员会应采取措施，通过在各自的当地社区鼓励自愿自助活动，在第（1）款指定其管辖范围内的地区种植树木或其他植物。

（3）凡根据第（1）款确定的地区须出让租赁权或任何其他土地权益（包括习惯租用土地），则该权益的持有人须执行县环境委员会要求采取的措施，包括在该地区种植树木及其他植被。

〔2015 年第 5 号法令，第二章〕

47. 山顶、山坡与山区管理的其他措施

（1）环境署应与有关领导机构协商，发布准则并制定可持续利用山顶，山坡和山区的措施。

（2）环境署根据第（1）款发布的准则和制定的措施必须经过政府公报公告并应包括与以下事项相关内容——

（a）适当的耕作方式；

（b）第（1）款所述与畜牧业有关的地域的环境承载力；

（c）遏制水土流失的措施；

（d）易滑坡地区的灾害预防；

（e）对第（1）款所述区域的人类居住区的保护措施；

（f）异地的保护措施；

（g）环境署认为必要的任何其他措施。

（3）县环境委员会应负责确保根据第（2）款发布和制定的与该县有关的准则和措施的实施。

（4）任何人违反环境署根据本条规定的措施或不遵守本县环境委员会依照本条发出的法律指示，即属违法。

[2015 年第 5 号法令，第二章]

48. 森林的保护措施

（1）在不违反第（2）款和《2005 年森林法》（2005 年第 7 号法）的前提下，环境署可与首席森林管理员协商后，与土地的私有者就将土地划分为林地达成双方同意的合同安排条款和条件。

（2）环境署署长不得对任何森林或山区采取任何违反当地居民在森林或山区内或周围的传统利益的行动。

（3）在根据第 54 条第（1）款被宣布为保护区的森林地区，内阁大臣可以查明个人、社区或政府对土地和森林的利益，并应规定激励措施以促进社区的保护。

（4）违反环境署规定的保护措施的人，或不遵守环境处或县环境委员会在县发出的合法保护指令，即属违法。

[2015 年第 5 号法令，第 31 条]

49. 能源节约与植树造林

（1）国家环境管理署应在与相关领导机构协商后，通过以下措施促进可再生能源的利用——

（a）推动对适宜的可再生能源的研究；

（b）建立推动可再生能源利用的激励机制；

（c）采取措施促进不可再生能源的保护；

（d）采取措施鼓励个人土地使用者、机关、社会团体植树造林。

（2）根据第（1）款采取的任何措施均应符合现行法律。

[2015年第5号法令，第32条]

50. 生物多样性的保护

内阁大臣应根据国家环境管理署的建议，制定必要措施确保肯尼亚生物多样性的保护，环境署应在这方面——

（a）识别，编制和保存肯尼亚的生物多样性清单；

（b）确定生物多样性中哪些部分濒危、稀少或濒临灭绝；

（c）鉴别对生物多样性的潜在威胁并制定措施以消除或阻止其影响；

（d）采取措施将生物多样性的保护和可持续利用规范与当前政府活动和私人活动相结合；

（e）制定保护和可持续利用生物多样性的国家战略、计划和政府规划；

（f）保护当地社区在生物多样性方面的自主产权；

（g）衡量未开发的自然资源在流域保护，气候影响，文化和美学价值以及其实际和潜在的遗传价值方面的价值。

[2015年第5号法令，第33条]

51. 生物资源的就地保护

内阁大臣应根据环境署的建议制定充分措施确保当地生物资源的保护，并就以下事项发布准则——

（a）与生物多样性保护相适应的土地使用方法；

（b）保护区的选择和管理，以促进肯尼亚管辖范围内的各种陆地和水生生态系统的保护；

（c）保护区附近的缓冲区的选择和管理；

（d）保护濒临灭绝的物种、生态系统和栖息地特殊方案；

（e）禁止和控制将外来物种引入自然栖息地；

（f）将保护生物多样性的传统知识与主流科学知识结合起来。

[2015年第5号法令，第34条]

52. 生物资源的异地保护

内阁大臣应根据环境署的建议——

（a）制定生物资源异地保护措施，特别针对濒临灭绝的物种；

（b）发布对以下设施管理准则——

（i）种质库；

（ii）植物园；

（iii）动物园或水族馆；

（iv）动物孤儿院；

（v）国家环境管理署下属机构推荐的任何其他设施，或国家环境管理署认为有必要的设施；

（c）确保异地保护的濒临灭绝的物种被重新引入原栖息地和原生态系统当其——

（i）对物种的威胁已经消除；

（ii）受威胁物种已经达到可存活的数量；

[2015 年第 5 号法令，第 35 条]

53. 肯尼亚遗传资源的获取

（1）内阁大臣应根据国家环境管理署的建议为可持续管理和利用肯尼亚基因资源发布准则，制定措施，以造福肯尼亚人民。

（2）在不违反第（1）款的一般效力的情况下，根据该款发布的准则或制定的措施须指明——

（a）非公民获得肯尼亚的生物资源、遗传资源和生态服务的妥善安排，包括许可证的发放和获取以上资源所付的费用。

（b）规制进出口种质资源的措施；

（c）分享由肯尼亚遗传资源得到的惠益；

（d）生物技术管理所需的生物安全措施；

（e）规制生物技术开发、获取和转让的必要措施；

（f）在确认、保护和增加在保护环境和自然资源方面本土知识和相关实践所必需的措施；

（g）保护生物多样性和社区遗传资源的本土知识所必需的措施；

（h）内阁大臣认为对更好地管理肯尼亚遗传资源有必要采取的其他措施。

[2015 年第 5 号法令，第 36 条]

54. 重点环境区域的保护

（1）内阁大臣可在与相关领导机构协商后根据《宪法》、《生物多样性公约》和其他条约，通过政府公报公告宣布土地、海洋、湖泊、森林或河流为自然环境保护区，以促进和维持特殊的生态过程、自然环境系统、自然景观、本地野生动物物种或总体的生物多样化的保护。

（2）在不违反第（1）款的情况下，国家环境管理署可与相关领导机构协商，发布准则并制定措施，以管理和保护被本条宣布为自然环境保护区的重点环境区域。

[2015 年第 5 号法令，第二章第 37 条]

55. 沿海地区的保护

（1）内阁大臣可通过政府公报公告宣布一个地区为保护区。

（2）内阁大臣应对沿海地区进行调查，并根据调查报告制定综合性的沿海地区国家管理规划。

（3）内阁大臣应在四年内随时审查根据第（2）款制定的沿海地区国家管理规划。

（4）沿海地区的调查报告应包括——

（a）所有位于沿海地区的建筑物、道路、挖掘工程、港口、排水口、垃圾堆积场和其他工程的清单；

（b）在沿海地区发现的珊瑚礁、红树林和沼泽的状况清单；

（c）沿海地区由科学价值或有文化娱乐价值的所有地区清单；

（d）沿海地区有对渔业、海岸侵蚀、潮汐运动和其他类似学科的研究方面的特殊价值的所有地区；

（e）从沿海地区迁移的沙子、珊瑚海贝壳和其他物质的数量评估；

（f）海岸侵蚀对沿海地区的影响评估；

（g）沿海污染和退化的程度、性质、原因和根源的评估；

（h）沿海地区可利用的淡水资源的评估；

（i）任何被认为适当的其他相关数据或信息。

（5）任何人违反本法规定释放任何污染物或有害物质或导致任何污染物或有害物质被释放到沿海地区的均属犯罪，一经定罪，可处以一百万先令以上的罚金或两年以下有期徒刑，或并处。

（6）内阁大臣应与相关领导机构协商，发布适当的条例以防止，减少和控制沿海地区的污染或其他形式的环境破坏。

（7）本条第（6）款为一般条款，根据该款制定的条例还应规定以下方面的污染控制与防治——

（a）河流、河口、管道、排水建筑工程在内的陆地来源的海洋环境；

（b）沿海地区使用的船舶、航空器和其他交通工具；

（c）来自专属经济区海床和底土的自然资源勘探或开采所使用的装置和设备；

（8）凡污染物或有害物质排放，释放或以任何其他方式泄漏到沿海地区的，任何负责管理污染物或有害物质的人应对以下结果承担责任——

（a）造成的任何损害；

（b）在污染物或有害物质被释放或泄漏后，以防止、消除或最大限度地减少由污染物或有害物质排放、释放或泄漏导致的损害而采取的合理措施所产生的费用；

（c）因采取以上措施而造成的损害；

（9）凡有污染物或有害物质排放，释放或泄漏到沿海区域，造成严重和紧迫的威胁或损害的危险，任何负责管理污染物或有害物质的人员均应对以下结果承担责任——

（a）为防止、最大限度地减少或控制此类损害而采取的合理措施所产生的费用；

（b）采取以上措施所造成的任何损害。

[2015 年第 5 号法令，第二章第 38 条]

56. 臭氧层的保护

（1）内阁大臣在与国家环境管理署协商后自行或委派其他人员进行全国性调查研究，对造成臭氧层空洞损害公共健康和环境的有关物质、活动和实践相关的科学知识的发展给予认可。

（2）内阁大臣在与委员会协商后发布有关以下问题的指导方针或研究方案——

（a）消除造成平流层臭氧层空洞的物质；

（b）控制可能导致臭氧层和平流层空洞的活动和实践；

（c）减少臭氧层和平流层空洞造成的人类健康风险或将其降至最低；

(d) 制定消除造成臭氧层空洞的物质的策略，并筹备和评估相应方案。

[2015 年第 5 号法令，第 39 条]

56A. 应对气候变化的指导方针

内阁大臣应在与相关领导机构协商后发布关于气候变化的指导方针并制定相应措施。

[2015 年第 5 号法令，第 40 条]

57. 财政激励措施

(1) 尽管有关于税收法的规定，但负责财务的内阁大臣可根据议会的建议，提出政府税收和其他财政激励措施、抑制措施或收取费用，以引导或促进对环境和自然资源的适当管理，防止或减轻环境退化。

(2) 在不违反第 (1) 款的一般原则的情况下，税收和财政激励措施、抑制措施或收取的费用应包括——

(a) 可防止或大幅减少因企业造成的环境恶化的进口生产资料的进口税和免税的货物；

(b) 向投资工厂、设备和机械以进行污染控制、废物循环利用、集水节水、防洪以及使用其他能源作为碳氢化合物替代品的工业和其他企业退税；

(c) 通过对其征税抑制导致环境资源枯竭或造成污染的不良环境行为；

(d) 通过收取使用费来确保使用环境资源的人为其利用行为支付适当的对价。

[2015 年第 5 号法令，第二章]

第六章 综合环境影响评估

57A. 战略环境评估

(1) 所有政策、规划、方案的执行都不得违反战略环境评估。

(2) 为避免疑议，规划、方案和政策应是——

(a) 被区域性的、国家级、县级或当地机关筹备或采纳的，或机关准备通过议会、政府的立法程序采纳的，若该机关为区域性的，应由政府间或区域机关之间达成协议，视情况而采纳；

（b）由国家环境管理署确定的可能对环境产生重要影响的。

（3）所有法人应自行自费准备或被强制自费准备战略环境评估，并将评估结果提交环境署批准。

（4）环境署应在与领导机构和利益相关者协商后，发布关于战略环境评估规则和指导方针。

[2015 年第 5 号法令，第 42 条]

58. 环境影响评估许可证的申请

（1）即使获得了根据本法或肯尼亚的任何其他生效法律授予的任何批准、许可和许可证，任何项目的发起人（提议人）都应在融资、开始、继续进行、履行、执行、实施或被本法附录 2 中规定的人强制融资、开始、继续进行、履行、执行、实施工程之前，以规定形式向环境署提交项目报告，提供规定的信息，并应随按规定的费用。

（2）如果环境署可指示上述发起人在特定情况下提交环境影响评估研究报告，那么附录 2 中规定的项目发起人应进行全面的环境影响评估调查，并在环境署发放许可证之前将环境影响评估调查报告提交环境署。

（3）根据本款作出的环境影响评估调查报告应以规定的形式被提交给国家环境管理署，提供规定的信息并应附上规定的费用。

（4）内阁大臣可根据国家环境管理署与相关领导机构协商后提出的建议，通过在政府公报中予以公告来修改本法附录 2。

（5）本法要求的环境影响评估调查和报告应由国家环境管理署授权的个别专家或专家事务所分别进行或编制。环境署应保存所有经其正式授权的个别专家或专家事务所的登记册，以分别进行或编制环境影响评估调查和报告。登记册应为公共文件，可由任何人在交付规定费用后在任何合理时间内查阅。

（6）署长可批准任何希望被授权进行环境影响评估的专家的申请。此类申请应以规定的方式提出，并应附任何可能需要的费用。

（6A）内阁大臣在与国家环境管理署协商后应为综合环境影响评估和环境审核制定条例和准则。

（6B）内阁大臣应制定环境影响评估的专家的委任制度。

（7）环境影响评估应根据本法规定的环境影响评估条例、准则和程序进行。

（8）署长应在三个月内对环境影响评估许可证申请作出回复。

（9）任何人提交申请的人，若在第（8）款规定的期间内为得到署长的回复意见，即可开始其业务。

（10）若一个人明知其提交的报告含有错误信息或误导性信息仍提交的，即属犯罪，一经定罪，可被判处三年以下有期徒刑，或处五百万先令以上的罚金，或并处，并吊销其许可证。

[2015 年第 5 号法令，第二章第 43 条]

59. 环境影响评估的发布

（1）在收到根据第 8 条（2）款制作的环境影响评估调查报告后，国家环境管理署应在公报上和至少两份在该区域流通或拟在该区域内流通的报纸上刊登该项目，并在广播上发出通知，说明——

（a）该项目的概要说明；

（b）项目实施地点；

（c）环境影响评估调查、评估报或审查报告的检查地点；

（d）对环境影响评估调查、评估或审查报告的口头或书面意见的提交期限为六十日内。

（2）国家环境管理署可应任何人的申请延长（d）项所规定的期限，以给其机会提交对环境影响评估报告的口头或书面意见。

（3）国家环境管理署应确保其网站包括第（1）款所述的概要。

[2015 年第 5 号法令，第 44 条]

60. 领导机构对环境影响评估的意见

领导机构应根据署长的书面要求，在书面要求提出之日起三十日内对环境影响评估的研究、评估、审查报告提出书面意见。

61. 环境影响评估技术咨询委员会

国家环境管理署可设立一个技术咨询委员会，以向其提供环境影响评估相关报告的咨询意见，署长应为此处任命的技术咨询委员会规定职权范围和程序规则。

62. 进一步的环境影响评估

环境署可要求任何项目的发起人自费对环境影响评估调查做进一步的

评估或审查，或提交另外的资料，以尽可能地确保环境影响评估调查、审查或评估报告的准确性和详尽性。

63. 环境影响许可证

国家环境管理署在肯定环境影响评估研究，评估或审查报告的充分性后，可根据可促进可持续发展和健全的环境管理的条款和条件发放环境影响评估许可证。

64. 环境影响评估许可证发放后提交新的环境影响评估报告

（1）当出现以下情况时，国家环境管理署可在发放环境影响评估许可证后随时要求持证人在其规定时间内自费提交新的环境影响评估调查、评价或审查报告——

（a）该项目或项目的运作方式有重大改变或修改；

（b）该项目会对环境造成在研究、评估和审查时不可合理预见的威胁；

（c）项目发起人为支持其根据第 58 条提交的环境影响评估许可证的申请所提供的信息或数据是虚假的、不准确的或有误导性的。

（2）任何人若不遵守、忽略或拒绝遵守国家环境管理署根据第（1）款发布的指令即属违法。

（3）当国家环境管理署要求项目发起人进行新的环境影响评估或要求其提交必要的新的信息时，委员会可撤销、吊销或暂扣任何已发放的环境影响评估许可证。

[2015 年第 5 号法令，第 45 条]

65. 环境影响评估许可证的转让

（1）环境影响评估许可证可由持证人转让给另一人，但仅限于与发放该项许可证的项目相关的项目。

（2）当环境影响评估许可证依本条被转让后，被转让人和转让人应在转让后三十日内以书面方式共同告知署长。

（3）当转让人和被转让人未按第（2）款规定发出共同通知时，根据本法规定，可视情况将许可证的登记持有人视为该项目的负责人员、主管人员或监督人员。

（4）根据本条规定，环境影响评估许可证的任何转让应自该转让被署长通知之日起生效。

（5）任何人违反本条规定即属违法。

66. 有关环境影响评估许可证的保护

（1）政府、国家环境管理署或任何影响评估研究、评估、审查报告或环境影响评估许可证发放机构或根据改证所附加的任何合理理由的人，不得承担与项目相关的或由项目导致的结果相关的民事或刑事责任。

（2）一个项目环境影响评估许可证的发放不得成为对任何可能对项目发起人就项目的实施、管理、经营提起的民事诉讼或刑事诉讼的抗辩理由。

67. 环境影响评估许可证的吊销、暂扣与撤销

（1）国家环境管理署可以在发放环境影响评估许可证后——

（a）撤销或吊销该许可证；

（b）在持证人违反许可证规定的情况下，暂扣许可证，但暂扣期间不得超过二十四个月。

（1A）当国家环境管理署以本条规定撤销、吊销或暂扣许可证时，应以书面形式告知持证人理由。

（2）当环境影响评估许可证被吊销、暂扣或撤销时，持证人不得进行该许可证许可的项目，直到国家环境管理署发放新的许可证。

（3）国家环境管理署应保存根据本法发放的所有环境影响评估许可证的登记册。登记册应为公共文件，任何人可在缴纳规定费用后在合理时间内查阅。

[2015 年第 5 号法令，第 46 条]

第七章　环境审核与监测

68. 环境审核

（1）国家环境管理署或其委托代理人应负责对所有可能对环境产生重大影响的活动进行环境审核。

（2）根据本法任命的环境监察员可以在符合根据第 58 条第（2）款发放的有关该土地或处所的环境影响评估调查报告所述内容的情况下，进入任何土地或处所，以确定在其中进行的活动的进程。

（3）处所的所有人或已为其作出环境影响评估调查报告的项目经营人

应保留准确的记录，并向国家环境管理署提交年度报告，说明项目运营的进程符合根据第58条第（2）款作出并提交的环境影响评估调查报告所述内容。

（4）处所的所有人或项目的经营者应采取所有合理措施减轻在根据第58条第（2）款提交的环境影响评估调查报告中未预见的不良影响，且应就这些措施编制环境审核报告，并每年将其提交给国家环境委员会一次，或在委员会要求下以书面形式提交。

［2015年第5号法令，第47条］

69. 环境监测

（1）国家环境管理署应与相关领导机构协商，监测以下事项——

（a）所有环境现象，以评估环境中可能产生的任何变化或其可能造成的影响；

（b）任何工业、项目或活动的运营，以确定其对环境产生的即时影响和长期影响。

（1A）各领导机构应建立一个环境部门以执行本法规定。

（2）根据本法任命的环境监察员可以进入任何土地或处所，以监测在该土地或处所进行的任何活动对环境的影响。

［2015年第5号法令，第48条］

第八章　环境质量标准

70. 已被2015年第5号法令第49条废除。

71. 水质量标准

（1）内阁大臣应根据国家环境管理署的建议——

（a）制定测量水质的标准和程序；

（b）向国家环境管理署就肯尼亚的所有水域的最低水质标准和不同用途提出建议，包括——

（i）饮用水；

（ii）工业用水；

（iii）农业用水；

（ⅳ）再生加工用水；

（ⅴ）渔业和野生动植物用水；

（ⅵ）其他规定用途用水；

（c）分析污水排放条件；

（d）发布准则条例保护可能需要特殊保护的水域，如捕鱼区、水产区、水源区、水库及其他区域。

（e）就在排入污水系统前采取的必要的污水处理措施提出建议。

（f）就水污染的监测和管理提出其他必要的建议。

（2）国家环境管理署在根据第（1）款提出建议前应咨询相关领导机构并考虑采纳其意见。

[2015 年第 5 号法令，第 50 条]

72. 水污染禁令

（1）任何人在本法生效后排放或使用任何毒药、有毒物质、有害物质或阻碍物质，放射性废物或其他污染物，或允许任何人在违反本章制定的水污染控制标准的情况下将此类物质倾倒或排放到水生环境中即属犯罪，可处两年以下有期徒刑或一百万先令以下罚金或并处。

（2）根据第（1）款被确认有罪的人，除被处以刑罚和罚金外，还应——

（a）支付清除毒药、有毒物质、有害物质或阻碍物质、放射性废物或其他污染物的费用，包括政府机构或机关承担的修复受损害环境的相关费用。

（b）根据第三人向法院申请应支付给第三人的赔偿、恢复成本、休耕费或补偿。

73. 向国家环境管理署提供工厂信息的义务

水利工程规划、污水处理系统、工业生产车间或其他可能排放污水的企业所有人或经营者应在本法生效后或国家环境管理署修改本法后九十日内，经国家环境管理署要求向其提交污水或其他污染物的数量和质量的准确信息。

74. 污水只能排入污水处理系统

（1）贸易或工业企业的每个业主或经营者应将贸易或工业企业产生的任何污水或其他污染物排放到现有的污水处理系统中，污水处理系统的运营或监督管理单位应收取规定的费用，发放必要的排污许可证。

（2）在取得将污水排放至环境的许可证之前，贸易或工业企业的每个业主或经营者应安装相关污水处理设备将污水处理后再排入环境。

[2015 年第 5 号法令，第 51 条]

75. 排污许可证

（1）任何污水处理系统运营单位、贸易或工业企业的业主或经营者，不得在无国家环境管理署发放的排污许可证的情况下将污水或其他污染物排入环境。

（2）在本法生效前将污水或其他污染物排入环境的贸易或工业企业的各业主或经营者，应在本法生效后十二个月内向国家环境管理署申请排污许可证。

（3）排污许可证的申请应符合规定的形式并缴纳规定的费用。

（4）在根据第（1）款和（2）款规定发放排污许可证之前，国家环境管理署应——

（a）向有关地方委员会、有关组织和有关个人征求奇认为适合的意见；

（b）考虑到排放的污水或污染物对受影响的水道和其他水源的质量可能产生的影响。

（c）考虑到已经发放的影响相关水道和其他水源的排污许可证；

（d）考虑到沿岸居民和生态系统、居民区、农业规划对受影响水道的用水需求。

（5）国家环境管理署驳回发放排污许可证的申请的，其应在作出决定之日起二十一日内将其决定通知申请人，并书面告知其原因。

（6）依照本法发放的排污许可证应符合规定的形式，法定或限定条件，并在规定的期限内有效，到期可以延长期限。

[2015 年第 5 号法令，第 52 条]

76. 排污许可证的撤销

国家环境管理署可书面撤销任何排污许可证——

（a）如果持证人违反本法的任何规定或违反依本法制定的规章条例；

（b）如果持证人不遵守许可证规定的任何条件；

（c）如果国家环境管理署认为此举符合环境利益或公共利益。

77. 排污许可证的登记

国家环境管理署应保存根据本法已发放的所有排污许可证的登记册。登记册应为公共文件，任何人可在缴纳相关费用后在任何合理的时间内查阅。

78. 空气质量标准

（1）内阁大臣应根据国家环境管理署的建议——

（a）制定空气质量测量的标准和程序；

（b）建立——

（i）环境空气质量标准；

（ii）行业空气质量标准、不同来源的空气的排放标准；

（iii）流动来源和固定来源的空气污染的控制标准和指导方针；

（iv）其他空气质量标准；

（c）制定必要措施，通过命令重新设计工厂或安装新技术或同时采取以上两项措施，以减少现有的空气污染的源头，从而使其达到本条规定的标准要求；

（d）发布指导方针以将温室气体的排放降至最小，并适用相应的新技术以使空气污染降至最小；以及

（e）采取任何必要的行动监测和控制空气污染。

（2）国家环境管理署在根据第（1）款提出建议之前应向领导机构咨询并考虑其观点建议。

[2015 年第 5 号法令，第 53 条]

79. 监管区

（1）依据《宪法》和其他相关法律，内阁大臣可根据国家环境管理署的建议，通过公报公告宣布任何区域为本章规定的监管区。

（2）内阁大臣可根据国家环境管理署的建议，依照规定制定任何监管区的大气排放标准。

[2015 年第 5 号法令，第二章第 54 条]

80. 废气排放许可证

（1）本法生效之前的贸易、工业企业或机构的业主或经营者，排放可能引起空气污染的物质或能源的，应向国家环境管理署申请废气排放许

可证。

（2）本法生效前已存在的任何贸易、工业企业或机构，其申请应在本法生效后十二个月内提出。

（3）排放许可证的申请应符合规定的形式，并缴纳规定的费用。

81. 废气排放许可证的发放

（1）发放废气排放许可证之前，国家环境管理署应——

（a）考虑到废气排放可能对环境空气质量产生的影响；

（b）考虑到已发放的许可证对相同的空气资源产生的影响；

（c）对居民、人类居住区或其他工商业活动的需求给予应有的注意；

（d）征求地方当局和相关组织的意见；

（e）如果申请许可证的信息不充足，则要求申请人提供与所申请的企业有关的地址、原料，技术设计或其他相关事项的更多信息；

（f）若有必要进行环境影响调查，则要求申请人根据第六章规定进行所申请企业的环境影响评估调查。

（2）根据本法发放的废气排放许可证应符合规定形式，应符合许可证规定或限定的条件，在许可证规定或限定的期间内有效并可以更新。

（3）国家环境管理署驳回废气排放许可证申请的，应当在作出决定之日起二十一日内通知申请人，说明其原因。

82. 机动车辆和其他交通工具的废气排放

机动车辆、火车、船舶、飞行器或其他类似交通工具的所有者或驾驶员不得——

（a）以违反规定的排放标准造成空气污染的方式进行操作；

（b）进口任何机器、设备、装置或其他类似物品，违反规定的排放标准将废气排放至大气中。

83. 废气排放许可证批准补充程序

国家环境管理署可依本法制定申请和发放许可证的补充程序，并施加其认为适当的条件。

84. 废气排放许可证的撤销

国家环境管理署可书面撤销任何废气排放许可证——

（a）如果持证人违反本法的任何条款或依据本法制定的任何规章条例；

（b）如果持证人不遵守许可证规定的条件；

（c）如果国家环境管理署认为此举是为了环境利益或公共利益。

85. 废气排放许可证的登记

国家环境管理署应保存依本法发放的所有废气排放许可证的登记册。登记册应为公共文件，可供任何人可在缴纳规定费用后在任何合理时间内查阅。

86. 废弃物标准

内阁大臣可根据国家环境管理署的建议——

（1）鉴别对人类健康和环境造成危险的原料和工艺；

（2）发布指导方针并制定措施以管理第（1）款所述的原料和工艺；

（3）制定废弃物标准和废弃物分类与检验标准，并就废弃物处理方式方法制定标准，提出建议；

（4）颁布有关处理、储存、运输、分离和销毁任何废物的规章。

[2015 年第 5 号法令，第 55 条]

87. 禁止以危险方法处理处置废弃物

（1）任何人不得以会引起环境污染和人类疾病的方式处理处置废弃物，无论废弃物在肯尼亚境内或境外产生。

（2）除以下情况外，任何人不得私自运输废弃物——

（a）持有国家环境管理署发放的有效的废弃物运输证件；

（b）将废弃物运往根据国家环境管理署发放的许可证建立的废弃物处置站。

（3）无国家环境管理署发放的许可证，任何人不得私自运营废弃物处置站或处置厂。

（4）每个产生废弃物的活动的负责人均应采取必要措施通过处理、回收、循环利用将废弃物减至最少。

（5）任何人违反本条法律规定即属违法行为，处两年以下有期徒刑或一百万先令以下罚金，或并处。

88. 废气排放许可证的申请

（1）任何人拟在肯尼亚境内运输废弃物、运营废弃物处理站或处理厂或产生有害废弃物的，应在运输废弃物、开始运营废弃物处理站或处理厂或产生有害废弃物之前，向国家环境管理署申请发放相关书面许可证。

（2）取得废弃物处理站或处理厂的运营许可证需缴纳相关费用并取得相关地方当局要求的其他许可证。

（3）国家环境管理署驳回根据本条提出的申请的，应当在作出决定之日起二十一日内通知申请人，说明其原因。

89. 现有废弃物处理站和处理厂经营许可证

任何人在本法生效后拥有或经营废弃物处理站或处理厂的，或产生有害废弃物的，应在本法生效后六个月内依本章向国家环境管理署申请经营许可证。

90. 法院的停止运作命令

（1）当产生、处理、运输、储存或处置任何废弃物的行为对公共卫生、环境和自然资源产生了现实紧迫的危险时，国家环境管理署可申请管辖法院下令，强制任何人立即停止产生、处理、运输、储存或处置任何废弃物。

91. 危险废物

（1）内阁大臣应根据国家环境管理署的建议确定危险废物的分类标准，以确定——

（a）危险废物；

（b）腐蚀性废物；

（c）致癌废物；

（d）易燃废物；

（e）持久性废物；

（f）有毒性废物；

（g）爆炸性废物；

（h）放射性废物；

（i）除本款前项所述废物外的其他反应性废物；

（j）国家环境管理署认为必要认定为废物的其他种类的废物。

（2）内阁大臣应根据国家环境管理署的建议，发布指导方针和条例，以管理第（1）款规定的各类危险废物。

（3）任何人不得将根据第（1）款确定的任何类别的危险废物进口到肯

尼亚。

（4）未经国家环境管理署的有效许可和接受国主管当局的书面同意，不得将任何危险废物从肯尼亚出口到任何国家。

（5）未经国家环境管理署的有效许可，不得在肯尼亚境内运输危险废物或从肯尼亚过境运输危险废物。

（6）任何人违反本条规定或隐瞒、伪造或篡改有关私自买卖危险废物或其他废物的信息，即属犯罪，应被判处两年以上有期徒刑或以百万先令以上罚金，或并处。

（7）根据第（6）条被判有罪的人应负责将废物从肯尼亚清除并负责安全处置该废物。

[2015 年第 5 号法令，第 56 条]

92. 有关有毒有害等材料的规章

内阁大臣可以根据国家环境管理署的建议针对以下事项的程序和标准制定规章——

（a）根据有毒有害化学品和材料对人类健康和对环境产生的毒性和危害将其进行分类；

（b）化学品和材料的登记；

（c）化学品和材料的标识；

（d）化学品和材料的包装；

（e）化学品和材料的广告宣传；

（f）允许进出口的有毒有害化学品和材料的进出口管制；

（g）化学品和材料的分配、储存、运输和处置；

（h）监测化学品及其残留物对人类健康和环境产生的影响；

（i）过期和剩余的化学品和材料的处置；

（j）对有毒有害物质和能源的限制和禁止。

[2015 年第 5 号法令，第二章]

93. 禁止向环境排放有害物质、化学品和材料或石油以及泄露者的责任

（1）任何人不得违反本法规定或依本法制定的其他规章，将有害物质、化学品、石油或含石油混合物排放到水中或其他的环境组成部分中。

（2）任何人违反第（1）款规定将有害物质、化学品、石油或含石油混合物排放到任何水域或其他的环境组成部分中，即属犯罪。

（3）被判决犯第（2）款所规定的罪名的人，除法院所施加的任何其他刑罚外还应——

（a）支付移除危险物质、化学品、石油或含石油混合物的费用，包括任何政府机关或机构修复因排放被损害或被破坏的环境的费用；

（b）第三方申请由管辖法院确定的第三方补偿，恢复原状，返还原物或赔偿形式的费用。

（4）违反本条规定非法排放的生产或储存设备、机动车或船舶的所有人或运营者应通过以下手段减少排放的影响——

（a）立即将该非法排放通知国家环境管理署和其他相关政府官员；

（b）立即以最可行的清理方法开始清理工作；

（c）遵照国家环境管理委员可能随时发布的指示。

（5）凡生产或储存设备、机动车或船舶的所有人或经营人拒绝、忽略和或未采取第（4）款所规定的缓解措施，国家环境管理署可扣押该生产或储存设施、机动车或船舶。

（6）如所有人或经营人在所有情况下在六个月的合理时间内未有采取第（4）款所规定的必要措施，国家环境管理署可根据法院的命令处分生产或储存设备、机动车辆或船舶以支付根据第（4）款采取必要措施的费用及其他补救及恢复措施。

（7）法院根据本条将一个人定罪的，须考虑此人为遵守第（4）款而采取的措施。

94. 农药和有毒物质标准

内阁大臣应根据国家环境管理署的建议——

（a）确定原料农产品中农药残留浓度的标准。就本款而言，原料农产品——

（i）包括未加工的新鲜的或冷冻的果蔬，谷物，坚果，鸡蛋，生奶，肉类和其他农产品；

（ii）不包括通过烹饪、脱水、碾磨或任何其他类似方法加工、制作或制成的任何农产品或商品；

（b）在与相关组织协商后，制定标准以规制农药和有毒物质的进口、出口、制作、储存、分配、出售、使用、包装、运输、处置和宣传；

（c）制定农药和有毒物质的登记程序；

（d）制定措施确保农药和有毒物质正确的标识和包装；

（e）制定措施监测农药和有毒物质对环境的影响；

（f）确定措施以建立和维护实验室作为农药和有毒物质的标准实验室；

（g）制定措施以建立和实施农药和有毒物质的储存、包装、运输的程序和规章条例。

[2015 年第 5 号法令，第 57 条]

95. 已被 2006 年第 17 号法令第 117 条废除。

96. 已被 2006 年第 17 号法令第 118 条废除。

97. 农药和有毒物质的登记注册

（1）经申请，国家环境管理署可根据现有条件及委员会可确定的任何其他条件，对农药或有毒物质进行登记注册。

（2）除国家环境管理署规定了其他期限外，每种农药或有毒物质应当登记注册十年，可以续期十年。

（3）国家环境管理署拒绝登记注册农药或有毒物质的，应在拒绝通知中说明理由。

98. 有关农药和有毒物质的违法行为

（1）任何人不得——

（a）违反本法规定剥离、篡改、破坏农药或有毒物质的任何标识。

（b）违反本法规定，改变农药或有毒物质的成分；

（c）违反本法规定在环境中使用或处置农药或有毒物质；

（2）任何人不得将未注册登记的农药或有毒物质分发、出售、要约出售、持有待售、进口、交付进口至、接收自、交付或要约交付给任何其他人。

（3）任何人违反本条规定即属犯罪，应被判处一百万先令以下罚金或两年以下有期徒刑或并处。

99. 农药与有毒物质的扣押

（1）国家环境管理署合理怀疑是本法所规定的犯罪行为的标的物的任何农药或有毒物质，可由国家环境管理署扣押。

（2）根据第（1）款没收农药和有毒物质时，国家环境管理署应尽快通知其所有人该扣押行为。

（3）农药和有毒物质被扣押后，应由国家环境管理署保管。

（4）根据第（3）款由国家环境管理署保管的任何农药或有毒物质应被返还，如果六个月后——

（a）未对该农药或有毒物质提起公诉；

（b）根据本法，并无人被判犯罪。

100．关于农药和有毒物质登记注册的规章

内阁大臣应在与相关领导机构协商后制定规章以规制依本法申请登记注册农药和有毒物质的任何申请内容和条件。

[2015 年第 5 号法令，第二章]

101．噪声标准

内阁大臣应根据国家环境管理署的建议——

（a）建议噪声和振动污染排放的最低标准，以满足保护和维持公共健康和环境的需要；

（b）制定测量环境噪声和振动污染的标准和程序；

（c）制定测量亚音速震动的标准和程序；

（d）制定可能对环境产生重大影响的亚音速震动的排放标准；

（e）发布指导方针以将亚音速振动降至最小限度，亚音速振动为（d）项所指的现有的和将来的声源所发出；

（f）确定建筑工地、工厂、机器、机动车、音速飞行器、工业和商业活动飞行器的噪声级和噪声排放标准；

（g）制定必要措施确保减少和控制（f）项所述的声源发出的噪声；

（h）发布指导方针减少任何声源向环境排放的不合理的噪声和振动污染。

[2015 年第 5 号法令，第 58 条]

102．禁止超标噪声

根据《民用航空法》（第 394 章）（Cap. 394）规定，任何人超出根据本章制定的噪声排放标准排放噪声，为违法行为。

103．关于噪声标准的豁免

（1）尽管第 102 条有规定，国家环境管理署可以依请求给予不超过

三个月的临时许可，在国家环境管理署可确定的条款和条件范围内允许烟火、拆除建筑物、射击范围和特定重工业等活动的噪声超过规定的排放标准。

（2）获得根据第（1）款授予的豁免许可的地点，受过量噪声影响的工人可根据国家环境管理署发布的指示获得充分保护。

104. 放射物标准

（1）根据《辐射防护法》（第 243 章）规定，内阁大臣应根据国家环境管理署的建议——

（a）制定环境中的电离和其他辐射可接受水平的标准；

（b）制定测量电离和其他辐射的标准和程序；

（2）国家环境管理署应——

（a）在有合理理由认为放射性物质或任何电离辐射源在其中存储、使用、运输或处置的情况下，检查和调查任何区域、场所、处所或任何车辆、船舶、船只或任何运输工具；

（b）在有合理理由认为此人受放射性物质污染或非法拥有电离辐射源的情况下，依据本法就相关事项审查任何人；

（c）与辐射防护委员会合作，进行电离辐射监测项目，并就电离和辐射防护措施提出建议；

（d）保存释放到环境中的放射性污染物的记录；

（e）保存环境中的辐射基线数据的记录；

（f）保存所有进口到肯尼亚的放射性物质的登记册；

（g）进行监测和控制辐射污染所必需的所有事项。

　［2007 年第 5 号法令，第 78 条，2015 年第 5 号法令，第 59 条］

105. 已被 2007 年第 5 号法令，第 79 条废除。

106. 已被 2007 年第 5 号法令，第 80 条废除。

107. 有害气体的控制标准

国家环境管理署应根据相关领导机构，制定——

（a）测量和确定有害气体的程序；

（b）控制有害气体造成的环境污染的最低标准；

（c）消除有害气体的措施的指导方针，无论有害气体来源于人类还是自然现象。

〔2007 年第 5 号法令，第 81 条，2009 年第 6 号法令〕

第九章　环境恢复令、环境保护令与环境地役权

108. 发布签发环境恢复令

（1）在不违反本法其他规定的情况下，国家环境管理署可以就任何与环境管理有关的事宜向任何人签发环境恢复令。

（2）根据第（1）款或第 111 条发布的环境恢复令应为了——

（a）要求被送达人将环境尽可能恢复到其采取此命令所指的行动之前的状态；

（b）禁止被送达人采取任何将会或相当可能会引起环境损害的行动；

（c）将被送达的人支付的赔偿金给予其环境或生活因此命令所指的行动受到损害的其他人；

（d）对被送达人征收费用，该费用是国家环境管理署认为的对被授权的人或组织采取的任何行动的成本的合理估计，以使该环境恢复到采取命令所指的行动之前的状态。

（3）当委员会认为能够使该令达到第（2）款所列的所有或任何一项目的时，环境恢复令可以包括该等条款和条件并对被送达人施加该等义务。

（4）在不违反第（2）款所列目的的宗旨的情况下，环境恢复令可以要求被送达人——

（a）采取能够防止污染发生或阻止污染继续或消除污染源的措施；

（b）使土地恢复原状，包括更换土壤、重新种植树木和其他植物群，并尽可能恢复在特殊的环境恢复令可能规定的土地或与土地或海洋毗邻的区域的突出地质、考古或历史特征；

（c）采取措施防止环境损害或阻止环境损害继续或消除环境损害原因；

（d）停止正在引起或可能引起污染或环境损害的任何行动；

（e）消除或减少对土地或环境或该区域的设施造成的任何损害；

（f）防止该命令中指定的土地或环境、地下蓄水层、土地或海洋以上、以下，或其附近的动植物群，或与该命令中指定的土地或环境毗邻的土地

或环境的损害；

（g）消除命令中指定的土地或海洋中的任何废弃物或不再在其中处理废弃物，并根据命令中的规定处理以上废弃物；

（h）支付命令中指定的赔偿金。

（5）在根据本条行使权利时，国家环境管理署应——

（a）遵守依照本法规定的良好环境管理原则；

（b）向拒绝接受命令的被送达人释明其有向法庭上诉的权利，对法庭的裁定不服的，可向高级法院上诉。

109. 环境恢复令的内容

（1）环境恢复令应明确并以容易理解的方式载明——

（a）与其相关的活动；

（b）其欲送达的一人或多人；

（c）其生效的时间；

（d）必须采取的补救环境受到的损害的措施，并规定不超过三十日的期限，或进行此令规定的必须采取的行动所需的更长期限；

（e）委员会能够进入任何土地并采取（d）项规定的任何行动的权利；

（f）如果没有（d）项规定的行动，委员会可以施加惩罚；

（g）被发布环境恢复令的人有不服此令并上诉至法庭的权利，环境保护令为有管辖权的法院所发布的除外，此种情况应向高级法院上诉。

（2）国家环境管理署的环境监测员可以检查或强制检查任何活动以确定此活动是否对环境有害，并且应考虑从检查中获得的证据，已作出是否发布环境恢复令的决定。

（3）国家环境管理署可以寻求并考虑其认为对环境恢复令作出合适的决定有参考意义的任何技术、专业和科学方面的建议。

（4）环境恢复令应继续适用于被送达的活动，尽管其已经得到遵守。

（5）被发布环境恢复令的人应遵守本法规定，遵守送达到他的环境恢复令中的所有条款和条件。

（6）在根据第（2）款行使权力时，国家环境管理署或其检测员无须给任何人向监测的实行人员陈述的机会，这些人包括管理、参与、定居、在其中工作的、促进其所监测的任何活动的人。

110. 环境恢复令的复议

（1）环境恢复令被送达的二十一日内，被送达人可以书面说明理由，要求国家环境管理署复议该命令。

（2）国家环境管理署根据第（1）款行使权力时，在其过程中产生的必要费用应作为可向第（1）款所指的人即时收回的民事债务。

111. 法院发布的环境恢复令

（1）在不违反本法规的国家环境管理署规定的权力的情况下，具有管辖权的法院可以在任何人提起的诉讼中针对已经损害，正在损害或相当可能损害环境的人发布环境恢复令。

（2）为了排除怀疑，本条规定的原告无须证明其在财产、环境或土地方面享有的权利或利益已经被侵害或可能被侵害。

112. 环境地役权和环境保护令

（1）法院可以依据根据本章作出的申请，根据本法和《土地法》（2012年第6号法）的规定，授予环境地役权或发布环境保护令。

（2）环境地役权的目的是进一步完善本法规定的环境管理原则，通过促进环境保护和环境改善，在本法中是指受益环境，通过施加一项或多项有关土地使用的义务，本法中是指负担土地，是在受益环境附近的土地。

（3）环境地役权可以施加于并永久性地或长期地附属于负担土地，也可以由法院判定根据习惯法附加等价利益。

（4）在不违反第（2）款所述的宗旨的情况下，环境保护令可以被施加于负担土地从而——

（a）保护动植物群；

（b）保持水坝、湖泊、河流或蓄水层的水质和流量；

（c）维护负担土地中突出的地质、地形、生态、考古或历史特征；

（d）维护景观眺望权；

（e）保留一定空间；

（f）允许他人以特定的路径在负担土地上通行；

（g）维护负担土地的自然轮廓和特征；

（h）防止或限制负担土地上的活动范围，如矿石的开采和加工；

（i）防止或限制负担土地上的农业活动范围；

（j）开辟或维护野生动物的迁徙路径。

（5）环境地役权被施加于任何人所有的负担土地且将限制其对土地享有的权利和利益时，应当由环境地役权申请人向此人支付第 116 条规定补偿金。

（5A）应采用自愿环境管理原则鼓励土地所有人在其土地上给予地役权，并鼓励将环境保护作为竞争土地使用权的手段。

（6）环境地役权可以附属于人；也就是说，地役权的有效性和可执行性不应取决于在负担土地附近的一块土地的存在，也可以是对该付金土地享有利益且受益于环境地役权的人。

[2015 年第 5 号法令，第 60 条]

113. 向法院申请环境护地役权

（1）一个人或一组人可向法院申请授予一项或多项环境地役权。

（2）法院可以在授予环境地役权时附加其认为可以促进环境地役权实现其目的的最适当的条件。

114. 环境地役权的执行

（1）环境地役权的执行程序只能针对被施加环境地役权的人。

（2）环境地役权的执行程序要求法院——

（a）下达环境修复令；

（b）根据与相关土地的地役权有关的法律采取任何可行的补救措施。

（3）法院应酌情适用或调整其认为必要的与执行环境地役权的要求有关的法律和程序。

115. 环境地役权的登记

（1）当环境地役权被施加于土地，且该土地被登记在一个特定的土地登记系统中时，环境地役权应根据本法有关规定被登记在该特定地役权的登记系统中。

（2）当环境地役权被施加于除第（1）款所述的土地之外的任何土地时，该土地所在区域的县环境委员会应依本法规定将该环境地役权登记在地役权专属登记册上。

（3）除与土地方面的环境地役权登记有关的法律另有规定外，环境地役权的登记应当将申请人的姓名作为环境地役权登记的姓名。

[2015 年第 5 号法令，第二章]

116. 环境地役权的补偿

（1）对作为环境地役权标的的土地享有合法权益的，应依据本法获得与丧失的土地使用价值等价的补偿金。

（2）第（1）款所述的人在述明其对负担土地享有确定的合法权益后，可以向施加环境地役权的法院申请补偿金或请求补偿。

（3）法院可以要求环境地役权的申请人承担补偿第（1）款所述之人的补偿金。

（4）法院如认为施加环境地役权具有国家重要性，可命令政府补偿第（1）款所述之人。

（5）法院根据本条确定补偿金额时应考虑《宪法》的相关规定和有关强制征用土地的其他法律。

第十章　环境监察、环境分析与环境记录

117. 环境监察员的任命

（1）署长应通过政府公报公告任命适当资格人士担任环境管理署监察员，无论其为公职人员还是其他人员，无论以人名还是职衔任命。

（2）环境监察员应——

（a）监督是否遵守本法规定的环境标准；

（b）监督其他具体部门的环境监察员的活动；

（c）审查环境资源的利用模式；

（d）指导环境审核；

（e）履行本法或者任命他的公报公告所规定的其他职能。

（3）一名环境监察员可以在根据本法或依本法指定的其他规章条例履行职务时，在所有合理时间内，在没有授权书的情况下——

（a）进入任何场地、处所、船舶、机动车或牛拉拖车，并进行检查和询问，以确定其是否遵守本法规定；

（b）要求制造、审查、检查和复制许可证、登记册、记录和其他与本法有关的或关于环境和自然资源管理的法律的文件；

（c）对本法所涉及的物品和物质进行取样，并按规定将其送检和分析；

（d）在其各自的管辖权限制范围内对所有制造、生产副产品、进口、出口、储存、出售、分发或使用任何可能对环境产生重大影响的物质的企业事业单位进行定期检查，以确保其遵守本法规定；

（e）扣押任何其确信用于本法或依本法制定的其他规章条例规定的犯罪行为的物品、船舶、机动车、工厂、设备、物质或其他事物；

（f）经署长书面许可，下令立即关闭停止违反本法规定污染环境或可能污染环境的生产车间或其他企业或事业，并要求企业事业的所有人或经营者采取监察员在停止企业事业通知中指示的补救措施，任何根据本项被停止的企业事业，只能经署长的书面许可后恢复运营；

（g）经署长或其委派人员许可，发布改进通知，要求任何生产车间、船舶、机动车或其他企业事业的所有人或经营者停止对环境有害的活动，并在署长或其指派人员规定的合理时间内采取适当的补救措施，包括在必要情况下重建工厂；

（h）在有逮捕令和警察的协助下，逮捕任何其确信犯有本法规定罪名的人；

（i）在书面通知土地所有人或占有人十四日后，以监督其是否遵守本法规定或依本法制定的其他规章条例的规定为目的在任何场地、处所、船舶、机动车中安装任何设备。

（4）根据本法行使其权力时，环境监察员应适时表明身份。

（5）在实施逮捕时，国家环境管理署可以要求监察长派遣所需数量的人员。

[2015 年第 5 号法令，第 61 条]

118. 环境监察员的起诉权力

依据《宪法》，《检察长法》第 29 条以及检察长的指示和管理，环境监察员在其认为适宜的情况下——

（a）就被指称犯有本法规定的任何罪名的人向管辖法院（军事法院除外）提起并进行刑事诉讼。

（b）经公诉主管批准，在其提起或进行的诉讼程序未被判决之前，在审判的任何阶段停止诉讼。

[2015 年第 5 号法令，第 62 条]

119. 样本的实验分析程序

（1）署长可以依本法通过政府公报公告指定一定数量的检验所为分析

或参考检验所。

（2）第（1）款所述的公告应述明检验所的特定职能、地域限制、或检验所进行检验的对象以及该检验所任命为分析员的人员。

（3）国家环境管理署应规定被送检的样本的形式和方法。

[2015 年第 5 号法令，第 63 条]

120. 分析证明书及其效力

（1）根据第 119 条被指定为分析或参考检验所的检验所应依本法出具向其提交的任何物质的分析证明书。

（2）分析证明书应说明使用的分析方法，且应由分析员或参考分析员出具。

（3）根据第（1）款出具的且符合第（2）款规定的证明书应依本法作为证明书中所述事实的充分证据。

（4）实验室的分析结果应向所有利益相关方开放。

121. 记录的保存

（1）署长应通过政府公报公告规定为本法目的而保存的记录活动，以及该记录的内容和保存方法。

（2）根据本条第（1）款保存的记录和一个企业或事业的网站的任何其他有效记录应在合理时间内出于以下目的提交给环境监察员——

（a）环境审核；

（b）环境监测和评估；

（c）控制污染；

（d）监督；

（e）署长即时规定的任何其他目的。

122. 向国家环境管理署传送记录

根据第 121 条保存的记录应每年向国家环境管理署或其指定代理人传送一次，每次传送不得晚于每个日历年结束后的一个月。国家环境管理署应保存所有向其传送的记录，并在适用情形要求的情况下保密。

123. 公众访问向国家环境管理署传送的记录

（1）在不违反第 122 条规定的情况下，任何人都可依本法访问向国家环境管理署传输的任何记录。

（2）欲访问第（1）款所述的记录的人应向国际环境管理署递交申请，

并在缴纳环境署规定的费用后经批准访问该记录。

第十一章　国际条约、公约与协议

124. 关于环境保护的公约、协议与条约

（1）在肯尼亚加入有关环境管理的国际条约、公约或协议中，无论其是双边条约或多边条约，国家环境管理署都应依据《条约制定与批准法》——

（a）提出立法议案供总检察长审议，以使该条约、公约或协议在肯尼亚境内生效，或使肯尼亚根据该条约、公约或协议履行其义务或行使其权利。

（b）确定国家履行该条约、公约或协议所需其他适当措施。

（2）已被 2015 年第 5 号法第 64 条（b）款废除。

（3）国家环境管理署应保存肯尼亚参与的所有环境领域的国际条约、协议或公约的记录。

　　　　　　　　　　　　　　　　　　［2015 年第 5 号法令，第 64 条］

124A. 需要议会批准的交易

（1）内阁大臣应在本法生效后六个月内，与国家环境管理署及相关领导机构协商后进行立法，要求包括环境资源在内的特定交易必须提请议会批准。

（2）需要议会批准的有关自然资源的协议，其中的自然资源的面积、数量、质量、价值、位置、规模应在议会法中特别规定。

（3）任何需要议会根据本条规定批准的交易应包括由任何人或其代表对另一人进行以下活动的授权或允许，包括当地一个社区、一个县级或国家政府——

（a）为了开发野生动物资源和栖息地；公报刊登的森林资源、水资源、社区土地和生物多样性资源；

（b）外籍人或外国公司拥有三公顷以上土地。

（4）内阁大臣可以通过政府公报公告，规定其交易需要议会批准的其他环境资源。

（5）在颁布宪法和本法生效之前缔结的任何协议可在两年内审查。

[2015 年第 5 号法令，第 65 条]

第十二章　国家环境法庭

125. 国家环境法庭的建立

（1）在此建立的法庭名为国家环境法庭，该庭应由以下成员组成——

（a）由司法服务委员会提名的主席，此人应具备担任肯尼亚环境土地法院法官的资格；

（b）由肯尼亚律师公会提名的环境土地法院的律师；

（c）由内阁大臣任命的具有环境法专业资格的律师；

（d）三名具备处理环境领域事务能力的人员；此类事务包括但不限于土地资源、能源、矿产资源、水资源、森林资源、野生动物资源和海事领域的事务。

（2）所有法庭人员的任命都应以提名的方式且由内阁大臣发布政府公报予以公告。

（3）法庭成员应在不同时间被任命，以便各自的任期届满日期在不同的时间。

（4）法庭成员的职位可在以下情况下空缺——

（a）自任命之日起满三年；

（b）如果该职员担任不是法庭成员的职务，则失去被任命为该法庭成员的资格；

（c）如果此人因不能履行其职位的职能（不论由于身体原因或精神原因或任何其他原因而导致）或举止失检而被内阁大臣从法庭成员中除名；

（d）若此人辞去法庭成员的职务。

（5）法庭成员应在首次会议从其中选举出法庭副主席。

（6）主席和副主席应为不同性别。

（7）如果主席缺席，副主席应在其缺席期间代主席职位，履行主席职能并行使主席之权力。

（8）如果主席和副主席同时缺席，出席的法庭成员可以从其中推荐一人代主席职位，此人需接受过法律领域的训练并具有法律素养，当其代主席职位时，应履行主席的职能并行使主席的权力。

（9）主席可以指派副主席和其他两名成员组成法庭分庭。

[2015 年第 5 号法令，第 66 条]

126. 法庭程序

（1）法庭不受《证据法》（第 80 章）规定的证据规则的约束。

（2）法庭应根据当事人的书面上诉或国家环境管理署就与本法有关事项向其移送的案件，调查该事项并作出裁决、作出指示、发布命令或作出裁决，每一个裁决、指示、命令或裁决都应由法庭通知相关当事人、国家环境管理署或相关委员会。

（3）法庭应在约定的时间和地点开庭。

（4）除有正当理由或指示外，法庭的程序应当向公众公开。

（5）除本法或根据其制定的任何规章条例明确规定外，法庭可以自行规定诉讼程序。

（6）任何参与法庭的诉讼程序的一方当事人可以出席或由律师代理出席。

[2015 年第 5 号法令，第 67 条]

127. 法庭的裁决

（1）法庭可以——

（a）发布命令以确保当事人在任何开庭地点出席，向法庭披露或提交任何与案件有关的文件，或调查任何其认为必要或应当调查的违反本法的行为。

（b）经宣誓后取证，并为此目的宣誓。

（c）自行决定传唤并询问证人。

（2）任何人——

（a）经法庭根据第（1）款（a）项要求出庭而未出庭的；

（b）拒绝向法庭宣誓或作出确认，或作为公职人员在法庭要求出示的情况下，拒绝出示任何物品或文件；

（c）故意向法庭做假证或提供其明知是误导性的虚假材料；

（d）在任何法庭开庭时——

（i）蓄意侮辱法庭的任何成员或职员；

（ii）故意扰乱诉讼程序或藐视法庭；

（e）未能遵照或未遵照法庭作出的裁定命令、指示或通知。

根据本法规定，属犯罪。

128. 法庭作出裁决的法定人数

（1）在不违反第 125 条之规定的情况下，依本法审理或判决任何案件或事项的法庭的法定人数应为三人。

（2）与其审理的任何事项有直接利益的法庭成员不应参与诉讼程序。

[2015 年第 5 号法令，第二章，第 68 条]

129. 向法庭提出上诉

（1）权利受到以下行为侵害的任何人——

（a）根据本法或依本法制定的其他规章条例发放或拒绝发放许可证或执照，或转让其许可证或执照；

（b）根据本法或依本法制定的其他规章条例在许可证上强行附加任何条件、期限或限制；

（c）根据本法或依本法制定的其他规章条例吊销、暂扣或更改其许可证；

（d）根据本法或依本法制定的其他规章条例要求其缴纳费用的金额；

（e）国家环境管理署根据本法或依本法制定的其他规章条例强行施加于此人环境恢复令或环境改善令，可以在其不服的事件发生后的六十日内，向以法庭规定的方式向法庭提出上诉。

（2）除本法明确规定外，如本法授权署长、国家环境管理署或环境署的委员会或其代理人作出决定，此类决定可成为根据法庭制定的程序向法庭上诉的对象。

（3）在收到诉讼申请后，任何法庭可——

（a）确认、撤销或变更相关的命令或决定；

（b）行使本应由国家环境管理署在上诉中行使的任何权力；

（c）发布其他命令，包括促进可持续发展原则的命令和支付其认为合理的成本的命令。

（4）根据依本条向法庭提出的上诉，法庭可以——

（a）根据任何当事人的申请，发布命令以维持上诉事项或活动的现状，直至诉讼终止。

（b）根据任何当事人的申请，复审根据（a）项作出的任何命令。

（5）由于第（4）款生效前提起的任何诉讼而自动维持的任何现状，应当自本条生效时起失效，法庭根据一名当事人的申请依照第（4）款（a）项发布新的命令维持现状的除外。

[2015 年第 5 号法令，第 69 条，2017 年第 12 号法令，第 29 条]

130. 向环境与土地法院提出上诉

（1）任何由于法庭发布的命令或裁决而受到权利侵害的人，可以在裁决或命令作出的三十日内，就此裁决或命令上诉至环境和土地法院。

（2）法庭作出的裁决或命令不得强制执行，直至上诉期限届满，已经提起上诉的，直至上诉终止。

（3）尽管第（2）款有规定，如果署长认为必须立即采取行动以避免严重环境损害时，署长有权采取合理措施以制止、减轻或减少此类损害，包括查封任何企业，直至上诉终止或上诉期限届满。

（4）根据依本条对上诉的审理，环境和土地法院可以——

（a）确认、撤销或变更相关的命令或决定；

（b）将诉讼发回法庭重审，并作出进一步审理、报告、进一步诉讼程序或进一步收集证据的指示；

（c）行使任何本应由法庭在上诉程序中行使的权力；

（d）发布其认为公正的命令，包括缴纳上诉费用的命令或法庭之前审理的更早的诉讼的费用。

（5）环境和土地法庭依据本法对上诉作出的判决为最终判决。

[2015 年第 5 号法令，第二章，2015 年第 25 号法令]

131. 任命环境评估员的权力

法庭主席可以任命任何具备作为法庭审理的诉讼的标的或法庭正在调查的环境问题方面的特殊技能或知识的人作为评估员，在法庭需要其特殊技能或知识以适当裁决案件的情况下，评估员有资格提供咨询意见。

[2015 年第 5 号法令，第二章]

132. 在复杂等案件中寻求法庭指示的权力

（1）当国家环境管理署根据本法裁定的事项出现涉及法律问题或者事项非常重大或错综复杂时，环境署可在通知相关当事人后，将案件提交法庭请求指示。

（2）国家环境管理署根据第（1）款将事项提交至法庭的，环境署和本案当事人应有权在有关本案的判决下达之前听审，且可以出席或由律师代表其出席。

（3）法庭审理的诉讼的任何当事人可以出席或由律师代表其出席诉讼。

133. 豁免权

（1）主席或其他法庭成员不应由于履行其作为法庭成员的职责而作出的已经完成的、未完成的或命令完成的行为而被起诉至民事法庭，无论其行为是否在其管辖范围内，只要其当时善意地相信自己有权管理或命令被控诉的行为；法庭不得由于执行其应必须的执行法令、命令或程序而被起诉至任何法院。

[2015 年第 5 号法令，第二章]

（2）任何人实施积极行为或消极行为藐视法庭为违法行为，法庭可以依本法规定对此人的藐视法庭行为进行处罚。

134. 法庭成员的薪酬

（1）内阁大臣应根据薪金与薪酬委员会的建议向法庭主席与法庭成员发放薪酬和津贴。

（2）第（1）款所述的薪酬和津贴以及法庭在依本法履行其职能时产生的其他任何开支应从议会为此划拨的资金中支出。

[2015 年第 5 号法令，第二章，第 70 条]

134A. 法庭的职员

应有法庭履行其职能所必需的其他职员。

[2015 年第 5 号法令，第 71 条]

135. 任命一名法庭秘书

内阁大臣可以任命一名公职人员作为法庭的秘书，其薪金应由内阁大臣确定。

[2015 年第 5 号法令，第二章]

136. 设立其他法庭的权力

（1）内阁可以在其认为必要的情况下在肯尼亚的任何地区设立其他法庭。

（2）第 126～135 条之规定应比照适用于根据第（1）款设立的任何法庭。

第十三章　环境犯罪

137. 有关环境监察的犯罪

任何人——

（a）妨碍或阻止环境监察员依照本法或依本法制定的规章条例履行职责；

（b）不遵守环境监察员依本法作出的或依本法制定的规章条例而作出的法令或要求；

（c）拒绝被本法或依本法制定的规章条例授权进入任何土地、处所、船舶或机动车的环境监察员进入相应场所；

（d）冒充环境监察员；

（e）拒绝环境监察员访问依本法规定保存的或根据依本法规定的其他规章条例保存的记录或文件；

（f）未在本法或依本法制定的规章条例规定的义务范围内向环境监察员陈述或向其错误地陈述自己的姓名或住址；

（g）误导根据本法或依本法制定的规章条例任命的环境监察员或向其提供错误信息；

（h）未执行、不执行或拒绝执行根据本法或依本法制定的规章条例发布的环境改善令，即属犯罪，一经定罪，应被判处一年以上四年以下有期徒刑，或处二百万先令以上四百万先令以下罚金，或并处。

[2015 年第 5 号法令，第 72 条]

138. 有关环境影响评估的犯罪

任何人——

（a）违反本法第 58 条之要求未提交项目报告；

（b）未按本法要求或依本法制定的规章条例的要求编制环境影响评估报告；

（c）用欺骗手段故意在根据本法或依本法制定的规章条例提交的环境影响评估报告中作出虚假陈述；

即属犯罪，一经定罪，应被判处二十四个月以下有期徒刑或处二百万先令以下罚金，或并处。

139. 有关环境记录的犯罪

任何人——

（a）未保存本法要求保存的记录；

（b）以欺骗的故意篡改本法要求保存的记录；

（c）以欺骗的故意本法要求保存的记录中作虚假陈述；

即属犯罪，一经定罪，应被判处一年以上四年以下有期徒刑，或二百万先令以上四百万先令以下罚金，或并处。

［2015 年第 5 号法令，第 73 条］

140. 有关环境标准的犯罪

任何人——

（a）违反本法规定的任何环境标准；

（b）违反本法规定的任何措施；

（c）违反本法规定的方法，以浪费的方式和破坏性的方式利用环境或自然资源，即属犯罪，一经定罪，应被判处一年以上四年以下有期徒刑，或处二百万先令以上四百万先令以下罚金，或并处。

［2015 年第 5 号法令，第 74 条］

141. 有关危险废物、材料、化学品和放射性物质的犯罪

任何人——

（a）未依照本法规定管理任何危险废物和材料；

（b）违反本法规定进口任何危险废物；

（c）故意贴错任何废物、农药、化学品、有毒物质或放射性物质的标签；

（d）未依照本法规定管理任何化学品或放射性物质；

（e）帮助或教唆非法运输危险废物、化学品、有毒物质和农药以及有害物质；

（f）在肯尼亚境内违反本法规定处分任何化学品或危险废物；

（g）隐瞒关于危险废物、化学品或放射性物质管理方面的信息或提供虚假信息，即属犯罪，一经定罪，应被判处一百万先令以上罚金，或两年以上有期徒刑，或并处。

142. 有关污染的犯罪

（12）任何人——

（a）违反本法规定将危险原料、物质、石油、含有石油的混合物排放到土地、水域、空气中或海洋环境中；

（b）违反本法规定污染环境；

（c）违反本法规定将任何污染物排放到环境中；

即属犯罪，一经定罪，应被判处二百万先令以上五百万先令以下罚金。

（13）法院除依据第（1）款判处污染者刑罚，还可以指令此人——

（a）支付清理受污染的环境和清除污染物的全部费用；

（b）清理受污染的环境和消除污染产生的影响，并达到国家环境管理署的要求。

（3）在不违反本条第（1）款和第（2）款之规定的情况下，法院可以指令污染者给予受污染影响的第三人适当的赔偿费用、修复费用或恢复原状费用。

[2015 年第 5 号法令，第 75 条]

143. 有关环境恢复令、法庭命令、环境地役权与环境保护令的犯罪

（1）任何人——

（a）未执行、不执行或拒绝执行依本法发布的环境修复令；

（b）未执行、不执行或拒绝执行依本法发布的环境地役权；

（c）未执行、不执行或拒绝执行依本法发布的环境保护令；

（d）未执行、不执行或拒绝执行法庭发布的命令，

即属犯罪，一经定罪，应被判处一年以上四年以下有期徒刑，或二百万先令以上四百万先令以下罚金，或并处。

（2）领导机构不遵守国家环境管理署依据本法第 12 条发布的指令即属犯罪。

[2015 年第 5 号法令，第 76 条]

144. 一般处罚

任何人违反本法规定或违反依本法制定的规章条例的规定，其中没有规定其他刑罚时，一经定罪，应被判处一年以上四年以下有期徒刑，或二百万先令以上四百万先令以下罚金，或并处。

[2015 年第 5 号法令，第 77 条]

145. 法人、合伙组织、负责人及用人单位的犯罪

（1）当违反本法的行为是由法人实施，该法人和其各主管人员或其中

明知犯罪行为的高级职员和未以适当注意、有效和经济确保遵守本法规定的高级职员构成犯罪。

（2）当违反本法的行为是由合伙组织实施，则明知犯罪行为的和未以适当注意、有效和经济确保遵守本法规定的各合伙人或合伙组织中的高级职员构成犯罪。

（3）一个人应对其违法的行为承担独立刑事责任，无论该行为由其独自实施或作为另一人的代理人或雇员实施。

（4）一个用人单位或负责人应对其雇员或代理人实施的违法行为承担刑事责任，用人单位或负责人能够证明该违法行为违背其指示或指令的除外。

146. 没收、撤销及其他命令

（1）在一个人根据本法或依本法制定的规章条例被起诉犯罪之前，法院可以处以下其他命令——

（a）对被告人定罪；或

（b）如果法院确定有犯罪行为，即使后来没有人因此行为定罪，

下令没收与犯罪行为有关的或犯罪行为中使用的物质、机动车、设备和器具或其他物品并上交给国家，并且按照法院的指令处置。

（2）法院依据第（1）款下令没收的，应同时命令被定罪的人负担因处置该物质、机动车、设备、器具或第（1）款规定的其他物品的费用。

（3）法庭可以进一步命令撤销任何依本法进行的和与犯罪行为有关的许可证、执照或任何授权。

（4）法院可以进一步发布命令要求被定罪的人自费修复环境以使其尽可能恢复到犯罪行为发生之前的状态。

（5）法庭可以另外对被定罪的人依本法规定下达环境修复令。

第十四章　规章制定

147. 制定规章条例的权利

（1）内阁大臣可以根据国家环境管理署的建议，并与相关领导机构协商，制定规章，以规制本法为充分发挥效果而要求或允许规制的或认为有必要规制或适宜规制的事项。

（2）根据第（2）款制定的规章可以——

（a）制定有关发放、变更和撤销许可证的规定；

（b）作出有关收取费用和征收费用的规定；

（c）全部或部分采用或修改任何领导机构制定的在其时效内生效的或在发布时生效的或即时修改的任何规章、标准、准则、规章、条例、章程、法典、指令、规范或行政程序。

［2015 年第 5 号法令，第二章］

147A. 县级立法

一个县可以在宪法和本法要求或许可的范围内就其认为必要的或适宜的事项进行立法。

［2015 年第 5 号法令，第 78 条］

148. 现行法律的效力

任何国家政府和县政府制定的关于环境管理的成文法，在本法生效之前立即生效的，其本法生效进行了所必需的修改的条款仍具有效力，但其与本法规定相冲突的规定应被废除。

［2015 年第 5 号法令，第 79 条］

附录1

［第 4 条第（1）款（b）项，第 29 条第（1）款（c）项，第 37 条第（1）款（b）项］

农业

经济规划和发展

教育业

能源

环境

金融业

渔业

外交事务

卫生

工业

法律以及法律的实施

地方政府

自然资源

公共行政

市政工程

研究与技术

旅游业

水资源

附录2

[第 58 条，2015 年第 5 号法令，第 80 条]

需要提交的环境影响评估调查报告的项目

1. 土地利用的变化包括

（a）土地利用的重大变更

（b）大规模安置规划

2. 城市发展

（a）指定新的镇区

（b）建立工业地产

（c）进行房屋建设，新建超过 30 套住房

（d）建立或扩建国家公园、国家自然保护区、林区和自然保护区以及其他被划为环境敏感区的地区的休闲区

（e）购物中心和联合公司

3. 运输业

（a）所有已铺设的道路

（b）在环境敏感区新建的道路

（c）铁路线

（d）航空港和小型机场

（e）油气管道

（f）水路运输

（g）隧道建设

4. 堤坝、河流和水资源包括——

（a）成文规章定的位于任何湿地、大洋、海、河流、堤坝、溪流、泉或任何其他水体一定距离内的项目

（b）蓄水坝、拦河坝和码头

（c）水源涵养区之间的河流引水与调水

（d）大规模洪水的防治方案

（e）为了利用包括地热能在内的地下水资源进行钻探

5. 空中喷药

6. 采矿包括采石和露天开采以下物质——

（a）稀有金属

（b）宝石

（c）含金属矿石

（d）煤炭

（e）磷酸盐

（f）石灰石与大理石

（g）大型商业石材与石板

（h）集料、砂、砾石、土壤和黏土的商业性大规模开采

（i）勘探任何形式的石油的产量

（j）利用泵提取砂金

（k）地热能的勘探与开发

7. 与林业相关的活动

（a）伐木

（b）清理林区

（c）以外来物种重新造林/造林

（d）外来物种的引入

（e）出于任何目的砍伐已登记的森林

（f）位于保留林范围内的任何项目，如建堤坝或相对未退化区域的大规模洪水防控工程。

8. 农业包括

（a）大规模农业

（b）新型农药的使用

（c）虫害防治计划（大规模）

（d）广泛引进新型农作物与动物

（e）广泛引进化肥

（f）超过 50 公顷的灌溉农业

（g）生物技术的主要发展，包括引进和测试转基因生物

9. 加工制造业包括——

（a）矿物加工，矿石与矿物的还原

（b）矿石与矿物的冶炼与提纯

（c）铸造厂

（d）大型砖瓦和土砖制造

（e）水泥厂与石灰加工厂

（f）玻璃厂

（g）爆炸物制造厂

（h）化肥制造加工

（i）炼油厂与石油化学品工厂

（j）大型鞣革与皮革敷料

（k）大型屠宰场（每日屠宰动物不少于 15 只）与肉类加工厂

（l）大型酿造厂与麦芽制造厂

（m）散粮的加工与储存

（n）大型鱼类加工厂

（o）纸浆厂与造纸厂

（p）大型食物加工厂

（q）机动车装配制造厂

（r）航空器或铁路设备制造与维修厂

（s）油（水）箱、贮水池、钣金容器制造厂

（t）煤砖制造厂

（u）电池制造厂

（v）化工厂与化学品加工厂

（w）机动车装配或制造厂

10. 电气基础设施包括——

（a）发电站

（b）66千伏安以上输电线路

（c）分电站

（d）抽水蓄能系统

11. 碳氢化合物的管理

天然气、石油与任何易燃易爆燃料的大量贮存

12. 废弃物处置包括——

（a）固体废弃物处理场

（b）有毒有害危险废物处理场

（c）废水处理厂

（d）污水处理厂

（e）涉及大气排放的处理工作

（f）工业废弃物处理装置

（g）处理散发的恶臭

13. 自然保护区——

（a）建立保护区、缓冲区与荒野保护区

（b）自然动植物的商业开发利用

（c）将外来野生动植物物种引入生态系统

（d）可能影响濒危动植物物种的行动

（e）开垦湿地以及其他可能影响湿地的工程

（f）位于包括未登记的森林在内的本地森林内的工程

（g）影响划定的环境敏感区的工程

14. 核反应堆与核电站

15. 海域

（a）海洋矿产资源的开采

（b）海域的开垦

附录3

[第 37 条第 (1) 款，第 70 条第 (2) 款]

政府部门代表负责以下事项——

农业；

经济规划与发展；

教育；

能源；

环境；

金融；

渔业；

卫生；

工业；

法律以及法律的实施；

地方政府或委员会；

自然资源；

公共行政；

市政工程；

研究与技术；

旅游业；

水资源；

土地与定居；

劳动力；

信息。

以下机构的代表——

乔莫肯雅塔农业科技大学；

肯尼亚农业研究所；

肯尼亚标准局；

肯尼亚林业研究所；

肯尼亚海洋研究所

肯尼亚医学研究所；

肯尼亚野生生物保护局；

肯雅塔大学；

莫伊大学；

国家科学协会；

肯尼亚国家博物馆；

内罗毕大学；

辐射防护委员会；

农药产品控制委员会。

（胡亚男　译；张宁、张小虎　校）

《肯尼亚环境与土地法院法》*

（2011 年第 19 号法）

批准时间：2011 年 8 月 27 日

生效日期：2011 年 8 月 30 日

为实施《肯尼亚宪法》第 162 条 2 款 b 项对议会立法的要求，建立一个高等法院审理和判决有关环境，土地使用、占用和所有权的争端，并就法院的管辖权、职能及其目标作出如下规定：

［2011 年第 19 号法，2012 年第 18 号法、2012 年第 12 号法、2015 年第 25 号法和 2015 年第 26 号法修订］

第一篇　序篇

1. 简称

本法可被称为 2011 年《环境与土地法院法》。

2. 解释

除非上下文另有规定，在本法中——

"首席法官"指根据《肯尼亚宪法》第 166 条任命的首席法官。

"首席书记官"指根据《肯尼亚宪法》第 161 条第 2 款设立的首席书记官。

"法院"指根据《肯尼亚宪法》第 162 条第 2 款第 b 项第 4 节设立的环境与土地法院。

＊　法典译文版本信息：本法颁布于 2011 年 8 月 27 日，译文为现行版本。——原英文版注

"环境"应该符合 1999 年《肯尼亚环境管理与协作法》（1999 年第 8 号法）所规定的含义。

"法官"指根据《肯尼亚宪法》第 166 条第 1 款第 1 项所任命的人员。

"土地"应该符合《肯尼亚宪法》第 260 条的含义。

"自然资源"应该符合《肯尼亚宪法》第 260 条的含义。

"主法官"已被 2012 年第 12 号法删除。

"书记处"指存放所有诉状和证明文件以及法院所有命令和决定的书记处。

"书记官"指根据《肯尼亚环境与土地法院法》第 9 条设置的书记官。

"规则"指根据《肯尼亚环境与土地法院法》第 24 条制定的规则。

[2012 年第 12 号法修改]

3. 首要目标

（1）本法的主要目标是使法院能够公正、迅速、公平和便捷地解决受本法管辖的争端。

（2）法院在执行本法规定的职能时，应以实现本条第（1）款为主要目标。

（3）双方及其案件指定授权代表应协助法院实现首要目标，并参与法院诉讼。

第二篇　法院的设立与组成

4. 法院的设立

（1）设立环境与土地法院。

（2）环境与土地法院具有高等法院的地位。

（3）环境与土地法院应在肯尼亚全境拥有司法管辖权。

[2012 年第 12 号法修改]

5. 法院的组成

环境与土地法院应由审判长和司法服务委员会任命的一定数量的法官组成。

[2012 年第 12 号法修改]

6. 审判长

(1) 审判长应根据《肯尼亚宪法》第 165 条第（2）款选举产生。

(2) 审判长每届任期五年，不得连任。

(3) 审判长对法庭有监督权力，并向首席法官报告。

(4) 在审判长缺席或空缺的情况下，法院法官可以选举其他法官来行使审判长的职能。

[2012 年第 12 号法修改]

7. 法院法官的资格与任命

(1) 符合以下条件的人均可被任命为环境与土地法院的法官——

(a) 具备《肯尼亚宪法》第 166 条第（2）款所规定的资格；以及，

(b) 在环境或土地相关领域拥有杰出学术研究或至少十年的法律实践经验。

(2) 本款被 2012 年第 12 号法废除。

(3) 首席法官可根据司法服务委员会的建议，在符合本条第（1）款的资格规定下，变更一位法官。

[2012 年第 12 号法修改、2015 年第 25 号法修改]

8. 法院法官的任期

环境与土地法院的法官应履行其职能，直至其——

(a) 符合《肯尼亚宪法》第 167 条（1）款规定的退休条件；

(b) 符合《肯尼亚宪法》第 167 条（5）款规定的辞职条件；

(c) 符合《肯尼亚宪法》第 168 条规定的免职条件；

(d) 由环境与土地法院调至高等法院或与高等法院地位相当的其他法院。

9. 法院的书记官

(1) 司法服务委员会应根据 2011 年《司法服务法》第 20 条任命一名环境与土地法院的书记官。

(2) 书记官职位空缺时，由司法服务委员会授权的法院工作人员履行其职能。

[2012 年第 12 号法修改]

10. 法院书记官的任命资格

具备如下资格时，可被任命为环境与土地法院书记官——

（a）获得肯尼亚高级法院的出庭律师资格——

（i）具备被高等法院任命为法官的资格；

（ii）有十年以上合格专业裁判官的经验；或

（iii）具有至少十年的杰出学术研究或法律执业经验，或其他法律相关领域的经验；

（iv）具备本条第（i）至第（iii）的资格至少十年以上者；以及

（b）具有不少于三年的行政工作经验。

[2012 年第 12 号法修改]

11. 法院书记官的职能

（1）书记官应履行本法所赋职能以及首席书记官所指定的其他职能，比如——

（a）建立和运行法院书记处；

（b）依据法律接受、传递、送达以及保管文件；

（c）协助执行法院裁决；

（d）视情况确认首席法官或裁判员决定、指令和判决的真实性；

（e）维护法院书记处；

（f）保存法院的诉讼记录和会议记录以及法院指示的其他记录；

（g）管理和监督法院的工作人员；

（h）法院的日常行政管理；

（i）管理法院图书馆；

（j）确保法院判决和记录方便查阅；

（k）履行首席法官指定的其他职能。

（2）在本院诉讼程序中，书记官可依法或根据主审法官的指示处理程序或行政事宜。

12. 审查书记官的决定

（1）任何人对书记官有关法院司法功能的决定有异议，可依法通过法官申请审查。

（2）依据第（1）款之规定，法官可确认、修改以及撤销书记官的决定。

第三篇　法院的管辖权

13. 法院的管辖

（1）根据《肯尼亚宪法》第162条2款（b）项和本法相关条款，以及肯尼亚其他有关环境与土地的法律规定，环境与土地法院对审理和判决相关争端具有初审和上诉管辖权。

（2）为行使《肯尼亚宪法》第162条2款（b）项所赋予的管辖权，环境与土地法院有权审理和判决以下类型的争端——

（a）关于环境规划和保护、气候问题、土地利用规划、所有权、使用权、边界、税费、租金、估价、采掘、矿产和其他自然资源；

（b）关于土地强制征用；

（c）关于土地行政管理；

（d）关于公共、私人和社区的土地合同，诉讼财产以及其他在土地上设立可执行权益的文书；以及

（e）其他有关环境与土地的争端。

（3）本法律之任何规定不得阻止法院因否定、违反、侵犯或威胁《肯尼亚宪法》第42、69、70条中公民享有的与清洁健康环境有关的权利或基本自由而作出赔偿的审理和判决程序。

（4）除本条第（1）和（2）款规定的事项外，环境与土地法院享有对下级法院或地方法院就其管辖范围内所作的裁决的上诉管辖权。

（5）本款被2012年第12号法删除。

（6）本款被2012年第12号法删除。

（7）法院在行使本法规定的管辖权时，有权作出其认为适时公正的命令并给予救济，包括——

（a）临时或永久封存令，含禁制令；

（b）特权令；

（c）损害裁定；

（d）赔偿；

（e）强制履行；

（g）恢复原状；

（h）声明；以及

（i）费用。

[2012 年第 12 号法]

14. 法院命令的执行

法院的判决、裁定、命令或法令，应依照民事诉讼规则执行。

15. 法院印章

法院决定其印章的使用，并由首席书记官保管。

16. 上诉

根据《肯尼亚宪法》第 164 条第（3）款，针对本院所做判决、裁定、命令或法令进行的上诉，应向上诉法院提出。

16A. 下级法院的上诉

（1）针对下级法院和地方法庭命令和判决提起的符合《环境与土地法院法》第 13 条第（2）款要求的上诉应在其判决或指令做出之日起三十天内提出，但是该时效的计算应排除下级法院或法庭基于上诉人要求，准备和送达判决或指令副本的时间。

（2）虽已过上诉时效，如果上诉人能够向法院证明其有充分合理的理由未能及时提出上诉，则可继续提出上诉。

[2015 年第 25 号法]

第四篇　法院的诉讼程序

17. 本条已被 2012 年第 12 号法删除。

18. 指导原则

法院依本法行使管辖权时，应遵循下列原则——

（a）可持续发展原则，包括——

（i）在制定环境与土地管理政策、计划和程序上的公众参与原则；

（ii）不与成文法相抵触的情况下，肯尼亚各社区有关环境与自然资源管理的文化与社会的传统原则；

（iii）两个或两个以上国家共享环境资源管理的国际合作原则；

（ⅳ）代际与代内公平原则；

（ⅴ）污染者赔付原则；

（ⅵ）事前预防原则；

（b）《肯尼亚宪法》第 10 条第（2）款确定的土地政策原则；

（c）《肯尼亚宪法》第 159 条确定的司法权威原则；

（d）《肯尼亚宪法》第 10 条第（2）款确定的民族价值与治理原则，以及；

（e）《肯尼亚宪法》第 232 条第（1）款确定的公共服务价值观与原则。

[由 2012 年第 18 号法、2012 年第 12 号法修改]

19. 法院的程序与职能

（1）在适用本法的诉讼中，本法院应迅速开展审判，不必过分注重诉讼技术性细节。

（2）本法院应当符合《民事诉讼法》的程序规定。

（3）本款被 2012 年第 12 号法删除。

（4）本款被 2012 年第 12 号法删除。

[由 2012 年第 18 号法、2012 年第 12 号法修改]

20. 替代性纠纷解决

（1）采取本法中的纠纷解决方式并不意味着对排除诉讼解决方式以及当事人按照《肯尼亚宪法》第 159 条第（2）款（c）所达成合意的任何其他适当的替代性纠纷解决方式包括调解、和解以及传统纠纷解决机制。

（2）替代性纠纷解决机制是法院诉讼程序的先决条件。

21. 法庭组成

（1）应当依据本法所规定的适当程序组成独任制法庭。

（2）若法院认为所审理案件涉及实质性法律问题，如出现以下情形：

（a）《肯尼亚宪法》第 165 条第（3）款（b）所述之情形；以及

（b）对土地和环境有重大影响的案件则需依据首席法官指定的奇数法官组成法庭进行审判。

22. 法庭陈述

诉讼当事人可本人或授权代表参加法庭辩论。

23. 法庭使用语言

（1）法庭官方用语为英语。

（2）在必要情况下，法庭应当为使用土著语言、肯尼亚手语、盲文和其他交流方式的当事方提供便利，并为残疾人提供技术支持。

（3）在必要的情况下，法庭可以直接通过电子的方式展开诉讼程序，包括电话会议、视频会议或其他电子通信方式。

（4）根据《肯尼亚宪法》第169条第（2）款，裁判官应对如下事项具有管辖权和处理权：

（a）《肯尼亚宪法》第165条第（3）款（b）所述之情形；以及

（b）对土地和环境有重大影响的案件。

24. 其他规则

（1）首席法官应制定规则以规范法院的运行实践及程序。

（2）首席法官应当制定规则以监管法庭和下级法院有关土地和环境问题的运行实践和程序。

（3）首席法官须在同法院商议后制定规则以决定在任何法院或地方法庭进行的聆讯是否可予受理。

（4）本款被2012年第12号法删除。

第五篇　其他规定

25. 本条已被2012年第12号法删除。

26. 开庭

（1）法院应确保其服务可在各地区能合理、公平地获取。

（2）根据本法，法院可在其认为必要且恰当的地点和时间开庭，以履行其职能。

（3）首席法官可以在政府公报上公布其任命的裁判官，负责处理涉及全国各地区的环境与土地事宜。

（4）根据《肯尼亚宪法》第169条第（2）款之规定，依据本条第3款任命的裁判官应有管辖权和相关职权以处理——

（a）涉及议会关于环境和土地的任何法律中规定之罪行的争端；以及

（b）涉及占有、土地所有权的民事事项，该标的物的价值以《治安法院法》所管辖的罚金额为限。

[2012 年第 12 号法，2015 年第 25 号法修改]

（5）由治安法院提出的上诉，应由环境与土地法院负责。

[2012 年第 12 号法，2015 年第 25 号法，2015 年第 26 号法修改]

27. 规章

为了更好地履行本法规定的职能，法院可以制定规章。

28. 本条已被 2012 年第 12 号法删除。

29. 违法行为

任何人拒绝、不履行或不遵守本法院的秩序及依本法所做出的判决，即属犯罪，一经定罪，可处不超过两千万先令的罚金或不超过两年的监禁，或二者并处。

[2012 年第 12 号法修改]

30. 过渡性条款

（1）在依本法设立的环境与土地法院开始运行，或由首席法官、首席书记官做出指示之前，任何与环境或土地的使用、占用和所有权有关的诉讼，应继续由具有管辖权的法院或地方法庭审理并做出判决。

（2）环境与土地法院成立后，首席法官可酌情将部分聆讯案件移送该法院。

31. 废止

《土地争议法庭法》（1990 年第 18 号法）废止。

（张小虎　译；刘明萍、洪永红　校）

《南非国家环境管理法》

（1998 年第 107 号法）

（英语文本由总统签署）

（1998 年 11 月 19 日通过）①

本法旨在通过为具有环境影响的事项建立决策原则，来规定合作型环境治理，规定促进合作型治理的制度及协调国家机关间环境职能的程序；并旨在规定其他环境管理法的行政管理和强制执行的某些方面；并且规定与之相关事宜。

序言

鉴于南非的许多居民生活在危害他们健康和幸福的环境之中；

每个人都有权利享有无害于他或她健康或幸福的环境；

国家必须尊重、保护、促进与实现每个人的社会的、经济的和环境的权利，并且努力满足以前处于不利地位的群体的基本需要；

财富分配和资源分配上的不平等，与由此而来的贫困，是环境危害活动的重要原因和结果之一；

可持续发展要求在决策的计划、实施和评估中的社会、经济和环境因素的融合，以确保发展服务于今世后代；

---

① 此法 1998 年颁布后，多次修订，原版本有每次修订的具体日期和公告的具体日期，此处从略，此译本根据 2014 年的修订本翻译。——译者注

每个人有权为了今世后代的利益，要求政府通过合理的立法和以下其他措施保护环境——

预防污染与生态退化；促进自然保育；确保生态可持续的发展和自然资源利用，与此同时促进公平的经济和社会发展；

环境是国家和省级立法职能的共同领域，所有层级的政府和所有国家机关都必须相互合作、协商和支持。

鉴于期望——

法律建立一个将良好环境管理融入所有开发活动的框架；

法律应当提升国家机关在具有环境影响的事项上决策的确定性；

法律应当建立原则，以指导政府履行其具有环境影响的职能；

法律应当确保国家机关遵照上述原则；

法律应当建立程序和制度以促进和推动合作型政府和政府间的合作关系；

法律应当建立程序和制度以促进和推动环境治理中的公众参与；

法律应当由国家强制执行，法律应当推动民间社会强制执行环境法律；

现由南非共和国议会颁布法律如下。

1. 定义

（1）在本法中，除文中另有规定外，

"活动"在第五章中出现时，是指根据第 24（2）（a）和（b）条确定的政策、项目、程序、计划和方案；

"21 世纪议程"是指 1992 年 6 月在巴西里约热内卢举办的联合国环境与发展大会通过的以该名称命名的文件；

"航空器"是指包含气垫船在内的所有型号的飞行器，无论是否是机动式的；

"申请人"是指向有权机关提交环境授权申请并缴纳了规定费用的人；

"评价"在第五章出现时，是指采集、组合、分析、解释和交流有关决策的信息的过程；

"最佳可行的对环境有益的选择方案"是指在长期和短期的对环境整体提供最大利益或造成最小损害的选择方案，并且其成本在社会可接受范围内；

"开始"在第五章出现时，是指列表中的活动和特定活动在物理层面开始实施，包括选址和在场地上的所有其他活动，或指计划、政策、项目或程序在物理层面开始实施，但不包括任何为调查或可行性研究而进行的活动，只要该调查或可行性研究不构成列表中的活动或特定活动；

"商业秘密"是指商业信息，披露该信息会在不合理的程度上损害信息拥有者的商业秘密——无论本法或者任何其他法律如何规定，排放水平和废弃物不得视为商业秘密；

"有权机关"在与列表中活动或特定活动相关时，是指由本法授权的国家机关，授予的权力是评估该活动的环境影响，如果适当的话，批准或拒绝该活动的环境授权；

"宪法"是指 1996 年《南非共和国宪法》（1996 年第 108 号法）；

"授权"与职责相关时，包括为履行职责而发布的指令；

"部门"是指对环境事务负责的部门；

"发展足迹"，与土地相关时，是指证明任一活动结果的证据的物理转化形式；

"总干事"是指对环境事务负责的部门的总干事；

"生态系统"是指植物、动物和微生物种群和它们的非生命环境作为功能单元相互作用的动态系统；

"环境"是指人类生存于其中的周遭事物，并且由下列要素组成：

（i）地球的土地、水和大气；

（ii）微生物、植物和动物；

（iii）（i）和（ii）的任何一部分或者是其组合，和它们之中或它们之间的相互关系；

（iv）物理的、化学的、美学的和文化的财产，和上述影响人类健康和幸福的条件；

"环境评价从业者"在第五章出现时，是指有责任计划、管理、协调或审查环境影响评价、策略性环境评价、环境管理项目或其他所有由条例引入的适当的环保手段的人；

"环境授权"在第五章出现时，是指根据本法由有权机关对列表中的活动或特定活动的授权，包括特定环境管理法律中的类似授权；

"环境实施计划"是指第 11 条中的实施计划；

"环境管理合作协议"是指第 35（1）条中的协议；

"环境管理检查员"是指根据第 31B、31BA 或 31C 条被任命为环境管理检查员的人；

"环境管理计划"是指第 11 条中的管理计划；

"环境矿产资源检查员"是指根据第 31BB 条被任命为环境矿产资源检查员的人；

"评估"在第五章中出现时，是指按照人们的价值、偏好和判断，查明相关信息的重要性的过程，旨在进行决策；

"财政准备"是指环境授权的申请人必须根据本法提供的保险、银行担保、信托基金或现金，以确保有充足资金用于从事以下活动：

（a）消除列表中的或特定活动的负面环境影响；

（b）消除勘探、探测、采矿或生产活动的影响，包括对污水或外来水的抽水和水处理活动；

（c）报废和关闭操作设施；

（d）救济未来的潜在或剩余环境影响；

（e）拆除建筑和其他物体；

（f）救济任何其他环境影响。

"财政年度"是指从每年的 4 月 1 日到下一年的 3 月 31 日；

"危险"是指危害的源头或危害的发生；

"所有者"由 2002 年《矿产和石油资源开发法》第 1 条确定含义；

"旧命令中权利的所有者"的含义与由 2002 年《矿产和石油资源开发法》附则 II 第 1 项为"所有者"确定的含义相同；

"整体环境授权"是指根据第 24L 条做出的授权；

"利益相关和受影响的主体"为了第五章的目的，在与列表中活动或相关活动的环境影响评价有关时，是指第 24（4）（a）（v）条规定的利益相关和受影响的主体，包括：

（a）与此类操作或活动利益关系或受其影响的任何个人、群体或组织；

（b）对操作或活动的任何方面有审判权的任何国家机关；

"国际环境文件"是指所有与环境管理相关的国际协定、宣言、决议、公约或者议定；

"列表中活动"在第五章出现时，是指根据第 24（2）（a）和（d）条确定的活动；

"列表中区域"在第五章出现时，是指第 24（2）（b）和（c）条确定的区域；

"MEC"是指执行委员会委员，省长指定其在环境事务中负有职责；

"矿"与 2002 年《矿产和石油资源开发法》第 1 条规定的含义相同；

"2002 年矿产和石油资源开发法"是指 2002 年第 28 号《矿产和石油资源开发法》；

"部长"是指对环境事务负有责任的部长；

"国家级部门"是指国家级的政府部门；

"规范和标准"在第五章出现时，是指第 24（10）条规定的所有规范或标准；

"国家机关"是指宪法定义中的国家机关；

"人"包括法人；

"污染"是指由下列事物引起的环境变化：

（i）物质；

（ii）辐射波或其他波；

（iii）噪声、气味、粉尘或者热量，

是由个人或者某一国家机关所从事的活动（包括储存或处理废弃物或物质，建设工程和提供服务）排放的，该环境变化对人类健康或幸福有负面影响，或对自然组成、恢复能力和生产能力有负面影响，或对管理下的生态系统有负面影响，或对有用的材料有负面影响，或者在将来会产生这样的影响；

"规定"是指在公报中以条例形式规定；

"省级部门负责人"是指负责环境事务的省级部门负责人；

"公众参与程序"与环境授权申请的环境影响评价相关时，是指有参与机会的潜在利益相关和受影响的主体对申请进行评论或提意见的程序；

"条例"是指根据本法制定的条例；

"残余沉淀物"与 2002 年《矿产和石油资源开发法》第 1 条规定的含

义相同；

"残余库存"与 2002 年《矿产和石油资源开发法》第 1 条规定的含义相同；

"审查"在第五章中出现时，是指对是否正确开展评价或决策中信息是否充足的判断过程；

"空间发展工具"在第五章中出现时，是指环境要素、开发活动和开发形式以及它们之间相互关系的空间描述；

"特定环境管理法"是指：

（a）1989 年《环境保护法》（1989 第 73 号法）；

（b）1998 年《国家水法》（1998 第 36 号法）；

（c）2003 年《国家环境管理：保护区法》（2003 第 25 号法）；

（d）2004 年《国家环境管理：生物多样性法》（2004 第 10 号法）；

（e）2004 年《国家环境管理：空气质量法》（2004 第 39 号法）；

（f）2008 年《国家环境管理：海岸综合管理法》（2008 第 24 号法）；

（g）2008 年《国家环境管理：废弃物法》（2008 第 59 号法）；

（h）1999 年《世界遗产大会法》（1999 第 49 号法），

并包括根据以上任何法律制定的条例或下级立法；

"特定活动"在第五章出现时，是指根据第 24（2）（b）和（c）条在地理区域列表中确定的活动；

"国有土地"是指归属于国家政府或者省政府的土地，并且包括高水标以下的土地和海军保留地，但不包括地方政府所有的土地；

"可持续发展"是指将社会、经济和环境因素统一纳入计划、实施和决策中，以确保发展服务于今世后代；

"本法"包括附录和根据该法发布的条例和任何通知；

"船舶"是指所有形式的所有水运船只，无论是否是机动式的，但不包括那些不用来通过水运送物品的停泊漂浮设施。

（2）除非文中另有释义外，衍生于被定义词语或短语的词都具有相应的含义。

（3）对于条款的解释，与本法目的相一致的合理解释优于与本法目的不一致的另一个解释。

（4）（a）具有与特定个人或机关协商的义务；

（b）在本法中没有协商或听证义务，

两者都不免除官员或机关在行使权力或履行职能中的公正行为义务。

（5）根据本法开展的所有行政程序或做出的决定，都必须遵守 2000 年《行政正义促进法》，除非本法另有规定。

第一章　国家环境管理原则

2. 原则

（1）本条中的原则在南非共和国全境内适用，且适用于可能会显著影响到环境的所有国家机关的行为，而且——

（a）适用时必须同时考虑到所有其他适当的和相关的因素，包括国家尊重、保护、促进和实现《宪法》第二章中社会和经济权利的责任，特别是还有因不公平的歧视而处于不利地位的人群的基本需求；

（b）将其作为制定环境管理和实施计划所必须依据的总体框架；

（c）当所有国家机关根据本法或者任何涉及环境保护的法律规定做出任何决策时，将其作为该国家机关履行任何职责所必须参照的指导方针。

（d）将其作为被任命的调解人根据本法做出调解方案所必须参照的原则；

（e）指导对本法和任何其他涉及环境保护或者环境管理的法律解释、做出行政行为和执法。

（2）环境管理必须将人民及其需求置于最高关注地位，并且要公平地服务于人民身体的、心理的、发展的、文化的和社会的利益。

（3）发展必须具有社会可持续性、环境可持续性和经济可持续性。

（4）（a）可持续发展要求考虑到所有的相关因素，包括如下因素：

（i）要避免对生态系统的干扰和对生物多样性的损失，或者，如果不能完全避免，要尽量减少和补救这种干扰和损失；

（ii）要避免环境污染和环境退化，或者，如果不能完全避免，要尽量减少和补救这种污染和退化；

（iii）要避免对自然景观和作为国家文化遗产的遗址的干扰，或者，如果不能完全避免，要尽量减少和补救这种干扰；

（ⅳ）要避免废弃，或者如果不能完全避免，要尽量减少产生的废弃物，并且在可能的情况下重新使用或者回收再使用和其他方法以一种负责任的态度来处理废弃物；

（ⅴ）要负责地和公平地利用和开采不可再生的自然资源，同时要考虑到资源消耗的后果；

（ⅵ）开发、利用和开采生态系统以及作为其一部分的可再生资源不能超过保持其完整性不受损害的临界限度；

（ⅶ）要采取规避风险的和谨慎的方法，这种方法要考虑到关于决策和行为后果的目前认知的局限性；

（ⅷ）要预见到并防止对环境和人民环境权的消极影响，而且若不能完全防止，要尽量减少和补救这种消极影响。

（b）环境管理必须是整体性的，承认所有的环境要素都是连接着的和相互关联的，并且必须要通过追求最可行的环境选择，考虑到决策对环境的所有方面，以及该环境中的所有人产生的影响。

（c）必须追求环境正义，旨在不将不利的环境影响以一种不公平歧视的方式分配给任何人，尤其是易受伤害的和处于不利地位的人。

（d）必须努力使人民能够平等地获取到满足基本人类需求的和确保人类幸福的环境资源、利益和服务，并且可以采取特别措施来确保由于不公平歧视而处于不利地位的人获得上述环境资源、利益和服务。

（e）对一项政策、方案、项目、产品、工艺、服务或者活动的环境健康和安全影响的责任贯穿于其运行周期的始终。

（f）必须促进所有利益相关方和受影响方在环境治理过程中的参与，并且必须使所有人都有机会来提高为实现平等、有效的参与所必需的知识、技能和能力，并且要确保易受伤害的和处于不利地位的人参与到这个过程中来。

（g）决策必须要考虑到所有利益相关方和受影响方的利益、需求和价值，并且也包括认识到所有形式的知识，包括传统的和日常的知识。

（h）必须通过环境教育，提高环境意识、分享知识和经验以及其他合适的方式来促进社区幸福和推动还权于民。

（i）必须考虑、评估和评价活动的社会影响、经济影响和环境影响，并且必须根据这些考虑和评估来适当地做出决策。

（j）必须尊重和保护工人拒绝从事对人类健康或者环境有害的工作的权利和被告知危险的权利。

（k）必须以一种公开、透明的方式进行决策，并且必须依法提供获取信息的渠道。

（l）政府间在关于环境的政策、立法和行动方面，必须达到合作与协调。

（m）应当通过争端解决程序来解决国家机关之间实际的或者潜在的利益冲突。

（n）必须为了国家利益，履行关于环境的全球和国际责任。

（o）环境是人民的公共信托财产，对环境资源的有利使用必须服务于公共利益，而且必须将环境作为人民的共同遗产来保护。

（p）对于污染、环境退化和随之发生的不利的健康影响，以及预防、控制或尽量减少进一步的污染、环境破坏或者不利的健康影响的补救费用必须由对危害环境的行为负有责任的人支付。

（q）必须认识到妇女和青少年在环境管理和开发中的至关重要的角色，并且必须促进他们在以上过程中的充分参与。

（r）在管理和规划程序中需要特别注意到敏感的、脆弱的、易变的或者压力下的生态系统，例如沿海海岸、河口、湿地以及类似系统，尤其是处于人类资源利用和开发的显著压力之下的。

第二章　机构

第一节　……（此节已废除）

3.……（此条款已废除）

3A 论坛或咨询委员会的建立

部长可以在公报中发布通知——

（a）建立论坛或咨询委员会；

（b）决定它的组成和职能；

（c）与财政部长协商后决定论坛或咨询委员会成员的酬劳和支出的基础和范围。

4.……（**此条款已废除**）

5.……（**此条款已废除**）

6.……（**此条款已废除**）

第二节 ……（**此节已废除**）

7.……（**此条款已废除**）

8.……（**此条款已废除**）

9.……（**此条款已废除**）

10.……（**此条款已废除**）

第三章 合作型治理的程序

11. 环境实施计划和管理计划

（1）附录1中列举的每个行使的职能可能影响环境的国家机关，以及每个负有环境职责的省级部门都必须在本法实施之日起5年之内准备一份环境实施计划，并且在此后的至少每五年都要重新准备一份环境实施计划。

（2）附录2中列举的每个行使的职能涉及环境管理的国家机关必须在本法实施之日起5年之内准备一份环境管理计划，并且在此后的至少每5年准备一份环境管理计划。

（3）在附录1和附录2中都列举的每个国家机关可以准备一份统一的环境实施与管理计划。

（4）第（1）款和第（2）款中提到的每个国家机关都必须在其对环境实施计划或者环境管理计划的准备工作当中，并且在提交该计划之前，考虑每一个已经被采纳的其他环境实施计划和环境管理计划，旨在实现这些计划的一致性。

（5）部长可以在公报上发布通知——

（a）延长任何环境实施计划和环境管理计划的提交日期，延长的期限不能超过12个月；

（b）根据任何国家机关的申请，或者其主动与涉及的部长达成一致，并且在与环境协调委员会进行商议之后，修改附录 1 和附录 2；

（6）总干事必须按照国家机关或者省的要求来协助环境实施计划的准备工作。

（7）环境实施计划和环境管理计划的准备工作可以囊括基于其他目的而汇编的信息集或者计划集，并且可以组成任何其他过程或者程序的一部分。

（8）部长可以发布指南来协助省和国家机关进行环境实施计划和环境管理计划的准备工作。

12. 环境实施计划和环境管理计划的目的和目标

环境实施和管理计划的目的是——

（a）协调与调和不同国家级部门、省级政府和地方政府的环境政策、计划、项目与决策，上述国家级部门行使的职权可能影响环境或是为了实现、促进和保护环境可持续发展而被授予权力和义务的，以实现——

（i）尽量减少程序和职能的重叠；

（ii）促进可能影响环境的职能运行的一致性；

（b）贯彻宪法第三章中的合作型政府原则；

（c）确保整个国家的环境保护；

（d）防止各省对环境的不合理行为，该行为损害其他省或者全国的经济或健康利益；

（e）授权部长进行监督可持续环境的实现、推行和保护。

13. 环境实施计划的内容

（1）每个环境实施计划都必须含有——

（a）对可能对环境造成重大影响的政策、计划和项目的描述；

（b）对方式的描述，通过该方式有关国家级部门或者省要确保第（a）项中的政策、计划和项目遵守第 2 条规定的原则，也要遵守任何由《宪法》第 146（2）（b）（i）条拟定的并且由部长或任何其他部长制定的任何国家规范和标准，该其他部长以实现、促进和保护环境作为其目标。

（c）对方式的描述，通过该方式有关国家级部门或者省要确保其职能履行遵守了相关法律规定，包括第 2 条规定的原则和任何由《宪法》第 146（2）（b）（i）条拟定的并且由部长或任何其他部长制定的任何国家规范和标准，该其他部长以实现、促进和保护环境作为其目标。

（d）为促进目标的建议，和实施第五章中的程序和法规的计划。

（2）部长可以制定法规以使第（1）（b）和（c）款生效。

14. 环境管理计划的内容

每一个环境管理计划必须含有——

（a）对与环境有关的相关部门所行使的职责的描述；

（b）对由相关部门制定或者适用的环境规范和标准（包括《宪法》第146 第（2）（b）（i）条所拟定的规范和标准）的叙述；

（c）对旨在确保其他国家机关和个人遵守相关部门政策的相关部门的政策、计划和项目的描述；

（d）对关于其他国家机关和个人遵守相关部门的政策的优先事项的描述；

（e）对其他国家机关和个人遵守相关部门的政策的程度的描述；

（f）对与其他国家级部门和各级政府进行合作的筹划的描述，包括任何既有或者拟议的订立的理解备忘录，或者对环境管理产生影响的，向其他国家机关做出的权力委托或者权力分配；

（g）促进实施第五章中程序和条例的目的和计划的建议。

15. 环境实施计划和环境管理计划的提交，审查与采纳

（1）每个环境实施计划和环境管理计划都必须提交给部长或执行委员会委员根据实际情况审批。

（2）……（此条款已废除）

（3）……（此条款已废除）

（4）……（此条款已废除）

（5）提交了环境管理计划的国家级部门，必须采纳并且在提交后的90天内在公报中发布其计划，并且该计划自发布之日起生效。

（6）国家机关不能因下列事项而延误或推迟其履行职能——

（a）任何国家机关未能提交环境实施计划；

（b）……（此条款已废除）

（c）……（此条款已废除）

（d）对于任何环境实施计划的任何争议和分歧，和这种争议和分歧的

解决；

（e）任何国家机关未能采纳并发布其环境实施或管理计划。

16. 对环境实施计划和环境管理计划的遵守情况

（1）

（a）每个国家机关必须各司其职，都要严格遵守国家机关根据本章准备的、提交的和采纳的环境实施计划或者环境管理计划，该职能是由或者根据任何法律其可能具有的或者已经分配或委托给它的，并且是可能对环境保护造成重大影响的。如有严重违背环境管理管理计划或环境实施计划，必须立即向总干事报告。

（b）每个国家机关都必须每年在其财政年度最后 4 个月内向总干事报告其采纳环境管理计划或者环境实施计划的实施情况。

（c）部长可以向任何没有提交并采纳环境实施计划或者环境管理计划的国家机关做出建议，建议该国家机关遵守指定的已采纳的环境实施计划或已提交的环境管理计划的规定。

（2）总干事监督环境实施计划和环境管理计划的遵守情况，并且可以——

（a）采取一切措施或者进行一切其认为合适的询问，旨在决定国家机关是否遵守了环境实施计划和环境管理计划；

（b）由于根据（a）项采取了措施或进行了询问，如果其认为有关国家机关没有实质地遵守环境实施计划和环境管理计划，那么要向有关国家机关发出书面通知，要求它采取总干事认为纠正不遵守情形所必需的特定措施。

（3）

（a）在接到第（2）（b）款中的通知后 30 天内，该国家机关必须以书面形式在下列方面回应该通知——

（i）对通知的异议；

（ii）为纠正不遵守情形所要采取的措施；

（iii）国家机关认为涉及通知的其他信息。

（b）在考虑了国家机关的陈述和任何其他相关信息后，总干事必须在接收到第（a）项中的回应后 30 天内发出一份最终通知：

（i）以确认、修正或者取消第（2）（b）款中的通知；

（ii）确定措施，和采取措施纠正不遵守情形的时间期限。

（c）在遵守第（a）、（b）项规定后，若在国家机关和总干事之间仍存在争议或分歧，那么国家机关可以请求部长根据第四章调解它与总干事间的任何争议或分歧，该争议或分歧是关于环境实施计划的遵守或者为纠正不遵守情形所必需的措施的。

（d）在国家机关未根据第（c）项将任何争议或分歧提交调解的情形下，或者如果调解未能解决问题，那么总干事可以在第（b）项中的最终通知做出后的 60 天内（未提交调解时），或者是在调解完成后 30 天内——

（i）若国家机关隶属于省级政府，总干事可以向部长请求根据宪法第 100 条进行干预；在此情形下，争议或分歧必须根据公布的《宪法》第 41（2）条规定的法进行解决；

（ii）若国家机关隶属于地方政府，总干事可以向执行委员会成员请求根据宪法第 139 条进行干预；在此情形下，争议或分歧必须根据公布的《宪法》第 41（2）条规定的法进行解决；

（iii）若国家机关隶属于国家级政府，总干事可以将该问题供部长与土地事务部部长、水务和林业部部长、矿产与能源部部长和宪法发展部部长进行协商来做出决定。

（4）每个省级政府必须确保——

（a）省内每个市政府都遵守了相关省级环境实施计划，并且为此目的要必要地改变第（2）、（3）款规定的适用；

（b）市政府要在一切政策、方案或计划的准备方面，包括制订全面开发计划和土地开发目标的准备，遵守相关环境实施和管理计划和第 2 条中的原则。

（5）总干事必须保存所有环境实施计划和环境管理计划、相关的国家机关间协议的记录，和所有根据第（1）（b）款提交的报告；并且该计划、报告和协议必须接受公众检查。

16A. 环境展望报告

（1）部长必须在 2013 年《国家环境管理法第二修正案》实施起 4 年内，为南非共和国拟定和发布国家环境展望报告，并在此后至少每 4 年内都要拟定和发布。

（2）执行委员会委员必须——

（a）拟定和发布省级环境展望报告，该报告必须包含部长根据第（4）款决定的信息；和

（b）在2013年《国家环境管理法第二修正案》实施起4年内向部长提交报告，并在此后至少每4年都要提交。

（3）市政府或区政府可以拟定和发布市级环境展望报告，该报告必须——

（a）包含部长根据第（4）款决定的信息；和

（b）在2013年《国家环境管理法第二修正案》实施起4年内向部长和执行委员会委员提交报告，并在此后至少每4年内都要提交。

（4）为了第（2）和（3）款规定的环境展望报告的目的，部长必须在公报中发布通知，决定——

（a）编辑报告的程序；

（b）格式；和

（c）报告内容。

（5）部长必须规定提交、评价和采纳环境展望报告的程序。

（6）相关国家机关通过提供环境展望报告所需信息，与部长或执行委员会委员合作。

（7）如果省政府需要的话，部长可以帮助拟定省级环境展望报告。

（8）如果市政府需要的话，执行委员会委员可以帮助拟定市级环境展望报告。

第四章　公平决策和冲突管理

17. 提交调解

（1）任何部长、执行委员会委员或者市政议会——

（a）在行使其任何可能显著影响环境的职能方面，产生了争执或争议，

（b）根据任何法律有一个关于环境保护的争执或争议提交给了它，

在做出决定之前，可以考虑首先将此事提交调解的可能性，并且——

（i）如果其认为调解是合适的，就必须——

（aa）根据本法将此事提交给进行调解的总干事；或者

（bb）在其可以决定的情况下，任命一位调解人，并附加包括期限在内的条件；或者

（cc）该部长、执行委员会委员或者市政议会所实施的任何其他相关法律规定了调解或者调停的过程时，根据该其他法律将此事提交调解或者调停；或者

（ii）如果其认为调解是不合适的，或者如果调解失败，就要做出决定；

1995年《发展促进法》（1995年第67号法）第4条的规定必须优先适用于根据该法和该条第（1）（c）款所制定的法律而做出的决定。

（2）任何人可以请求部长、执行委员会委员或者市政议会任命一位辅助人员来召集和组织利益相关方和受到影响者参加的会议，该会议旨在达成根据本法将争议或者分歧提交调解的协议，并且部长、执行委员会委员或者市政议会可以按照第22条，任命一位协调者并且决定该协调者执行其任务的方式，包括期限。

（3）审理一项关于环境保护的争议的法院或者法庭可以命令当事人提交其争议给总干事根据本法任命的调解人，并且在调解结果悬而未决时暂停程序。

18. 调解

（1）在依据本法将一个事项提交调解的情况下，总干事可以附条件地任命一个各方接受的调解人以协助解决争执和争议。他或她可以决定附加何条件，并可附加包括时间限制在内的条件。如果双方在被任命的人选问题上未能达成一致意见，总干事可委任一个对环境纠纷调解具有充足经验或知识的人。

（2）根据本法委任的调解人必须致力于以下列方式解决问题——

（a）以书面或口头形式获得有关解决争执或争议的信息；

（b）调解争执或争议；

（c）为争执或争议的当事方提出建议；

（d）其认为适当的其他方式。

（3）根据本法委任的调解人，在履行其职责时，必须考虑到在第2条

中的原则。

（4）调解人可以以书面形式或用印刷或电子版本来保留或被致使保留有关某个事项调解的全部或一部分过程的永久记录。

（5）在保持该记录的情况下，任何社会成员都可以通过支付财政部批准的费用，得到一个可阅读的记录副本。

（6）如果调解没有解决问题，调解人可以询问双方是否希望将此事提交仲裁，并可以在他们同意后起草提交仲裁的协议。

（7）

（a）调解人必须向总干事、当事双方和提交此事项进行调解的人提交一份报告，写出其调解的结果，并指出是否已达成协议。

（b）在没有达成协议的情况下，报告可以包含其对此的建议和理由。

（c）如果有必要的话，报告中必须包含调解人对双方行为的意见。

（d）作为调解结果的报告和达成的协议必须是可供公众检查的并且任何社会成员都可以通过支付财政部批准的费用，来获取复制件。

（8）总干事在财政部长同意的情况下可随时任命具有相关的知识或专业知识的人或组织，以提供调解和调解服务。

19. 仲裁

（1）关于环境保护的争执或争议可以依照1965年《仲裁法》（1960年第42号法）提交仲裁。

（2）若第（1）款中的争执或争议被提交仲裁，那么当事方可以从根据第21条建立的仲裁员名册中指定一个人作为仲裁人。

20. 调查

部长可以随时任命一人或多人通过获得相关信息（无论是书面的还是口头的），来协助其评价关于环境保护的事项，或者在与一个市政议会或者执行委员会委员或者另一个国家级部长协商后，通过上述任命来协助该市政议会或者执行委员会委员或者另一个国家级部长评价关于环境保护的事项，并且为此目的——

（a）部长可以在公报上发布通知授予这些人根据1947年《委员会法》（1947年第8号法）所规定的调查委员会的权力；

（b）部长可以在公报上发布通知为调查的开展制定规则。调查结论及为此的原因必须被转为书面形式；

（c）总干事必须根据 1994 年《公务员法》（1994 年第 103 号法）的条款来指定该部门的官员和雇员，数目为可能对协助该人员来说是必要的人数，以及协助该官员或者雇员以外的人所执行的工作，部长在征得财政部长同意后，可以决定这些人的酬劳和津贴。

21. 专家组的委任及薪酬

（1）不论是一般或任何特定的情况下，部长可以在与财政部长协商后，确定非国家政府全职雇员的薪酬及津贴，这些人是根据本法条文任命以提供协调、调解、仲裁或调查服务的人，这些款项需要从议会为该目的的拨款中支付。

（2）部长可以创建专家组或由根据本法可以任命的辅助人员和仲裁员组成的专家组，或是创设根据本法条可以达成的合同。

（3）在第（2）款中的专家组尚未设立的情况下，部长可以采纳根据 1996 年《土地改革法（劳工租赁方)》（1996 年第 3 号法）的第 31（1）条建立的专家组。

22. 相关注意事项、报告和指定的官员

（1）本法中关于将争执或争议提交调解，调解人的任命，辅助人员的任命，调查人员的任命和此类任命的条件的决定，都必须考虑到下列事项——

（a）迅速、经济地解决争议和分歧的期望值；

（b）使贫困人群获得环境保护关切方面冲突解决措施的期望值；

（c）通过使利益相关方或受影响者有机会在决策程序中提供信息以提高决策质量的期望值；

（d）事件的利益相关方做出陈述、意见；

（e）与公共利益有关的此类其他可能相关的注意因素。

（2）（a）……

（b）……

（c）总干事必须指定一名官员，向公众在适当的调解纠纷机制方面提供信息，旨在纠纷和投诉的提交；

（d）本款涉及的报告、记录和协议都必须接受公众审查。

第五章　环境综合管理

23. 一般目标

（1）本章的目的是确保对各种活动的环境综合管理而推进适当环境管理工具的应用。

（2）环境综合管理的一般目标是——

（a）促进将第2条中的环境管理原则纳入可能对环境产生重大影响的各项决策中；

（b）确定、预测和评估对环境、社会经济条件和文化遗产的实际和潜在影响，还有活动的风险、后果、替代方案和缓解选择，目的在于尽量减小消极影响，最大化收益，以及促进对第2条中所列举的环境管理原则的遵守；

（c）确保在采取与之相关的行动之前，充分考虑活动对环境的影响；

（d）在可能影响环境的决策中，确保公众参与的充分性和适当性；

（e）确保在做出可能对环境产生重大影响的管理和决策的过程中考虑到环境属性；

（f）确定和采用确保特定活动按照第2条中的环境管理原则追求适合的最佳环境管理模式。

（3）总干事必须协调第24（1）条中提及的国家机关的活动以及协助它们落实本条的目标，并且这种协助可以包括训练、出版指南和准则以及协调程序。

23A. 主流化环境管理

（1）为了推动或促进综合的、环境可持续的和良好的管理，部长可以制定——

（a）通过图文对志愿组织或团体的发展、内容和运用进行指导；和

（b）这些图文的内容可提交给部长并由部长决定。

（2）上述图文必须，至少——

（a）将环境考量融入决策中；

（b）促进最佳环境实践的开展；

（c）推动环境友好型技术的创新性应用；或

（d）推动可持续消费和生产，包括环保认证或环保标志（如果适当的话）。

（3）在部长考虑上述图文的时候，他或她可以——

（a）根据实际情形，如果组织或团体需要部长认证或批准此图文的话，与该组织或团体就该图文的内容和运用进行接洽（如果适当的话）；或

（b）认证或批准此图文。

24. 环境授权

（1）为了实现本章中综合环境管理的一般目标，列表中的活动或特定活动的潜在环境后果或影响都必须被考虑、调查、评估和向权力机关或负责矿产资源的部长报告，除非该活动的开展不需要获得本法中的环境授权。

（1A）每个申请人都必须符合本法中规定的、与下列事项相关的要求——

（a）在提交申请前采取的步骤（如果适当的话）；

（b）任何规定的报告；

（c）与公众协商和信息收集有关的任何程序；

（d）任何环境管理项目；

（e）环境授权申请的提交和任何其他相关信息；和

（f）任何专家报告的编写（如果适当的话）。

（2）部长或其同意的执行委员会委员可以指定——

（a）没有权力机关的环境授权就不能开展的活动；

（b）基于环境属性的地理区域，和部长或执行委员会委员（经部长同意的）以规定方式采纳的空间发展工具中确定的地理区域，在该区域中没有权力机关的环境授权就不能开展特定活动；

（c）基于环境属性的地理区域，和部长或执行委员会委员（经部长同意的）以规定方式采纳的空间发展工具中确定的地理区域，在该区域中没有权力机关的环境授权也可以开展特定活动；

（d）第（a）和（b）项规定的活动，该活动没有权力机关的环境授权也可以开展，但是必须符合规定的规章或标准；或

（e）第（a）和（b）项规定的活动，基于部长或执行委员会委员（经

部长同意的）以规定方式采纳的环境管理工具，该活动没有权力机关的环境授权也可以开展。

如果一项活动在其他部长或执行委员会委员的判断范围内，就必须与该部长或执行委员会委员协商后再进行第（a）至（d）项的决定。

（2A）

（a）在符合第（2）（4）（a）（vii）条规定的风险预防和谨慎原则并受制于第（e）和（f）项的情况下，如果为确保环境保护、资源保育或可持续发展所必要的话，部长可以在公报中发布通知，禁止或限制权力机关对列表中或特定活动在特定地理区域的环境授权，禁止或限制的期限和条款或条件都由部长决定。

（b）在部长行使了他第（a）项下的权力时，权力机关必须——

（i）不再接受任何所指定的在特定地理区域内开展列表中的或特定活动的环境授权申请，直到禁止解除的时候；和

（ii）将所有悬而未决的申请视为撤回申请。

（c）部长根据（a）项对权力的行使并不影响禁止或限制生效之前通过环境授权方式获得授权开展的活动。

（d）如果禁止或限制影响了执行委员会委员根据本法行使的权力，那么第（a）项中的禁止或限制就必须在与该执行委员会委员协商后才可以在公报中公布。

（e）部长可以在公报中通知——

（i）解除第（a）项中的禁止或限制，如果致使部长根据第（a）项行使权力的情况已经消失的话；或

（ii）修正任何适用于禁止或限制的期限、条款或条件，如果致使部长根据第（a）项行使权力的情况已经改变的话。

（f）部长在行使其第（a）项中的权力前必须——

（i）咨询所有内阁成员，如果行使该权力行使会影响该内阁成员的辖区；

（ii）为符合宪法第三章合作型政府的规定，咨询被该权力的行使所影响的执行委员会委员；和

（iii）在公报通知的30天内，在公报中发布通知邀请公众成员向部长提

交关于拟议禁止或限制的书面陈述。

（3）部长或执行委员会委员（经部长同意的）可以编辑信息和地图来划定特定地理区域的环境属性，包括此类属性的敏感程度、范围、相互关系和重要性，每一个权力机关都必须考虑这些。

（4）对活动的潜在环境后果或影响的调查、评估和交流程序——

（a）与每一个环境授权的申请相关，必须确保——

（i）国家机关在评价过程中的协调和合作，如果活动在多个国家机关管辖范围内；

（ii）国家机关在任何相关的拟议政策、项目、程序、计划或方案的决策中考虑了调查结果和建议、本法中的综合环境管理的一般目标和第2条列出的环境管理原则；

（iii）此类申请中包含对环境的描述，该环境是拟议活动所可能影响的；

（iv）对活动潜在环境后果或影响的调查和对此类潜在后果或影响的重要性的评估；和

（v）公众信息和参与程序，该程序为所有利益相关方和受影响者，包括所有级别的国家机关（对活动的任何方面有管理权的）提供合理的机会参与到上述信息和参与程序中；和

（b）与每一个环境授权的申请相关，如果适当的话，必须包括——

（i）对替代活动环境潜在后果或影响的调查，以及对上述潜在后果或影响的重要性的评估，所谓替代活动包括不开展活动的选项；

（ii）对最小化负面后果或影响的缓解措施的调查；

（iii）对任何拟开展的列表中或特定活动对国家土地的影响的调查，该国家土地是规定在1999年《国家遗产资源法》（1999年第25号法）第3（2）条中的，不包括该法第3（2）（i）（vi）和（vii）条规定的国家土地；

（iv）对知识缺陷、预期措施和潜在假设的充足程度和编辑所需信息面临的困难的报告；

（v）对监控和管理环境后果或影响的安排的调查和规划，以及在上述安排实施后对其有效性的评估；

（vi）对第（3）项信息和地图所确定的环境属性的考量；和

（vii）为符合与列表中的或特定活动相关的特定环境管理法中所规定的

要求而做出的规定。

（4A）在环境影响评价被认定为环境授权申请所要应用的环境工具时，第（4）（b）款适用。

（5）部长或者执行委员会委员（经部长同意的）可以制定符合第（4）款规定的条例——

（a）规定申请、发布和监管环境授权所要遵循的程序；

（b）规定下列事项所要遵循的程序——

（i）环境授权的有效行政管理和运作；

（ii）考虑和运作环境授权申请中的公正决策和冲突管理；

（iii）……（此条款已废除）

（iv）任何条例规定以外的人向权力机关提出的关于特定活动的申请；

（v）针对权力机关决定的上诉；

（vi）残余库存和沉积物的管理和控制；

（vii）与土地所有者、合法占有者和其他利益相关方或受影响者的协商；

（viii）关矿的要求和程序，关矿的责任分配，以及对于有着相互内在联系或整体性影响的矿的可持续关矿，这种影响会导致累积性影响；

（ix）财政支持；和

（x）监管和环境管理项目绩效评估；

（bA）规定拟定、评价、采纳和审查所规定的环境管理工具所要遵循的程序，包括——

（i）环境管理框架；

（ii）策略性环境评估；

（iii）环境影响评估；

（iv）环境管理项目；

（v）环境风险评估；

（vi）环境可行性评估；

（vii）规范或标准；

（viii）空间发展工具；

（viiiA）最低信息需求；或

（ⅸ）任何其他当时可以发展的相关环境管理工具；

（bB）规定准备、评价和采纳第（2）（c）、（d）和（e）款规定的图文，包括此类图文中所包括的标准或条件；

（c）在与财政部部长协商后，规定支付下列款项的经费——

（ⅰ）对环境授权申请的考虑和运作；和

（ⅱ）专家代表权力机关对文件、运作和程序的审阅；

（d）在与财政部部长协商后，要求财政支持或其他保障措施覆盖对国家和环境的风险，该风险来自对环境授权条款的违反；

（e）明确规定只能由根据规定程序注册的环境评估从业者实施与环境授权申请相关的特定任务；

（f）要求权力机关保留与环境授权相关的申请注册表和决定记录；

（g）明确对特定条例的违反就是犯罪，并规定违反该条例应处的罚金；

（h）规定各种形式报告和程序的报告内容的最低标准，该报告内容由条例规定，旨在确保一致的质量和促进有效率的报告评价；

（ⅰ）规定审查机制和程序，包括审查程序的标准和所有主体在审查程序中的责任；

（j）规定任何其他为处理和评价环境授权所必要的事项。

（6）执行委员会委员只可以对其作为权力机关的相关列表活动、特定活动或区域制定第（5）款中的条例。

（7）对第（4）款中部长或执行委员会委员制定的程序的遵守，并不免除个人对任何其他制定法要求的遵守，该制定法要求其从任何国家机关处获得授权，从而被授权、许可或以其他方式允许实施相关活动。

（8）

（a）本法中列出或指定的活动依据其他任何法律获得的授权，并不免除申请人根据本法申请授权的义务，除非授权是以第24L条规定的方式授予的。

（b）在任何调查、评估和交流相关活动的潜在影响或后果后获得的授权，包括根据第24M条的例外授权，或本法中的列表中或特定活动根据任何法律获得的许可，都可以被权力机关认为是充分满足第24（4）条目的的，如果该调查、评估和交流符合第24（4）（a）条和第24（4）（b）条

（如果适当的话）的要求。

（9）为了符合第（1）款，只有部长可以根据第（5）款制定条例，规定在调查、评估和交流相关活动的潜在环境后果或影响时所要遵循的程序和所要拟定的报告，该活动——

（a）发展的足迹处在多省交界或穿越国界；或

（b）会影响共和国对国际习惯法或条约中义务的遵守。

（10）

（a）部长或执行委员会委员（经部长同意的），可以——

（i）发展或采纳下列事项的规范或标准——

（aa）第（2）（a）和（b）款中规定的列表中的活动或特定活动；

（bb）第（aa）目中所说的列表中的活动或特定活动的任何部分；

（cc）与（aa）目有关的任何分支；

（dd）与（aa）目有关的任何地理区域；或

（ee）（aa）（bb）（cc）和（dd）目中提及的活动、分支、地理区域、列表中的活动或特定活动的任何组合；

（ii）为了满足本法要求而规定所发展或采纳的规范或标准的运用；

（iii）规定报告和监管要求；和

（iv）规定权力机关用来监管此类活动的程序和标准，旨在判断其是否符合所规定的规范或标准。

（b）第（a）项中的规范或标准必须规定规则、指导方针或特点——

（i）可以常态和重复使用的；和

（ii）用以衡量活动绩效或结果，以实现本法的目标。

（c）发展第（a）项中的规范或标准的程序，至少包括——

（i）在相关公报中发布规范或标准草案以供评论；

（ii）考虑获得的评论；和

（iii）发布要规定的规范或标准。

（d）采纳第（a）项中的规范或标准的程序，至少包括——

（i）在相关公报中发布对现有规范或标准的采纳意图以供评论，旨在符合本法的要求；

（ii）考虑获得的评论；和

（ⅲ）发布要规定的规范或标准。

24A. 列明活动或区域的程序

在确定第 24（2）条中的任何活动或区域之前，部长或执行委员会委员（根据实际情况），必须在相关公报中发布通知——

（a）通过描述、地图或任何其他适当方式，指定拟列明的活动或区域；

（b）邀请利益相关方在通知中指定的期间内就拟列明工作提交书面评论。

24B. 除名活动或区域的程序

（1）部长可以除名其根据第 24（2）条指定的活动或区域。

（2）执行委员会委员（经部长同意的）可以除名其根据第 24（2）条指定的活动或区域。

（3）在根据本条除名一项活动或区域之前，部长或执行委员会委员（根据实际情况），必须符合第 24A 条，连同上下文所要求的文义修改。

24C. 确定权力机关的程序

（1）在根据第 24（2）列明或指定活动的时候，部长或执行委员会委员（经部长同意的）必须指定负责批准相关活动环境授权的权力机关。

（2）部长必须被指定为第（1）款中的权力机关，除非第 24C（3）条另有同意的话，如果该活动——

（a）与国际环境承诺或关系有关，并且——

（ⅰ）被部长在公报中通知指定；或

（ⅱ）该活动发生于国际环境工具手段保护区域中，除了——

（aa）保护区；

（bb）受保护的自然环境；

（cc）已公告的私人自然保护区；

（dd）自然遗产地；

（ee）生物保护区的缓冲区或过渡区；或

（ff）世界遗产地的缓冲区或过渡区；

（b）……（此条款已废除）

（c）发展足迹进入多省交界或穿越国界；

（d）正在或将要被以下主体开展——

（i）国家级部门；

（ii）对环境事务负责的省级部门或任何其他履行制定法职能或向执行委员会委员报告的国家机关；或

（iii）制定法主体，除了任何市政府，其行使国家级政府所独有的权力；或

（e）在已公布的国家受保护区域内或其他在国家权力控制下的保护区内开展。

（2A）对矿产资源负责的部长必须被指定为第（1）款中的权力机关，如果列表中的或特定活动直接关于——

（a）勘探或探测矿产或石油资源；或

（b）矿产或石油资源的采集和最初加工。

（2B）

（a）不受制于本条其他规定，在部长没有作为权力机关的情况下，如果内阁决定规定部长必须作为活动的权力机关，那么部长就必须被指定为权力机关，该活动系与国家优先事项直接或间接有关。

（b）在内阁根据第（a）项做出决定之前大约 90 天时，部长必须要在公报中发布通知。

（c）第（b）项中的通知至少包含以下信息：

（i）内阁及其成员要考虑的拟议决定；

（ii）内阁考虑拟议决定的大概日期；

（iii）决定生效的拟定日期；

（iv）部长会作为权力机关的拟定时间表，如果适当的话；

（v）第 24（2）（a）条中的活动或第 24（2）（b）条中的地理区域；和

（vi）已经或正在运作的环境授权申请所可以适用的任何过渡安排。

（d）一旦内阁做出了第（a）项中的决定，那么部长必须在公报中通知该决定。

（2C）

（a）如果在运作程序的时间表内没有对环境授权申请做出决定，那么申请人可以向部长申请促使该决定程序由负责矿产资源的部长运作，如果适当的话。

（b）申请人必须在选择第（a）项前至少 30 天，以书面形式向负责矿产资源的部长通知选择第（a）项的意图。

（c）第（a）项中的申请必须至少包含所有向负责矿产资源的部长提交的文件，旨在确保部长能做出决定。

（d）在根据第（a）项做出决定前，部长必须要求负责矿产资源的部长在特定时间内提供给他关于申请状态和延误原因的报告，并报告该部长是否能在指定期限内做出决定。

（e）在获得了第（d）项中的报告或负责矿产资源的部长在指定期限内没有回应或没有充足的回应或合作之后，部长必须，如果适当的话，在合理的期限内做出决定或做出其认为必要的措施。

（f）部长必须提交给议会一份报告，列明前一财政年度与第（e）款中权力行使相关的细节，同时根据 1999 年《公共财政管理法》（1999 年第 1 号法）第 40（1）（d）（i）条提交年度报告。

（3）部长和执行委员会委员可以同意，有关下列活动或活动类型的环境授权申请——

（a）在第（2）款中规定的，可以由执行委员会委员来处理；

（b）与执行委员会委员被指定为权力机关的活动相关的，可以由部长来处理。

（4）在符合宪法第 125（2）（b）条的情况下，如果执行委员会委员没有在本法规定的时间期限内对环境授权申请做出决定，那么申请人可以向部长申请由部长做出决定。

（5）申请人在选择适用第（4）项前至少 30 天，必须书面告知执行委员会委员选择适用该条款的意图。

（6）第（4）款中的申请必须至少包含所有提交给执行委员会委员的文件，旨在确保部长能够做出决定。

（7）在做出第（4）款中决定之前，部长必须要求执行委员会委员在指定期限内向他提供关于申请状态和延误原因的报告。

（8）在获得了第（7）款中的报告或执行委员会委员在指定期限内没有回应或没有充足的回应或合作之后，部长必须，如果适当的话——

（a）通知案件中的申请人，执行委员会委员已经符合相关规定；

（b）按照《宪法》第 125（3）条帮助执行委员会委员履行他在本法中的义务；或

（c）指定期限内，指令执行委员会委员做出决定或采取部长可能认为必要的其他措施。

（9）在执行委员会委员没有在指定期限内做出决定或以任何其他方式没有遵守第（8）（c）款中的指令时，部长必须在合理期限内做出决定。

（10）部长必须提交给议会一份报告，列明前一财政年度与第（8）款中权力行使相关的细节，同时根据 1999 年《公共财政管理法》第 40（1）（d）（i）条提交年度报告。

24D. 列表的发布

（1）部长或相关的执行委员会委员（根据实际情况），必须在相关公报中发布通知，包含下列事项的列表——

（a）第 24（2）条确定的活动或区域；和

（b）根据第 24C 条确定的权力机关。

（2）第（1）款中的通知必须指定列表生效日期。

24E. 环境授权附加的最低条件

每一个环境授权都必须有下列事项的最低保证——

（a）在活动的生命周期内，提供充足的对该活动环境影响的管理和监控；

（b）指定的财产、场地或区域；和

（c）权利和义务的转移。

24F. 与开展或继续列表中活动相关的禁止性规定

（1）不管任何其他法律规定，任何人不得——

（a）开展第 24（2）（a）或（b）条中列出或指定的活动，除非权力机关或负责矿产资源的部长（根据实际情况）已经对该活动授予环境授权；或

（b）开展和继续第 24（2）（b）条中列出的活动，除非它按照适用的规范或标准进行。

（2）……（此条款已废除）

（3）……（此条款已废除）

（4）……（此条款已废除）

24G. 非法开展活动的后果

（1）如果申请人——

（a）违反第 24F（1）条未取得环境授权即开展列表中或特定活动；

（b）未取得 2008 年《国家环境管理：废弃物法》（2008 年第 59 号法）第 20（b）条中的废弃物管理许可证即开展、从事或实施废弃物管理活动，

部长、负责矿产资源的部长或相关执行委员会委员（根据实际情况）可以责令申请人——

（i）在根据本款提交的申请决定悬而未决时立即停止该活动；

（ii）调查、评价和评估活动的环境影响；

（iii）救济活动对环境的任何负面影响；

（iv）停止、缓解或控制任何造成污染或环境退化的行为、活动、运作或排放；

（v）包含或预防污染转移或环境退化；

（vi）消除任何污染源或退化源；

（vii）编制包含下列事项的报告——

（aa）对活动需求和可欲性的描述；

（bb）对活动环境后果和影响的性质、程度、持续性和重要性的评估，包括累积性影响和拟议活动对环境的地理、物理、生物、社会、经济和文化方面造成影响的方式；

（cc）与活动的环境后果或影响相关的已采取或将要采取的缓解措施的描述；

（dd）在编制报告过程中的公众参与程序的描述，包括所有从利益相关方和受影响者处获得的评论和对解决相关问题方式的说明；

（ee）环境管理方案；或

（viii）如果部长、负责矿产资源的部长或执行委员会委员认为必要的话（根据实际情况），规定信息或开展研究。

（2）部长、负责矿产资源的部长或相关执行委员会委员必须审查所有根据第（1）款提交的报告或信息，继而可以——

（a）拒绝发放环境授权；或

（b）发放环境授权，授权个人在一些条件下继续、开展或从事活动，该条件是部长、负责矿产资源的部长或执行委员会委员认为必要的条件。环境授权在其发布之日起生效；或

（c）在根据第（a）或（b）项做出决定之前，指令申请人提供进一步的信息或采取进一步的措施。

（3）作为第（2）（a）（b）或（c）款中决定的一部分，部长、负责矿产资源的部长或执行委员会委员可以指令个人——

（a）在部长、负责矿产资源的部长或执行委员会委员认为必要的时间和条件下恢复环境；或

（b）采取任何其他该条件下的必要措施。

（4）在部长、负责矿产资源的部长或相关执行委员会委员根据第（2）（a）或（b）款行动之前，第（1）款中的个人必须支付行政费用，该费用不得超过500万兰特并且由权力机关决定。

（5）在考虑第（2）款中的决定时，部长、负责矿产资源的部长或执行委员会委员可以考虑申请人是否遵守了根据第（1）或（2）款发布的任何指令。

（6）根据第（1）款提交申请或根据第（2）（b）款授予环境授权都不得减损——

（a）环境管理监督者或南非警察总署权力机关根据本法或任何特定环境管理法对犯罪行为的调查；

（b）国家检察机关的提起刑事诉讼的法定职权。

（7）在根据第（1）款提交申请后的任何阶段，如果部长、负责矿产资源的部长或执行委员会委员认识到申请人违反或没有遵守2008年《国家环境管理：废弃物法》（2008年第59号法）第24F（1）或20（b）条的规定，该部长、负责矿产资源的部长或执行委员会委员可以推迟发布环境授权的决定，直到调查结束，并且——

（a）国家检察机关决定不对相关违法或未遵守法律的行为提起诉讼；

（b）相关申请人被无罪释放或在诉讼后未因相关违法或未遵守法律的行为而被定罪；或

（c）相关申请人被法院针对相关违法或未遵守法律的行为定罪，并且

相关申请人已经穷尽了与该罪有关的所有可以认识到的上诉或审查的法律程序。

24H. 注册机关

（1）如果协会拟将其成员注册为环境评估从业者的机构，可以向部长提出申请，部长将以规定的方式指定其为注册机关。

（2）该申请必须包含——

（a）协会章程；

（b）协会成员名单；

（c）注册环境评估从业者所要用的标准和程序的描述；

（d）负责注册评估申请的协会成员的资质；

（e）规范协会成员伦理和职业行为的行为规则；和

（f）任何其他规定要求。

（3）在考虑了申请书以及部长要求的任何其他附加信息后，部长可以——

（a）在公报中发布通知，任命协会作为注册机关；或

（b）书面告知该协会，拒绝该申请，并给出拒绝的理由。

（4）部长如有充足的理由并以书面方式，可以告知协会终止其作为注册机关。

（5）部长必须维护所有根据本条被任命为注册机关的协会的注册信息。

（6）部长可以任命多个注册机关，数量根据本法需要而定，如果情况需要的话，也可以将注册机关的数量限制在一个。

24I. 任命外请专家审查评估

如果有下列情形，部长或执行委员会委员可以任命一位外请专家审查者，其费用可以从申请者处支出——

（a）权力机关内部没有充足的任何审查评估所需要的技术知识；

（b）提交的文件中有不透明处，需要高度的客观性，以确定文件中所包含的信息是否足够做出决定或者是否需要修正。

24J. 实施指导方针

部长或执行委员会委员（经部长同意的），可以发布指导方针，关于——

（a）列表中的活动或特定活动；或

（b）根据第 24（5）条制定的条例的实施、行政和制度安排。

24K. 权力机关与立法机关和其他有管辖权的国家机关的协商

（1）如果某立法涉及根据本法也要求环境授权的任何活动，部长或执行委员会委员可以与任何负责该立法的国家机关进行协商，以协调此类立法的相关要求并避免重复。

（2）在实施《宪法》第三章和本法第 24（4）（a）（i）条时，部长或执行委员会委员可以在与第（1）款规定的国家机关协商后，与该国家机关签订书面协议，旨在避免与该活动有关的信息提交或程序运作上的重复，该活动系根据本法也要求环境授权。

（3）部长或执行委员会委员可以——

（a）在达成第（2）款中的协议后，考虑此类协议与环境授权申请的相关性和适用性；和

（b）在他考虑了环境授权申请后，该申请也需要根据其他立法的授权，无论是部分还是全部以及专业知识范围内的特定区域，根据该立法授予的任何程序都充分满足本法第五章的要求，无论该程序是否结束。并且第 24（4）（a）条（如果适用的话）和第 24（4）（b）条在此程序中生效。

24L. 环境授权的合并

（1）根据第五章有权发布环境授权的机关以及根据特定环境管理法的其他权力机关，可以同意颁发一个统一的环境授权书。

（2）只能在下列情形中才能颁发第（1）款中的统一环境授权书——

（a）已经遵守了本法和其他法律或特定环境管理法的相关规定；和

（b）环境授权书载明了——

（i）颁发该环境授权书所依据的条款；和

（ii）已经签发的环境授权的相关机关。

（3）根据第五章有权对列表中活动或特定活动发布环境授权的权力机关可以将此类授权视为特定环境管理法中授权、许可或许可证的批准或拒绝的充分基础，如果该权力机关也实施该特定环境管理法的话。

（4）根据第五章有权颁发环境授权的权力机关可以将任何其他立法中的一项授权视为满足了第五章中第 24（4）（a）条（如果适用的话）和第 24（4）（b）条对环境授权的所有要求。

24M. 某些条款适用的例外

（1）部长或执行委员会委员（根据实际情况），可以批准本法任何条款的例外，除了第24（4）（a）条或第24（2）（a）或（b）条中规定的获得环境授权的要求。

（2）负责矿产资源的部长可以批准第24（4）（b）条规定的任何事项的例外。

（3）部长或执行委员会委员（根据实际情况）必须规定根据本条提出和运作例外申请所要遵循的程序。

（4）部长、负责矿产资源的部长或执行委员会委员只能在下列情形中批准第（1）或（2）款中的例外，根据实际情况，如果——

（a）对例外的批准不可能造成严重的环境损害性后果或影响；

（b）所涉申请中的规定在实践中不能实施；

（c）该例外不可能对利益相关方或受影响者的权利产生负面影响；或

（d）该活动具有国家级或省级的重要性并且旨在预防或缓解对环境或财产的严重损害。

24N. 环境管理项目

（1）部长、负责矿产资源的部长或执行委员会委员可以在考虑环境授权申请之前，要求提交一份环境管理项目。

（1A）如果一项环境影响评估被认定为对环境授权申请应用环境工具的决定基础，那么部长、负责矿产资源的部长或执行委员会委员必须在决定环境授权申请之前，要求提交环境管理项目。

（2）环境管理项目必须包含——

（a）关于任何拟议管理、缓解、保护或救济措施的信息，这些措施被用来处理第24（1A）条规定的报告中指定的环境影响，包括关于下列事项的环境影响或目标——

（i）计划和设计；

（ii）预建造或建造活动；

（iii）相关活动的运行或开展；

（iv）环境的修复；

（v）关闭，如果适用的话；

（b）下列事项的细节—

（i）拟定环境管理项目者；和

（ii）拟定环境管理项目者的专业知识；

（c）环境管理项目所覆盖的活动内容的详细描述；

（d）指定负责实施第（a）项中措施的人的信息；

（e）拟定机制的信息，该机制是用来监管和报告环境管理项目的遵守情况的；

（f）在合理可行的条件下，恢复受任何列表中活动或特定活动影响的环境的措施，恢复到其自然或预先状态或者符合可持续发展一般原则的土地利用；和

（g）旨在实现下列目标的方式的描述——

（i）修正、救济、控制或停止任何造成污染或环境退化的动作、活动或程序；

（ii）救济污染源或退化源并移动污染物；和

（iii）符合任何规定的环境管理标准或实践。

（3）环境管理项目必须，如果适当的话——

（a）规定实施环境管理项目中的措施的时间期限；

（b）包含规制责任的措施，该责任关于可能在运营边界内外发生的环境损害、污染、污水或外来水的抽水和处理或生态退化；

（c）以下列方式发展环境关注计划——

（i）申请人希望告知他的雇员其工作中可能存在的环境风险；和

（ii）必须处理风险，旨在防止环境污染或退化。

（4）……（此条款已废除）

（5）部长、负责矿产资源的部长或执行委员会委员可以索要额外信息，并且可以指令相关环境管理项目必须按照该部长、负责矿产资源的部长或执行委员会委员的要求来调整。

（6）部长、负责矿产资源的部长或执行委员会委员可以在他批准环境授权申请后随时批准一份修正了的环境管理项目。

（7）环境授权的所有者或所涉任何人——

（a）必须一直遵守第 23 条列出的综合环境管理一般目标；

（b）必须考虑、调查、评估和交流他或她勘探或采矿的环境影响；

（c）必须管理所有环境影响——

（i）符合他或她批准的环境管理项目，如果适当的话；和

（ii）作为勘探或采矿、探测或生产运营的一整个部分，除非负责矿产资源的部长另有指令；

（d）必须监管和审计对环境管理项目要求的遵守情况；

（e）在合理可行的条件下，必须恢复因勘探或采矿运营受影响的环境，恢复到其自然或预先状态，或符合可持续发展原则一般要求的土地利用；和

（f）对他或她运营活动造成的环境损害、污染、污水或外来水抽水和处理或生态退化负责，该运营活动与权利、许可或环境授权相关。

（8）不管 2008 年《公司法》或 1984 年《倒闭企业法》规定，企业的管理者或倒闭企业的成员共同和分别地对环境负面影响负责，无论他们代表的公司或倒闭企业有意还是无意造成的，包括损害、退化或污染。

240. 权力机关审查申请时的标准

（1）如果部长、负责矿产资源的部长或执行委员会委员审查环境授权申请，那么该部长、负责矿产资源的部长或执行委员会委员必须——

（a）遵守本法；

（b）考虑所有相关因素，包括——

（i）如果申请被批准或拒绝可能导致的任何污染、环境影响或环境退化；

（ii）可以采取的措施——

（aa）避免活动造成的环境损害，该活动是申请的主题；和

（bb）预防、控制、减轻或缓解任何污染、可持续的损害性环境影响或环境退化；

（iii）申请人实施缓解措施的能力和遵守任何授予申请所附条件的能力；

（iiiA）申请人遵守规定的财政条款的能力；

（iv）如果适当的话，活动的任何可行、合理的替代选项，该活动是申请的主题，以及任何对活动的可行、合理的，可以最小化环境损害的修正或改变；

（v）任何根据第 24（3）条编制的信息和地图，包括任何规定的环境

管理框架，只要该信息、地图和框架与申请相关；

（ⅵ）根据本法提交的申请表格、报告、评论、陈述和其他文件信息，提交对象是部长、负责矿产资源的部长、执行委员会委员或与申请相关的国家机关；

（ⅶ）任何从国家机关处获得的评论，该国家机关对申请中活动的某部分有管辖权；和

（ⅷ）部长或执行委员会委员（经部长同意的）以规定方式采纳的任何指导方针、部门政策和环境管理工具，以及与申请相关的权力机关所拥有的任何其他信息；和

（c）考虑任何与该活动有关的法律中的实施机关的评论。

（2）在考虑环境授权申请时，部长、负责矿产资源的部长或执行委员会委员必须与每一个国家部门协商，该国家部门所实施的法律涉及影响环境的事务。

（2A）如果涉及勘探、探测、采矿或生产的话，第（2）款要求的评论必须通过注册邮箱提交给总干事或第（2）款中规定的国家部门的省级部门首长。

（3）根据第（2）款咨询的国家部门必须提交评论，并要在部长、负责矿产资源的部长或执行委员会委员或环境评估从业者要求此类国家部门以书面形式提交评论之日起 30 天内。

（4）……（此条款已废除）

（5）……（此条款已废除）

24P. 环境损害救济的财政支持

（1）在负责矿产资源的部长发布环境授权之前，与勘探、探测、采矿或生产相关的环境授权申请人必须遵守规定的财政支持，其支持负面环境影响的修复、关闭和正在进行的退役管理。

（2）如果任何所有者或旧命令权利的任何所有者没有修复或管理任何环境影响，或者没有能力修复或管理，那么负责矿产资源的部长可以全部或部分地使用第（1）款中的财政支持来修复或管理相关环境影响，并将此事书面告知此类所有者。

（3）每个所有者必须每年——

（a）以规定的方式评估他或她的环境责任，并增加他或她的财政支持以使负责矿产资源的部长满意；和

（b）向负责矿产资源的部长提交一份独立审计人的关于财政支持充足性的审计报告。

（4）

（a）如果负责矿产资源的部长不满意本条中的评估和财政支持，那么该负责矿产资源的部长可以任命一位独立评估人来开展评估并决定财政支持。

（b）任何评估费用都由相关所有者承担。

（5）不论负责矿产资源的部长是否依据2002年《矿产和石油资源开发法》向所有者或持有者发布关闭证明，都要保持和保留本条财政支持，并且负责矿产资源的部长可以在规定的时期内保留在修复环境影响所需要的部分财政支持，该环境影响是在关矿或勘探作业中潜在的、残余的或任何其他环境影响，包括污水或外来水的抽水。

（6）1936年《破产法》（1936年第24号法）不适用于第（1）款中规定的任何形式的财政支持，以及从该支持中产生的所有用度。

（7）部长或执行委员会委员（经部长同意的），可以根据本法中任何其他申请的条文书面更改第（1）到（6）款。

24Q. 监管和执行评估

作为环境授权的一个一般性条款和条件，并旨在——

（a）确保符合环境授权条件；和

（b）旨在评估环境管理项目的持续适当性和充分性，

每一个所有者和旧命令权利的每一个所有者都必须对已批准的环境管理项目进行规定的监控和执行评估。

24R. 环境授权的关矿

（1）每一个所有者、旧权利命令的每一个所有者和工程拥有者，都有环境责任，对污染或生态退化、污水或外来水的抽水和处理和相关可持续关闭都有责任，而不管负责矿产资源的部长根据2002年《矿产和石油资源开发法》向该所有者或拥有者发出的关闭证明。

（2）当负责矿产资源的部长发布了一项关闭证明时，他必须归还部长认为对所有者来说较为适当的第24P条中规定的部分财政支持。但是其可以在发布关闭证明后的规定期限内保留第（1）款中提及的为潜在的、累积的或任何其他环境影响的部分财政支持，还包括污水或外来水的抽水。

（3）每个所有者、旧命令权利的所有者或工程拥有者都必须计划、管理和实施规定的关于关矿的程序和要求。

（4）在与负责矿产资源的部长协商后，部长可以在公报中通知指定矿产相互联系或影响需要整合的区域，如果其相互联系将造成累积性影响。

（5）部长可以在公报中发布通知发布策略，旨在促进关矿，如果该矿是相互联系的、有整合影响的或产生累积性影响的。

24S. **残余库存和残余沉积物的管理**

必须按照 2008 年《国家环境管理：废弃物法》（2008 年第 59 号法）的规定放置和管理残余库存和残余沉积物，地点是在相关环境管理计划或环境管理项目中为该目的划定的地点。

第六章　国际义务和国际协议

25. **加入国际环境文书**

（1）如果南非共和国还没有受国际环境文书的约束，那么部长可以就加入和批准国际环境文书向内阁和议会提出建议，该建议涉及下列内容——

（a）保障实施的可获得资源；

（b）利益相关方和受影响者的看法；

（c）对南非共和国的有利之处；

（d）对南非共和国的不利之处；

（e）文书发生效力的预计日期；

（f）文书对南非共和国产生约束力的预计日期；

（g）为使文书发生效力，所需签署文书的国家的最少数目；

（h）涉及的所有国家部门各自的责任；

（i）加入行为对国际各方的潜在影响；

（j）如果有的话，要做出的保留；

（k）部长认为相关的任何其他事项。

（2）如果南非共和国是国际环境文书中的缔约方，那么在遵守了《宪法》第 231（2）和（3）条的规定后，部长可以在公报中公布国际环境文书的规定和任何对该文书的修改或增添。

（3）部长可以在议会中提出立法议案或者制定为实现国际环境文书所必需的条例，在该国际环境文书中南非共和国作为一方，并且除其他外，该法律和条例可以解决下列事项——

（a）协调文书的实施；

（b）依据文书的责任分配，包括其他国家机关的责任；

（c）信息的收集，包括旨在依据文书所需报告的编译和更新和为向议会提交的；

（d）传播与国际会议的文书和报告有关的信息；

（e）关于研究、教育、训练、提高公众意识和能力建设的项目和步骤；

（f）确保公众参与；

（g）实施和遵守文书规定，包括违法的产生和在适用的情况下处罚的规则；和

（h）落实文书所必需的任何其他事项。

（4）在第（1）款中的建议之前，部长可以在公报中发布通知，说明他提出此类建议的意向并且征求书面意见。

26. 报告

（1）部长必须每年向议会报告一次关于其负责的国际环境文书，并且该报告可以包括如下详情——

（a）关于国际环境文书的国际会议的参加情况；

（b）实施南非共和国作为缔约方的国际环境文书的进程；

（c）关于南非共和国可能成为缔约方的国际文书所从事的准备工作；

（d）在南部非洲地区的倡议和协商；

（e）协调机制的实效；

（f）已经被实施的立法措施和其目标将会实现的拟议时间范围。

（2）

（a）部长必须发起一份关于可持续发展的年度绩效报告来实现政府对《21世纪议程》的承诺。

（b）

（i）该年度绩效报告必须涵盖所有国家部门和各级政府的所有相关活动。

（ii）所有相关的国家机关必须基于（a）项中提及的报告的目的，在某

个由部长决定的日期向部长提供信息，并且该报告可以包括基于其他目的而汇编的信息的集合。

（c）部长可以任命其认为有必要任职于秘书处的人员，以确保报告的准备工作。

（d）该报告的目的必须是旨在——

（i）提供对政府执行《21世纪议程》的审计和报告；

（ii）审查为实现《21世纪议程》目标的协调政策程序和预算；和

（iii）审查为支持《21世纪议程》目标的公众教育方案的进程。

27. **适用**

（1）本章适用于任何南非共和国参加的任何国际环境文书，不论南非共和国在该法生效的之前参加或之后参加。

（2）根据本条发布的任何国际环境文件的规定，在国际环境文件发生任何程序性内容或文件条款的争议时，都作为国际环境文书内容上的证据。

第七章 遵守、执行和保护

第一节 环境危害、信息获取和举报者保护

28. **对环境损害的注意义务与补救义务**

（1）造成、已经造成或可能造成重大环境污染或退化的每个个人都必须采取合理措施以预防此类污染或退化的发生、持续或再次发生，或者，若该环境损害由法律授权或不可合理地避免或终止的，那么要尽量减少和整治此类环境污染或退化。

（1A）第（1）款也适用于重大污染或退化——

（a）在本法生效前发生的；

（b）在不同时间由造成污染的现实活动中产生或可能产生的；或

（c）从个人的行为或活动中产生的，该行为或活动造成了先前污染的变化。

（2）在不限制第（1）款中规定的一般性的前提下，第（1）款施加责任要采取合理措施的个人，包括土地或房屋的所有者，土地或房屋的控制者或者有权利使用土地或房屋的人，在该土地上或房屋里——

（a）进行或从事，或者已经进行了或已经从事了任何活动或加工；

（b）存在任何其他情形，

该情形造成、已经造成或可能造成环境的重大污染或退化。

（3）第（1）款所需的措施可以包括为下列目的的措施——

（a）调查、评估和评价环境影响；

（b）通知并教育雇员其工作的环境危害和其执行任务必须采取的方式，旨在避免造成重大环境污染或退化；

（c）停止、修改或控制任何造成污染或退化的行为、活动或工艺；

（d）控制或预防污染物的迁移或退化的起因；

（e）从源头上消除任何污染或退化；

（f）补救污染或退化的影响。

（4）在使受影响者拥有充足的机会获知他的相关利益后，总干事、负责矿产资源部门的总干事或者省级部门负责人可以指令正在造成、已经造成或可能造成环境重大污染或退化的个人进行如下事项——

（a）停止任何活动、运作或实施；

（b）调查、评价和评估特定活动影响并且提出报告；

（c）在给定日期前开始采取特定的合理措施；

（d）勤勉地持续采取那些措施；

（e）在给定合理日期前完成；

如果环境保护需要紧急行动，总干事或者省级部门负责人可以发布此类指令，并且在那之后尽可能快地给予协商并通报的机会。

（5）在考虑第（4）款拟定的任何措施或期间时，总干事、负责矿产资源部门的总干事或省级部门负责人必须注意下列事项——

（a）第2条中的原则；

（b）任何被采纳的环境管理计划或环境实施计划的规定；

（c）对环境影响的严重性和被考虑的措施的费用；

（d）法律规定其采取措施的人提议的任何措施；

（e）国家实现其作为人民环境公共信托管理者的角色的可欲性；和

（f）任何其他相关因素。

（6）根据本法要求而在另一片土地上从事恢复或者其他补救工作的人，

为了使恢复或补救工作有效而需要进入、使用那片土地或限制土地用途，但是却不能够根据合理条件满足这一需要，在此情形下，部长可以——

（a）为那些从事恢复或补救工作的人的利益而取得关于土地的必要权利，然后授予那些人以那些取得的权利；

（b）向那些从取得权利中受益的人处索回产生的所有费用；

（7）如果一个人没有遵守，或者未完全遵守第（4）款中的指令，总干事或省级部门负责人可以采取措施以纠正该情形或向有管辖权的法院申请适当的救济。

（8）根据第（9）款，总干事、负责矿产资源部门的总干事或者省级部门负责人可以在根据第（7）款采取合理救济措施之前向下列的一些或全部个人索回相关费用，以及索回第（7）款行为所产生的所有费用——

（a）对污染或退化或潜在的污染或退化负责或曾经负责，或直接或间接地负有部分责任的人；

（b）污染或退化或潜在的污染或退化发生时的土地所有人，或者该所有者的权利继承人；

（c）控制土地的人或者在下列时间段有权或者曾有权使用土地的人——

（i）正在或曾经进行或从事活动或加工；

（ii）情形发生；

（d）任何疏忽地没能预防下列事项的人——

（i）活动或程序的进行或从事；

（ii）情形的发生：

在此情形下该个人没能按照第（1）款的要求而采取措施。

（9）总干事、负责矿产资源部门的总干事或省级部门负责人对于第（8）款中费用的索回，可以向从根据第（7）款采取的措施中受益的任何其他人处合乎比例地索取。

（10）根据第（6）、（8）和（9）款索取的费用必须是合理的，并且可以包括，但并不限于劳工、行政和管理费用。

（11）如果根据第（8）款多人要承担责任，那么必须在相关个人中分配责任，并根据由于每个人分别地没有采取第（1）和（4）款要求的措施而各自对环境损害的责任程度来确定。

（12）在给予总干事、负责矿产资源部门的总干事或省级部门负责人30天通知后，如果总干事、负责矿产资源部门的总干事或省级部门负责人还没有以书面形式告知此类个人他已经指令第（8）款中的个人采取那些措施之一，任何人可以向管辖法院起诉，要求法院指令总干事、负责矿产资源部门的总干事或任何省级部门负责人采取任何第（4）款中列出的措施，并且第32（2）和（3）条规定必须进行必要地改变以适用于此类过程。

（13）在考虑依照第（12）款的任何起诉时，法院必须考虑第（5）款中的因素。

（14）……（此条款已废除）

（15）……（此条款已废除）

29. 对拒绝从事损害环境工作的工人的保护

（1）尽管有其他法律的规定，如果任何人善意并且合理地相信从事其工作将会对环境产生紧迫和严重的威胁，因而拒绝工作，不能由于拒绝从事此类工作而负有民事或刑事责任，或者可能因此被解雇、处罚、伤害或者骚扰。

（2）根据第（1）款拒绝工作的雇员必须在此后在合理可行的范围内尽快亲自或者通过代理人来通知雇主其拒绝该工作并且给出拒绝的理由。

（3）无论拒绝工作的工人是否使用或者用尽了任何其他适当的外部或者内部程序或者以其他方式对所涉事件进行补救，都适用第（1）款。

（4）不得通过不行使第（1）款中的权利来获利或者承诺使任何人获利。

（5）任何人都不能向一个人威胁要采取任何第（1）款中的行动，因为该个人行使了或者意图行使他或她根据第（1）款的权利。

30. 突发事件的控制

（1）在本条中——

（a）"事件"是指一个意想不到的、突发的、不受控制的有害物质泄露，其中包括的较多是排放，还有火灾或爆炸，这些造成、已经造成或可能造成环境、生命或财产的重大损害；

（b）"责任人"包括下列人——

（i）事件的责任人；

（ii）拥有事件涉及的任何有害物质的人；

（iii）事件发生时事件涉及的任何有害物质的控制人；

（c）"有关部门"是指——

（i）对事件发生地有管辖权的市政府；

（ii）省级部门负责人或任何其他省级官员，他们由执行委员会委员为此目的为发生事件的省所指定的，

（iii）总干事；

（iv）任何其他国家部门的总干事。

（2）在本条授权有关部门采取任何措施的情况下，可以由下列主体采取该措施——

（a）如果任何列在第（1）（c）款中的其他人都没有采取措施的话，第（1）（c）（iv）款所提及的人；

（b）如果任何列在第（1）（c）（i）款及（c）（ii）款中的其他人都没有采取措施的话，由第（1）（c）（iii）款所提及的人；

（c）如果任何列在第（1）（c）（i）款中的其他人都没有采取措施的话，第（1）（c）（ii）款所提及的人；

如果在该情形下这样做是必要的，并且第（1）（c）款中的其他人都还没有采取措施的话，某个有关部门仍然可以采取这样的措施。

（3）在事件发生时，对于责任人或处于雇佣关系中的其雇主必须在知道事故后立即通过最有效的手段可以采取合理的方式地报告——

（a）事件的性质；

（b）由发生的事件所造成的对公众健康、安全、财产的风险；

（c）由事故所释放的有毒性的物质或副产品；和

（d）应由下列人员采取的任何措施报告，旨在避免或尽量减少事件对公众健康和环境的影响——

（i）总干事；

（ii）南非警察总署和有关消防部门；

（iii）有关省级部门负责人或市政府；和

（iv）健康可能受到事件影响的所有人。

（4）在事件发生时，对于责任人或处于雇佣关系中的其雇主，在知道事故后，必须尽快合理地从事下列工作——

（a）采取一切合理的措施来控制和尽量减小事故的影响，包括其对环境的影响和对公众健康，安全和财产带来的任何风险；

（b）采取清理措施；

（c）补救事故的影响；

（d）评估事故对环境和公众健康的当前和长期影响。

（5）在事故发生时，对于责任人或处于雇佣关系中的他或她的雇主，必须在事故发生后 14 天内，向总干事、省级部门负责人和市政府报告此类信息，能够初步评估用于对事故的此类信息，这些信息包括——

（a）该事故的性质；

（b）涉及排放量的物质估值，及其对人与环境的可能的严重影响，还有评估这些影响所需的数据；

（c）已采取的初步措施，用于尽量减少的影响；

（d）事故发生的直接原因和间接原因，包括设备，技术，制度或管理失职；

（e）采取的和将要采取的措施，用于避免此类事件再次发生。

（6）相关部门可以指令责任人，在特定的时间采取特定的措施，来履行他或她在第（4）、（5）款中的义务。在此情况下，在考虑任何该措施或时间期间时，必须考虑到以下方面——

（a）第 2 条中的原则；

（b）事故对环境影响的严重性及考虑中措施的成本；

（c）如果适用的话，应采取措施的人，已采取或拟采取的任何措施；

（d）鉴于环境是人民的公共信托，国家履行其管理人角色的可欲性；

（e）任何其他相关因素。

（7）口头指令必须尽快在七天内以书面形式确认。

（8）如果——

（a）责任人未能遵守或未充分遵守第（6）款中的指令；

（b）不确定谁是责任人的；或

（c）有对公众造成严重危害的即刻风险或对环境有潜在的严重损害，

有关部门可采取其认为必要的措施来——

（i）控制和尽量减少事件的影响；

（ii）采取清理措施；和

（iii）补救事件的影响。

（9）有关部门可以请求每名责任人共同地或分别地补偿根据第（8）款其产生的全部合理费用。

（10）根据第（6）或（8）款已经采取行动的有关部门，一旦合理可行的话，就必须准备事故的综合报告，该报告必须可以通过能够合理获得的最有效的手段，而为下列人员所获取——

（a）公众；

（b）总干事；

（c）南非警察总署和有关消防部门；

（d）相关省级部门负责人或市政府；

（e）可能受到事故影响的所有人。

（11）……（此条款已废除）

30A. 紧急情况

（1）借由自身的权力、个人书面或口头要求，权力机关可以口头或书面指令个人开展列表中或特定活动，而不需第24（2）（a）或（b）条中规定的环境授权，旨在预防或维持紧急情况或预防、维持或缓解紧急情况的影响。

（2）如果知道的话，第（1）款中的人的要求，至少包括——

（a）紧急情况的性质、范围和可能影响；

（b）列表中或特定活动必须是为了应对紧急情况而开展；

（c）紧急情况的原因；和

（d）预防或维持该紧急情况或预防、维持或缓解该紧急情况的影响的拟定措施。

（3）权力机关可以指令个人在特定时间内采取特定措施，旨在预防或维持紧急情况或预防、维持或缓解紧急情况的影响。

（4）第（1）款中的口头指令必须尽早以书面形式确认，必须在7天内。

（5）在第（3）款规定的决策前，如果有信息的话，权力机关至少要考虑——

（a）紧急情况的性质；

（b）包含在第（2）款中要求的信息；

（c）紧急情况是否是该个人导致的或是其失误；

（d）第2条中的原则；

（e）紧急情况造成的环境影响风险以及所考虑的措施的成本；和

（f）紧急情况的环境影响风险，预防、控制或缓解措施，以及可能需要的事后缓解或恢复措施。

（6）如果权力机关决定不发布第（1）款中的指令，没有环境授权就不能开展或继续该活动。

（7）在本条中，"紧急情况"是指突然发生的对环境、生命或财产造成的紧迫或严重威胁，包括2002年《灾害管理法》第1条定义的"灾害"，但不包括本法第30条涉及事件。

31. 环境信息的获取和对举报者的保护

（1）……（此条款已废除）

（2）……（此条款已废除）

（3）……（此条款已废除）

（4）不管任何其他法律的规定，如果可以合理地认为个人在披露时是善意的，及他或她在披露环境风险的证据时是善意的，并认为其是依据第（5）款进行披露，该个人不得因披露任何信息而负民事或刑事责任，也不可以因此被解雇、处罚、伤害或者骚扰。

（5）第（4）款只对下列相关主体适用——

（a）向下列主体披露信息——

（i）议会或省级立法机关的委员会；

（ii）负责保护环境某一方面或紧急应对的国家机关；

（iii）公共保护者；

（iv）人权委员会；

（v）任何检察总长或者他或她的继任者；

（vi）第（i）至第（v）目中的多个机构或个人；

（b）向一个或更多新闻媒体披露信息，并且在披露时可认为下列情况是清楚的和令人信服的——

（i）该披露为避免紧迫的和严重的环境威胁所必需，旨在确保适当地和及时地调查该环境威胁，或者旨在保护他自己免受严重的或不可挽回的打击报复；

（ii）在考虑到给予开放的、责任的和参与性的行政管理的重要性的情况下，并且相信在信息披露中的公众利益明显地比任何不披露的需要更有价值。

（c）依照任何适用的外部和内部程序实质性地披露相关信息，该程序不包括第（a）或（b）项中的程序，旨在报告或其他方式应对相关问题。

（d）披露信息，该信息在披露前已经在南非共和国或其他地方成为能够为公众所获取的。

（6）第（4）款适用于，无论披露有关信息的个人是否已经使用或者用尽任何其他可适用的外部或内部程序以报告或其他方式应对相关问题。

（7）个人不得通过不行使其依据第（4）款的权利而受益或承诺使任何个人受益。

（8）个人不得向他人威胁采取任何第（4）款中的行动，因为该受威胁个人行使了或者意图行使他或她依据第（4）款的权利。

第二节　本法和任何特定环境法的适用和实施

31A. 适用

（1）本节适用于本法和任何特定环境管理法的实施。

（2）在本节，除非与上下文相冲突，特定环境管理法中与该法的行政管理和实施相关的词语或表述具有该法中的特定含义。

（3）为了本节的目的，1977年《刑事诉讼法》（1977年第51号法）附录1被视为包括本法或特定环境管理法中规定的犯罪。

31B. 部长对环境管理检查员的指定

（1）部长可以——

（a）将下列机关的工作人员指定为环境管理检查员——

（i）部门；或

（ii）任何其他国家机关；和

（b）随时撤销第（a）项中的指定。

（2）第（1）（a）（ii）款的指定只能通过部长与相关国家机关的协议做出。

31BA. 负责水务的部长对环境管理检查员的指定

（1）负责水务的部长可以——

（a）将下列机关的工作人员指定为环境管理检查员——

（i）水务和林业部门；或

（ii）任何其他国家机关；和

（b）随时撤销第（a）项中的指定。

（2）第（1）（a）（ii）款的指定只能通过负责水务的部长与相关国家机关的协议做出。

31BB. 负责矿产资源的部长对环境矿产资源检查员的指定

负责矿产资源的部长可以——

（a）将矿产资源部门的任何工作人员指定为环境矿产资源检查员；和

（b）随时撤销第（a）项中的指定。

31C. 执行委员会委员对环境管理检查员的指定

（1）执行委员会委员可以——

（a）将下列机关的工作人员指定为环境管理检查员——

（i）该省负责环境管理的部门；

（ii）任何其他省级国家机关；或

（iii）该省任何市政府；和

（b）随时撤销第（a）项中的指定。

（2）第（1）（a）（ii）或（iii）款的指定只能通过相关部长与相关省级国家机关或市政府的协议做出。

31D. 命令

（1）在指定环境管理检查员时，部长、负责水务的部长或执行委员会委员，根据实际情况和第（2）款，必须决定是否为下列法的实施而指定相关个人——

（a）本法；

（b）特定环境管理法；

（c）本法或特定环境管理法中的特定条款；

（d）本法和所有特定环境管理法；或

（e）任何那些法或法律条款的组合。

（2）执行委员会委员只可以为了本法或任何特定环境管理法的下列条款的实施而指定环境管理检查员——

（a）由执行委员会委员或省级国家机关实施的；或

（b）与之相关的，执行委员会委员或省级国家机关行使或履行被分配的或被委任的权力或职责。

（2A）负责矿产资源的部长可以为了实施本法或授予其权力的特定环境管理法的条款和监管其遵守情况，而任命环境矿产资源检查员。

（3）被指定为环境管理检查员或环境矿产资源检查员的人可以行使所有依据本法赋予环境管理检查员的权力，这些权力对于第（1）或（2A）款中的检查员命令来说是必要的，部长、负责水务的部长、负责矿产资源的部长或执行委员会委员可以将该命令通过书面通知发给环境管理检查员或环境矿产资源检查员。

（4）不管第（2A）和（3）款的规定，如果矿产资源检查员不能或不足以完成监管遵守情况和实施法律的职能，那么在经负责矿产资源的部长同意后，部长可以任命环境管理检查员来实施本法或特定环境管理法中的这些职能，这些法赋权给负责矿产资源的部长。

（5）如果原告主张与勘探、探测、采矿和生产相关的特定监管和实施职能没有被履行或充分履行，那么该原告就必须以书面形式，向负责矿产资源的部长提交证实该主张的信息。

（6）如果该原告不满意负责矿产资源的部长的回应，那么该原告可以以书面形式，向部长提交证实文件，包括与负责矿产资源的部长交涉的细节。

（7）在收到第（6）款中的信息后，部长必须与负责矿产资源的部长就他或她对该原告的回应进行协商。

（8）在第（7）款之后，经负责矿产资源的部长同意后，部长可以在合理期限内的适当情形下——

（a）协助或支持负责矿产资源的部长履行他本法中的监管遵守情况和实施义务；或

（b）指令第（4）款中的环境管理检查员负担监管遵守情况和实施的职能。

（9）部长必须将所采取的应对措施通知原告。

31E. 规定标准

（1）部长可以规定——

（a）环境管理检查员的资格标准；和

（b）环境管理检查员必须完成的训练。

（2）部长只能在与负责安保的部长协商后再规定第（1）款中的标准和训练。

31F. 指定证明

（1）必须发给每个被指定为环境管理检查员的人一个规定的识别卡。

（2）在根据本法或特定环境管理法行使权力或履行职责时，环境管理检查员必须在公共成员的要求下，制作第（1）款中的识别卡。

31G. 检查员的职能

（1）根据第 31D 条任命的环境管理检查员——

（a）必须监管和实施法律，该法是他根据该条被为之指定的；

（b）在有合理怀疑时，可以调查任何作为或不作为该作为或不作为可能——

（i）根据这些法律构成犯罪；

（ii）违反这些法律；或

（iii）违反了根据该法发布的许可、授权或其他文件条款。

（2）环境管理检查员——

（a）必须履行他的职责并行使他的权力——

（i）根据实际情况，落实任何部长或执行委员会委员发布的文件；和

（ii）受制于任何限制并遵守任何规定的程序；和

（b）可以与检查员或任何其他个人合作，如果合理地需要他们的帮助；

（c）必须以尽量减小对土地或其他东西的损害、损失或恶化的方式来行使他或她的权力。

31H. 一般权力

（1）根据第 31D 条任命的环境管理检查员可以——

（a）询问有合理怀疑任何人的作为或不作为可能——

（i）根据任命该检查员的法律构成犯罪；

（ii）违反这些法律；或

（iii）违反根据该法发布的许可、授权或其他文件的条款；

（b）给拒绝根据第（a）项回答问题的个人发出一份书面通知，要求其回答根据该项向他或她提出的问题；

（c）调查或就此询问个人，任何文件、书籍或记录或任何书面或电子信息——

（i）可能与第（a）项目的有关的；或

（ii）与本法或特定环境管理法相关的；

（d）复制或抽取任何第（c）项中的文件、书籍或记录或任何书面或电子信息，或者为了复制或抽取的目的而移出该文件、书籍、记录或书面或电子信息；

（e）要求个人制造或向检查员指定的地点移动第（c）项中的文件、书籍或记录或任何书面或电子信息以供检查；

（f）调查、询问个人，如果必要的话移出任何样本、物品、物质或其他东西，基于合理怀疑其可能被用于——

（i）依法构成犯罪，该法是检查员根据第 31D 条为之指定的；

（ii）违反该这些法律；或

（iii）违法根据该法发布的许可、授权或其他文件的条款或条件；

（g）对任何事和人进行摄影或录像，为了相关调查的目的或为了日常检查；

（h）土壤挖掘或钻孔；

（i）采集样本；

（j）移出任何违法沉积或倾倒的废弃物或其他事物，违反的法是检查员根据第 31D 条为之指定的，或者违反的是根据该法发布的许可、授权或其他文件中的条款或条件；或

（k）履行与本法不想违背的任何其他规定职责，并且履行规定在特定

环境管理法中的任何其他职责。

（2）必须以规定格式发布第（1）（b）款中的书面通知，并且必须要求个人以口头或书面、独自或请证人来回答特定问题，并且可以要求回答问题时发誓或确认。

（3）收到第（1）（b）款书面通知的人必须真实地回答给他或她提出的问题，并尽其最大努力，不管该回答是否可能使他或她获罪，但是使此类人获罪的任何回答都不能用作后续刑事诉讼中针对他或她的证据，触犯的是本法或特定环境管理法中的犯罪。

（4）环境管理检查员必须——

（a）提供下列事物的收据——

（i）根据第（1）（d）款移出的任何文件、书籍、记录或书面或电子信息；或

（ii）根据第（1）（f）款移出的任何样本、物品、物质或其他东西；和

（b）在合理期限内归还所移出的事物，或者受制于第34D，在任何相关刑事诉讼审结后归还。

（5）在本节的权力之外，环境管理检查员必须被视为安全官员并可以行使所有1977年《刑事诉讼法》（1977年第59号法）第2、5、7和8章分配给安全官员的权力或分配给不是委员会官员的公安官员的权力——

（a）遵守他或她的第31D条中的命令；和

（b）在他或她被指定的管辖权范围内。

31I. 物品的没收

（1）1977年《刑事诉讼法》第30到34条适用于本章下的没收物品的处理，并受制于文义可能要求的修正。

（2）当根据本章没收物品时，环境管理检查员可以在没收物品前要求控制物品的人立即将物品带到检查员指定的地点，如果该个人拒绝带该物品到指定地点，那么检查员可以自行去做。

（3）为了保护被没收的车辆、船舶或飞行器，环境管理检查员可以通过移出某个部件来使其不能移动。

（4）必须以规避损害的方式保存本条中被没收的物品，包括第（3）款中的车辆、船舶或飞行器的部件。

（5）环境管理检查员可以——

（a）在样品是受威胁或受保护物种或进口到共和国的外来物种的情况下，在进口港，要求负责进口的人或其代理人，制作进口许可的原始副本并连同可能需要的其他文件；和

（b）在样品是受威胁或受保护物种或出口或重新出口出共和国的情况下，在出口港，要求负责出口或重新出口的人或其代理人，制作出口或重新出口许可的原始副本并连同可能需要的其他文件。

31J. 停止、进入和搜查车辆、船舶或飞行器的权力

（1）根据第 31D 条任命的环境管理检查员可以无须权证而进入、搜查任何车辆、船舶或飞行器，或者搜查任何驮畜或任何其他运载机制，基于合理怀疑该车辆、船舶、飞行器、驮畜或其他运载机制——

（a）正在或曾经被用于，或包含或运载的东西被用于或曾经被用于触犯

（i）依法构成犯罪，检查员依据该法第 31D 条而任命；或

（ii）违反此类法律或违反依据此类法律发布的许可、授权或其他文件的条款或条件；或

（iii）包含或运载的东西可以作为此类犯罪或违法行为的证据。

（2）环境管理检查员可以无须权证而没收车辆、船舶、飞行器、驮畜或任何其他运载机制或包含在任何车辆、船舶、飞行器、驮畜或其他运载机制中的东西——

（a）涉及或合理认为其涉及犯罪行为；

（b）可能作为犯罪或怀疑犯罪的证据；

（c）将要被用于或合理认为其将要被用于犯罪；或

（d）基于合理基础，其使用方式可能导致重大环境污染、影响或退化，根据本法或特定环境管理法。

（3）第 31I 条适用于任何根据第（2）款没收的东西，受制于文义可能需要的修正。

（4）为了实施第（1）款的目的，环境管理检查员可以无须权证而随时——

（a）命令车辆或船舶的驾驶员停止或飞行器的驾驶员着陆；或

（b）如果必要并可能的话，强制驾驶员停止或着陆（根据实际情况）。

（5）环境管理检查员可以行使第 31H 条中的权力在此类车辆、船舶或飞行器上。

（6）环境管理检查员可以依据 1995 年《南非警察总署法》第 13（8）条向国家或省级警察长官申请书面授权，以建立路障或检查岗。

（7）在第 31D 条的命令下，环境管理检查员有 1995 年《南非警察总署法》第 13（8）条中南非警察总署成员的所有权力。

31K. 例行检查

（1）根据第 31D 条任命的环境管理检查员根据第（2）款，可以在任何合理时间进行例行检查，并无须权证而进入和检查任何建筑、土地或不动产，或搜查包括但不限于任何车辆、船舶、飞行器、驮畜、容器、包裹、箱子或物品，为确认对下列事物的遵守情况——

（a）该检查员被依据第 31D 条制定的立法；或

（b）依据该立法发布的许可、授权或其他文件的条款或条件。

（2）在第 31D 条的命令下，环境管理检查员可以在获得第（3）款中的权证后，并受制于第（4）款，进入和检查任何住宅房屋，以确认对下列事物的遵守情况——

（a）该检查员被依据第 31D 条制定的立法；或

（b）依据该立法发布的许可、授权或其他文件的条款或条件。

（3）环境管理检查员向地方法官书面申请发布第（2）款中的权证，并要发誓或去人有必要进入和检查特定住宅房屋，以确认法律的遵守情况，该法是检查员依据第 31D 条为之指定的。

（4）环境管理检查员可以依据第（2）款无须权证而进入和检查住宅房屋，只要——

（a）控制房屋的人同意其进入和检查；或

（b）合理相信需要申请的权证会被发布，但是申请权证可能造成的延迟会违背进入或检查的目的。

（5）在进行例行检查时，环境管理检查员可以没收包括但不限于商业或住宅房屋、土地或车辆、船舶、飞行器、驮畜、容器、包裹、箱子或物品中的任何东西，这些东西可能根据本法或特定环境管理法被用作起诉任何人犯罪行为的证据。

（6）第31I条适用于根据第（5）款没收的东西，受制于文义可能需要的修正。

（7）环境管理检查员可以对建筑、土地、不动产、车辆、船舶、飞行器、驮畜、容器、包裹、箱子、物品等行使第31H条中提及的任何权力。

31L. 发布遵守通知的权力

（1）根据第31D条任命的环境管理检查员可以以规定格式和规定程序发布遵守通知，如果合理相信个人没有遵守——

（a）该检查员依据第31D被指定的法律；或

（b）依据该法发布的许可、授权或其他文件的条款或条件。

（2）遵守通知必须列出——

（a）持续不遵守情况的细节；

（b）个人必须采取的措施和采取措施的期限；

（c）个人不能做的事情，以及不能做此事的期间；和

（d）向部长或执行委员会委员（根据实际情况而定）对遵守通知提出异议的程序。

（3）环境管理检查员可以在有好的理由的情况下，更改遵守通知，并拓展个人遵守该通知的期限。

（4）收到遵守通知的人必须在通知中的期限内遵守该通知，除非部长或执行委员会委员同意暂停第（5）款中的遵守通知的运行。

（5）收到遵守通知的人和想一句第31M条提出异议的人可以向部长或执行委员会委员（根据实际情况而定）做出陈述，在异议悬而未决之时暂停遵守通知的运行。

31M. 对遵守通知的异议

（1）依据第31L条收到遵守通知的人可以向部长或执行委员会委员（根据实际情况而定）在收到通知30日内或在部长或执行委员会委员决定的更长期限内，以书面形式做出陈述对该通知提出异议。

（2）在考虑了第（1）款中的任何陈述和任何其他相关信息后，部长或执行委员会委员（根据实际情况而定）——

（a）可以确认、修正或取消通知或部分通知；和

（b）必须指定期限，在此期限内收到通知的人必须遵守通知中被确认或修正的任何部分。

31N. 没有遵守通知

（1）……（此条款已废除）

（2）如果某人没有遵守通知，那么环境管理检查员就必须向部长或执行委员会委员（根据实际情况而定）报告该不遵守行为，部长或执行委员会委员可以——

（a）撤回或改变作为遵守通知主题的相关许可、授权或其他文件；

（b）采取任何必要措施，并从没有遵守的人那里收取这样做的费用；和

（c）……（此条款已废除）

（3）……（此条款已废除）

31O. 南非警察总署成员的权力

（1）与本法或特定环境管理法中的犯罪有关时，南非警察总署成员有所有环境管理检查员依据本节所有的权力，除了第31K条中的例行检查权和第31L到31O条的发布和执行遵守通知的权力。

（2）不考虑第（1）款，部长或执行委员会委员（根据实际情况而定），经负责安保的部长同意，可以向南非警察总署成员发布书面通知，分配给他第31K到31O条中的所有权力。

31P. 制作文件的职责

依据本法或特定环境管理法被发给许可、许可证、准可、证明、授权或任何其他文件的人，必须应环境管理检查员的要求而制作文件。

31Q. 保密

（1）披露任何人的信息是一项犯罪，如果该信息是依据本法或特定环境管理法的权力行使或职责履行中获得的，除了——

（a）如果披露的信息符合任何法律条款；

（b）如果该个人被法院命令披露信息；

（c）如果披露信息是为了使个人能够依据本法或特定环境管理法履行责任；或

（d）为了行政正义的目的。

（1A）第（1）款并不适用于关于下列事项的信息——

（a）环境质量或环境状态；

（b）环境、公共安全和人民健康和幸福的任何风险；或

（c）任何人对任何环境立法的遵守或违反情况。

（2）……（此条款已废除）

第三节　司法事项

32. 实施环境法律的法律资格

（1）任何个人或者团体可以寻求对任何违反本法任何规定或者有违反之虞的适当的救济，包括第一章包含的原则，或者特定环境管理法中的任何条款，或者关于环境保护或者自然资源的利用的其他任何规定——

（a）为了该个人或者团体自身的利益；

（b）为了或者代表由于实际原因而不能启动该程序的个人的利益；

（c）为了或者代表其利益受到影响的一个团体或者阶层的利益；

（d）为了公共利益；和

（e）为了保护环境的利益。

（2）如果法院认为个人或者团体出于对公共利益的关心或者为了保护环境的利益而合理行动，并且为获得所寻求的救济而使用其他合理可行的方式做出了应有的努力，法院可以决定判决未能获得所寻求的救济的个人或者团体不支付诉讼费，该救济是关于对本法任何规定（包括第一章的原则，或者特定环境管理法的任何条款，或者任何其他有关环境保护或者自然资源利用的制定法规定）的任何违反或者违反之虞。

（3）在个人或者团体获得了所寻求的救济的情况下，该救济是关于对本法的任何规定，或者特定环境管理法的任何规定，或者任何其他关于环境保护的制定法规定的任何违反或者违反之虞的，法院可以根据申请——

（a）在适当的范围内，向有资格作为律师或者代理人来执业的人支付诉讼费，该个人在共和国内为个人或者团体在诉讼的准备工作或者诉讼过程当中提供免费法律援助或者代理的任何人支付诉讼费；和

（b）命令所寻求救济的相对方要支付给该个人或者团体关于该个人或者团体在对事件的调查及其为诉讼的准备工作当中所产生的任何合理费用。

33. 自诉

（1）任何人可以——

（a）为了公共利益；或

（b）为了保护环境的利益，

对任何违反或可能违反任何职责人的起诉并进行诉讼，该职责依据的是国家或省级的任何立法或市政规章，或根据这些立法发布的任何条例、许可、批准或授权，但除了赋予国家机关的公共职责以外，并且该职责是有关环境保护的，并且违反该职责构成违法。

（2）1977 年《刑事诉讼法》（1977 年第 51 号法）第 9 至 17 条的规定适用于根据该法第 8 条提起的和进行的诉讼，也必须适用于根据第（1）款提起的和进行的诉讼。如果——

（a）提起自诉的人，通过一个在共和国中有资格作为辩护人或律师的人起诉；

（b）提起自诉的人已经将书面通知送达相应的公诉人，告知其打算起诉；和

（c）公诉人在收到该通知后 28 天内，并没有以书面形式表明其打算起诉所控罪行的话——

（i）不得要求提起自诉的人出具由检察总长签发的证明，说明其已经拒绝起诉；和

（ii）不得要求提起自诉的人提供此类行动的担保。

（3）法院可命令在自诉中被定罪的人，根据第（1）款支付起诉的成本和费用，包括对该项定罪或判刑的任何上诉费用。

（4）法院可以命令自诉人支付被告人的诉讼费用，如果驳回了指控或被告获判无罪释放或上诉法院做出有利于被告的判决，并且法院认定——

（a）提起和进行自诉的人并非出于社会公共利益或者保护环境；或

（b）该起诉是毫无根据的，琐碎或无理取闹的。

（5）若自诉根据该法的规定提起，禁止检察总长参与到诉讼中，除非有关法院的允许。

34. 刑事诉讼

（1）如果任何人根据附录 3 列出的任何规定构成犯罪，并且此人因该

犯罪行为对任何国家机关或者其他人造成了损失或损害，包括国家机关产生的或可能会产生的在修复环境或预防对环境损害上的费用，法院可以根据部长或其他国家机关或者其他相关个人的书面请求，并且在已认罪者出席的前提下，通过同样的程序并且不需起诉状，以简易程序的方式问询以此造成的损失或损害的总额。

（2）基于这种总额的证据，法院可以据此做出判决以支持国家机关或者其他相关个人对犯罪者的起诉，并且该判决必须具有同等的强制力和效力，并且在执行时，与在管辖法院适当地提起民事诉讼的方式相同。

（3）如果任何人根据附录3列出的任何规定构成犯罪，为该个人定罪的法院可以以简易程序的方式地问询并且评估该个人由所犯罪行中获得或可能会获得的利益的金额，并且在关于该罪行的施加的任何其他附加处罚之外，法院可以判令——

（a）损害赔偿金或者补偿或者罚金的数额与评估所得的总额相等；或

（b）被定罪的人要实施法院决定的救济措施。

（4）如果任何人根据附录3列出的任何规定构成犯罪，为该个人定罪的法院可以根据公诉人或另一个国家机关的申请，判令该个人支付公诉人和相关国家机关在调查和起诉犯罪的活动中产生的合理费用。

（5）无论何时，任何经理、代理者或者雇员的作为或不作为，他或她的任务是代表雇主而去做或是避免做的，并且雇主进行该作为或不作为根据附录3列出的任何规定中的犯罪行为，并且发生该管理者、代理者或雇员的作为或不作为，是因为雇主没有采取合理措施以预防上述作为或不作为，那么雇主必须对上述犯罪承担责任，并且除此之外如果定罪根据的是本款，那么可以施加罚金而不是罚金，其根据相关法律规定负有责任而受到处罚，包括第（2）、（3）和（4）款中的命令，并且根据本款对雇主定罪时，管理者、代理者或雇员的作为或不作为的证据构成定罪的初步证据。

（6）无论何时，任何经理、代理者或者雇员作为或不作为，他或她的任务是代表雇主而去做或是避免做的，并且雇主进行该作为或不作为是附录3列出的任何规定中的犯罪行为，那么他或她必须像身为雇主那样据此被定罪和判决。

（7）如果公司违反附录3列出的任何规定的犯罪行为是由于主管没有

采取所有合理的措施引起的，该措施对于在该环境下预防犯罪来说是必要的，任何在公司犯罪行为发生时是公司主管的人，他自己或她自己就必须对上述犯罪和判处的惩罚承担责任，该惩罚是由相关法律［包括第（2），（3）和（4）款的命令］确定的。在此情形下，上述公司犯罪的证据构成根据本款主管者犯罪的初步证据。

（8）可以在对雇主或公司定罪和判决外，对任何此类经理、经纪人、雇员或者主管定罪和判决。

（9）在第（7）和（8）款中——

（a）"公司"是指依据任何法律或合伙而组成的团体；

（b）"主管"是指董事会、执行委员会或者其他法人团体的管理者中的一个成员，在非上市的公司，是该非上市公司的一个成员，或者在合伙中，是该合伙的一个成员。

（10）

（a）部长可以用条例的方式修改附录3第（a）节。

（b）一个执行委员会成员可以用条例的方式在他或她的管辖权范围内修改附录3第（b）节。

34A. ……（此条款已废除）

34B. 以部分罚金奖励举报者

（1）根据本法或特定环境管理法对犯罪行为施加罚金的法院，可以指令向举报人支付不超过罚金总数四分之一的奖励，如果该人提供定案证据或帮助将犯罪者绳之以法。

（2）国家机关工作人员或对本法或特定环境管理法的实施负责的人员没有资格获得此类奖励。

34C. 许可的取消

根据本法或特定环境管理法对某人定罪的法院可以——

（a）撤销根据本法或特定环境管理法发给该个人的任何许可或其他授权，如果该个人滥用了许可或授权赋予的权利的话；

（b）在不超过5年的期限内剥夺该个人获得许可或其他授权的资格；

（c）发布命令，通知所有有权发布许可或其他授权的权力机关第（b）项中的剥夺权利情况。

34D. 物品的没收

（1）根据本法或任何特定环境法对某人定罪的法院，可以宣布国家没收其物品，包括但不限于任何样本、容器、车辆、船舶、飞行器或文件，这些物品被用于犯罪或与犯罪相关或者已经根据本节被没收。

（2）1977年《刑事诉讼法》（1977年第51号法）第35条适用于第（1）款中对任何物品的没收，受制于文义可能要求的此类修正。

（3）部长必须确保任何根据第（1）款国家没收的样本——

（a）被遣返回适当的出口国或出产国，包括样本，损失由被定罪的人承担；

（b）在适当的机构、收集处或博物馆中放置，如果——

（i）样本可以被清楚地标明为查封样本；和

（ii）被定罪的人不会从此类放置中获益；或

（c）以其他适当方式的处置。

34E. 查封活物样本的处理

在本法或特定环境管理法的刑事诉讼机制或该机制的审结悬而未决之时，必须以适当的机制、营救中心或设施放置根据本节没收的活物样本，这些机制、中心或设施有能力而且愿意安置和妥善照顾它。

34F. 释放车辆、船舶或飞行器的保障

（1）如果车辆、船舶或飞行器根据本法被没收或为刑事诉讼的目的而被保留，所有者或所有者的代理人可以随时向法院申请释放该车辆、船舶或飞行器。

（2）在法院决定的保障条款的基础上，法院可以命令释放该车辆、船舶或飞行器。

（3）保障的金额至少要与下列数额相等——

（a）该车辆、船舶或飞行器的市场价值；

（b）法院可以对被主张的罪行处罚的最高罚金；和

（c）国家在起诉该罪行时可以合理预见的或产生的，并能够根据本法收回的费用和支出。

（4）如果法院认为存在准许较少数额保障的情形，那么它可以基于此较少数额的保障而命令释放该车辆、船舶或飞行器。

34G. 认罪罚金

（1）部长可以在条例中指定本法或特定环境管理法中的犯罪，在这些犯罪情形中，被主张犯罪的人可以支付规定的认罪罚金，而免于被法院定罪。

（2）有理由相信某人触犯第（1）款中罪行的环境管理检查员，可以向被主张犯罪的人发布 1977 年《刑事诉讼法》（1977 年第 51 号法）第 56 条中的书面通知。

（3）第（2）款中提及的通知中规定的罚金数额不得超过——

（a）该罪行的规定数额；和

（b）法院预计可能在该情形中判处的数额。

（4）受制于文义可能要求的修正，1977 年《刑事诉讼法》第 56、57 和 57A 条适用于本条中提及的通知和认罪罚金。

34H. 司法管辖

（1）不管任何其他法有何相反规定，治安法院有权根据本法或任何特定环境管理法判处任何规定的罚金。

（2）如果权力机关认为除了第 49B 条的罚金还要考虑更严重罚金，该权力机关可以要求国家检察总署在高等法院提起刑事诉讼。

第八章　环境管理合作协议

35. 协议的签订

（1）部长和每个执行委员会委员以及市政府可以和任何个人或者社区达成环境管理合作协议，目的是推进对本法规定的原则的遵守。

（2）环境管理合作协议必须——

（a）只能与以下各方达成协议——

（i）每个对与该环境管理合作协议相关的任何活动有管辖权的国家机关；

（ii）部长和相关的执行委员会委员；

（b）只能在遵守可以由部长规定的公众参与程序之后才能达成协议；和

（c）要遵守可根据第 45 条制定的规章。

（3）环境管理合作协议可以包含——

（a）通过相关的个人或者社区提高法律所规定的标准，实现对可适用于协议标的物的环境的保护；

（b）一系列为执行第（a）项中的工作的可衡量的目标，包括实现这些目标的日期；

（c）如下规定——

（i）对目标执行情况的定期监控和报告；

（ii）独立核实报告；

（iii）定期的独立监控和检查；

（iv）确立符合协议中规定的任何目标、规范和标准以及法律规定的任何义务的可核查指标；

（d）发生了不遵守协议中的承诺的情况时要采取的措施，包括对不遵守行为的适当处罚以及对个人或者社区的激励措施。

第九章 本法和特定环境管理法的行政管理

36. 征用

（1）根据该法，部长可以为了环境或本法中的任何其他目的（公共目的或公共利益），而购买或征用（有补偿义务）任何财产。

（2）1975 年《征用法》（1975 年第 63 号法）适用于该法中的所有征用，并且在该法中涉及公共工程部部长的，为此项征用的目的提交给部长。

（3）尽管有第（2）款的规定，必须根据《宪法》第 25（3）条决定补偿金额和支付的时间和方式，并且在任何财产被征用前，必须使相关财产的所有人获得听证机会。

37. 保留

在有权处置国家土地的部长的同意的前提下，并且要在与任何其他相关部长协商之后，部长可以保留国家土地，这为了依据本法的环境的目的或其他公共目的或者具有公共利益的目的。

38. 提起诉讼

部长可以对根据本法的任何事件在法庭上提起诉讼。

39. 协议

总干事可签订国家机关间的协议，以履行其职责。

39A. 某些产品的禁止

部长可以随时规制、禁止或控制产品的生产、销售、分配、进口或出口，如果该产品对环境有实质性损害的话。

40. 合同中雇员的任命

（1）如果为实施部门职能所必需，总干事可以在 1994 年《公务员法》（1994 年第 103 号公告）的规定之外在合同中任命雇员。

（2）在与公务与行政管理部协商后，总干事必须不时决定此类雇员的雇佣条件。

（3）必须从议会为该目的的拨款中支付此类雇员的报酬。

41. 权力的分配

（1）在本条中"分配"是指宪法第 99 条中所拟定的一种分配。

（2）部长必须根据本法在工作计划中记录第（1）款中所提及的所有分配，并且可以修改该工作计划。

42. 部长和总干事将权力和职责进行委托

（1）部长可以将他或她根据本法或特定环境管理法被委任的权力或者职责委托于——

（a）总干事；

（b）执行委员会委员（与该执行委员会委员签订协议）；

（c）保护地区的管理机关；或

（d）任何国家机关（与该国家机关签订协议）。

（2）在（1）中所述的委托——

（a）必须采用书面形式；

（b）可以附加一定条件；

（c）不能阻碍部长自身之权力、职能或责任的实施；

（d）可以包含转委托的权力；和

（e）可以被部长撤回。

（2A）部长可以在公报中发布通知将权力或职责委托给执行委员会委员、保护区域的管理机关或国家机关。

（2B）部长可以确认、改变或撤销任何本条中的委托或转委托决定，并受制于任何个人从该决定中产生的权利。

（2C）部长不得将本法或特定环境管理法委任给部长的下列权力或职责进行委托——

（a）制定条例；

（b）在公报中发布通知；

（c）任命董事会或委员会的成员；或

（d）征用私人土地。

（3）总干事可以通过或基于本法或特定环境管理法，将其被授予的权力或者职责委托给——

（a）部门办公室的负责人；或

（b）在与省级部门主管协商后，一位省级政府或市政府的工作人员。

（4）总干事可以许可其委托之人将受委托的权力或职责再进行委托。

（5）在（3）中所述的委托，和在（4）中所述的许可——

（a）必须采用书面形式；

（b）可以附加一定条件；

（c）不能阻碍总干事自身之权力的行使或职责的履行；

（d）总干事可以撤回。

42A. 执行委员会委员对权力的委托

（1）省级执行委员会委员可以将根据本法或特定环境管理法委任或委托给他的权力或职责委托给——

（a）该执行委员会委员所属部门的长官；

（b）省级或地方保护区域的管理机关；

（c）市政府（与该市政府签订协议）；或

（d）任何省级国家机关（与该国家机关签订协议）。

（2）第（1）款中的委托——

（a）必须以书面形式；

（b）可以附加条件；

（c）不阻碍该执行委员会委员自身对权力的行使或职责的履行；

（d）可以包含转委托的权力；和

（e）可以被执行委员会委员撤回。

（3）执行委员会委员可以确认、改变或撤回任何根据本条的委托或转委托决定，并受制于个人在决定中产生的任何权利。

（4）执行委员会委员不得将本法或特定环境管理法委任给其的下列权力或职责进行委托——

（a）制定条例；

（b）在公报中发布通知；

（c）任命董事会或委员会的一个成员；或

（d）征用私人土地。

（5）省级部门长官可以将权力或职责委托给部门办公室负责人，该权力或职责是根据本法或特定环境管理法委任给他或她的，或由执行委员会委员委托给他或她的。

（6）第（5）款中的委托——

（a）必须以书面形式；

（b）可以附加条件；和

（c）可以被省级部门长官撤回。

42B. 负责矿产资源的部长的委托

（1）负责矿产资源的部长可以将本法托付给他或她的职能委托给——

（a）矿业和能源部总干事；或

（b）矿业和能源部的任何官员。

（2）第（1）款中的委托——

（a）必须以书面形式；

（b）可以附加任何条件；

（c）不阻碍该部长自身的职能履行；和

（d）可以被该部长撤回。

43. 申诉

（1）任何个人可以向部长申诉，申诉对象是由部长委托的任何人根据本法或特定环境管理法所做出的决定。

（1A）任何个人可以向部长申诉，申诉对象是负责矿产资源的部长及其委托的人根据本法或任何特定环境管理法所做出的决定。

（1B）……（此条款已废除）

（2）任何个人可以向执行委员会委员申诉，申诉对象是由执行委员会委员委托的任何人根据本法或特定环境管理法所做出的决定。

（3）……（此条款已废除）

（4）第（1）、（1A）或（2）款中的申诉必须被记录并以规定方式处理，并收取规定费用。

（5）部长或执行委员会委员（根据具体情况而定）可以考虑和决定一项申诉，或者任命申诉陪审团来考虑申诉并向部长或执行委员会委员就申诉提供建议。

（6）在考虑了此类申诉之后，部长或执行委员会委员可以确认、撤销或改变该决定、条款、条件或指令，或者做出任何其他适当的决定，包括返还申诉人所支付的规定费用或此类任何部分的决定。

（7）根据本条进行申诉时，暂停环境授权、豁免、指令或任何其他根据本法或任何其他特定环境管理法做出的决定，或者任何与之相关的条款或条件。

（8）收到第28（4）条中指令的人可以针对总干事、负责矿产资源部门的总干事或部长部门的省级长官、负责矿产资源的部长或执行委员会委员（根据具体情况而定）所做出的决定提起申诉，并要在收到指令的30天内，或者在部长、负责矿产资源的部长或执行委员会委员所决定的更长期间内。

（9）不管第（7）款的规定，并在申诉悬而未决时，部长、负责矿产资源的部长或执行委员会委员（根据实际情况而定）可以指令要求指令中的任何部分或任何条款不暂停，但只能严格地限制在例外情况下，即对人身健康或环境有紧迫威胁的情况。

（10）收到指令并希望根据第（8）款提起申诉的人，可以向部长、负责矿产资源的部长或执行委员会委员（根据实际情况而定）做出书面陈述，以在申诉悬而未决时暂停指令或指令的任何部分的运行。

（11）在考虑了根据第（8）条提出的申诉及任何其他相关信息后，部长、负责矿产资源的部长或执行委员会委员（根据实际情况而定）——

（a）可以确认、修正或取消指令或指令的任何部分；和

（b）可以指定期限，在该期限内收到指令的人必须遵守被确认或修正的指令的任何部分。

44. 一般性条例

（1）部长可以制定条例——

（a）处理任何根据本法必须要由条例处理的事情；

（aA）禁止、限制或控制可能对环境造成损害性影响的活动；

（aB）处理可能对环境具有实质损害性影响的产品的生产、禁止、控制、销售、分配、进口或出口；

（aC）关于在第24G条中的行政罚金决定中要遵守的程序和标准；

（aD）关于根据30A条做出口头要求时要遵守的程序；

（aE）关于环境责任的评估和决定；

（aF）环境责任的审计和报告；

（aG）财政条款的修正；和

（aH）任何其他为财政条款的实施所必要的事项。

（b）一般地，要实施本法的目的和规定。

（1A）必须在与负责所涉区域的所有内阁成员协商后才能做出第（1）款中的任何条例。

（1B）直到第（1）款中的条例生效时，现有的部长采纳用来决定第24G条中的行政罚金的标准运作程序都适用。

（1C）根据本法或任何其他议会立法（可能对第50A条中的协议条款具有修正效果的）制定的条例，必须在与负责矿产资源的部长和负责水务的部长协商后才能由部长做出。

（2）部长可以对于不同的活动、省、地理区域以及所有人或者土地所有人的等级，根据本法制定不同的条例。

（3）部长可以通过条例规定违反某些条例构成刑事犯罪，并且说明对这些犯罪行为的处罚。

45. 关于管理合作协议的条例

（1）部长可以制定以下条例——

（a）环境管理合作协议的缔结程序，其中必须包含公众参与的程序；

（b）协议的存续期间；

（c）提供有关信息的要求；

（d）一般性条件和禁止内容；

（e）报告程序；

（f）监控和检查。

（2）执行委员会委员或市政议会可以根据具体情况以其条例或规章来代替第（1）款中的由部长发布的条例。在此情形下，这种省级条例或市政规章必须涵盖第（1）款中所列举的事项，并且遵循本法中的原则。

46. 环境管理规章范本

（1）部长可以制定规章范本，旨在建立市政府管辖下的一切开发的环境影响管理措施，市政府可以采纳为市政府的规章。

（2）任何市政府都可以要求总干事在拟定影响环境事项的规章的方面协助它，并且总干事不可以不合理地拒绝此类要求。

（3）总干事可以为了实施本法启动项目，以在拟定规章方面协助市政府。

（4）第（1）款中规章范本的目的必须是——

（a）减轻负面环境影响；

（b）促进所做出的决定的实施，并实施施加的条件，施加该条件是由于授权了新活动和开发，或者是由于制定了有关当前活动和开发的规范和标准；和

（c）确保市政府的管辖下的，同时与国家其他机关进行合作的有效环境管理和资源和影响的保护。

（5）第（1）款中的规章范本必须包括环境管理措施，该环境管理措施可以包括——

（a）审计、监督并确保遵守规范；

（b）报告要求并且提供信息。

47. 制定条例的程序

（1）根据本法，在制定任何条例之前，部长或者执行委员会委员必须——

（a）在相关公报上发布通知——

（i）列出条例的草案；和

（ii）在通知中提到的一段具体指定的时期内，邀请对拟议的条例的书面意见；和

（b）考虑所有根据（a）（ii）项收到的意见。

（2）部长必须在根据本法制定任何条例终稿前的 30 天，在议会提交该条例。

（2A）在根据本法制定任何条例终稿前的 30 天，执行委员会委员必须向相关省级立法机关提交该条例。

（3）……（此条款已废除）

（4）……（此条款已废除）

（5）……（此条款已废除）

（6）……（此条款已废除）

47A. 条例、法律文件和某些情形下有效的措施

（1）根据本法或特定环境管理法制定或发布的条例或通知或授权、许可或其他文件——

（a）但是这些不遵守相关法的任何程序性要求，依然有效，如果不遵守的情况是非实质性的并且没有损害到任何人；

（b）可以不遵守相关法的程序性要求而进行修正或替换，如果——

（i）目的是修正错误；和

（ii）该修正并没有实质性地改变任何人的权利和职责。

（2）没有采取作为先决条件的本法或特定环境管理法中的任何措施，并不导致决定或行动无效，如果没有采取措施的行为——

（a）并非实质性的；

（b）并不损害任何人；和

（c）并非程序不正义的。

47B. 协商

在本法或特定环境管理法要求部长或执行委员会委员与任何个人或国家机关进行协商时，如果向该个人或国家机关正式书面通知了行动意图但没有在合理时间内得到回应，也可以视为完成了协商。

47C. 期限的延长

部长或执行委员会委员可以延长本法或特定环境管理法中的期限，或

豁免个人遵守该期限，除了约束部长或执行委员会委员的期限。

47CA. 与勘探、探测、采矿或生产有关的申诉期限的延长

与本法或任何特定环境管理法中的勘探、探测、采矿或生产决定相关时，负责矿产资源的部长可以在例外情况下，延长本法或特定环境管理法中的期限，或豁免个人遵守该期限，除了约束负责矿产资源的部长的期限。

47CB. 与勘探、探测、采矿或生产有关的申诉期限的豁免

（1）部长可以在例外情况下延长第 43（1A）条中的申诉期限，或豁免个人遵守该期限，除了约束部长的期限。

（2）在负责矿产资源的部长及其委托机关决定做出的 30 天后，部长不可以再同意第 43（1A）条提起申诉的豁免申请。

（3）在考虑延长或豁免时，部长必须考虑以下因素：

（a）延迟的程度；

（b）延迟理由的详细解释；

（c）该个人或负责矿产资源的部长是否或在何种程度上受到损害，如果期限被延长或者未遵守期限的行为被豁免的话；和

（d）延长或豁免申请的益处的详细解释。

（4）豁免时间期限的最长期限等于根据本法该豁免所寻求的行动的最长允许期限。

47D. 文件的递交

（1）可以向个人发布本法或特定环境管理法中的通知或其他文件——

（a）通过人手递交；

（b）通过注册邮箱发送——

（i）给该个人的营业或住宅地址；或

（ii）在法人的情形下，给其注册地址或主要营业地；

（bA）如果个人有传真号码的话，通过传真给该个人通知或其他文件的副本；

（bB）如果该个人有电子邮箱地址的话，通过电子邮箱给该个人通知或其他文件的副本；或

（bC）如果该个人有邮寄地址的话，通过邮寄普通邮件给该个人通知或其他文件的副本；

（c）如果地址在合理询问后仍不可知，在公报中和地方报纸中各发布一次，该地方报纸是在该个人上一次已知住宅或营业地址区域中流通的。

（2）根据第（1）（b）、（bA）、（bB）、（bC）或（c）款发布的通知或任何文件必须视为已通知到该个人，除非有相反证据证明。

第十章　一般及过渡性条文

48.……（此条款已废除）

49. 责任限制

国家和任何其他个人都对由下列原因引起的任何损害或损失不承担责任——

（a）根据本法或任何特定环境管理法对任何权力的行使或对任何职责的履行；或

（b）根据本法或任何特定环境管理法对任何权力的不行使或者对任何职责的不履行，

除非对该权力的行使或不行使，或者对该职责的履行或不履行是不合法的、过失的或是恶意的。

49A. 犯罪

（1）任何人有下列行为之一，构成犯罪——

（a）违反第24F（1）条开展活动；

（b）没有遵守第24（2）（d）条规定的任何可适用的规范或标准；

（c）没有遵守或者违背了列表中活动或特定活动的环境授权条件或已批准的环境管理项目；

（d）开展或继续第24（2）（c）、（d）或（e）条中的活动，除非他或她遵守了部长或执行委员会委员根据第24（5）（bB）条制定的条例中指定的程序、标准或条件；

（e）非法和故意或过失地进行了任何行为或排放，该行为或排放造成环境的重大污染或退化，或者可能造成环境的重大污染或退化；

（f）非法和故意或过失地进行了任何行为或排放，该行为或排放对环境造成损害性影响或可能造成损害性影响；

（g）没有遵守根据本法发布的指令；

（h）没有遵守或者违反了根据第24M条授予的豁免的任何条件；

（i）没有遵守第30（3）、（4）、（5）或（6）条；

（j）违反第31（7）或（8）条；

（k）没有遵守或者违反了根据第31L条发布的遵守通知；

（l）披露任何其他人的信息，该信息是在行使或履行第31Q（1）条中任何权力或职责时获取的；

（m）在环境管理检查员执行官方职责时，向该检查员隐瞒或进行妨碍；

（n）装作环境管理检查员或此类检查员的翻译或助手；

（o）在遵守环境管理检查员的要求时，提供虚假或误导性信息；

（p）没有遵守环境管理检查员的要求。

（2）对第（1）（a）条中指控的辩护可以是，开展或继续该活动是为应对第30条或30A条规定的事件或紧急情况（根据实际情况而定），以此保护人民生命、财产和环境。如果——

（a）在事件的情形下，该回应是为遵守第30（4）条的规定并且是必要的，并与人民生命、财产或环境是成比例的；和

（b）在第30A条规定的紧急情况的情形下，该回应是为遵守根据第30A条发布的指令。

49B. 处罚

（1）触犯第49A（1）（a）、（b）、（c）、（d）、（e）、（f）或（g）的，处一千万兰特以下罚金或10年以下徒刑，或并处。

（2）触犯第49A（1）（i）、（j）或（k）的，处五百万兰特以下罚金或5年以下徒刑，第二次犯罪或累犯的，处一千万兰特以下罚金或10年以下徒刑，或并处。

（3）触犯第49A（1）（h）、（l）、（m）、（n）、（o）或（p）条的，处罚金或1年以下徒刑，或并处。

50. 法律的废止

（1）1989年《环境保护法》的第2、3、4、5、6、7、8、9、10、11、12、13、14、14A、14B、14C、15、27A和38条特此废止。

（2）1989年《环境保护法》的第21、22、26条以及根据第21和22条

发布的，在本法施行之日还有效的通知和条例从部长在公报上公布之日起被废止，该日期不得早于根据本法第24条发布的条例或者通知的颁布之日，并且部长确信根据第21条和22条的通知和条例已经变得多余之日。

（3）任何根据1989年《环境保护法》第21、22或26条做出的申请都要结束，即使上述条款没有被废止，这些申请在条款废除时已经被提交但尚未结束。

（4）为了确保1989年《环境保护法》第21条、22条和26条的法定要求和本法要求之间的有效转换，部长可以在公报中发布通知列出包含在1997年7月5日R1182号政府通知中的活动，这些活动仍然有效，直到执行委员会委员公布该省的活动列表。

50A. 与协议相关的环境事项的未来修正

（1）

（a）对本法、2008年《国家环境管理修正法》、特定环境管理法或任何其他议会法（对协议条款具有修正效力的）中有关勘探、探测、采矿或生产的条款的任何拟定修正案，必须受制于部长、负责水务的部长和负责矿产资源的部长的同意。

（b）第（a）项中可能导致协议条款修正的任何介入，都必须在采取措施使之生效之前提交给议会，议会可以在拟议协议修正案中表达它的观点。

（2）为第（1）款目的，协议使之部长、负责水务的部长和负责矿产资源的部长之间签订的协议，与采矿有关的命名为国家的"一个环境系统"，它需要——

（a）所有环境相关方面都要通过作为原则性法的一个环境系统来规制，并且所有环境条款都被2002年《矿产和石油资源开发法》废除；

（b）部长规定规制框架和规范和标准，并且负责矿产资源的部长要实施原则性法以及下级立法中的关于勘探、探测、采矿或运营的条款；

（c）负责矿产资源的部长可以根据原则性法为勘探、探测、采矿或运营发布环境授权，并且该部长是此类授权的申诉机关；和

（d）部长、负责矿产资源的部长和负责水务的部长，在确定的时间框架下，就相关立法范围内授权的考虑和发布达成合意，并就同步时间框架达成合意。

51. 保留

根据本法所废除的条款的任何已完成或被视为已完成的任何事——

（a）直至任何本法完成的事项推翻了它，它都仍然在符合本法的范围内有效；

（b）受制于第（a）款，被认为是根据本法相应条款而做出的行为。

52. 简明标题

本法称为 1998 年国家环境管理法。

53. 施行

本法在由总统在公报上确定之日开始施行。

附录 1　第 11（1）条

行使的职能可能影响环境的国家部门

环境事务部

乡村发展和土地改革部

农业、林业和渔业部

住建部

贸易与工业部

水务部

交通部

旅游部

国防部

国有企业部

公共工程部

附录 2　第 11（2）条

行使的职能涉及环境管理的国家部门

环境事务部

水务部

矿产资源部

能源部

乡村发展和土地改革部

卫生部

劳动部

附录 3 第 34 条

第 (a) 节 全国性立法

法律编号和年份	简称	相关条款
1947 年第 36 号	《化肥、农场饲料、农业和畜牧业救助法》	第 18（1）（i）条中涉及违反第 7 条、第 7 条之二的规定
1962 年第 71 号	《动物保护法》	第 2（1）、2A 条
1970 年第 63 号	《登山区域法》	第 14 条中涉及违反第 3 条的规定
1973 年第 15 号	《危险物质法》	第 19（1）（a）、（b）条中涉及违反第 3、3A 条的规定
1977 年第 63 号	《卫生法》	第 27 条
1980 年第 73 号	《海上倾倒控制法》	第 2（1）（a）、（b）条
1981 年第 6 号	《海洋污染（控制和民事责任）法》	第 2（1）条
1983 年第 43 号	《农业资源保护法》	第 6、7 条
1986 年第 2 号	《海洋污染（防止船舶污染）法》	第 3A 条
1989 年第 73 号	《环境保护法》	第 19（1）、19A 条与 29（3）条一并阅读，第 20（1）、（9）条与 29（4）、29（2）（a）条一并阅读，第 31A 及 41A 条与 29（3）条一并阅读
1998 年第 18 号	《海洋生物资源法》	第 58（1）条中涉及违反第 43（2）条、45、47 条及第 58（2）条中关于国际保护和管理措施的规定
1998 年第 36 号	《国家水法》	第 151（1）（i）、（j）条
1998 年第 84 号	《国家森林法》	第 4（8）、7（1）、10（1）、11（2）（b）、15（1）（a）及（b）、17（3）及（4）、20（3）、21（2）、21（5）、24（8）、63（1）（a）及（d）～（f）、63（2）（a）及（b）、63（3）～（5）、64（1）及（2）条

法律编号和年份	简称	相关条款
1998 年第 101 号	《国家草原和森林防火法》	第 10 (2)、12 (1)、12 (2) (b)、12 (14) (a)、(4)、17 (1)、18 (1) (a)、18 (2)、18 (3) (b)、18 (4)、18 (4) (b)、25 (2) (a) ~ (e)、25 (5) ~ (7) 条
1998 年第 107 号	《国家环境管理法》	第 49A 条
1999 年第 25 号	《国家遗产资源法》	第 27 (18) 及 (22) 及 (23) (b)、28 (3)、29 (10)、32 (13) 及 (15) ~ (17) 及 (19) 及 (20)、33 (1) 及 (2)、34 (1)、35 (3) 及 (4) 及 (6) 及 (7) (a)、36 (3)、44 (2) 及 (3)、50 (5) 及 (12) 和 51 (8) 条
2003 年第 57 号	《国家环境管理：保护区法》	第 45 (1)、46 (1)、47 (2)、47 (3)、48 (1)、50 (5) 条与 89 (1)、89 (1) (b) ~ (d) 和 50A 条一并阅读
2004 年第 10 号	《国家环境管理：生物多样性法》	第 57 (1) 条与 101 (1) (a) 条一并阅读，第 65 (1) 条与 101 (1) (a) 条一并阅读，第 67 (2) 条与 101 (1) (a) 条一并阅读，第 71 (1) 条与 101 (1) (a)、81 (1) 条一并阅读
2004 年第 39 号	《国家环境管理：大气质量法》	第 51 (1) (a) ~ (h)、51 (2) 及 (3) 条
2008 年第 59 号	《国家环境管理：废弃物法》	第 15 (1) 及 (2) 条与 67 (1) (a) 条一并阅读，第 16 (1) (c) ~ (f) 条与 67 (1) (a) 条一并阅读，第 20 (a) 及 (b) 条与 67 (1) (a) 条一并阅读，第 26 (1) (a) 及 (b) 条与 67 (1) (a) 条一并阅读，第 38 (2) 及 (3) 条与 67 (1) (a) 条一并阅读，第 17 (2) 条与 67 (1) (a) 条一并阅读，第 18 (1) 条与 67 (1) (a) 条一并阅读，第 21 条与 67 (1) (b) 条一并阅读，第 22 (1) 条与 67 (1) (b) 条一并阅读，第 24 条与 67 (1) (b) 条一并阅读，第 27 (2) 条与 67 (1) (b) 条一并阅读，第 36 (5) 条与 67 (1) (b) 条一并阅读，第 40 (1) 条与 67 (1) (b) ~ (m)、67 (2) (a) ~ (e) 条一并阅读

法律编号和年份	简称	相关条款
2008 年第 24 号	《国家环境管理：海岸综合管理法》	第 69 条与 79（1）（a）条一并阅读，第 70（1）条与 79（1）（b）~（i）、79（2）（a）~（c）、79（3）（a）~（c）、79（4）（a）、（b）条一并阅读

［附录 3：由 2004 年第 8 号法案第 8 条代替第（a）节］
［附录 3：由 2009 年第 14 号法案第 25 条代替第（a）节］
［附录 3：由 2012 年第 731 号政府公告代替第（a）节］
［附录 3：由 2013 年第 30 号法案第 27 条修正第（a）节］

第（b）节　省级立法

法律编号和年份	简称	相关规定
1969 年第 8 号	《奥兰治自由邦保护条例》	第 40（1）（a）条中涉及违反第 2（3）、14（2）、15（a）、16（a）及 33 条的规定
1969 年第 9 号	《奥兰治自由邦乡镇条例》	第 40（1）（a）（ii）条
1974 年第 15 号	《纳塔尔自然保护条例》	第 55 条中涉及第 37（1）条，第 49 及 51 条中关于特别保护方式的规定，第 109 条中涉及第 101、102、104 条的规定，第 154 条中涉及第 152 条的规定；第 185 条中涉及第 183 条的规定，第 208 条中涉及第 194、200 条的规定
1974 年第 19 号	《开普自然和环境保护条例》	第 86（1）条中涉及违反第 41（1）（b）（ii）及（c）~（e）、52（a）、57（a）、58（b）及 62（1）条的规定
1983 年第 12 号	《德兰士瓦自然保护条例》	第 16A、17~45、47、48、51、52、54、66、71~81、83~85、87~93、95、96、98~100 及 107 条
1985 年第 15 号	《开普土地使用规划条例》	第 46（1）条中涉及第 23（1）及 39（2）条的规定
1986 年第 15 号	《德兰士瓦城镇规划和乡镇条例》	第 42、93 及 115 条

续表

法律编号和年份	简称	相关规定
1992 年第 29 号	《夸祖鲁自然保护法》	第 67 条中涉及第 59（1）、59（2）、60（1）及 62（1）条的规定；第 86 条中涉及第 76、77 及 82 条的规定；第 110 条中涉及第 109 条的规定
1998 年第 5 号	《夸祖鲁—纳塔尔规划与开发法》	第 48 条

（附录 3：由 2009 年第 14 号法案第 25 条代替第（b）节）

（李天相　译，王小钢　校）

《尼日利亚环境影响评估法》*

（1992 年第 86 号法）

本法规定了基本原则、程序和方法，旨在对相关的公共和私人工程的环境影响评估进行事先审查。

第一章　环境影响评估的一般原则

1. 环境影响评估的目标和内容

任何环境影响评估（本法中称作"评估"）的目标旨应当

（a）在任何个人、权威机构、法人团体或非法人团体，包括联邦、州或地方的政府在决定从事某事项或开展某活动之前，首先考虑这些事项可能或在很大程度上影响环境或这些活动对环境的影响；

（b）促进在所有联邦土地（不论如何取得）的州和地方政府地区执行适当的政策，以符合所有法律和决策程序，使本条（a）项的目标得以实现；

（c）当提议的活动可能对边界、跨州或边界的城镇和乡村的环境产生重大的环境影响时，鼓励机关与个人之间的信息交流，制定通知和磋商程序。

2. 在未事先考虑环境影响的情况下限制公共或私人项目

（1）公营或私营经济主体不得从事、展开或批准在先期阶段未曾事先

---

* 法典译文版本信息：本法颁布于 1992 年 12 月 10 日，译文为现行版本。

考虑环境影响的项目和活动。

（2）拟建项目或活动的范围、性质或地点可能对环境产生重大影响的，应当按照本法规定进行其环境影响评估。

（3）本法所规定的标准和程序，应当用于确定某项活动是否可能对环境造成重大影响并因此需要进行环境影响评估。

（4）除依照本法获得豁免外，所有机关、机构（不论是公共的还是私人的），在开始拟议中的项目之前，必须向环境署提出书面申请，以便迅速确定活动的对象，并在进行规划时实施环境评估。

3. **重大环境问题的认定等**

（1）在认定本法规定的环境影响评估过程时，本法规定的、或由环境署决定的、或可能对尼日利亚环境产生严重环境影响的任何项目或活动之前，应认定和研究相关重大环境问题。

（2）在适当情况下，应尽一切努力尽早认定所有环境问题。

4. **最低环境影响评估内容**

环境影响评估应至少包括如下事项：

（a）对计划活动的描述；

（b）对潜在的受影响环境的描述，包括确定和评估计划活动对环境的影响所需要的具体信息；

（c）对实际活动的适当描述；

（d）对计划活动和替代品可能或潜在的环境影响的评估，包括直接或间接、短期和长期的影响；

（e）可用于减轻规划活动的不利环境影响的措施的识别和描述，以及对这些措施的评估；

（f）在计算所需信息时可能遇到的知识缺口和不确定性的表示；

（g）表明任何其他国家，地方政府区域或尼日利亚以外地区的环境是否可能受到规划活动或其替代方案的影响；

（h）根据本条（a）至（g）项提供的信息的简要和非技术性的总结。

5. **环境显著性的详细程度**

环境评估中的环境影响应与其可能对环境造成的重要性进行一定程度上的详细评估。

6. 环境署审查环境影响评估

在作出任何决定之前（无论是赞成还是否定），环境署应公正地审查环境影响评估的资料。

7. 特定群体的评论机会

环境署在对已经开始的环境评估的活动作出决定之前，应给予政府机构、公众、任何相关学科的专家和有关团体机会，对该活动的环境影响评估发表评论。

8. 没有给予合适的时间不得作出决定

在根据本法第 7 条和第 17 条给予适当时间进行评议之前，环境署不得就提议的活动是否应得到授权或是否开展作出决定。

9. 对环境影响评估的影响作出书面决定

（1）环境署对于任何提议进行活动的环境影响评估的决定应：

（a）以书面形式；

（b）说明理由；

（c）包括防止、减少或煽动破坏环境的法律规定（如有）。

（2）环境署的报告应提供给相关人士或团体。

（3）如果无利害关系人或团体要求提交报告的，环境署有义务公布其决定，并通过这种方式告知公众成员或与活动有关的人。

（4）委员会可决定环境署发布其决定的适当的方式，将环境署的决定向有关个人或团体，特别是向与决定的活动主题有利害关系的发件人或个人公布。

10. 活动监督

当委员会认为适当时，对某项曾受环境影响评估之活动所作之决定、该活动及其对环境之影响或对本法第 9 条之规定，均应受适当监督。

11. 向受潜在影响的州或地方政府地区等发出通知

（1）如果作为环境影响评估的一部分而提供的信息表明，联邦或地方政府区域内的另一个州的环境可能受到某项拟议活动的重大影响，该活动所在的州或地方政府应在可能的范围内：

（a）将拟议活动通知可能受影响的州或地方政府；

（b）向受影响的州或地方政府传送环境影响评估的任何相关信息；

（c）及时与受影响的州或地方政府进行磋商。

（2）环境署有责任确保本款第（1）项的规定得到遵守，环境署可促使根据本款第（1）项提供的磋商得以进行，以调查相关活动的建设或过程中可能发生的任何环境减损或危险

12. 未获环境署报告不得开展强制性研究

（1）当一个项目被列在本法附录中所列的强制性研究名单上，或者被提交到调停小组或复审小组中时，联邦、州、地方政府或其任何权力机构或部门不得行使任何权力或履行任何职责或职能，使该项目得以全部或部分地实施，除非环境署根据本法，已经有理由采取其行使权力的行动，或者已经作出决定或已经发布命令，使该项目可以有条件地或无条件地实施。［见附录］

（2）环境署如果对项目的实施已经提出条件的，则任何人或者有关机关在完全达到这些条件后才可以开始实施该项目。

第二章　项目环境评估

13. 需要进行环境评估的项目

除本法第一章规定外，在如下情况中也应要求进行环境影响评估，当联邦、州或地方政府委员会所设立的联邦、州或地方政府机构：

（a）是该项目的倡导者，并从事任何使联邦、州或地方政府当局有义务全部或部分实施该项目的行为或事情；

（b）为使项目全部或部分得以实施而向发起人作出授权付款或为贷款做出担保，或是为使项目全部或部分得以实施而给予的财政援助，除非此援助是根据《海关税则等（综合）法》作出的任何命令，以任何减少、避免、延期、撤换、退款、减免或其他形式免除任何税款、税款或消费税的形式进行，且为了保障法律、法规或命令中明确指定提供救济的个人项目能够进行的财政援助除外；

（c）联邦、州或地方政府对这些土地有管理、租赁或以其他方式处置和测试的权力，或代表联邦政府及机构，将对这些土地的管理、控制和投资转化为可以整体或部分开发的项；或

（d）根据法律或法规的规定，为使项目得以全部或部分实施之目的，颁发许可证或执照，给予批准或采取任何其他行动。

14. 例外项目

（1）下列情况之一者，可不进行环境评估：

（a）总统或委员会认为该项目的环境影响可能很小而列入在环境署的项目清单中；

（b）该项目是政府在国家紧急状态情况采取的临时措施；

（c）环境署认为符合公共卫生或安全利益的项目。

（2）当然，如果联邦、州或地方政府为了执行项目而行使权力或履行职责或职能，在下列情况下可能不需要进行环境评估：

（a）在行使权力或履行职责或职能时已确定该项目；以及

（b）在项目确定后，联邦、州或地方政府无权就项目执行任何职责或职能。

15. 环境评估程序

环境署决定在项目开始前需要对项目进行环境评估时，环境评估过程可能包括：

（a）筛选或强制研究，并拟备筛选报告；

（b）本法第35条规定的由审查小组进行的强制性研究或评估，并编写报告；

（c）跟进计划的设计和实施。

16. 评审小组的考量因素

（1）每个项目的筛选或强制性研究以及审查小组的每一次调解或评估均应考虑以下因素，即

（a）项目的环境影响，包括项目可能发生的故障或事故对环境的影响，以及任何累积的环境影响可能由项目引起的因为考虑到的其他已经或将要执行的其他项目；

（b）本法第47条、48条或49条中所述项目所产生影响的重要性及严重性；

（c）根据本法规定从公众处收到的关于这些影响的评论；

（d）在技术和经济上可行，并可减轻任何重大影响的措施，或如第47条、48条或49条所述的项目，可减轻项目对环境的任何严重不利影响的措施。

（2）除本条第（1）款规定的因素外，每个项目的强制性研究和每个由评审小组进行的调解或评估均应考虑以下因素，即：

（a）项目的目标；

（b）在技术和经济上可行的其他项目实施方式以及任何此类替代方式对环境的影响；

（c）有关该项目的任何后续计划的需要和要求；

（d）可再生资源的短期或长期再生能力，这些再生能力可能会受到重大影响，或者，就本法第47条、48条或49条所述的项目而言，可能受到该项目的严重影响；以及

（e）环境署或委员会应机构的要求可能要求的任何其他事项。

（3）为更明确确定，因素的范围须依照本条的第（1）款（a）、（b）及（d）及第（2）款（b）、（c）及（d）项所考虑因素的范围应予以确定：

（a）由环境署确定；或

（b）当委员会在成立调解或审查小组时，委员会与环境署协商后，可以确定调解或审查小组的委托权限。

（4）项目的环境评估还应包括国家紧急状态申报中可能对项目实施产生的环境影响。

17. 未考量因素

（1）环境署可以对某一项目的审查或强制性研究的任何部分进行授权，包括准备审查报告或强制性研究报告，但不能授权采取符合本法第21条第（1）款和第39条第（1）款规定的行动；

（2）为进一步明确，除非环境署根据本法或任何相关法律得到了第（1）款的所授予的职责或职能，否则环境署不得依据第21条第（1）款或第39条第（1）款采取行动。

18. 筛选

（1）环境署如果认为某一项目没有列入必须进行研究的清单或排除的清单中，应当确保：

（a）进行项目筛选；

（b）制作筛选报告。

（2）任何可用信息都可以用于项目的筛选，但如果环境署认为现有信

息不足以使其根据本法第 21 条第（1）款采取行动，应保证进行或收集对此有必要的任何研究和信息。

19. 等级筛选报告的申报

（1）环境署收到筛选报告后，认为可以作为筛查同一类项目的一种方法的，可以将该报告宣布为某一等级的筛查报告；

（2）根据本法第（1）款作出的声明应在政府公报上公布，并且其相关筛选报告应在环境署的登记处保存并向公众开放；

（3）凡环境署认为某一项目或某一项目的一部分属于申报的某类筛查报告所指的类别，为遵守本法第 12 条的规定，环境署可使用或允许使用该报告及其所依据的筛查到任何适当的程度；

（4）当环境署使用或允许使用等级筛查报告时，应当确保环境署认为有必要进行调整以适应当地的情况，并且考虑到环境署认为该项目与已经实施或计划实施的其他项目合并进行可能导致的任何累积的环境影响。

20. 使用预先筛选的方法

（1）如果某一提议人提议全部或部分实施某一项目，而某一项目已编制筛选报告，但该项目并未进行，或该项目的实施方式后来已发生变化，或者某一提议人就某一已编制筛选报告的项目寻求本法第 5 条（d）款所指的执照或批准的续展，环境署可以使用或准许使用该报告和其所依据的筛选，只要环境署认为为了遵守本法第 12 条的规定，该报告和其所依据的筛选是适当的。

（2）当环境署根据本条第（1）款使用或允许使用筛选或筛选报告时，环境署应确保作出它认为必要的调整，以考虑项目情况的任何重大变化。

21. 环境署的决定

（1）在完成关于项目的审查报告后，环境署应采取下列行动之一，即：

（a）如果环境署认为；

（i）该项目不太可能造成重大的不利环境影响，或

（ii）任何此类影响可以减轻，

环境署可行使任何权力或履行任何职责使项目得以进行，并须确保环境署认为适当的缓解措施得以实施；

（b）如果环境署认为；

（i）该项目可能会造成不可缓解的重大不利环境影响；或

（ii）因公众对该项目的密切关注，

环境署应根据本法第 35 条将该项目提请委员会进行调解或提请审议小组审议；或

（c）如果环境署认为该项目可能会造成无法减轻的重大不利环境影响，则环境署不得行使任何权力或履行任何为了实施全部或部分该项目而赋予的任何职责或职能。

（2）为了更确定地说明，如果环境署采取本条第（1）（a）款所述的行动方法，环境署应行使任何权力，履行被该款或者任何法律赋予的任何适用的职能，在一定程度上确保环境署能够实施其认为的任何合适的关于该项目的缓解措施。

（3）在根据本条第（1）款就某个项目采取行动之前，环境署应给予公众一个机会对筛查报告和已在根据本法第 51 条就该项目建立的登记处提交的任何记录进行审查和评论，并应考虑提交的任何意见。

22. 强制性研究

如果环境署认为某一项目在强制研究清单中有描述，环境署应：

（a）确保按照本法的规定进行强制性研究，并编制一份强制性研究报告提交给环境署；或

（b）根据本法第 35 条将项目提交委员会，由委员会转交调解或审查小组。

23. 利用事先已进行的强制性研究

（1）如果提议者提议全部或部分实施已编制了强制性研究报告但未进行或进行方式后来发生改变的项目，或者一个提议者对于一个已经编制筛选报告的项目寻求对本法第 5 条（d）款中提及的执照，许可证或批准书，机构可以使用或允许使用该报告和强制性，无论达到什么程度上只要机构认为适合本法第 12 条之目的。

（2）如果环境署根据本条第（1）款使用或准许使用强制性研究或强制性研究报告，当项目发生任何重大的改变的情况时，环境署应保证作出它认为必要的调整。

24. 公告

（1）在收到项目强制性研究报告后，环境署将以其认为适当的方式，以通告的形式公布如下信息：

（a）向公众公开强制性研究报告的日期；

（b）可以获得报告副本的地点；和

（c）提交报告的总结和建议的截止日期和地址。

（2）在环境署发布的通知所规定的截止日期之前，任何人均可向环境署提交有关强制性研究报告结论和建议的意见。

25. 委员会的决定

在考虑强制性研究报告及根据第 24 条（2）款提交的意见后，委员会须：

（a）当委员会认为是以下情形时，应按照本法第 25 条将该项目提交调解或审查小组，

（i）该项目可能会造成不可缓解的重大不利环境影响；或

（ii）公众对该项目环境影响的关注证明其影响巨大；或

（b）当委员会认为是以下情形时，应按照本法第 39 条（1）款（a）项将该项目交回环境署：

（i）项目不太可能对环境造成重大不利影响；或

（ii）对环境的影响可被缓解。

26. 提交给委员会

如果环境署在任何时候认为：

（a）一个项目可能会造成不可缓解的重大不利环境影响；要么

（b）公众对项目的环境影响的关注证明其对环境确有重大影响，

环境署应根据本法第 25 条将该项目转交委员会转介调解或审查小组。

27. 被负责机关终止

凡环境署在任何时候决定不执行本法第 25 条中提及的与项目有关的任何权力或执行任何职责或职能，未提交调解机构或审查小组的，可终止该项目的环境评估。

28. 被委员会终止

凡环境署在任何时候决定不执行本法第 25 条中提及的与项目有关的任

何权力，或执行任何职责或职能未提交调解或审查小组的，委员会可终止该项目的环境评估。

29. 委员会的提交

如果委员会认为：

（a）一个项目可能会造成不可缓解的重大不利环境影响，或者

（b）公众对项目的关注证明其对环境确有重大影响，

委员会可在与环境署协商后根据本法第 25 条将该项目转交给调解或审查小组。

30. 委员会的决定

根据本法将项目转介给调解或审查小组的，委员会应在规定的期限内提交委员会：

（a）如果委员会符合下列条件，则提交调解：

（i）直接受项目影响或对项目有直接利益的各方已经确定并愿意派代表参与调解；

（ii）调解可能产生令所有各方均满意的结果；

（b）否则应提交给审查小组。

31. 指定调解员

如果项目涉及调解，委员会应与环境署协商：

（a）任命委员会认为具有所需知识或经验的人为调解人；以及

（b）确定调解的范围。

32. 当事人的确定

（1）如果有关各方对于参与调解的人有争议的，委员会可应调解的要求确定直接受项目影响或与项目直接有利害关系的当事人；

（2）委员会根据本条第（1）款作出的任何决定，均有约束力。

33. 调解

（1）调解员只有在确信所有的调解参加人都了解了调解所需的全部情况后才能进行调解。

（2）应根据本法规定的调解范围进行调解——

（a）帮助参与者就此达成共识——

（i）项目可能产生的环境影响；

（ii） 减轻重大不利环境影响的措施，以及

（iii） 适当的后续计划；

（b） 形成报告，列明参与方的结论和建议；以及

（c） 向委员会和环境署提交报告。

34. 随后移交给审查小组

凡项目提交调解后，如委员会为调解不太可能产生令各方均满意的结果，可终止调解，并将项目交由审查小组审议。

35. 任命审查小组

凡项目转交审查小组审查时，委员会应与环境署协商：

（a） 委任委员会认为具备所需知识或经验的人为审查小组成员，包括组长在内；以及

（b） 确定审查小组的职权范围。

36. 审查小组的评估

审查小组应依照本法及其职权范围的规定：

（a） 确保审查小组获得评估所需的必要信息并向公众公开；

（b） 举行听证会，使公众有机会参与评估；

（c） 形成报告：

（i） 审查小组关于项目环境影响及其缓解措施或后续计划的结论和建议；

（ii） 收到公众意见的概要；

（d） 向委员会和环境署提交报告。

37. 听证

（1） 审查小组有权传唤任何人出庭做证，或命令证人出庭做证，包括：

（a） 以口头或书面形式提供证据；及

（b） 提供审查小组认为进行项目评估所需的文件和物品。

（2） 审查小组应享有与联邦高等法院或一州高等法院授予的相同的权力，强制证人出庭并迫使证人做证、出示文件及其他物品。

（3） 审查小组应公开举行听证会，除非审查小组在证人作出陈述后，认为根据本条第（1）款披露证据、文件或其他事项会对证人造成具体、直接及实质的损害。

（4）如审查小组认为披露证据文件或其他物品会给证人造成特定的、直接的和实质性的伤害，则有关证据、文件或事物应有特权，非经证人许可，不得为按本法规定取得证据、文件或其他物品的人所明知或允许而传播、披露或提供。

（5）审查小组为了达到执行之目的，根据本条第（1）款的规定发出的传讯或命令，可以按照惯例和程序作为联邦高等法院的传票或命令。

38. 公告

在收到调解员或审查小组提交的报告后，环境署应以委员会认为适当的方式向公众公开，并告知公众可获得该报告。

39. 环境署的决定

（1）在调解员或审查小组提交报告或根据本法第 25 条（b）款将项目移交给环境署之后，环境署应采取下列与项目相关的行动之一，即：

（a）如果环境署认为：

（i）该项目不太可能造成重大的不利的环境影响，或

（ii）在这种情况下，任何此类影响都可以减轻或合理化，

环境署可行使权力或履行可使该项目全部或部分得到执行的职责或职能，并应确保环境署认为任何适当的缓解措施得到执行；或者

（b）如果环境署认为该项目可能造成重大的不利环境影响，而这种影响无法减轻并且在这种情况下无法证明是合理的，则环境署不得行使任何权力或履行任何法律条文赋予其的可以允许项目全部或部分进行下去的任何职责或职能。

（2）为进一步明确，如果环境署采取本条第（1）条（a）款所述的行动，环境署应行使法律赋予的权力，履行法律或法律规定的职责或职能，确保项目得到适当措施的缓解。

40. 设计与实施

（1）如果环境署根据本法第 39 条（1）款（a）项采取行动，则应根据本法设计其认为适合该项目的任何后续计划，并安排实施该计划。

（2）环境署应告知公众：

（a）其与项目相关的行动方针；

（b）针对项目的不利环境影响实施的任何缓解措施；

（c）调解员或审查小组提交的报告中所载的建议被采纳的程度；以及

（d）根据本条第（1）款设计为其设计的后续计划。

41. 证书

环境署根据本法第 8 条行使其与本项目有关的职权和职责而签发的证书须载明环境评估业已完成，如果没有相反证据，该证书中所述事项就是证据。

42. 明确管辖权

（1）本法所称之司法管辖包括：

（a）联邦当局；

（b）州政府；

（c）依照法律、行政法规、规章或州立法机关设立的，具有与评估项目环境影响有关的权力、职责或职能的其他任何机构或组织；

（d）根据土地权利要求综合协议成立的，具有与项目环境影响评估相关的权力、职责或职能的任何机构；

（e）外国政府或外国国家的分支机构或任何此类政府机构；以及

（f）国家的国际组织或此类组织的任何机构。

43. 联合审查小组

（1）根据本条第（2）款，如果本法要求或允许将项目移交审查小组审查，且本条第（1）款第（e）项或第（f）项所指的司法管辖区有责任或权力对项目或项目的任何部分进行环境影响评估，委员会和外交部长可与该司法管辖区联合成立审查小组。

（2）委员会不得与本法第 42 条所指的司法管辖区联合设立审查小组，除非委员会对下述情况感到满意：

（a）委员会可任命或批准任命主席或一名联合主席以及小组的一名或多名其他成员；

（b）委员会确定或批准联合审查小组的职权范围；

（c）公众应有机会参加联合审查小组的评估；

（d）评估完成后，联合审查小组的报告应提交委员会；以及

（e）联合审查小组报告应及时公布。

（3）如果委员会根据本法第 42 条的管辖权建立联合审查小组，该联合

审查小组的评估应视作符合本法要求。

44. 替代审查小组

（1）如果根据本法和委员会决定将项目提交审查小组，由联邦当局根据本法以外的议会立法，或根据本法第42条（1）款（d）项所指机构，对项目进行环境评估，则委员会可以根据本法成立适当的替代审查小组，对项目进行环境影响评估。

（2）委员会根据本条第（1）款的规定所作之批准应以书面形式作成，并可针对某一项目或一类项目给予批准。

45. 条件

根据本法第44条第（1）款的规定，委员会不得批准替代审查小组，除非委员会确信：

（a）替代审查小组的程序已考虑本法第11条所述因素；

（b）公众已获得参与评估的机会；

（c）在评估结束时，已向委员会提交了一份报告；以及

（d）该报告已公布。

46. 替代

如果委员会根据本法第44条第（1）款批准了替代审查小组的程序，并根据该程序进行评估，则应当认定替代审查小组的环境评估满足了本法所规定的要求。

47. 州际环境影响

（1）当根据本法第5条免予进行环境评估的项目需在一州实施时，若总统认为该项目在另一州可能会产生严重的环境影响，则可设立审查小组，对该项目的州际环境影响进行评估。

（2）若总统和所有有关州的政府已同意成立另一个审议小组对该项目的州际环境影响进行评估，则委员会不得根据本条第（1）款设立审查小组。

（3）根据总统提议或应任何有关州政府的请求，则可依据本条第（1）款设立审查小组。

（4）在根据本条第（1）款设立审查小组至少十天之前，总统应将设立小组的意向通知该项目的提议者和本州以及相关州。

（5）为本条和本法第49条第（3）款之目的，"利害关系州"系指

（a）项目将在其境内实施的州；或

（b）声称由于该项目在该州可能产生严重不利环境影响的州。

48. 国际环境影响

（1）如果根据本法第5条在尼日利亚境内或联邦土地上实施时无须进行环境评估项目，但总统认为该项目有可能在尼日利亚境外及这些联邦土地上以外造成严重的不良环境影响，环境署和外交部长可建立一个审议小组，对该项目的国际环境影响进行评估。

（2）在根据本条第（1）款设立审查小组的至少十天之前，环境署应在获得总统批准后，将拟设立审查小组的意图通知以下当事人：

（a）项目的提议者；

（b）准备在其境内进行该项目的州政府，或准备进行该项目而与尼日利亚联邦土地相邻的国家；以及

（c）外交部长认为该项目可能对环境造成严重不利影响的外国政府。

49. 对联邦和其他土地的环境影响

（1）凡根据本法第15条无须进行环境评估的项目准备在尼日利亚实施时，如果环境署或总统认为可能对联邦土地或州或地方政府造成严重的不利环境影响，环境署或总统可设立审查小组，对项目的国际环境影响进行评估。

（2）当根据本法第5条无须进行环境评估的项目，在地方政府土地上或依据法律规定在预留给某一级别人员使用和受益的土地上实施时，如果环境署认为该项目可能会对这些土地以外的环境造成严重不利影响，可以由环境署建立审查小组，对这些土地以外的项目进行环境影响评估。

（3）如果根据本条第（1）款或第（2）款设立审查小组环境署应将设立审查小组的意向至少十天之前通知该项目的提议者和有利益相关州政府。如果环境署认为将要进行的项目：

（a）可能会对为某一类人的使用和利益而划定的保护区内的土地造成或对该等人产生严重不利环境影响，则通知此类人；

（b）根据本条第（2）款在其定居的土地上签订了综合土地使用协议，则通知该协议的当事人；以及

（c）在为某一类人的使用和利益而预留的土地上，则通知此类人。

（4）就本法而言，提及任何陆地区域或保留地时，包括该土地、区域或保留地之上的所有水域和空气。

50. 部分条款的适用

本法第 35 条至第 38 条和第 42 条至第 44 条应适用于依照本法第 47 条第（1）款、第 48 条第（1）款或第 49 条第（1）款或第（2）款设立的审查小组，并可根据情况需要作出修改。

51. 禁止项目发起人采取行动的权力

（1）在本法第 47（1）条、第 48（1）条或第 49（1）条或第（2）条所提及项目的环境影响评估开始后，总统可在政府公报中发布命令，禁止项目的发起人做任何行为或事情以确保项目得以全部或部分进行，直至评估完成，而且环境署信纳该项目不大可能造成任何严重的不利环境影响，或任何环境影响可以减轻，或该影响是正当合法的。

（2）如果根据本法第 47 条（1）款、第 48 条（1）款或第 49 条（1）款或（2）款所述项目的环境影响而成立的审查小组向环境署提交了一份报告，表明该项目可能会造成任何严重的不利环境影响，环境署可禁止该项目的提议者采取任何会使其承诺确保该项目全部或部分实施的行为或事情，直至该影响已得到缓解。

52. 禁止令

（1）如果根据环境署的申请，有管辖权的法院认为本法第 51 条规定的对某一项目的禁令已经、即将或可能被违反，法院可以发布一项禁令，命令在申请书中指定的任何人不得采取任何行动或行为，以确保该项目或其任何部分得到实施，直到：

（a）根据本法第 51 条（1）款发出禁令，或根据本法第 47 条（1）款、第 48 条（1）款或第 49 条（1）款或（2）款规定对该项目环境影响的评估完成，并且环境署确信该项目不可能造成任何严重的不利环境影响或任何该等影响在该情况下应被减轻或被证明是合理的；以及

（b）根据本法第 51 条（2）款的规定发出禁令，环境署认为该条中提及的严重不利环境影响已经得到了缓解。

（2）根据本条第（1）款发布禁止令，除非情况紧急，至少 48 小时之

前通知该申请所指明的人士，否则延迟发出禁制令将损害公众利益。

53. 禁令时效

（1）本法第 51 条所规定的禁止，应自禁止之日起生效。

（2）禁令自作出之日起 14 天后失效，除非在此期限内，总统批准延期。

54. 国际协定

（1）如果尼日利亚联邦主管部门或政府代表尼日利亚联邦与州政府或州政府的机构签订协议或安排，则联邦主管部门在该协议或安排下行使本法第 15 条（b）款或（c）款中所述的与项目相关的权力或履行职责：

（a）当时关于行使权力或者履行职责尚未明确的项目；

（b）尼日利亚政府或联邦当局（视具体情况）确认项目开始后无权行使其权力、职责或职能的，尼日利亚政府或联邦当局应确保在协议或安排中规定对这些项目的环境影响进行评估，评估应尽早在项目规划阶段进行。

（2）当尼日利亚联邦当局或政府代表联邦当局与外国政府或外国政府的一个分支机构、外国政府的一个国际组织、此类政府或组织的任何机构签订协议，根据该协议，联邦当局就项目执行本法第 5 条（b）款或（c）款所述的权力或职责或职能：

（a）在当时行使权力或者履行职责尚未明确的项目；

（b）尼日利亚政府或联邦当局（视具体情况）确认项目开始后无权行使其权力、职责或职能的，尼日利亚政府或联邦当局应确保在协议或安排中规定对这些项目的环境影响进行评估，评估应尽早在项目规划阶段进行。

55. 公开登记机关

（1）为了便于公众查阅有关环境评估的记录，应对进行环境评估的每个项目建立一个公共登记处，并按本法的规定进行登记。

（2）公开登记的项目，应当坚持：

（a）由环境署负责，从环境评估开始直到项目的任何后续计划完成；以及

（b）如果由环境署项目转交给调解或审查小组，从调解员或审查小组成员的任命到调解员或审查小组的报告提交给环境署或联邦政府秘书。

（3）除本条第（4）款另有规定外，公开登记册应包含与项目环境评估

有关的所有记录和信息，包括

（a）任何与评估有关的报告；

（b）公众就评估提出的意见；以及

（c）由环境署为本法第 35 条之目的准备的记录。

（4）公共登记处应包含本条第（3）款所指的档案，如果该档案属于以下类别之一：

（a）以其他方式向依照本法进行评估的公众提供的记录，以及以其他方式向公众提供的其他记录；

（b）就其所拥有的档案而言，环境署、其他部委或政府机构所确定的、如在档案提交给登记处时就该档案提出申请本会向公众披露的档案或该档案的一部分，包括任何为公众利益而将披露的档案；

（c）任何记录或记录的一部分，除了包含第三方信息的记录或部分记录以外，如果总统在环境署拥有记录的情况下，或者总统有合理理由相信它的披露符合公众利益，因为它是公众有效参与评估所必需的；

（5）尽管有其他规定，但是不得对环境署或任何代表环境署行动的或在其指导下行事的人提起民事或刑事诉讼，对于依照本法诚实披露而披露的任何记录或记录的任何部分，因披露而产生的任何后果，因为在合理注意的情况下未能给予被要求给予的通知，国家或其任何机构不得对此提起诉讼。

（6）就本条而言，"第三方信息"是指：

（a）第三方的商业秘密；

（b）金融、商业、科学或技术信息被第三方以保密信息提供给政府机构，并由第三方以保密的方式一致对待；

（c）披露后可合理预期会给第三方造成重大经济或利益损失，或可合理预期会损害第三方的竞争地位的信息；

（d）在合理预期下，会干扰第三方的合同谈判或其他谈判中被披露的信息。

56. 编写统计简报

（1）在每一年中，环境署应将其承担或主导的所有环境评估，以及在评估完成后针对项目环境影响所采取的行动过程和做出的所有决策，按统计程序予以汇总保存。

（2）环境署应当保证年度总结在年度结束后一个月内完成。

57. 形式上的缺陷或技术上的违规

如果依本法提出的救济请求的唯一理由是形式上的瑕疵或技术上的违规，则不得就本法下的任何事项申请司法审查。

第三章　其他事项

58. 环境评估促进权

为本法之目的，环境署可以：

（a）发布指导方针和行为准则，协助开展项目环境影响评估；

（b）设立研究和咨询机构；

（c）涉及第42（1）（a）、（b）、（c）或（d）条所指的环境影响评估与有管辖权的机构订立协议或安排；

（d）与各国缔结协定或安排，以便就共同感兴趣的项目的环境影响评估进行协调、磋商和信息交流；

（e）为了促进本法第44条所指的替代机构的成立，建议临时任命联邦当局建立的机构或本法第42（1）（d）条所述的机构的成员；〔见附录〕；

（f）确定调解员和评审小组成员的任命标准；以及

（g）根据本法第44条制定批准替代的标准。

59. 制定规章的权限

经总统批准，环境署可以制定规章并在《政府公报》上公布：

（a）遵守本法案第35条规定的或包括由根据本法案第35条设立的审查小组进行评估的环境评估程序和要求，以及与环境评估程序有关的时间或期限；

（b）如委员会经总统批准，认为项目对环境的影响微不足道的，可以规定不需要进行环境评估的项目或项目类别的清单；

（c）委员会认为未列入本法附录中强制性研究清单的项目或项目类别可能会对环境造成重大不良影响明确，则须对该等项目进行强制性研究；

（d）当委员会认为环境署对权力或履行其职责或职能的贡献最小时，

可以规定不需要进行环境评估的项目或项目类别的清单；

（e）制定委员会认为因国家安全的原因而不适合进行需要进行环境评估的项目清单。

60. 违法与处罚

凡不遵守本法各项规定者，均属犯本法规定之罪，一经定罪即可对个人处以十万奈拉以下罚金，或五年以下有期徒刑；对于公司或法人处以五万奈拉以上，十万奈拉以下罚金。

61. 解释

（1）在本法中，除非上下文另有规定，

"环境署"指根据《联邦环境保护署法》设立的尼日利亚环境保护署；

"由审查小组进行的评估"是指根据本法第 35 条指定的审查小组进行的环境评估，其中包括本法第 11 条第 11（1）和（2）款规定的因素的考虑；

"委员会"指根据《联邦环境保护署法》成立的联邦环境保护委员会；

"环境"指地球的组成部分，包括：

（a）土地、水和空气，包括大气层的所有层，

（b）所有有机和无机物质及活生物体，和

（c）包括（a）和（b）段所述部件的相互作用的自然系统；

"环境评估"就项目而言，系指根据本法及其项下制定的任何法规对项目的环境影响进行的评估；

"环境影响"是指就项目而言，

（a）项目可能对环境造成的任何变化，

（b）项目可能对环境造成的任何变化，无论任何此类变化发生在尼日利亚境内或境外，并包括任何此类变化对健康和社会经济状况的影响；

"排除清单"指根据本法第 61（1）（b）、（d）或（e）规定的任何清单；

"联邦当局"指：

（a）尼日利亚联邦政府部长；

（b）尼日利亚政府的任何机构或根据法条或法律设立的其他机构，该机构通过尼日利亚州州长对其事务的进行负有最终责任；

（c）任何其他规定的机构，但不包括地方政府专员；

"联邦土地"指：

（a）尼日利亚对属于尼日利亚联邦政府的土地拥有所有权或处置权，以及这些土地上的水域和空域；

（i）《海洋渔业法》所指的尼日利亚内水域，包括下面的海床和底土以及这些水域上方的空域；

（ii）按照《领海法》确定的尼日利亚领海，包括其海床和底土以及海面以上的空域；

（iii）1992年《海洋渔业法》规定的尼日利亚渔区；

（iv）尼日利亚政府可能设立的专属经济区；以及

（v）大陆架由延伸到领海之外的海底区域的海床和底土组成，尼日利亚领土自然延伸到大陆边缘的外缘部分，或者到根据法律规定的离内缘200海里的距离都为大陆架的范围。

（b）储备、上交的土地以及尼日利亚联邦政府为某一类尼日利亚人的使用和福利而划出的任何其他土地，以及这些储备、上交的土地之上的所有水域和空域。

"后续计划"指：

（a）核实项目环境评估的准确性；以及

（b）确定为减轻项目的不利环境影响所采取的措施的有效性；

"强制性研究"指根据第17条进行的环境评估，包括考虑本法第11条中规定的因素；

"强制性研究清单"指本法附录中的清单以及根据本法第55（1）（c）条可能规定的清单；

"强制性研究报告"指根据本法的规定或根据其制定的任何规定编制的强制性的研究报告；

"调解"指在根据本法第32条指定的调解员的协助下进行的环境评估，其中包括对本法第11条所规定的因素的考虑；

"减轻影响"就项目而言，指消除、减少或控制项目的不利环境影响，包括通过替换、恢复、补偿或任何其他方式恢复由该等影响造成的对环境的任何损害；

"规定的"指法规规定的；

"项目"指提议者提出构建、操作、修改、关闭、放弃或以其他方式进行的实际工作，或者提议者建议施行或者以其他方式进行的体力劳动；

"提议者"指就项目而言，提出该项目的人、机构或联邦当局；

"记录"包括任何通信、备忘录、书籍、计划、地图绘制、图表、图像或图形作品、照片、电影、缩微胶片、录音、录像带、机读录音和任何其他文件材料和其任何复制版本，不论物理形式或特征；

"主管机构"指根据本法第14条（1）款的要求，为确保进行项目的环境评估的联邦当局；

"责任部长"就责任机构而言，

（a）州内的一个部门或部委，为主持该部门或部委的部长或专员；以及

（b）在其他情况下，总统或州长可指定该部长或委员为负责该权力机构的部长或委员；

"审查"指根据本法第19条进行的环境评估，包括考虑对本法第17（1）条所列的因素；

"审查报告"指总结审查结果的报告。

（2）就本法而言，一家公司由另一家公司控制：

（a）公司所发行的证券，如果该证券上附有可以选举公司董事的投票权的百分之五十以上，则该证券由该公司持有，或仅为该公司的利益持有，而不是作为担保而持有；以及

（b）如果行使这些证券的投票权，则足以选举该公司的大多数董事。

62. 简称

本法可引称为《环境影响评估法》。

附录　强制性研究活动

1. 农业

（a）为发展农业生产占用林地面积在五百公顷以上的土地开发方案；

（b）需要安置100个以上家庭的农业项目；

（c）涉及农用地转用的五百公顷以上的农用土地开发。

2. 机场

（a）机场建设（机场跑道长度 2500 米或以上）

（b）国家和国家公园的简易机场发展。

3. 排水和灌溉

（a）建造面积 200 公顷或以上的大坝、人造湖泊和人工扩建湖泊。

（b）占地 100 公顷或以上的湿地、野生动物的栖息地或原始森林的排水系统。

（c）占地面积达 5000 公顷或更多的灌溉体系。

4. 土地开垦

（a）占地 50 公顷或以上的沿海的土地开垦。

5. 渔业

（a）建造渔港。

（b）涉及每年捕鱼能力增加 50% 或以上的港口扩展。

（c）清理 50 公顷或更多面积的红树林沼泽森林陆地水产养殖项目。

6. 林业

（a）将占地 50 公顷或以上的山地林地改为其他土地用途。

（b）在用于城市供水、灌溉或水力发电的水库的集水区内或与州和国家公园以及国家海洋公园相邻的区域内，砍伐森林或改变林地的原有土地用途。

（c）占地 500 公顷或更多的伐木场。

（d）用于工业、住房或农业用途的红树林沼泽面积达到 50 公顷或更多。

（e）清理毗邻国家海洋公园的岛屿上的红树林沼泽。

7. 住房

住宅开发占地 50 公顷以上

8. 工业

（a）	化学品	每种产品或其组合产品的生产能力大于 100 吨/日
（b）	石化产品	所有规模
（c）	非有色金属	铝—所有规模； 铜—所有规模； 其他—每天生产 50 吨及以上的产品

续表

(d)	非金属	水泥—熟料产量 30 吨/小时及以上； 石灰—100 吨/日以上的烧线回转窑或 50 吨/日以上的立窑
(e)	钢铁	要求以铁矿石为原料进行生产的数量大于 100 吨/日；或以废铁为原料生产超过 200 吨/日
(f)	造船厂	载重吨位大于 5000 吨
(g)	制浆造纸工业	生产能力超过 50 吨/日

9. 基础设施

（a）为了达到休闲之目的，建造排水口到海滨的医院；

（b）占地 50 公顷或以上的中等和重工业的工业土地开发；

（c）高速公路建设；

（d）国道建设；

（e）建设新的乡镇。

10. 港口

（a）建造港口；

（b）涉及年处理能力增加 50% 或以上的港口扩张。

11. 采矿

（a）在采矿租赁地总面积超过 250 公顷的新地区采矿；

（b）矿石加工，包括铝、铜、金或钽的浓缩物；

（c）挖掘沙子涉及面积达 50 公顷或以上。

12. 石油

（a）油田、气田的开发；

（b）建造长度超过 50 公里的海上管道；

（c）建造石油和天然气分离、加工、处理和储存设施；

（d）炼油厂的建设；

（e）建造储存位于任何商业、工业或居民区 3 公里内且储存容量为 6 万桶或以上的汽油、天然气或柴油（不包括加油站）的产品仓库。

13. 发电和传输

（a）建设燃烧化石燃料并且容量超过 10 兆瓦的蒸汽发电站；

（b）水坝和水力发电项目具有以下任一项或两项——

（i） 高 15 米以上的水坝和总面积超过 40 公顷的附属结构；

（ii） 水面面积超过 400 公顷的水库；

（c） 建设联合循环发电站；

（d） 建设核燃料发电站。

14. 采石场

建议在任何现有住宅、商区或工业区 3 公里内，或者在已获得许可证、许可或批准用于住宅、商区或工业发展的任何地区，采用骨料，石灰石，硅石，石英岩，砂岩大理石和装饰建筑石料。

15. 铁路

（a） 建设新的路线。

（b） 建设支线。

16. 运输

大规模快速运输项目建设。

17. 度假村和娱乐性的发展

（a） 建造拥有 80 多间客房的沿海度假村设施或旅馆；

（b） 开发占地 50 公顷或以上的山庄度假村或酒店；

（c） 在国家公园内开发旅游或娱乐设施；

（d） 在可能被宣布为国家海洋公园的周围水域的岛屿上开发旅游或娱乐设施。

18. 废弃物处理和清理

（a） 有毒和有害废弃物：

（i） 建设焚烧厂；

（ii） 建设回收工厂（场外）；

（iii） 建设污水处理厂（场外）；

（iv） 建设安全的垃圾填埋设施；

（v） 建设仓储设施（场外）；

（b） 城市固体废弃物——

（i） 建设焚烧厂；

（ii） 建设合成工厂；

（iii） 建设回收/再循环工厂；

（iv） 建设城市固体废弃物垃圾填埋场；

（c） 城市污水——

（i） 建设废水处理厂；

（ii） 建造海洋排污口。

19. 供水

（a） 建造水坝、蓄水池面积达 200 公顷或更多。

（b） 工业、农业或城市供水量每天超过 4500 立方米的地下水开发。

1992 年 12 月 10 日签订于阿布贾

（曹童、栗铖锶　译；张小虎　校）

《乌干达国家环境法》

（2019 第 5 号法）

（2019 年 2 月 24 日施行）

本法旨在废除、取代和改革乌干达与环境管理有关的法律；为可持续发展提供环境管理经验；继续将国家环境管理署作为所有与环境有关活动的协调、监测、监管和监督机构；应对新出现的环境问题，包括气候变化、危险化学品的管理和生物多样性补偿；提供战略环境评估；解决石油活动和中游作业引起的环境问题，管理塑料和塑料制品；成立环境保护部队对根据该法规定的犯罪规定加重刑罚；提供程序和行政事项；以及相关事宜。

2019 年 2 月 24 日，由议会颁布如下。

第一章　序言

1. 生效

本法由部长通过法定文书指定生效日期，并可为不同条款指定不同的生效日期。

2. 解释

在本法令中，除非另有规定，否则——

"急性污染"是指突然发生的重大污染，需要立即作出反应以保护人类健康和环境；

"空气质量"是指空气的状态，包括测量时大气中污染物的浓度；

"环境空气"是指人类、植物、动物或材料所暴露的室外空气，通常在接近地面的位置测量，远离直接污染源，但不包括建筑物内或地下空间内的大气；

"环境署"是指本法第 8 条规定的国家环境管理署；

"授权官员"是指环境署的官员或根据本法授权代表环境署行事的其他任何人；

"最佳可用技术"是指在活动和操作方法开发中最有效和最先进的阶段，表明特定技术在实践上是否合适，可为预防或减少项目对人类健康或环境的负面影响提供基础；

"生物多样性抵消"是指旨在补偿因项目开发而产生的重大残余生物多样性不利影响而采取的行动所产生的可衡量的保护结果，并在采取适当的预防和缓解措施后仍然存在；

"生物多样性"是指各种来源的活生物体之间的差异，包括陆地生态系统、水生生态系统及其所组成的生态复合体，例如物种内部、物种之间和生态系统之间的多样性；

"气候变化"是指一种直接或间接归因于人类活动，该活动改变了全球大气的构成，并且是在可比较时间段内观察到的自然气候变化；

"关键栖息地"是指对于保育至关重要的具有高度生物多样性价值的地区，包括对极危物种或濒危物种极为重要的栖息地、对特定或限制范围的物种极为重要的栖息地、支持全球范围内高度集中的迁徙物种或物种聚集的栖息地、特别是与关键进化过程有关的易危物种、高度威胁或独特的生态系统和地区；

"货币点"① 具有本法附录 1 所赋予的价值；

"淘汰"是指安全停止运营后导致设施完全或部分拆除，或设施功能重大更改，或者以对人体健康或环境无害的方式永久性处置或放弃设施、运营的过程；

"开发人员"是指建议使用新的方式来修复、维修、扩展、维护或运营对环境有潜在影响的现有项目的人；

"经济手段"是指通过从源头上将成本内部化而影响替代行动的成本和收益的政策选择，以对环境有利的方式影响行为；

"生态系统服务"是从生态系统的正常运行中获得的直接和间接的经

---

① "Currencypoint"译为"货币点"，按照乌干达相关法律规定，每 1 个货币点等于两万先令。

济、社会和环境效益，包括分水岭调节、维持生物多样性和碳固存，以造福人类；

"废水"是指直接或间接排放到环境中的，经过处理或未经处理的液体，包括农业、生活和工业废水；

"环境"是指——

（a）人类周围环境的物理因素，包括土地、水、空气、大气、气候、声音、气味和味道；

（b）动植物的生物学因素；以及

（c）人的审美、健康、安全和福祉的社会因素，包括人与自然和建筑环境的相互作用；

"环境管理"包括保护、养护和可持续利用环境的各种要素或组成部分；

"环境官员"包括由部委、部门、政府机构或地方政府任命或雇用的官员，以履行第30条规定的职能；

"环境审核"是指用于确定特定项目或组织的管理系统、设施和设备在保护环境及其资源方面是否表现良好并符合本法和任何其他适用法律要求，并对其进行定期评估；

"环境紧急情况"是指自然、技术或人为的因素或这些因素的组合造成或可能造成重大环境损害或人员生命和财产损失的突发灾害或事件；

"环境和社会评估"是指确保在批准实施项目时考虑到给定项目的环境和社会影响、风险或其他关切的程序；

"环境和社会影响评估"是指一个分析过程，该过程系统地审查拟议项目可能造成的环境和社会影响，评估替代方案并设计适当的缓解、管理和监测措施，同时考虑到相互关联的社会经济、文化和人类健康的有利及不利影响；

"环境检查员"是指根据第127条指定为环境检查的人；

"环境从业人员"是指环境审核员或环境影响评估员，以及经环境署认证和注册以进行环境和社会评估、研究或环境审核的任何人；

"环境风险评估"是指确定和估计不利或危险结果或事件及其对人类健康或环境的可能性影响的系统过程；

"环境标准"是指环境署与乌干达国家标准局协商后制定或采用的在乌

干达使用的标准；

"执行署长"是指根据第 22 条任命的环境署执行署长；

"异地"是指生物体自然栖息地以外的保护；

"燃烧"是指在不出于任何有用目的而施加所产生的热量或气体的情况下燃烧碳氢化合物；

"脆弱的生态系统"是指具有独特特征和资源的重要生态系统，包括沙漠、半干旱土地、山脉、湿地、小岛和沿海地区；

"基因改造生物"是指由该生物组成或包括此类生物的生物或产品，其中任何基因或其他遗传物质包括：

（a）已通过现代生物技术进行了修改；或

（b）是从修改的基因或其他遗传物质中，通过任何数量的复制而继承或以其他方式获得的；

"遗传资源"是指具有实际或潜在价值的遗传物质；

"就地"是指在自然生态系统和生物有机体栖息地内的保护；

"主管部门"是指部委、部门、机构、地方政府或公职人员，在其中或拥有环境的任何部分的控制或管理职能；

"部长"是指负责环境的部长；

"天然沙滩"是指水体旁的天然地形，由松散的颗粒组成，这些颗粒通常由岩石制成，例如沙子、砾石、木瓦、鹅卵石，这些颗粒也可以是生物起源的，例如软体动物的贝壳或珊瑚藻；

"经营者"是指执行本法规定的活动的人；或代表一人或数人执行日常管理活动的其他任何实体；

"持久性有机污染物"是指在环境中持续存在，通过食物网进行生物蓄积，具有毒性并有可能对人类健康和环境造成不利影响的化学物质，并且这些化学物质在远离其来源的国际范围内运输；

"塑料"是指由多种有机聚合物（例如聚乙烯）制成的合成材料，可在其柔软时将其模塑成型，然后形成刚性或稍有弹性的形状；

"污染"是指对人类健康或环境造成或可能造成或加剧损害或滋扰的任何事物，包括将固体、液体或气体引入空气、水或地面；噪声或振动；光和其他辐射；对温度的影响；

"项目"是指在自然环境和景观中进行的，可能对人类健康和环境产生影响的建筑或装修工作或其他开发、设施、方案、活动或其他干预措施；

"项目简介"是指对第112条中提到的拟议项目可能产生的环境影响的简要说明；

"聚丙烯"是指广泛用于包括编织袋和无纺布袋在内的包装应用中的热塑性聚合物；

"聚乙烯"是指由许多称为乙烯的简单化学物质制成的合成塑料，可用于多种包装应用中；

"战略环境评估"是指对一项政策、计划或方案及其替代办法可能产生的环境、健康和社会后果进行系统和全面的评估，以确保这些后果在决策的最早阶段得到综合和适当处理，其重要性与经济和其他战略考虑同等重要；

"可持续发展"是指在不损害子孙后代满足自身需要的能力的前提下，满足当代人需求的发展；

"可持续利用"是指以不导致这些资源长期下降的方式和速度使用环境资源，从而保持其满足今世后代需求和愿望的潜力；

"废弃物越境转移"是指将危险废物或其他废物从他国转移到或通过乌干达或从乌干达转移到他国；

"排气"是指将未燃烧的气体直接排放到大气；

"市议会"包括市、都市、区和镇议会；

"废弃物"是指倾倒、遗弃、丢弃、处置或法律规定将要处置的任何物质或物体；

"湿地"是指在政府公报上公布的，动植物已经适应了的永久性或季节性被水淹没地区。

3. 享有良好环境的权利

（1）乌干达的每个人都有权根据宪法和可持续发展原则生活在干净健康的环境中。

（2）每个人都有责任创造、维护和改善环境，包括防止污染的责任。

（3）凡第（1）款所提述的权利因任何人的作为或不作为而受到威胁，而该作为或不作为已对或相当可能对人类健康或环境造成损害，或因执行第（2）款所提述的职责而受到威胁，可对由于其作为或者不作为造成或者可能对人体健康或者环境造成损害的人提起民事诉讼。

（4）根据第（3）款提起诉讼的人，即使不能证明另一人的作为或不作为已经或即将造成人身损害或伤害，仍可提起民事诉讼

（5）第（3）款所提述的民事诉讼可规定法庭——

（a）防止、阻止或中止任何对人体健康或环境有害的作为或不作为；

（b）要求可能对人类健康或环境产生重大不利影响的活动，须进行环境和社会影响或风险评估；

（c）要求任何可能影响人类健康或环境的现行活动，依照本法进行环境审计；

（d）要求任何现行活动须根据本法进行环境监测；

（e）强制任何部委、部门、机构或地方政府采取措施，防止或停止任何危害人类健康或环境的作为或不作为；

（f）要求任何人采取任何其他措施，以确保人类健康或环境不遭受任何重大伤害或损害；

（g）强制环境责任人尽可能将退化的环境恢复到损害发生前的状态；

（h）为任何污染受害者和因污染行为而损失的有益用途的成本提供赔偿；或者

（i）为其他相关损失提供与（a）至（h）项有关或附带的补偿。

4. 自然权利

（1）大自然有权生存、坚持、维持和再生其生命周期、结构、功能及其演化过程。

（2）根据本法，任何人有权就任何侵犯自然权利的行为向管辖法院提起诉讼。

（3）政府应在所有可能导致物种灭绝、生态系统破坏或自然循环永久性改变的活动中采取预防和限制措施。

（4）部长应通过条例规定第（1）款中的权利适用的区域。

5. 环境管理原则

（1）环境署应确保遵守第（2）款规定的环境管理原则，同时考虑到不可再生资源的有限性及现有可再生资源的生产力。

（2）第（1）款所指的环境管理原则包括：

（a）鼓励乌干达人民参与制定环境管理政策、计划和方案；

（b）为当代和后代的利益包括文化和自然遗产进行公平和可持续地利用环境和自然资源；

（c）通过保护生物多样性和谨慎使用环境管理措施，维持生物环境和非生物环境之间的稳定互动关系；

（d）确保可再生资源使用的最佳可持续产量；

（e）确保以可持续的方式使用可再生和不可再生自然资源；

（f）尽可能恢复失去或受损的生态系统，以及扭转环境和自然资源的退化；

（g）确保在发现对人类健康或环境造成不可逆转的损害或损害的威胁时，不以缺乏科学确定性为理由推迟采取具有成本效益的措施，以防止损害；

（h）确保制定适当的环境保护标准，并有效监控环境质量的变化，包括公布有关资源利用和环境质量的数据；

（i）需要事先对环境或自然资源的使用产生重大影响的拟议项目进行环境和社会影响评估；

（j）要求在环境和社会影响评估中应用缓解等级制度，包括：避免和尽量减少影响、实现恢复目标，以及针对残余影响提供生物多样性补偿；

（k）确保将环境意识和素养作为各级教育和治理的重要部分；

（l）要求污染者承担污染费用；

（m）确保在经济活动中考虑到环境成本与自然资产实际或潜在恶化的关联；

（n）促进在环境管理中使用经济手段和补偿措施；

（o）在所有部门促进环境规划和可持续发展目标的绿色增长；

（p）通过尽量提高生产效率促进循环经济，以节约利用环境和自然资源，并尽可能控制废弃物的产生；

（i）防止或减少生产过程或产品和消费模式产生的废弃物；

（ii）促进产品在生产过程中作为循环资源的适当循环使用；

（iii）确保未投入循环使用的循环资源得到妥善处置以及；

（iv）促进对环境管理采取多部门和跨部门的办法；

（q）促进乌干达与其他国家在环境领域的合作，支持和促进适用的国际环境义务和原则的执行；

（r）确保环境管理和人类发展进程要充分考虑国际人权标准；

（s）确保在执行公共和私人项目时，优先考虑可以改善环境并提高人们对气候变化影响的抵御能力的方法；

（t）确保在发生任何程度的灾害等环境紧急情况时，主管部门迅速通知其他有关机构和部门，以保证提供支助。

第二章　机构设置

环境政策委员会

6. 环境政策委员会

（1）设立环境政策委员会负责乌干达环境战略政策指导。

（2）环境政策委员会应包括：

（a）总理担任委员会主席；

（b）负责水和环境的部长；

（c）负责农业、畜牧业和渔业的部长；

（d）负责财政、规划和经济发展的部长；

（e）负责教育、科学、技术和体育的部长；

（f）负责卫生的部长；

（g）负责土地、住房和城市发展的部长；

（h）负责地方政府的部长；

（i）负责性别、劳动和社会事务发展的部长；

（j）负责旅游业、野生动植物和文化遗产的部长；

（k）负责交易行业和合作社的部长；

（l）负责工程和运输的部长；

（m）负责能源和矿产开发的部长；

（n）负责内政的部长；

（o）负责国防和退伍军人事务的部长；

（p）负责信息、通信技术和国家指导的部长。

（3）环境政策委员会的职能是：

（a）指导制定和实施环境和气候变化政策、计划；

（b）对涉及的环境问题与内阁进行联络；

（c）就有关环境的立法建议和标准提供咨询意见；

（d）就协调政府在环境、自然资源、水和气候变化方面的政策提供指导；

（e）执行内阁分配的其他任务。

（4）理事会理事长和执行署长应凭借其职务出席环境政策委员会的会议，但无权在环境政策委员会上对任何事项进行表决。

（5）附录 2 关于环境政策委员会的其他事项。

部长

7. 部长的职能

（1）部长应：

（a）制定有关环境的政策和立法；

（b）监督环境政策委员会各项决定的执行情况；

（c）监督并向环境署提供政策和战略指导或指令，以确保其有效运作；

（d）监督环境规划并将环境问题纳入部门政策、计划和方案；

（e）监督为支持环境和自然资源方案的资源调动；

（f）监督多边环境协定的批准和协调执行；

（g）促进与其他政府机构、其他国家的政府机构、政府间组织和发展伙伴就有关环境管理问题建立伙伴关系。

（2）部长根据第（1）（c）款给予的指导或指示不应对环境署履行职能和执行任务产生不利影响或干扰。

（3）部长根据本法发布的任何指示应在政府公报上公布。

国家环境管理署

8. 国家环境管理署的延续

（1）国家环境管理署根据《国家环境法》（第 153 号）建立，在本法生效之前即已存在并将根据本法继续履职。

（2）环境署是具有永久继承权并加盖公章的法人团体。

（3）环境署应以自己的名义起诉和被起诉，并能从事和承担法人团体可合法从事或承担的一切行为及事情。

（4）环境署应接受部长的全面监督。

9. 环境署的任务和职能

（1）环境署应是乌干达监管、监测、监督和协调与环境有关的所有活动的主要机构。

（2）环境署的职能是——

（a）就环境和气候变化政策、计划和方案的制定和实施提供意见；

（b）就环境方面的立法建议和标准向部长提供意见；

（c）就协调政府在环境和自然资源方面的政策向部长提供意见；

（d）通过与主管部门的协调与合作，支持将环境问题纳入国家和部门计划的主流；

（e）要求主管部门报告并解释本法或任何其他适用法律所规定的与环境管理有关的任务的执行；

（f）颁发环境合规证书；

（g）就与环境有关的问题对私营部门、政府间组织、非政府组织、文化机构、土著人民和地方社区以及宗教机构进行监管，监督和协调；

（h）在环境和社会影响评估以及环境审计过程中规范环境从业人员；

（i）审查根据本法或任何其他适用法律提交的环境和社会影响评估、环境审核以及其他研究或报告并做出决定；

（j）根据本法和其他适用法律签发许可证和执照；

（k）进行并协调环境监测、检查和合规性审核；

（l）进行并支持创新研究有关环境的技术和新出现的问题；

（m）编制和发布"国家环境状况报告"；

（n）支持编写和发布"国家环境行动计划"；

（o）负责普及公众环境知识；

（p）协调主管部门对环境紧急情况或灾害的准备和响应；

（q）支持执行以环境署为重点的多边环境协定；

（r）就环境管理或实施环境领域中的相关国际公约、条约和协定的立法和其他措施（视情况而定）向部长提供建议；

（s）就乌干达应加入的区域和国际环境公约、条约和协定，向政府提供咨询意见，并在乌干达加入的情况下，跟进该协定的执行；和

（t）执行本法的规定。

（3）环境署在履行本条规定的职能时，可以通过委托书的形式将其任何职能委托给主管部门、技术委员会或公职人员。

（4）因主管部门、技术委员会或公职人员行使本条所赋予的职能而感到受屈的人可向环境署提出上诉。

（5）尽管环境署在行使其第（1）和（2）款中规定的任务和职能，主管部门应根据相关的适用法律继续履行其与环境管理有关的规定。

10. 环境署对主管部门的权力

（1）环境署在合理通知其意图后，可指示主管部门在其规定的时间和方式内，依据本法或其他环境领域的成文法，执行或承担其赋予主管部门的任何职责。

（2）如果主管部门不遵守第（1）款中的指示，环境署可以履行或安排履行有关职责，由此产生的费用由环境署向主管部门追偿。

（3）自然人不遵守第（1）和（2）款，即属犯罪。

11. 主管部门的职能

主管部门应——

（a）在其职权范围内规划、规范和管理环境部分；

（b）根据第47条进行战略环境评估；

（c）根据第45条内容制订环境行动计划；

（d）按照第46条准备环境状况报告；

（e）根据本法和任何其他适用法律进行环境评估和环境审核；

（f）确保在其管辖范围内进行的任何活动均符合本法；

（g）执行环境署关于其职责范围内的环境部分的决定；

（h）并在财政年度结束后三个月内，向环境署提交季度进展报告，以履行其在环境管理方面的作用；和

（i）实施和执行本法的规定。

环境署理事会

12. 理事会

（1）环境署须设置理事会，作为环境署的管理机构。

（2）理事会应由部长任命，并由内阁批准。

（3）理事会应由以下人员组成——

（a）环境部的代表；以及

（b）八名成员，并非公职人员。

（4）理事会成员中至少有三分之一为女性。

（5）部长在任命理事会成员时应确保其有三名成员是环境专业人士。

（6）部长应从依据第（3）（b）款任命的成员中任命一名理事长。

（7）执行署长应为理事会秘书，并应凭借其职务出席理事会会议，但无权就提交理事会作出决定的任何事项进行表决。

（8）理事会可委任理事会各委员会，以有效执行理事会的治理职能。

13. 取消理事会成员资格

不得委任以下人员担任理事会成员——

（a）被乌干达或乌干达境外的管辖法院裁定犯有本法所规定的犯罪或涉及不诚实或欺诈的罪行；

（b）被乌干达或乌干达境外的管辖法院裁定犯罪，处以六个月以上的有期徒刑并不能以罚金替代，或者

（c）是未清偿的破产人，或已与其债权人进行任何转让或安排。

14. 理事会成员任期

除根据第12条第（3）（a）款任命的成员外，理事会成员的任期为三年，只能续任一次。

15. 理事会的职能

（1）理事会的职能是——

（a）监督环境署任务和职能的执行情况；

（b）审查和批准环境署的政策和战略计划；

（c）审查和批准环境署的年度工作计划和预算；

（d）监督环境署的表现；

（e）审查和批准环境署发起的环境和自然资源管理的环境政策、计划、战略、立法提议和标准；

（f）任命、终止和监督根据第 21 条任命的技术委员会；

（g）建立和批准机关工作人员的任用、纪律、解雇、服务条款和条件的规则和程序；

（h）根据第 22（1）条的规定，推选执行署长并推荐其获得任命担任理事；

（i）根据批准的预算和计划监察及评估监督的表现；

（j）监督环境署的报告、披露和沟通过程；

（k）监督环境署的公司治理实践和风险管理的有效性；以及

（l）履行根据本法赋予它的任何其他职责。

（2）理事会应遵照本法执行部长和环境政策委员会的指示和决定。

16. 终止理事会任命

（1）理事会成员可随时辞职，通过书面形式向部长提前 30 天发出通知。

（2）部长可罢免理事会的成员——

（a）是否提请部长注意与该成员的行为有关的信息，而该信息本可以排除其任命的；

（b）无胜任能力；

（c）行为不当或不当行为；

（d）因未能在理事会会议上披露其个人利益的事项；

（e）由身体或精神虚弱而无法履行其职务的；

（f）被乌干达或乌干达以外的管辖法院定罪并判处六个月以上有期徒刑；

（g）破产；

（h）未事先通知理事长，连续四次以上缺席理事会会议；或者

（i）连续四次以上无故缺席理事会会议并无令部长满意的合理理由，或离开乌干达十二个月以上。

（3）如果部长认为有理由根据第（2）款罢免理事会成员，则部长应书面通知有关成员，并应给予该成员向理事会提交其解释的机会。

17. 填补理事会空缺

（1）理事会成员辞职、去世、免职或由于其他任何原因不能担任理事会成员的，理事长应在空缺发生后的一个月内将其空缺通知部长。

（2）部长应在接到第（1）款规定的空缺通知后，根据第 12 条的规定，任命另一人在前任成员的剩余任期内任职。

（3）凡第（1）款所指的理事会成员为理事长，则执行署长应将空缺情况通知部长，部长应任命一名理事会成员担任理事长职务，继续其剩余的任期。

18. 理事会成员的薪酬

理事长和理事会成员的薪酬应由部长与负责财务的部长协商后在任命书中确定。

19. 理事会会议

附录 3 对理事会会议和该附录规定的其他事项具有效力。

20. 理事会职能的委托

（1）理事会可将本法规定的任何理事会职能委托给理事长、理事会成员、理事会委员会或执行署长。

（2）规范行使根据本条委派的职能的条款和条件应包含在委派书中。

（3）因根据第（1）款委派理事会职能的人或委员会的决定而感到受屈的人可向理事会提出上诉。

（4）任何人在行使本节赋予的职能时，均应遵守理事会不时发布的书面指示或指导。

技术委员会

21. 任命技术委员会

（1）理事会可在执行署长的建议下，通过任命书，任命其认为必要的技术委员会，以就与环境有关的事项提出建议或履行理事会可能决定的授权职能。

（2）根据第（1）款任命的技术委员会可由环境署的工作人员或任何其他非环境署工作人员的合格人员组成，而

（3）理事会须书面指明根据本条任命的技术委员会的职权范围。

（4）根据本条任命的技术委员会应采用其自己的规则和程序，但无论

如何应遵循本法附录 3 中适用于理事会会议的程序。

（5）每个技术委员会应按照职权范围编写并向理事会提交关于其活动的报告。

环境署人员

22. 执行署长

（1）根据理事会的推荐，部长应根据任命书中指定的条款和条件任命一名执行署长。

（2）执行署长应是品格高尚且经证明正直的人，并具有与环境署职能相关的资格、技能和经验。

（3）执行署长的任期为五年，可连任一次。

（4）执行署长应停止担任以下职务：

（a）如果部长注意到与执行署长行为有关的信息，而这些信息可能会妨碍其任命；

（b）辞职后；

（c）定期合同到期时；

（d）不称职；

（e）行为不当；

（f）因身体或精神上的不健全而无法履行其职务；

（g）被乌干达或乌干达境外管辖法院定罪，并被判处六个月以上有期徒刑；或者

（h）破产。

23. 执行署长的职能

（1）执行署长应为环境署的主要官员兼会计官员。

（2）执行署长应负责环境署的日常管理和运作。

（3）在符合本法和理事会的一般监督和控制的前提下，执行署长负责——

（a）环境署的战略规划和管理；

（b）调动资源，对环境署的资金和财产进行适当的管理以及监督；

（c）支持理事会和环境政策委员会履行职能；

（d）确保环境署有效行使职能，以实现其任务和愿景；

（e）在国家、区域和国际各级建立和维持利益相关者伙伴关系，以进行有效的环境管理；

（f）促进环境署的公司治理和善治；

（g）确保环境署的管理效率和有效性；以及

（h）履行理事会可能指派给他或她执行的其他必要职能。

（4）执行署长应不时向理事会报告环境署任务和职能的进展情况。

（5）执行署长应对理事会负责。

24. 环境署其他工作人员

（1）理事会可根据执行署长的意见，委任环境署的其他人员及雇员。

（2）根据本条委派的雇员，须按理事会根据执行署长的意见并在其任命书中予以指明的条款及条件任职。

（3）理事会应规范根据本条任命的工作人员的任命条件、任命方式和服务条款。

25. 环境保护部队

（1）应当设立环境保护部队来执行本法的规定。

（2）环境保护部队应由环境署经与乌干达警察协商后任命的人员组成。

（3）根据第（2）款任命的人员应由乌干达警察部队训练。

（4）部长可以根据乌干达警察部队的建议，根据法定文书制定法规，以规范环境保护部队。

环境管理区划体制

26. 城市和地区议会的环境管理

（1）在遵守本法和任何其他适用法律的前提下，城市和地区议会应负责管理其管辖范围内的环境和自然资源。

（2）城市和地区议会可与环境署协商制定条例和附录，以规范其管辖范围内的环境和自然资源的各个方面。

（3）城市和地区议会根据第（2）款制定的任何条例或附录均不得与本法相抵触。

27. 地区环境和自然资源委员会

（1）每个地区均应设立区环境和自然资源委员会，由下列人员组成：

（a）地区主席；

（b）区议会议员；

（c）常驻地区专员；

（d）环境局局长；

（e）地区自然资源官员，并担任秘书；

（f）首席行政官；

（g）地区工程师；

（h）城镇办事员；

（i）市议会的市长、市镇书记和负责环境的秘书；

（j）地区规划师；

（k）物质规划官员；或者

（l）社区发展干事。

（2）委员会成员应从彼此中选出委员会主席和副主席。

（3）部长应通过法定文件规定地区环境和自然资源委员会的程序。

28. 地区环境和自然资源委员会的职能

（1）地区环境和自然资源委员会的职能是——

（a）协调市或区议会有关环境和自然资源管理的活动；

（b）拟备地区环境行动计划；

（c）确保将环境问题纳入城市或地区议会批准的所有计划和项目中；

（d）编制地区环境状况报告；

（e）协助制定和执行与环境管理有关的条例和细则；

（f）监视其当地管辖范围内的所有活动，以确保此类活动对环境无任何重大影响；

（g）促进有关环境信息的传播；

（h）在与环境管理有关的所有问题上与环境署协调；

（i）协调环境和自然资源委员会在环境管理方面的活动；或者

（j）履行市或区议会规定的其他职能。

（2）地区环境和自然资源委员会应从市或区议会根据本法履行职责的

可用资金来源中获得资金。

29. 环境和自然资源附条件拨款

（1）议会应在每个财政年度，资助各区、市、都市、镇议会的环境和自然资源计划。

（2）部长应每年发布准则，指导各区、市、县、镇的自然资源部门如何共享第（1）款中提到的资金。

（3）第（1）款所指的资金应直接寄给区、市、县、镇议会。

30. 环境干事

（1）主管部门应任命环境干事。

（2）根据第（1）款获委任的环境干事的职能是——

（a）就与环境有关的所有事项向负责管理环境的部委、部门、政府机构或地方政府提供建议；

（b）就所有与环境有关的事宜与环境署联络，并酌情与环境和自然资源委员会联络；

（c）促进普及环境知识；

（d）在适用的情况下，协助环境和自然资源委员会履行其在本法下的职能；

（e）记录有关环境以及环境和自然资源利用的信息；

（f）酌情担任环境和自然资源委员会的秘书；

（g）参与法律审查，并在适当的情况下参与制定有关环境和自然资源管理的法律或条例；

（h）参加对环境和社会影响评估报告、环境审计报告及其他定期提交环境署的报告的审查；

（i）必要时协助环境署任命的环境督查或环境审核员履行本法规定的职责；

（j）确保遵守根据本法作出的有关他或她所负责的环境部分的批准，并酌情通知环境署；

（k）协助部委、部门、政府机构或地方政府制定和批准环境行动计划；

（l）协助准备城市、地区或其他主管部门的环境状况报告；

（m）在任何土地交易之前，就环境事项提供咨询；

（n）监视其管辖范围内的所有活动，以确保遵守本法；以及

（o）履行指定机构可能规定的其他职能。

（3）环境干事可应指定机构的要求及环境署的书面批准，根据第128条行使环境督察的权力。

（4）为免生疑问，在根据第（3）款行使环境督查的权力时，指定机构应对环境干事的作为和不作为承担责任。

第三章　环境署资金和国家环境基金

31. 环境署的资金

监督环境署的资金包括——

（a）议会拨款；以及

（b）经财政部长批准，从乌干达境内或境外获得的捐款或赠款。

32. 国家环境基金的存续

（1）在本法生效之前已存在的国家环境基金应继续存在，但须遵守本法和2015年《公共财政管理法》。

（2）国家环境基金应包括——

（a）政府的支出；

（b）环境征费；

（c）根据本法收取的环境资源使用费和其他费用；

（d）因违反本法规定而收取的行政罚金；以及

（e）经财政部长批准，向基金提供的礼品、捐款和其他自愿捐赠。

33. 国家环境基金的管理

（1）理事会负责基金的管理。

（2）基金须支持下列活动的进行——

（a）管理敏感和脆弱的生态系统；

（b）关键的环境恢复活动；

（c）支持对环境和社会影响评估以及环境审计的遵守情况进行审查和跟进；

（d）旨在进一步满足环境管理、能力建设、环境出版物和奖学金要求

的研究；

（e）创新公共和私营部门的环境保护和管理；以及

（f）环境资源管理。

（3）除第（2）款所指明的范围外，理事会可指明其他资助范围。

（4）理事会可应执行署长的建议，向主管部门提供资金，以开展关键的恢复活动和管理敏感和脆弱的生态系统。

（5）理事会应向部长提交基金业绩的年度估计和进度报告。

（6）国家环境基金所含资金的百分之七十应保留，并作为有条件赠款分配给主管部门。

（7）根据第（6）款分配给主管部门的资金的百分之五十应予保留，并用于恢复活动。

（8）除第（2）款另有规定外，部长应根据法规规定主管部门应从基金获得资金的方式。

（9）环境署应向负责有效执行本法规定职能的主管部门签发合格证书。

（10）主管部门除非已获得本法规定的合格证明，否则不得从基金中收到任何款项。

（11）部长应于每年3月15日之前向国会提交有关基金业绩和状况的报告。

34. 开设和经营银行账户的权力

（1）环境署须经总会计师批准，开设及维持为执行环境署职能所需的银行账户。

（2）执行署长应确保在切实可行范围内尽快将环境署收到的或代表环境署收到的所有款项存入环境署的银行账户。

（3）执行署长应确保未经其授权，不得从环境署的任何银行账户中提取或支付任何款项。

（4）执行署长应将账户的状态通知理事会，并就其运作或关闭提出建议。

35. 借款权

在遵守《宪法》和2015年《公共财政管理法》的前提下，环境署可以根据履行其义务或履行该法规定的职能，从任何来源借款。

36. 估算

（1）执行署长须在每个财政年度结束前的四个月内，编制并向环境署提交下一年度的收入和支出概算，并提交理事会批准。

（2）环境署应根据 2015 年《公共财政管理法》，编制预算并向部长提交预算，其中应包含下一个财政年度当局的收支概算。

（3）环境署所招致的开支，不得超逾环境署根据该开支年度所作出的预算而批准的开支。

37. 环境署的财政年度

环境署的财政年度为十二个月，从每年的 7 月 1 日开始，到第二年的 6 月 30 日结束。

38. 账目

（1）环境署应当——

（a）备存适当的账目簿及环境署的交易及事务记录；

（b）确保已正确核算收到的所有款项；

（c）确保其款项中的所有款项均已正确付款并得到适当授权；以及

（d）确保对其资产和负债保持适当控制。

（2）环境署须在每个财政年度结束后的两个月内，向环境署审计长提交环境署的年度账目和报告。

39. 审计

审计长或由审计长任命的审计师应在每个财政年度根据 2008 年《国家审计法》对环境署的账目进行审计。

40. 年度报告

（1）执行署长应在每个财政年度结束后的四十五天内，向理事会提交该财政年度的年度报告，其中应包括以下内容：

（a）理事会可能要求的财务报表；

（b）有关环境署和国家环境基金运作的报告；以及

（c）理事会可能要求的任何其他有关账目的信息。

（2）理事会应在切实可行的范围内，但在任何情况下，均应在不迟于每年 1 月 15 日之前尽快向部长提交年度报告，其中详细说明该报告所涉年度内环境署的活动和运作。

（3）部长应在每年3月15日之前将环境署的年度报告提交议会。

41. 依据合理财务原则行事的责任

理事会应按照健全的财务原则并按照良好的商业惯例执行其职能，并应尽可能确保环境署的收入足以支付适当计入以下费用的支出。

42. 财政部长在税收方面的权力

（1）尽管有《所得税法》的规定，负责财务的部长经与环境署磋商后可规定：

（a）鼓励良好环境做法的财政、税收、金融和其他手段，包括保护环境和自然资源以及防止或减少污染；或

（b）税收和经济激励措施，以制止有害的环境行为，从而导致环境和自然资源或造成污染的活动的枯竭。

（2）环境署可定期编制经济工具和金融工具的建议书和一揽子计划，并提交给负责财政的部长，以加强环境管理和保护。

43. 遵守2015年《公共财政管理法》

环境署应始终遵守2015年《公共财政管理法》。

第四章　环境规划

44. 国家层面的环境规划

（1）部长应在与环境署协商后，根据国家计划框架制定国家环境行动计划。

（2）国家环境行动计划应——

（a）每五年进行一次，每两年半审查一次，以考虑到新出现的问题、挑战和机遇；

（b）考虑第45条规定的城市、地区和其他部门的环境行动计划；

（c）考虑到国家环境状况报告，并为国家发展计划做出贡献；以及

（d）向公众发布。

（3）国家环境行动计划应指导各级政府的环境规划和决策。

（4）国家环境行动计划应包括——

（a）分析乌干达的自然资源，并说明其分布和数量随时间变化的任何

模式；

（b）环境和自然资源规划和管理的业务准则；

（c）可能影响自然资源及其实际或可能出现的更广泛的环境问题；

（d）城乡住区发展趋势、对环境的影响以及减轻其负面影响的战略；

（e）将环境保护标准纳入发展规划和管理的拟议准则；

（f）关于预防、控制或减轻对环境的具体和一般不利影响的政策和立法方法的建议；

（g）环境研究的优先领域，并概述使用这些研究结果的方法；以及

（h）维持生态系统服务和预防、逆转或减轻任何有害影响的措施。

45. 主管部门的环境规划

（1）主管部门应当按照国家环境行动计划，为各自部门制订环境行动计划。

（2）应每两年半审查根据第（1）款制订的环境行动计划。

（3）市或区议会应制订城市或地区环境行动计划。

（4）根据第（3）款制定的环境行动计划应——

（a）每五年准备一次，每两年半审查一次；

（b）符合国家环境行动计划；

（c）考虑乡村、教区和分县环境行动计划；

（d）须经市或区议会批准；以及

（e）向公众发布。

（5）部长应根据本条发布制订环境行动计划的指南。

（6）根据本条制订的环境行动计划应提交给部长，以纳入国家环境行动计划。

46. 环境状况报告

（1）环境署须按照环境原则编制一份国家环境状况报告。

（2）根据第（1）款编写的国家环境状况报告应——

（a）每两年制定一次以指导环境规划并纳入国家环境行动计划；

（b）强调环境挑战、机遇和提议的保护环境的干预措施；

（c）考虑到第（3）和（4）款规定的城市、地区和其他部门的环境状况报告；以及

（d）向公众发布。

（3）主管部门可以为各自部门准备环境状况报告。

（4）市或区议会应每两年编写一份市或区环境状况报告。

（5）根据本条准备的环境状况报告应纳入国家环境状况报告。

（6）环境署应发布环境状况报告编写指南。

（7）部长应向议会提交国家环境状况报告。

47. 战略性环境评估

（1）应对可能对人类健康或环境产生重大影响的政府政策、计划和方案进行战略性环境评估。

（2）应针对可能有大量投资或累积影响可能对人类健康或环境产生重大影响的景观或其他地区的活动进行战略性环境评估。

（3）负责第（1）款所指政策，计划或计划的主管部门应与环境署协商，以法规规定的方式进行战略环境评估。

48. 土地利用规划

（1）主管部门应与环境署协商，确保将环境因素纳入土地使用计划中。

（2）主管部门应根据本条监督由主管部门管辖范围内的物理规划委员会制定的土地使用计划的实施，并酌情向环境署报告。

（3）主管部门在行使本条规定的职能时，应考虑《2010 年实物规划法》和任何其他适用法律。

49. 环境管理系统

（1）附录 4 或 5 所列项目的开发商须以条例规定的方式建立、维持及实施环境管理系统。

（2）尽管有第（1）款的规定，环境署可要求未列入附录 4 或 5 的项目的开发商建立，维持和实施环境管理系统。

（3）环境管理系统应是文件化的过程、实践和措施的结构化框架——

（a）确保项目活动得到计划、组织、执行和管理，以符合环境法律和许可证；

（b）确保更好地管理由项目活动引起的环境影响；以及

（c）展示健全的环境管理，同时改善环境绩效。

（4）主管部门应当按照本条规定建立、维护和实施环境管理体系。

第五章　绿色环境管理

50. 本章范围

本章规定的管理环境和自然资源的措施，应考虑根据第四章制订的环境行动计划和进行的战略环境评估以及经济手段。

特别保护区

51. 宣布特别保护区

（1）在不违反宪法、本法和任何其他有关保护生态系统和保护生物多样性的适用法律的前提下，部长可以根据环境署或主管部门的建议，并在议会的批准下，通过法定文件宣布该法规定的特殊保护区。

（2）部长在根据第（1）款作出声明之前，应——

（a）与拟设立特别保护区的地方议会和当地社区协商；

（b）要求酌情进行环境和社会影响评估；以及

（c）如果拟议的保护区所在的区域是私有土地或任何人有利益的土地，则在必要时，根据《宪法》《土地征收法》《土地法》获得土地。

（3）部长除了第（2）款的要求外，还应在政府公报、印刷媒体或其他其认为适当的媒体中公告拟议的声明。

（4）第（3）款所提述的公告须——

（a）确定拟议的特别保护区的位置和大小；

（b）总结该地区的保护措施建议；以及

（c）邀请在通知中指定的时间内就拟议的声明发表书面评论和陈述。

（5）部长在根据第（1）款宣布特别保护区时，可禁止在该保护区进行某些活动。

（6）部长在修改根据本条制定的文书之前，必须获得议会的批准，并确保遵守第（2）、（3）和（4）款规定的宣布特殊保护区的程序。

（7）凡根据第（6）款作出的修订将导致——

（a）在减少部分保护区时，应同时宣布至少在生态或生态系统价值上与减少区相当的区域，为特别保护区；或

（b）在搬迁整个特别保护区时，应同时宣布与被废除的保护区具有相等或更高的生态或生态系统价值的区域，为特别保护区。

（8）如果特别保护区是脆弱的生态系统，部长不得修改根据第（1）款发布的文书。

（9）本节应酌情适用于给予特定动植物物种特殊的保护地位。

湖泊、河流和天然沙滩的环境管理

52. 限制使用天然湖泊和河流

（1）环境署应与有关主管部门合作，确保为乌干达人民的共同利益养护天然湖泊和河流。

（2）除第（3）款另有规定外，任何人不得就天然湖泊或河流进行以下任何活动——

（a）在湖床或河床之上或之下使用、架设、重建、放置、更改、延伸或拆除任何结构或任何结构的一部分；

（b）挖掘、钻孔、挖掘隧道或破坏湖床或河床；

（c）在湖泊或河流中引入或种植植物的任何部分，不论是外来的还是本土的；

（d）将任何动物或微生物，不论是外来的还是土著的，引入任何湖泊或河流中，或其河（湖）床之内、之下或之上；

（e）如果任何物质会或可能对环境产生不利影响，将该物质沉积在湖泊或河流中，或沉积在其河（湖）床之内、之下或之上；

（f）转移或阻挡任何河流偏离其正常路线；或

（g）排干任何湖泊或河流。

（3）环境署可与有关主管部门合作，在环境署规定的条件下，授权第（2）款中的任何活动。

（4）环境署须与有关的主管部门磋商，在第（2）款所指活动获得授权的情况下发出环境管理指南。

（5）任何人未经环境署批准而进行第（2）款所指的活动，即属犯罪，一经定罪，可处罚金不超过三万货币点或不超过十二年有期徒刑，或两者并处。

53. 保护河岸、湖岸和天然沙滩

（1）环境署须与有关主管部门合作——

（a）保护河岸和湖岸免受可能对河流、湖泊及其中的生物造成不利影响的人类活动；

（b）保护河岸或湖岸中存在的自然产生的岛屿免受河岸或湖岸的人类活动的影响；以及

（c）保护河岸和湖岸的天然沙滩，并确保对其进行养护，以造福乌干达人民。

（2）有关主管部门应确定其管辖范围内面临环境退化风险或对当地社区具有其他价值的河岸和湖岸，以及采取必要的措施以最小化风险，或向环境署建议保护这些地区的必要性。

（3）部长可根据环境署的建议，通过法定文书，在部长认为必要的限制范围内，沿河岸、湖岸和天然沙滩宣布保护区，以保护河岸、湖岸和天然沙滩免受有害的人类活动侵害。

（4）在根据第（3）款在河岸、湖岸和天然沙滩上宣布保护区时，部长应考虑到——

（a）河流或湖泊的大小；

（b）文化和自然遗产；

（c）天然沙滩、河流或湖泊所覆盖的区域；

（d）有需要规范通往河流、湖泊或天然沙滩的开放通道；以及

（e）部长与环境署协商认为必要的其他因素。

（5）在不限制本条的一般效力的前提下，环境署可与有关主管部门协商并在不违反本法的前提下，允许对保护区的可持续利用，而不会对河岸、湖岸或天然沙滩造成不利影响。

（6）除第（3）和（5）款另有规定外，任何人不得在河岸、湖岸和天然沙滩作业。

（7）任何人违反第（6）款，即属犯罪，一经定罪，可处罚金不超过三万货币点或有期徒刑不超过十二年，或两者并处。

（8）在本条中——

（a）"湖岸"是指与湖泊相邻或相接不超过100米的土地；

（b）"河岸"是指不超过 100 米长的上升地面，以岩石、泥砾石或沙子的形式与河流的自然河道接壤或毗邻，在洪泛平原的情况下，包括水面接触土地的点，该土地不是河床。

<h2 style="text-align:center">湿地的管理和利用</h2>

54. 湿地管理

（1）有关主管部门应与环境署合作，确保为乌干达人民的共同利益保护湿地。

（2）政府或地方政府不得出租或以其他方式转让湿地。

（3）湿地的管理应遵守以下原则：

（a）湿地资源的可持续利用应与湿地的持续存在及其水文功能和服务相适应；

（b）应对可能对湿地产生不利影响的所有活动进行环境和社会影响评估；

（c）对于具有国际、国家和地方重要性和对文化和美学目的以及水文功能至关重要的动植物物种生态系统和栖息地采取特殊保护措施；以及

（d）应当通过提高认知、传播信息和环境素养的活动，在国家和地方管理湿地资源的方法中明智地使用湿地。

（4）环境署应与有关主管部门协商，制定查明和可持续管理乌干达所有湿地的准则。

（5）主管部门应与环境署合作，将具有地方、国家和国际重要性的湿地确定为动植物物种的生态系统和生境，并应建立国家湿地数据库。

（6）部长可应环境署的建议并与主管部门协商，通过法定文书宣布任何湿地为具有国家或国际重要意义的受保护湿地，并可限制该湿地中的人类活动。

（7）根据第（6）款作出的声明，须述明是否——

（a）湿地是受到充分保护的湿地；

（b）湿地是部分受保护的湿地；或

（c）湿地受到当地社区的保护。

（8）由于受到充分保护的湿地具有生物多样性、生态重要性、景观、

自然或文化遗产或旅游目的，因此应是具有国际和国家重要性的区域，在该区域内可以进行以下活动：

（a）研究；

（b）旅游业；以及

（c）恢复或加强湿地。

（9）部分受保护的湿地应为可允许进行附录6指明的管制活动的区域。

（10）受当地社区保护的湿地应是任何人可以从事第（11）款所指的传统活动的区域，但要遵守主管部门可能施加的限制。

（11）第（10）款所指的湿地资源的传统用途包括：

（a）收获纸莎草、药用植物、树木和芦苇；

（b）使用陷阱、矛和篮子或其他方法捕鱼，但不能筑坝；

（c）收集家居用水；或

（d）狩猎须遵守《乌干达野生动物法》的规定。

55. 限制使用湿地

（1）未经有关主管部门的书面批准，任何人不得在与环境署协商后予以——

（a）开垦或排干任何湿地；

（b）竖立、构造、放置、更改、扩展、移走或拆除固定在任何湿地内部、上面或下面的任何结构；

（c）以对湿地有或可能产生不利影响的方式钻探或挖洞，扰动任何湿地；

（d）以对湿地具有或可能产生不利影响的方式在任何湿地之中、之上或之下沉积任何物质；

（e）以对任何动植物或其栖息地具有或可能产生不利影响的方式破坏或干扰任何湿地；或

（f）在湿地中引入任何外来动植物。

（2）任何人如欲进行第（1）款及附录6指明的活动，须书面向主管部门提出申请。

（3）主管部门在收到根据第（2）款提出的申请后，可以——

（a）进行调查以确定拟议活动对湿地和整个环境的影响；以及

（b）要求开发商进行环境和社会影响评估。

（4）主管部门应确保根据第（2）款进行环境和社会影响评估的活动不会对受影响的湿地造成任何净损失。

（5）主管部门应与环境署协商，并通过法定文书，将第54（11）条中被视为可持续利用的湿地的任何传统用途从第（1）款的要求中豁免。

（6）任何人违反第（1）款，即属犯罪，一经定罪，可处罚金不超过三万货币点或有期徒刑不超过十二年，或两者并处。

丘陵和山区的管理

56. 识别丘陵和山区

（1）环境署须与主管部门合作，识别并规划丘陵和山区，以确定可能遭受环境退化、自然演变或自然灾害风险的丘陵和山区。

（2）丘陵或山区面临环境退化、自然演变或自然灾害的危险：

（a）是否易于水土流失或有水土流失的迹象；

（b）该地区是否发生过山体滑坡；

（c）该系统是否有恢复植被覆盖的困难迹象；

（d）植被覆盖物已被移除或可能以快于其被替换的速度从该区域移除；或

（e）该地区任何其他土地利用活动都可能导致环境退化。

（3）市或区议会应将已确定有受到环境退化、自然演变或自然灾害威胁的丘陵和山区通知环境署。

（4）环境署须备存可能遭受环境恶化、自然过程或自然灾害威胁的丘陵和山区的登记册。

57. 丘陵和山区的恢复、造林和绿化

（1）主管部门应在其根据第45条制订的环境行动计划中，指定应将根据第56条确定的那些区域作为恢复、造林或绿化的目标。

（2）主管部门应采取包括鼓励社区自愿自助在内的措施，依据第（1）款规定对辖区范围内没有设定个人产权的土地上，种植树木和其他植被。

（3）凡根据第（1）款指定的区域受土地租赁或任何其他土地权益（包括习惯使用权）的约束，该权益的持有人应负责采取措施稳定土壤并种植

树木和其他植被。

（4）凡土地权益持有人没有遵守第（3）款，主管部门或环境署可采取包括限制土地使用或设置土地使用条件在内的必要措施，以保障本法运行。

58. 丘陵和山区的可持续利用

（1）环境署须与有关主管部门合作，发布指导方针并规定丘陵和山区可持续利用的措施。

（2）环境署根据第（1）款发出的指引及订明的措施，须包括——

（a）适当的土地使用做法；

（b）第（1）款所述区域的承载能力；

（c）控制水土流失、土壤蠕变和滑坡；

（d）在容易发生山体滑坡的地区备灾；

（e）保护第（1）款所指的区域免受人类住区的侵害；

（f）保护集水区；以及

（g）环境署认为需要的其他措施。

（3）主管部门负责确保实施根据第（2）款发布的指南和规定的措施。

（4）任何人——

（a）没有遵守第（1）款规定的措施；或

（b）将废弃物处置在丘陵或山区，即属犯罪，一经定罪，可处以不超过三万货币点的罚金或不超过十二年的有期徒刑，或两者并处。

生物多样性的管理和保护

59. 保护生物多样性

（1）环境署应与有关主管部门合作，发布准则并规定保护生物多样性的措施。

（2）环境署可在根据第（1）款发出指引及订明措施时——

（a）具体说明保护和可持续利用生物多样性的国家战略、计划和方案；

（b）将生物资源的保护和可持续利用纳入现有的政府活动和私人活动中；

（c）查明、编制和维护乌干达生物多样性清单，包括附录7所列类别的指示性清单；

（d）确定哪些生物多样性组成部分面临灭绝的威胁，哪些组成部分具有最大的可持续利用潜力；

（e）查明对生物多样性的潜在威胁，并制定措施消除或调查其影响；

（f）确定本地和外来入侵物种；以及

（g）确定根据本法进行管理的害虫。

60. 就地保护生物资源

环境署可与有关主管部门合作发布准则并采取措施：

（a）用于就地保护生物多样性；

（b）使土地利用方式与保护生物多样性相适应；

（c）促进保护乌干达的各种陆地和水生生态系统；

（d）选择和管理保护区附近的缓冲区；

（e）保护面临灭绝的物种、生态系统和生境；

（f）禁止、控制或消灭外来物种；

（g）将保护生物多样性的传统知识与主流科学知识相结合，并公平分享利用这些知识所产生的惠益；

（h）确保生物多样性没有净损失，但最好是净收益；

（i）选择、建立和管理保护区或需要采取特别措施保护生物多样性的区域；

（j）恢复和恢复退化的生态系统，并促进受威胁物种的恢复；以及

（k）环境署认为适当管理乌干达生物资源所必需的任何其他事项。

61. 异地保护生物资源

（1）环境署可与有关主管部门合作，发布准则或采取措施：

（a）保护异地生物多样性，特别是对于濒临灭绝的物种；

（b）为设立及运作：

（i）种质库；

（ii）植物园；

（iii）动物园；

（iv）动物保护区；

（v）野生动物牧场；

（vi）其他必要的设施；以及

（c）管理从自然栖息地收集生物资源以进行异地保护。

（2）主管部门应与环境署合作，确保在下列情况下，将濒临灭绝的物种重新引入其本土环境和生态系统中：

（a）对物种的威胁已经终止；或

（b）已获得受威胁物种的存活种群。

62. 获取乌干达的遗传资源

（1）环境署应与有关主管部门协商，制定规章，为乌干达人民的利益对乌干达遗传资源规定可持续管理和利用的措施。

（2）在不损害第（1）款的一般效力的原则下，规例须指明——

（a）非乌干达公民获取乌干达遗传资源的适当安排，包括获取费用；

（b）规范遗传资源进出口的措施；

（c）共享源自乌干达的遗传资源所产生的惠益；以及

（d）环境署认为对更好地管理乌干达遗传资源必要的任何其他事项。

63. 转基因生物的管理

环境署可与有关主管部门协商，发布准则并规定措施，

（a）为了保护环境和管理转基因生物的发展、获取、使用和转让对人类健康的危害；以及

（b）与转基因生物有关的责任和补救。

64. 森林管理

（1）主管部门可与环境署磋商，制定指导方针并规定乌干达森林管理措施。

（2）根据第（1）款发出或订明的指引及措施，须顾及——

（a）属于私人利益的土地上的森林；

（b）保护区的森林，包括森林保护区和国家公园；

（c）采取措施鼓励个人土地使用者、机构和社区种植树木和林地；

（d）公共土地或公共土地上的森林；以及

（e）湿地以及河岸和湖岸保护区的森林。

（3）森林应按照可持续发展的原则进行管理。

（4）任何森林的商业开发均应按照最佳可持续产量原则进行。

（5）应保护当地社区不可缺少的、符合可持续发展原则的传统森林利

用方式。

（6）尽管有第（3）、（4）和（5）款的规定，主管部门可通过宣布一个森林地区为特殊保护森林来禁止任何森林地区的人类活动。

65. 节约能源

主管部门可与环境署协商，通过以下方式促进能源的节约和有效利用：

（a）促进对适当的可再生能源和能源效率的研究；

（b）制定鼓励措施，以促进可再生能源和能源效率；以及

（c）促进采取措施保护不可再生能源和提高能源效率。

66. 牧场管理

（1）环境署可与有关主管部门协商，发布指导方针并规定牧场的可持续管理和利用措施。

（2）在根据第（1）款发布指南和规定措施时，环境署应考虑——

（a）土地的承载能力；

（b）水土保持的必要性；

（c）任何牧场面临荒漠化的风险；

（d）牧场内其他生态系统的利用；以及

（e）环境署认为适当的其他因素。

67. 支付生态系统服务费

（1）环境署应与有关主管部门协商，确定活动并建立生态系统服务付款机制。

（2）环境署可发布指导原则并规定用于支付生态系统服务费用的措施。

（3）环境署在根据第（2）款发布指南和规定措施时，应考虑——

（a）识别和评估对环境和人类福祉至关重要的生态系统服务的机制；

（b）为保护、恢复和可持续利用生态系统服务来源而产生、引导、转移和投资经济资源的手段和激励措施；以及

（c）设计确保生态系统可持续性的生态系统计划付款的标准。

68. 保护文化和自然遗产

（1）主管部门可与环境署协商，为当代和子孙后代的利益确定、保护、保存和传播——

（a）对乌干达人民具有文化重要性的自然环境中的纪念碑、建筑物、

元素、物体和场所；以及

（b）被认为是乌干达人民的自然遗产的自然特征、地质和地理构造以及自然场所或精确划定的，具有普遍价值的自然区域。

（2）主管部门应保存根据第（1）款确定的文化和自然遗产登记册。

（3）主管部门可以发布本节确定的管理和保护文化和自然遗产的指南和规定措施。

69. 管理气候变化对生态系统的影响

（1）主管部门可与环境署协商，制定指导方针并规定措施，以——

（a）应对气候变化对生态系统的影响，包括提高生态系统的适应力、促进低碳发展并减少森林砍伐和森林退化、森林的可持续管理和森林碳储量的排放；以及

（b）就应对气候变化影响的策略，包括与自然资源利用相关的策略，向机构、企业、部门或个人提供建议。

（2）主管部门应在其职权范围内并与环境署协商——

（a）采取措施并发布指导方针以应对气候变化的影响，包括缓解和适应气候变化影响的措施；以及

（b）与其他主管部门保持联系，制定应对气候变化及其影响的战略和行动计划。

（3）环境署可与主管部门联络，以协助政府机构、私营部门、民间社会和其他利益攸关方在其规划和决策过程中将缓解和适应战略纳入主流。

第六章　健全化学品管理和产品控制

70. 禁止或限制进口、出口、制造、配制、销售和使用危险化学品

（1）禁止或限制附录 8 所列化学物质。

（2）尽管有第（1）款的规定，部长仍可通过法定文书与环境署协商，禁止或限制危险化学品或含有危险化学品的产品的进口、出口、制造、配制、销售和使用。

（3）任何人不得进口、出口、制造、配制、销售和使用第（1）和（2）款所禁止的危险化学品或含有危险化学品的产品。

（4）禁止或限制适用于其本身、混合物或化学产品中的任何危险化学品，包括不需要注册的化学品。

（5）任何人不得进口、出口、运输、贮存、制造、配制、分销、出售或要约出售任何掺假的化学品，或任何已腐烂或变质以致不能达到其目的的化学品，或任何已包装在已变质或损坏的容器内，以致对贮存、处理和使用存在危险的化学品。

（6）在符合第（2）款的规定下，打算出口违禁或限制化学品的人应向环境署呈交出口通知，并附上文件，述明：

（a）出口的主要目的和接受国的名称；以及

（b）化学品的含量。

（7）为免生疑问，第（6）款所指的违禁化学品仅可用于处置目的。

（8）任何人不得供应或滥用化学物质以伤害任何人或环境。

（9）本节不适用于受《2006 年农业化学品管制法》，《2008 年原子能法》，《国家药品政策和授权法》第 206 章和《2016 年有毒化学品禁止管制法》所管制的化学制品或化学产品或物质。

71. 危险化学品和含有危险化学品成分产品的管理

（1）环境署须与有关主管部门协商，根据危险化学品和含有危险化学品成分的产品及其对人体健康和环境造成的危害，建立分类标准。

（2）部长应根据第（1）款确立的标准，制定有关危险化学品和含有危险化学品成分的产品的管理规定。

（3）根据第（2）款制定的实施细则应规定——

（a）危险化学品和含有危险化学品成分的产品的识别和注册；

（b）危险化学品和含有危险化学品成分的产品的标签；

（c）包装危险化学品和含有危险化学品成分的产品；

（d）宣传危险化学品和含有危险化学品成分的产品；

（e）控制危险化学品和含有危险化学品成分的产品的进口、出口、过境；

（f）使用危险化学品和含有危险化学品成分（包括酸和碱）的产品；

（g）危险化学品和含有危险化学品成分的产品的销售、储存、运输和处理；

（h）处置过期和使用过的危险化学品以及含有危险化学品成分的产品；

（i）禁止或限制危险化学品和含有危险化学品成分的产品；

（j）监测水体、土壤或任何其他接收环境中是否有有害化学物质的溢出和污染；

（k）监测危险化学品及其残留物对人类健康和环境的影响；

（l）所有制造、使用、出口或进口到乌干达的危险化学品的登记册；以及

（m）跨界合作，以管理危险的化学品泄漏，尤其是跨越国界的泄漏。

72. 危险化学品登记

（1）环境署须与有关主管部门协商，安排按规例订明的方式登记——

（a）在乌干达进口、出口、制造、包装或使用的危险化学品或含有危险化学品的产品；

（b）环境署宣布为危险废弃物的危险化学物质或含有危险化学物质的产品；以及

（c）危险化学药品或含有危险化学药品的产品，可以用适当的替代品逐步替代。

（2）根据第（1）款订立的危险化学品登记册应供公众查阅。

73. 经营危险化学品或含有危险化学品成分产品的许可证

（1）除第 70 条另有规定外，任何人如无环境署所发出的牌照，不得——

（a）进口、出口或使用危险化学品或含有危险化学品成分的产品；或

（b）制造、储存或出售危险化学品或含有危险化学品成分的材料。

（2）部长可制定第（1）款规定的许可程序条例。

74. 管理含有汞、铅、氰化物、砷和钋的产品

（1）环境署须与有关主管部门协商，为以下方面建立标准——

（a）在制造或采矿过程中对汞或汞化合物、铅、氰化物、砷和钋的管理；

（b）管理含有汞、铅、氰化物、砷和钋的产品；以及

（c）提供含汞、铅、氰化物、砷和钋的产品的替代品。

（2）部长可以按法规禁止在淘汰日期之后制造、进口、出口或使用添

加含有汞、铅、氰化物、砷和钋的产品，但被排除或豁免的除外。

（3）任何人不得进口、出口、制造或使用第（2）款所禁止的添加汞、铅、氰化物、砷和钋的产品。

75. 消耗臭氧层物质和产品的管理

（1）环境署应与有关主管部门协商进行研究和其他研究，并适当普及关于消耗平流层臭氧层和其他平流层成分、损害人类健康和环境的物质、活动和做法的科学知识；

（2）环境署须与有关主管部门协商，发布与以下方面有关的指导方针并进行有关的计划——

（a）消除消耗臭氧层的物质、技术和设备，包括导致全球变暖的对臭氧无害的物质；

（b）可能导致平流层臭氧层退化的做法和活动；以及

（c）减少平流层臭氧层退化对人类健康和环境的风险，并将其减至最小。

76. 塑料和塑料制品的管理

（1）禁止进口、出口、制造、使用或重复使用由乙烯（聚乙烯）和丙烯（聚丙烯）聚合物制成的塑料运输袋或塑料产品类别，但30微米以上乙烯（聚乙烯）和丙烯（聚丙烯）聚合物制成的以及附录9所列的乙烯和聚乙烯制成的塑料袋或塑料制品除外。

（2）在符合第（1）款的规定下，部长应与环境署、主管部门和有关利益相关者协商，为塑料和塑料制品的记录、处理、储存、回收、再利用和处置建立标准。

（3）生产或进口塑料或塑料制品的人，应作为继续进行操作的前提条件——

（a）确保回收是该人的日常活动的一部分；

（b）在塑料或塑料制品上贴标签；以及

（c）建立一种使部长满意的机制，以从环境中回购塑料或塑料制品。

（4）根据《乌干达国家标准局法》设立的乌干达国家标准局应执行第（1）款的规定。

（5）第（3）款适用的人，须每年向环境署报告该人是否遵守本条。

（6）环境署须证明第（5）款所指的人是否已遵守本条的规定。

77. 可循环资源的利用

环境署可通过法定文书，要求从事生产过程的人或任何其他人，通过按照废弃物管理等级制度，对生产过程中的资源进行再循环，来利用从废料中提取的无害循环资源。

第七章 污染与环境控制应急准备

78. 禁止污染

（1）除依照本法和其他适用法律的规定外，任何人均不得造成污染或引发任何可能造成污染的危险。

（2）除第（1）款另有规定外，活动可能造成污染的人应采取措施防止污染的发生，包括采用最佳可行技术和最佳环境实践。

（3）在任何法律允许出于正常操作目的或紧急情况向大气中排放或燃烧气体和其他颗粒物的情况下，排放或燃烧的人应采取措施以最小化燃烧或排放所造成的污染。

（4）为免生疑问，第（3）款所指的排气或燃烧应符合本法规定的空气质量标准。

（5）尽管有第（1）和（2）款的规定，环境署仍可根据本法和根据本法制定的规章，针对可能造成污染的活动签发控制污染的许可证。

79. 发生污染时应采取的措施

（1）除第78条第（1）款另有规定外，凡污染发生违反本法、根据本法订立的规例、任何其他适用法律、环境标准或根据第78条第（5）款发出的许可证的条件，则污染责任人须——

（a）采取必要的行动以制止进一步的污染，并将污染对人类健康和环境的影响降至最低；

（b）按照条例订明的方式，将污染的情况通知环境署及有关主管部门；

（c）采取措施减轻由于污染或抵消污染而造成的任何损害或滋扰；

（d）采取步骤清理和恢复环境，使其尽可能接近其原始状态；以及

（e）赔偿根据本法和任何其他适用法律造成的损害。

（2）凡污染负责人不遵从第（1）款的规定，环境署可——

（a）命令该人停止造成污染的活动；

（b）命令该人执行根据第（1）款订明的措施；

（c）实施第（1）款所述的措施，而由污染负责人承担费用；

（d）如果活动获得许可，则撤销许可；以及

（e）采取环境署认为必要的其他措施。

80. 污染者的责任

（1）违反本法或任何其他适用法律污染环境的人应对人类健康或环境造成的任何损害承担严格责任，而不论其过错如何。

（2）尽管有第（1）款的规定，但某人的作为或不作为可能加重由先前的污染所造成的损害或扰民的程度，则对该污染负有同等的共同责任。

81. 污染控制的许可证

（1）理事会应按照第 21 条任命污染控制技术委员会，由理事会确定的人员组成。

（2）执行署长应为污染控制技术委员会的主席。

（3）环境署根据第（1）款任命的污染控制技术委员会应——

（a）考虑申请污染许可证；

（b）发出污染许可证；以及

（c）执行署长会指派的其他职能。

（4）任何人不得从事可能会污染空气、水或土地的活动，除非根据并依照污染控制许可证进行，否则不得超出本法规定或发布的任何标准或准则。

（5）技术委员会除非确信被许可人有能力根据本法规定的"污染者自付原则"补偿污染受害者和清洁环境，否则不得颁发污染控制许可证。

82. 申请污染控制许可证

（1）申请污染控制许可证进行可能污染土地、水或空气超过本法规定或发布的标准或指南的活动，应以条例规定的方式向委员会提出。

（2）提交给技术委员会的任何专有信息均应视为机密。

83. 技术委员会对申请的审议

（1）技术委员会在收到根据第 82 条提出的污染控制许可证的申请

后——

（a）在三十天内通知可能受到申请人拟议活动影响的人，并邀请他们进行陈述；

（b）考虑有关主管部门的陈述；

（c）考虑到技术委员会根据（a）和（b）款收到的所有陈述，对申请进行审议；以及

（d）批准或拒绝该申请。

（2）技术委员会可在根据第（1）款批准或拒绝申请之前——

（a）要求根据本法第五章进行环境和社会影响评估，同时考虑所要求活动的性质以及该活动可能造成的污染；以及

（b）要求申请人提供有关工厂位置、材料或技术设计的更多信息。

（3）如委员会拒绝污染控制许可证的申请，则应书面说明其拒绝理由。

84. 污染控制许可证的条件

（1）根据本法签发的污染控制许可证应采用规定的形式，并受许可证规定或规定的条件的约束。

（2）根据本法签发的污染控制许可在该期间内仍然有效，并可在法规规定的更长期限内续期。

85. 污染控制许可费

（1）根据第 82 条或第 86 条提出的申请，须附有订明费用。

（2）根据第（1）款收取的费用，应按照第 81 条所指的"污染者付费原则"确定，并因此——

（a）造成较大污染的人在负担清洁环境方面应承担最大的负担；以及

（b）这些费用应用于减少环境污染的活动和支持保护环境的行为。

86. 换发污染控制许可证

（1）持有许可证的人可按订明格式向委员会申请污染控制许可证的续期。

（2）技术委员会应在提交完整的申请之日起三个月内审议每份许可证续期申请。

（3）技术委员会在考虑根据第（2）款提出的申请后，可以——

（a）续发污染控制许可证；

（b）拒绝该申请；或

（c）要求提供更多信息。

（4）技术委员会在根据第（3）款作出决定时，应考虑到以下内容：

（a）申请人是否遵守了先前许可证所订明的条件；

（b）申请人有否采取措施减轻污染；

（c）污染在其排放或排放区域的影响；以及

（d）委员会认为必要的其他事项。

87. 吊销污染控制许可证

技术委员会可以书面形式吊销污染控制许可：

（a）许可证持有人违反本法或任何其他适用法律的规定；

（b）许可证持有人没有遵从许可证所指明的任何条件；

（c）在委员会认为吊销许可证符合环境利益或公众利益的情况下。

88. 污染控制许可登记册

（1）环境署应保存根据本法签发的所有污染控制许可证的登记册。

（2）登记册须为公开文件，任何人可在合理时间内支付订明费用，以查阅该登记册。

严重污染与应急准备与响应系统

89. 建立应急反应系统以应对严重污染的义务

（1）除第78条和第79条的要求外，从事可能造成严重污染活动的人还应建立应急准备与响应系统，以防止、发现、阻止、消除或限制污染的影响。

（2）根据第（1）款建立的应急准备与响应系统应包括应急计划。

（3）应急准备与响应系统应与严重污染的可能性以及可能造成的破坏和滋扰的程度成合理比例。

（4）环境署可要求从事类似或在同一地理区域内从事活动的人员在建立或运行联合应急准备与响应系统方面进行合作。

（5）部长可在与环境署和有关主管部门协商后，依法规定和应急准备与响应系统有关的措施。

90. 严重污染通知

（1）发生严重污染或具有严重污染风险时，负责人应立即以当局规定的方式通知就近的警察、环境署和有关主管部门。

（2）尽管有第（1）款的规定，但任何其他人发现发生严重污染或具有严重污染风险的事件，则该人应立即通知就近的警察局，并在可能的情况下通知污染负责人和环境署。

91. 严重污染的应对

（1）在发生严重污染或具有严重污染风险的情况下，污染负责人除应根据第79（1）条采取的措施外，还应立即实施根据第89条制定的应急准备与响应系统，以避免或最大限度地减少对人类健康和环境造成的损害。

（2）在清理污染的过程中，污染者应随时向环境署、警察和主管部门通报情况，环境署可以提供必要的协助或向有关政府部门寻求协助。

92. 国家和主管部门的应急准备与响应系统、应急计划和其他计划

（1）主管部门应与环境署协商，为在主管部门管辖范围内可能发生或造成损害的严重急性轻微事件提供应急准备和响应系统、应急计划和其他计划。

（2）部长应与环境署和有关主管部门协商，为严重污染的重大事件制定应急准备和响应系统、应急计划和其他计划，以补充应急准备和响应系统、应急计划或由主管部门根据第（1）款编写的其他计划。

（3）部长可以根据法规规定应急准备和响应系统、应急计划或根据本条制订的其他计划的格式和内容。

（4）部长可以通过法定文书规定必须准备具体的应急准备和响应系统、应急计划或其他计划的机构和设施。

（5）尽管有第（4）款的规定，下列设施应具有特定的应急准备和响应系统或应急计划：

（a）教育机构；

（b）酒店；

（c）娱乐设施；

（d）医院；以及

（e）商业建筑物，包括市场。

（6）根据第（5）款制定的应急准备和响应系统、应急计划或其他计划，应在适当的情况下考虑机构或设施面临的风险以及环境风险评估。

93. 国家漏油事故应急准备与响应

（1）总理府应与环境署、乌干达石油署和任何其他有关主管部门协商，以法规规定的方式制订国家漏油应急计划。

（2）第（1）款所指的计划应建立一个国家框架和指挥机构，以规划、准备和应对乌干达境内陆地和水体的石油泄漏，并管理跨界性质的石油泄漏。

（3）根据 2013 年《石油勘探、开发和生产法》成立的乌干达石油署被指定为执行《国家石油泄漏应急计划》的国家主管当局。

（4）乌干达石油署可与总理府协商，自行评估或根据环境署的建议，决定政府是否应以条例规定的方式并按照国家石油泄漏应急计划接管溢油应急行动的指挥权。

（5）尽管有第（4）款的规定，漏油的负责人应——

（a）在《国家漏油应急计划》规定的国家事故指挥官的指挥下继续进行漏油应急行动；以及

（b）对根据本法，根据本法制定的法规以及任何其他适用法律的漏油应急行动后果承担责任。

94. 发生严重污染时提供援助的责任

（1）主管部门或环境署可要求任何有责任根据第 89 条建立应急准备和响应系统的人在紧急响应操作期间将其设备和人员放置在其处置设备中，并可请求其他主管部门尽可能提供援助。

（2）在根据第 95（1）条被视为环境灾难的严重污染事件中，总理府可要求有责任的人根据第 89 条建立应急准备和响应系统，或主管部门提供设备和人员以响应事件。

95. 对环境紧急情况和灾害的应对

（1）总理府可在与环境署协商后，宣布某一事件为环境紧急情况或灾难。

（2）总理府应根据法规建立协调机制，以应对国家对环境紧急情况和灾害的反应。

（3）第（1）款所指的协调机制应包括以下人员的参与：

（a）总理府；

（b）环境署；

（c）乌干达国防部；

（d）乌干达警察部队；

（e）消防队；

（f）提供医疗保健的组织；无论是政府的还是非政府的；以及

（g）任何有关的主管部门或组织。

（4）本条中的任何内容不得解释为限制根据本法或任何适用法律对导致事件发生的负责人的责任的承担。

第八章 废弃物管理

96. 管理废弃物的责任

（1）产生或处理废弃物的人应根据本法，第 5 条第（2）款第（p）项所述的循环经济原则以及废弃物管理的等级制度和规定的措施妥善管理废物。

（2）根据第（1）款负责管理废弃物的人员，应采取必要的措施，以防止由于这种管理而产生的污染，并在发生污染的地方，尽量减少污染对人类健康和环境的影响。

（3）从事 2013 年《石油勘探、开发和生产法》规定的石油活动或 2013 年《石油精炼、转化、输送和中游储存法》规定的中游作业的人员应负责依照适用法律对石油废弃物进行妥善管理。

97. 禁止乱扔垃圾

（1）禁止乱扔垃圾。

（2）拥有或占用任何住宅或商业处所的人，应对在该处所产生的废弃物负责，直至被授权人收集为止。

（3）驾驶车辆的人应对车辆的卫生状况以及车辆中产生的废弃物负责。

（4）任何人不得将任何废弃物放置、存放或容许任何废弃物放置或存放在其处所或私人财产上、公共街道、路旁、沟渠、河流、溪流、湖泊、池塘、运河、河道、公园、峡谷、沟壑、挖掘处或其他可能或滋扰公众健康的地方。

（5）第（4）款不得解释为阻止根据本法批准将废弃物用于收集目的的处置。

（6）部长应通过法定文件发布条例，规定与乱扔垃圾有关的其他规定。

（7）除其他事项外，第（6）款所提述的规例须为——

（a）地方领导人管理废弃物的具体职能；

（b）任何处所或车辆的拥有人或占用人的责任；

（c）废弃物类别；

（d）控制废弃物；

（e）废弃物的储存；

（f）废弃物运输；

（g）废弃物的收集；以及

（h）废弃物处理。

（8）就本法而言，"乱扔垃圾"是指将废弃物处置在未指定为处置区域或废弃物收集点的地方。

（9）任何人违反第（1）、（2）、（3）和（4）款，即属犯罪，一经定罪，可处不超过五百五十货币点的罚金。

（10）任何人在其处所或私人财产、公共街道、路边或沟渠、河流、溪流、湖泊、池塘、运河、河道、公园、峡谷、沟壑、挖掘处或其他地方存放危险废弃物，即属犯罪，可处罚金，一经定罪，可处不超过五千货币点的罚金或不超过十年的有期徒刑，或两者并处。

（11）除第（9）或（10）款规定的处罚外，被定罪的人还可能被要求清除乱抛垃圾的物质并妥善处置，或受到第174条规定的明示处罚。

（12）在本条中，"车辆"包括沿道路拉动或推进的任何种类的机器或工具，无论是通过动物、机械、电力还是任何其他动力。

98. 扩大生产者责任和产品管理

（1）开发、制造或加工任何产品的人应采取以下措施，将生产过程中产生的废弃物减至最少：

（a）改善生产工艺；

（b）从头到尾监测产品周期；以及

（c）在产品的设计和处置过程中采用能够提供最佳总体环境结果的措施和技术。

（2）部长可根据法规要求将制造、进口、分销或销售某种物质、制剂或其他产品的人——

（a）使用后接受产品；

（b）确保采取措施以规定的方式回收或处置产品；或

（c）确保在将产品接收后转移至法规要求的负责适当处理的人员。

（3）环境署可订立条例，管理具有危险特性的特殊类别的废弃物。

99. 废弃物进出口的一般禁止

（1）除法规另有规定外，任何人不得将废弃物进口到乌干达进行处理或处置。

（2）环境署不得允许出口废弃物：

（a）禁止进口此类废弃物的国家并通知乌干达；

（b）到未禁止进口废弃物的国家，除非得到该国家的书面同意；或

（c）环境署有理由相信有关废弃物不会以无害环境的方式加以管理。

（3）将任何废弃物进口到乌干达进行处置或违反本法的人，应负责将废弃物从乌干达清除、转口或安全处置。

（4）将废弃物进口到乌干达的人应对进口废弃物造成的对人体健康或环境的损害负责。

100. 废弃物出口许可证

（1）拟出口废弃物的人，须按照规例订明的方式向环境署申请许可证。

（2）根据第（1）款提出的许可证申请，须附有关于出口的转移文件，并按规例规定的方式。

（3）环境署如信纳申请人在符合第99（2）条的规定下，已取得废弃物出口国的同意，并在适当情况下，申请人取得拟将废弃物移往的国家的同意，可批给乌干达废弃物出口许可证。

（4）在根据第（3）款批给许可证前，环境署须将由申请人提交的移动文件的副本送交废弃物输出国指定的国家环境署。

（5）环境署可在其认为必要的条件下，批给废弃物出口许可证。

101. 废弃物越境转移

（1）该环境署是为危险废弃物的进口、出口、过境或其他越境转移实施事先指定的国家环境署。

（2）环境署应根据乌干达加入的国际公约或安排与其他国家的指定国家主管部门以及具有管理危险废弃物越境转移能力的国际组织进行合作。

（3）环境署须向公众提供危险废弃物及其他废弃物的越境转移及其对人类健康和环境的有关影响的资料。

（4）除非依照本法令的规定，否则任何人不得从事危险废弃物或其他废弃物的越境转移。

（5）通过乌干达运送废弃物的人应——

（a）确保已通知环境署和有关主管部门并授权运输；

（b）确保运输的废弃物符合国家标准和随附的转移文件；

（c）确保未在乌干达处置废弃物；

（d）确保将废弃物的越境转移减少到最低限度，以符合对废弃物的无害环境和有效管理的要求；以及

（e）确保废弃物越境转移的方式能够保护人类健康和环境免受此类转移可能造成的不利影响。

102. 危险废弃物的分类与管理

（1）部长应根据法规将废弃物分类为危险废弃物，并考虑以下特征：

（a）腐蚀性；

（b）致癌性；

（c）易燃性；

（d）持久性；

（e）毒性；

（f）爆炸性；

（g）放射性；

（h）传染性；

（i）反应性；除（a）至（h）段所述外；以及

（j）环境署认为必要的其他特征。

（2）根据第（1）款制定的规章应规定对危险废弃物的管理。

第九章　环境标准的制定

103. 空气质量标准

（1）环境署须与有关主管部门协商——

（a）建立空气质量测量的标准和程序；

（b）规定环境空气质量标准及其他空气质量标准；

（c）规定各种来源的排放标准；以及

（d）为移动、固定和其他来源建立空气污染控制标准和准则。

（2）环境署须与有关的主管部门合作，采取以下措施，以控制空气污染——

（a）要求重新设计现有的工业厂房或引进新的和适当的技术，或两者兼而有之；

（b）要求减少或消除现有的空气污染源；以及

（e）制定准则以减少温室气体的排放。

104. 有毒气味控制标准

环境署须与有关主管部门协商，确定——

（a）测量和确定有毒气味的程序；

（b）控制气味所致环境污染的最低标准；以及

（c）减轻人为活动或自然现象引起的令人讨厌的气味的措施准则。

105. 污水排放标准

环境署可在与有关主管部门协商后——

（a）建立废水排放标准；

（b）规定在排放到环境中之前要对任何废水进行处理的措施；或

（c）要求发展商或经营者在排放废水之前进行其认为对废水进行必要处理的工作。

106. 振动和噪声污染影响控制标准

（1）环境署须与有关主管部门协商——

（a）建立测量振动和噪声污染影响的标准和程序；

（b）规定噪声和振动的最低标准；

（c）发布准则，以消除任何来源的不合理噪声和振动；以及

（d）量度所有来源发出的噪声水平，并须将量度的详情提供于进行测量的处所的拥有人或占用人。

（2）环境署须与有关主管部门协商——

（a）建立测量亚音速振动的标准和程序；

（b）规定可能对环境产生重大影响的亚音速振动的发射标准；以及

（c）从现有和未来来源发布使（b）项所述的亚音速振动减至最小的准则。

（3）环境署可应要求，按环境署所决定的条款及条件，批出一份不超过三个月的临时许可证，准许在烟花爆竹、拆毁、射击场及特定重工业等活动中发出超过既定标准的噪声。

（4）凡根据第（3）款获准予豁免，则须根据环境署所发出的指引，对承受过量噪声的任何人给予充分的保护。

107. 土壤质量标准

（1）环境署须与有关主管部门协商——

（a）建立衡量和确定土壤质量的标准和程序，包括取样方法和土壤分析；以及

（b）规定管理土壤质量的最低标准。

（2）就第（1）款而言，环境署可与有关主管部门合作，为以下方面发布准则并规定措施——

（a）处置土壤中的任何物质；

（b）识别各种土壤；

（c）对任何土壤的最佳利用；

（d）可以保护土壤的做法；

（e）禁止使土壤退化的做法；以及

（f）清理和恢复被污染的土壤。

108. 辐射最小化标准

（1）环境署可与有关主管部门协商，确保设立——

（a）测量电离和其他辐射的标准和程序；以及

（b）尽量减少环境中的电离和其他辐射的标准。

（2）就第（1）款而言，有关主管部门可针对以下方面发布指南和措施：

（a）监测辐射；

（b）应对辐射采取的最低防护措施；

（c）检查受辐射污染的处所、区域、车辆和船只；

（d）控制辐射的影响；以及

（e）安全做法，以保护参与容易受到辐射照射的活动的人员。

109. 其他标准和程序

（1）环境署可与有关主管部门协商，为可能对人体健康或环境有害的其他事项和活动制定标准。

（2）环境署可在与有关主管部门协商后，确定其认为必要的标准和程序，以决定根据第（1）款确定的标准。

第十章　环境与社会评估

110. 环境和社会评估的目的

（1）根据本法和本法制定的法规进行环境和社会评估的目的是，在考虑到第5（2）条中规定的环境管理原则的情况下，评估特定项目或活动的环境和社会影响、风险或其他问题。

（2）环境署应根据以下内容对本部分下的项目或活动进行分类——

（a）拟议项目或活动的性质和规模；

（b）以前在乌干达进行的类似或相关项目或活动的书面影响；以及

（c）拟议项目或活动对环境、社会、经济和文化影响的预期程度。

111. 开发商的责任

（1）开发人员应确保个人亲自或由雇员、承包商或分包商对其进行环境和社会评估的人遵守本法、根据本法制定的法规、任何其他适用法律和行政决定。

（2）为免生疑问，开发商须对第（1）款所指的任何人进行的评估质量负责。

（3）开发人员应在项目设计中使用和整合环境和社会影响评估、人权风险评估和环境风险评估。

112. 需要项目简介的项目

（1）本法附录 4 所列项目的开发商应通过项目简介进行环境和社会影响评估。

（2）本法附录 4 第一部分所列明的项目的开发商，应按照法规规定的方式向环境署提交项目简介。

（3）附录 4 第二部分所列明的工程项目的开发商，须按法规规定的方式，向主管部门提交工程项目简介。

（4）如果主管部门不止一个，提交项目简介的主管部门应在考虑项目时与其他主管部门协商。

（5）如果环境署与主管部门协商，确信第（2）款所述项目可能不会对人类健康或环境产生重大不利影响，或项目简介中包含足够的缓解措施以应对预期影响，则环境署可批准该项目。

（6）凡环境署发现第（2）款所指的项目可能对环境造成重大不利影响，或项目简介未披露足够的缓解措施以应对预期的影响，则环境署可拒绝该项目或要求开发商进行环境和社会影响评估。

113. 环境和社会影响评估项目分类

（1）附录 5 所列项目的开发商须——

（a）通过范围界定进行环境和社会影响评估；

（b）制定环境和社会影响研究的职权范围；以及

（c）进行法规规定的环境和社会影响研究。

（2）位于附录 10 所列环境敏感区或其附近的项目的开发商，可被要求进行范围界定，为环境和社会影响研究拟定职权范围，并按照条例的规定进行环境和社会影响研究。

（3）在符合附录 5 和 10 的规定下，附录 11 所列项目或活动可获环境和社会影响评估豁免，除非环境署确定该项目或活动可能对人类健康或环境产生累积负面影响。

（4）根据本章进行的环境和社会影响评估应评估单个项目的潜在影响及其对总累积影响的贡献。

114. 环境风险评估

（1）环境署可要求开发商进行环境风险评估，作为环境和社会影响评估过程的一部分。

（2）任何人在以下情况下，须按照规例所订明的方式进行环境风险评估——

（a）将新物种引入生态系统或控制动植物物种可能具有入侵性或对环境构成威胁；

（b）该活动可能有助于增加物种的脆弱性或导致物种灭绝；

（c）该活动可能会影响关键的栖息地、有关物种或文化或自然遗产；

（d）该活动需要引入会产生高生态风险的技术、化学物质或工艺；

（e）向该国引进了转基因生物；

（f）引进了新的方法或物质来防治或控制昆虫、其他生物或杂草；

（g）该活动可能造成严重污染；

（h）该活动涉及整个价值链中的石油商品或产品的处理；

（i）该活动在机场或机场附近，可能会影响飞机的运行。

（2）部长可以根据法规规定要求开发商进行环境风险评估的其他活动。

（3）根据第（1）款进行的环境风险评估应包括危害识别、脆弱性分析、风险分析和风险应对措施。

115. 减弱优先级、生物多样性或其他抵消和补偿机制

（1）开发人员在设计需要进行环境和社会影响评估或环境风险评估的项目时，应遵守环境影响减弱优先级原则。

（2）在允许应用生物多样性补偿或其他抵消与补偿机制之前，环境署在审查环境和社会影响研究时，应评估所提交提案中减弱优先级原则的适用性。

（3）除第（4）款另有规定外，可采用生物多样性补偿、其他抵消和补偿机制来解决残留影响。

（4）如果考虑了生物多样性补偿、其他抵消或补偿机制，则开发人员应设计和实施该方案，以解决残余影响并实现可合理预期的可衡量的保护成果，从而避免导致净损失，最好能取得生物多样性或其他惠益的净收益。

（5）在符合第（4）款的规定下，主管机构应要求在关键栖息地的项目

或可能影响有关物种的项目获得净收益。

（6）第（4）款所指的生物多样性或其他抵消或补偿机制应由开发商设计并提供资金，其存续期间应与项目造成的影响期间相同，最好是永久存续。

（7）生物多样性或其他抵消或补偿机制的设计应遵循"相同或更好"的原则，并应运用最有用信息并按照法规规定的方式进行。

（8）环境署可根据最佳实践发布生物多样性补偿，其他抵消或补偿机制的指南。

116. 项目终止

（1）环境署可要求本法适用项目的开发商或运营商提交初步的终止计划，作为项目简介或环境和社会影响声明的一部分。

（2）环境署可在与有关主管部门协商后，要求根据本法批准项目的开发商或运营商，按照批准的终止计划和国际最佳实践，在工程项目最后关闭或活动结束前停止运作并自行承担终止的费用。

（3）根据第（2）款被要求终止的人或自愿终止的人，应在项目拟关闭之前至少 12 个月或更短的期限向主管机构提交一份详细的终止计划。

（4）环境署可根据第 141 条要求第（3）款所指项目或活动的开发商或运营商交存财务保证金。

（5）为免生疑问，石油作业或设施以及中游作业或设施的终止应根据 2013 年《石油勘探、开发和生产法》和《石油精炼、转化、传输和中游作业法》进行处理。

第十一章 环境地役权

117. 环境地役权

（1）环境地役权可以根据适用法律授予，以促进环境的保护和改善，在本法中称为受益环境是指通过对土地或区域的使用施加一项或多项义务，在本法中称为责任土地或生态系统是指在受益环境附近的土地或地区。

（2）环境地役权可以永久地或以一定年限施加或附属在责任土地或生态系统上，或根据法院裁定的习惯法授予同等权益。

（3）根据第（1）款授予的环境地役权的有效性和可执行性不应取决于可受益的责任土地或生态系统附近的土地的存在，或取决于能受益于环境地役权的土地上的人。

（4）在不损害第（1）款的一般效力的情况下，可对责任土地或生态系统施加环境地役权，以使——

（a）总体上维护或保护动植物、生态系统；

（b）保持大坝、湖泊、河流或含水层中水的质量和流量；

（c）保护或保存受压土地的任何突出的地质、地理图形、生态、考古或历史特征；

（d）保留视域；

（e）保留休憩用地；

（f）允许人员在责任土地上沿规定的路径或区域行走；

（g）保留或保护责任土地的自然轮廓和特征；

（h）防止或限制在责任土地上以采矿和开采矿物或骨料为目的的任何活动范围；

（i）防止或限制责任土地上任何农业活动的范围；或

（j）在责任土地上进行创作和维护工程，以限制或防止对环境的损害。

118. 申请环境地役权

（1）任何人均可向法院申请授予环境地役权。

（2）授予环境地役权的申请应符合适用法律或法院规定的程序。

119. 授予环境地役权

（1）根据本法，法院可应根据第118条提出的申请，准予环境地役权。

（2）尽管有第（1）款的规定，法院仍可要求根据第118条申请环境地役权的人在授予环境地役权之前，根据本法进行环境和社会影响评估。

（3）法院可在根据本条授予环境地役权后，作出补偿命令，同时考虑到使用该责任土地负担地的任何现有权利或利益、对该环境地役权所施加的这种权利或利益的限制、宪法和其他适用法律的规定。

120. 环境地役权的登记

（1）凡在注册土地上授予环境地役权，则该环境地役权须按照《业权登记法》进行登记。

（2）凡在第（1）款所提述的土地以外的任何土地上授予环境地役权，则该土地所处地区的市或区议会须在为该目的而设立的登记册中登记该环境地役权。

（3）除与地役权登记有关的法律所规定的任何事项外，环境地役权的登记还应包括被授予环境地役权的人的姓名。

121. 环境地役权的执行

（1）获授予环境地役权的人并已登记，可要求法院——

（a）根据第130条授予环境修复令；或

（b）授予法律有关地役权的任何补救措施。

（2）法院在审议与环境地役权有关的问题时，可以对与地役权有关的法律进行必要的修改。

第十二章　环境合规与执法

122. 环保性与合规性监测

（1）主管部门可与环境署合作，持续测量、评估和跟踪——

（a）对照基准或现有的环境信息进行的任何环境现象，以评估环境的任何可能变化及其实际或潜在影响。无论是短期还是长期影响；

（b）使用定义的参数和可衡量的指标来确定项目对人类健康和环境的短期和长期影响；以及

（c）在许可证、执照和其他批准中遵守环境法律、环境标准和条件。

（2）开发商应监督项目及其环境现象：

（a）评估并减轻其对人类健康或环境的可能影响。

（b）确保在许可证、执照和其他批准中符合环境法律、环境标准和条件；

（c）确保缓解措施的有效性；以及

（d）确保在实施了生物多样性或其他补偿机制以解决残留影响时，实现无净损失或净收益所需的保护成果。

（3）如果环境管理和监测计划是环境和社会影响报告书的一部分，开发商或运营商应根据环境管理和监测计划的可衡量行动和目标对项目进行监测。

（4）除非环境署或主管部门另有书面规定，或许可证、执照或其他批准的条件另有规定，否则开发商应定期、及时，以符合项目性质的频率和方式进行第（2）款所述的监测。

（5）环境署在发现开发商未遵守本条要求时，应书面通知开发商，并要求开发商使项目符合本法令的要求。

（6）开发商须保存根据第（2）款进行的监察的适当记录，并应要求将其提供给环境署或主管部门。

（7）主管部门或环境署可要求开发商以规定的形式提交监测报告。

123. 实验室分析

（1）作为环境和合规性监测过程的一部分，环境署或授权官员可对任何物资、物质、流程或材料进行或要求进行实验室分析，以确保符合环境法、环境标准或许可证和其他批准中的条件。

（2）根据第（1）款进行的实验室分析应确定物资、物质、流程或材料的成分、质量或效果；无论是物理、化学还是生物，都关系到人类健康和环境。

（3）环境署可在主管部门的建议下，规定抽取样本进行分析的形式和方式。

124. 指定分析实验室和参考实验室

（1）环境署可在政府公报上公告，指定其认为必要并适合作为本法目的的分析实验室和参考实验室等。

（2）根据第（1）款发出的通知，须指明实验室的具体职能，以及每个实验室须服务的本地范围或标的物，并可规定实验室须获国际认可，以便进行某些分析。

125. 实验室分析证书

（1）根据第124条指定为分析实验室或参考实验室的实验室，应签发根据本法提交给该实验室的任何物质的分析证书。

（2）分析证书应说明所遵循的分析方法，并由分析员或参考分析员视情况而定签署。

（3）除另有证明外，根据本条发出的证明书须足以为所有目的确立该证明书所述的事实。

（4）实验室进行的任何分析结果均应向所有有关方面开放。

126. 环境审计

（1）环境署或主管部门可以在出于公共利益或有理由认为某项目对人类健康或环境有或可能具有不利影响的情况下——

（a）进行环境执法审核；或

（b）指示开发商在环境署确定的指定期限内进行环境合规审核。

（2）附录 5 和 10 所列项目的开发商，须按规例订明的方式进行环境合规性审核。

（3）尽管有第（2）款的规定，环境署可要求未列入附录 5 和 10 的任何项目的开发商进行环境合规性审核。

（4）主管部门如拟根据第（1）款进行环境执法审计，须在审计开始日期前最少 7 天通知环境署，并在审计完成后 30 天内向环境署提交环境执法审计报告。

（5）根据第（1）或（2）款进行的环境审核应考虑防止对人体健康或环境造成损害的必要性，并应考虑到以下情况：

（a）环境管理及监察计划；

（b）环境和社会影响评估批准证书中规定的条件；

（c）许可证、牌照及其他批准书所载的条件；以及

（d）本法或任何其他适用法律下的任何其他要求。

（6）根据第（2）款须进行环境合规性审核的项目的开发商或经营者，须——

（a）酌情向环境署和主管部门提交环境合规性审核报告；以及

（b）采取缓解措施，以解决和纠正发现的任何违规行为。

（7）根据本法要求进行环境和社会影响评估的项目的开发商或运营商，不得以环境审核或环境管理与监测计划替代该评估。

（8）开发商或经营者违反第（7）款的规定，即属犯罪，一经定罪，可处以不超过十万货币点的罚金或不超过十五年的有期徒刑，或两者并处。

127. 指定环境检查员

（1）环境署可在政府公报刊登的公告，在通知书所指明的限度内，按其姓名或职衔，从适当合资格的公职人员中委任其认为合适的人员，作为

环境检查员。

（2）根据第（1）款委派的环境检验员，为期三年或环境署所决定的更长期限。

128. 环境检查员的权力和职责

（1）环境检查员在履行本法或本法制定的法规所规定的职责时，必要情况下可无无须搜查令——

（a）进入任何土地，包括水、设施、处所、车辆或船只，以进行搜查并确定是否符合本法的规定；

（b）要求出示、检验和核查与本法或与环境和自然资源管理有关的任何其他法律有关的任何许可、登记、记录或其他文件；

（c）复制（b）段所提述的许可证、登记册、记录或其他文件的副本；

（d）进行检查和询问以确定本法和根据本法制定的任何规定是否得到遵守；

（e）抽取本法适用的任何物品或物质的样本，并按规定将样本提交进行测试和分析；

（f）对在其管辖范围内制造、生产副产品、进出口、储存、销售、分销或使用任何可能对环境产生不利影响的物质的设施和其他机构进行定期检查，以确保本法的规定得到遵守；

（g）进行必要的其他检查，以确保遵守本法的规定；

（h）扣押他或她认为已用于违反本法或根据本法制定的规定的任何工厂、设备、物质或其他物品；

（i）对违反本法或根据本法制定的条例，关闭任何制造厂或停止任何其他活动，收缴污染或可能污染环境的任何设备、车辆或船只；

（j）发出环境改善通知书或环境合规通知书，要求任何制造工厂或其他活动的经营者停止任何对人体健康或环境有害的活动；

（k）使警察逮捕任何他或她认为已经违反或减轻了本法或根据本法制定的条例内容的人。

（2）为了检查本法的遵守情况，环境检查员可随时在任何土地、构筑物，设施、处所、车辆或船只上安装任何设备，包括封条。

（3）凡环境检查员根据第（1）款第（h）项行使关闭制造厂或命令停

止任何活动或扣押任何设备、车辆或船只的权力，他或她可根据第（1）款第（j）项发出环境改善通知书或环境合规通知书。

（4）环境督察在行使本条所赋予的权力时，应适当地表明自己的身份。

129. 发出环境通知和命令的权力

（1）在不违反本法的前提下，环境署或被授权人员可以发布以下通知：

（a）改善环境的通知；以及

（b）环境合规通知。

（2）环境署可发出以下命令——

（a）环境修复令；

（b）禁止令；以及

（c）停止令。

（3）环境署或被授权人员可在根据本条发出的通知或命令中，规定环境署或被授权人员认为可使通知或命令达到其全部或任何目的的条款、条件和义务。

（4）环境署或被授权人员可检查或安排检查任何活动，以确定该活动是否——

（a）违反本法正在或可能造成污染；或

（b）对人体健康或环境有害。

（5）环境署或被授权人员在决定是否根据本条送达通知或命令时，可考虑根据第（4）款进行的检查所得的证据。

（6）环境署或被授权人员可寻求和考虑任何技术、专业或科学建议，以便在通知或命令中作出令人满意的决定。

130. 环境恢复令

（1）在符合本法规定的前提下，环境署可向其活动导致或可能造成违反本法的污染或对人体健康或环境有害的任何人发布环境恢复令。

（2）根据第（1）款发出的环境恢复令可包含禁止令或停止令，而在没有进一步通知的情况下，应要求将其送达的人为——

（a）立即阻止开始或停止任何对人体健康或环境有害的活动；

（b）尽可能使环境恢复到采取该命令所针对的行动之前的状态；

（c）采取行动，防止可能造成、正在造成污染的任何活动的开始或继

续；以及

（d）要求使用现有最佳技术清理污染或恢复受损环境。

（3）在不限制第（2）款的一般效力或环境署的权力的情况下，环境恢复令可要求接受该命令的人——

（a）恢复土地及其完整的生态和生态系统功能，包括更换土壤、重新种植树木和其他植物；

（b）尽可能恢复该土地或与该命令所指明土地相邻的区域的突出的地质、考古或历史特征；

（c）采取阻止环境危害的开始或持续的行动，包括可能导致环境危害的行动；

（d）消除或减轻对土地、环境或该地区便利设施的任何损害；

（e）为防止对其他人造成伤害或对土地或环境、土地之下的含水层、该命令所指明土地之内、之上、之下或之上的动植物，或该命令所指明土地或毗邻土地的环境造成损害；

（f）清除存放在命令所指定的土地或其他区域之内、之上或之下的任何材料、废弃物或垃圾；

（g）将废弃物存放在命令所指的地方；或

（h）遵守环境署在命令中规定的其他指示。

（4）环境恢复令须采用环境署规定的格式，并须指明——

（a）与之有关的活动；

（b）所针对的人；

（c）生效日期；

（d）为防止或减轻污染或补救对人类健康或环境的损害而必须采取的行动；

（e）环境署或被授权人员进入土地、处所、设施、车辆或其他船只进行命令所指明的行动的权力；

（f）环境署或被授权人员有权没收用于实施本法规定的违法行为的任何设备或物质；

（g）如该命令指明的行动不是由负责人采取的，可处以罚金；

（h）接到命令的人有权针对该命令向法院提出上诉。

（5）尽管有第（2）款的规定，环境署或被授权人可在必要时发出禁止或停止令，要求被送达该命令的人：

（a）限制从事对人体健康或环境有害的活动或项目；或

（b）停止或终止一项活动或项目。

131. 环境恢复令的送达及遵守

（1）根据第130（1）条发出的环境恢复令，须送达负责人，并须规定该人采取该命令所指明的行动，而该行动须在该命令送达日期起计不超过21天，或在该命令所订明的较长期间内作出。

（2）根据本法，被送达环境修复令的人应遵守该命令的所有条款、条件和义务。

（3）环境恢复令须继续对其所从事的活动适用，直至该行为已得到环境署的满意为止。

132. 环境恢复令的复核

（1）环境修复令被送达人，可在接获该命令后的21日内，以书面提出理由，要求环境署对该命令进行复核。

（2）环境恢复令须维持有效，直至更改、暂停或撤销。

（3）凡已根据第（1）款提出复核要求，环境署须在接获该项要求后的14日内，给予要求复核的人以口头或通过提交文件记录的机会。

（4）环境署须组成一个委员会，以审查根据第（1）款提出的要求。

（5）根据第（4）款组成的委员会应在收到请求后30天内审理此事，并将其调查结果和建议报告提交执行署长。

（6）执行署长可根据第（5）款的结论和建议，并附有理由说明以下决定：

（a）确认、更改、暂停或撤销环境恢复令；以及

（b）书面通知要求环境署做出恢复令的人。

133. 环境署或被授权人员就环境恢复令采取的行动

（1）凡已向其送达环境恢复令的人未能履行，疏忽或拒绝采取该命令所要求的行动，或执行署长未根据第132条第（6）款以有利于申请人的名义审查该命令，则环境署或被授权人员，可在环境恢复令所指明的期间内或环境署决定的进一步期间内——

（a）进入或授权任何人进入在接受命令的人的控制下的任何土地、区域、处所、设施、车辆或船只；以及

（b）对与该命令有关的活动采取一切必要的行动，并代表接受该命令的人强制执行该命令。

（2）凡环境署或被授权人员根据第（1）款行使权力，环境署或被授权人员可——

（a）因违反本法或根据本法制定的规定而要求支付行政罚金；

（b）扣押任何用于违反本法规定或根据本法制定的法规的设备或物质；

（c）使用根据本款没收的设备或物质，对退化的生态系统进行污染治理或恢复，或纠正所犯的环境错误；

（d）要求支付环境署或被授权人员行使该权力所产生的成本和费用，包括任何政府机构或其他人为减轻或控制污染而可能产生的任何费用；以及

（e）采取其他必要的行动。

（3）凡根据第 131 条第（1）款获送达环境恢复令的人，没有缴付第（2）条第（a）及（d）项所提述的行政罚金、诉讼费用或开支，或没有放弃根据第（2）款第（b）项检取的设备或物料，环境署或被授权人员可：

（a）除非所有人在三十天内提出申诉或移走根据本款弃置的设备或物质，否则须以公开拍卖方式处置该设备或物质，并追讨欠环境署或被授权人员的款项；或

（b）作为民事债务向有管辖权的法院提起诉讼，向第（1）款所指的人追讨该等行政罚金，包括根据第（a）项进行的出售未充分支付的费用或开支，或环境署或被授权人员选择作为民事债务追讨该等费用或开支。

（4）根据第（3）款出售设备或物质所得的任何余额，须在扣除环境署或被授权人员因安全保管及出售而招致的费用及开支后，支付予根据第（3）款放弃的设备或物质的所有人。

134. 法院发布环境恢复令

（1）在任何人提起的任何法律程序中，法院可对违反本法造成或可能造成污染的人，或对人类健康或环境造成损害、损害或合理可能造成损害的人，发出环境恢复令。

（2）为免生疑问，根据本条提出申请的人无须证明他或她对声称受污

染影响的人类健康或环境、土地或地区有权利或利害关系。

（3）法院在行使第（1）款所赋予的权力时，可适用第 130 条的规定，并命令——

（a）以赔偿、恢复或补偿的形式向其健康、环境或生活受到命令所指行动的污染、损害或其他不利影响的人支付费用；或

（b）支付环境署或被授权人员为减少污染、保护人类健康或使环境尽可能接近采取行动前的状态而采取的任何行动的费用和开支。

135. 环境改善通知和环境合规通知

（1）环境检查员可以向活动造成或可能造成违反本法的污染或对人体健康或环境有害的人发出环境改善通知。

（2）环境署或被授权人员可发布可能符合环境合规协议的环境合规通知，以要求任何人遵守本法或根据本法制定的法规。

（3）根据第（2）款签发的环境合规协议应与环境改善通知具有同等效力。

（4）第 130 条和 131 条关于恢复令的规定可适用于环境改善通知、环境合规通知或根据本法发出的其他需进行必要修改的命令，除需立即遵守的环境改善通知或环境合规通知之外。

（5）任何人如欲要求复审环境改善通知书或环境合规通知书，可于环境改善通知书或环境合规通知书送达后 21 天内，向环境署提出申请。

（6）第 132 条的规定应适用于根据本条进行的复审，并可以进行必要的修改。

（7）环境署、被授权人员或环境检查员须负责执行环境改善通知或环境合规通知。

136. 逮捕权

如果被授权人员有合理的理由相信任何人正在实施或已经实施或参与实施任何违反本法的行为，则可以逮捕或促使警察逮捕该人。

137. 搜查令

（1）在不损害本法规定的任何其他权力的情况下，如果被授权人员在任何裁判官席前宣誓，他或她有合理理由相信任何构筑物、设施、处所、车辆或船只内有任何可予扣押的东西，裁判官可凭其搜查令授权该人员——

（a）以必要的力量在白天或夜晚进入并搜寻该建筑物、设施、处所、车辆或船只；以及

（b）扣押并带走其中发现的任何易于扣押的物品。

（2）拥有搜查令的被授权人员可要求警务人员协助他或她执行搜查令，而如此要求的警务人员须据此提供协助。

（3）有权根据本条进行搜查但未被指定为环境检查员的被授权人员，在紧急情况下可无须搜查令进行搜查。

138. 扣押权

环境署、被授权人员或环境检查员可以依照本法扣押任何物质、材料、设备或工厂。

139. 环境署封条

环境署、被授权人员或环境检查员可以在与本法有关的任何物质、结构、设施、场所、车辆或船只上放置必要的封条或标记，以保护该物质、结构、设施、场所、车辆或车辆，或为了防止篡改该物质、结构、设施、处所、车辆或船只。

140. 对环境署决定的复议和上诉

（1）除非本法另有规定外，环境署或其任何机关可依据本法授权作出决定，且任何人可在环境署结构内根据为此目的建立的行政程序针对其决定提起复议。

（2）本条规定的任何内容均不限制法院行使其管辖权。

财务安全

141. 财务安全

（1）环境署可要求开发商为可能对人类健康或环境造成有害影响的项目或活动提供财务担保。

（2）第（1）款所提述的财务担保形式可包括——

（a）按需银行担保；

（b）履约保证金；

（c）代管协议；

（d）信托基金；

（e）保险；以及

（f）环境署可能决定的任何其他财务保证。

（3）财务担保的目的是使环境署在以下情况下能够使用该担保——

（a）一般责任政策不包括环境责任；

（b）该项目或活动需要在紧急情况下采取环境应对措施；

（c）环境修复的成本可能很大；

（d）开发商没有遵从根据本章发出的命令；或

（e）开发商有破产的风险。

（4）每个项目的财务担保的类型和金额应由环境署决定。

（5）为免生疑问，根据本法和任何其他适用法律，财务担保不能代替开发商对项目或活动的责任。

第十三章　司法程序

142. 官员的豁免权

不得对环境政策委员会成员、执行署长、理事会成员、环境检查员、被授权人员、环境署的分析员、官员或成员，以个人身份，为履行本法或根据本法制定的法规、指南或标准下的职责而善意地进行的任何活动提起诉讼、起诉或其他法律程序。

143. 没收、取消许可证、社区服务和其他命令

根据本法对某人进行犯罪起诉的法院，除对被告定罪后施加的其他命令外，还可以作出以下命令——

（a）没收用于犯罪的任何资金、文件、物质、处所，设施、设备或器具；

（b）没收在犯罪现场获得或回收的或由于本法所犯罪行而被没收的任何材料或物质；

（c）由该人向政府支付与根据（b）段获得或回收的材料或物质的销售所得收益相等的款项；

（d）处置（a）项所指物质、设备或器具的费用应由被定罪者负担；

（e）要求被定罪的人从事促进保护或改善环境的社区工作；或要求被定罪的人根据本法恢复环境。

144. 法院命令赔偿的权力

如果某人被裁定犯本法所定罪行，法院可命令该人——

（a）除法院对罪行所施加的罚金外，还应向政府支付不超过犯罪人员造成的损失或损害价值五倍的赔偿；或

（b）支付任何费用、特许权使用费或其他款项的 10 倍，如果构成该项行为的行为得到授权，该等费用、特许权使用费或其他款项本应就授权行为支付。

145. 法院的更多权力

法院对任何人定罪——

（a）对于本法所定罪行，可命令该人在该命令所指明的时间内作出该人未能、拒绝或被忽视的行为；

（b）对于与脆弱的生态系统有关的犯罪，除可能施加的其他罚金外，还可以在命令所指定的时间内命令该人——

（i）撤出脆弱的生态系统；

（ii）使脆弱的生态系统恢复其原始状态和功能；或

（iii）从脆弱的生态系统中删除他或她可能放置在脆弱的生态系统中的任何东西。

第十四章　环境信息与文化

146. 获得环境信息的权利

（1）根据《宪法》和 2005 年《信息获取法》，每个人都有权获得与本法实施有关的环境信息。

（2）希望根据第（1）款提供信息的人，应书面请求环境署或主管部门提供该信息，并可以在缴付订明费用后获准进入。

（3）为免生疑问，根据第（1）款获得环境信息的权利不应扩展到专有或机密信息。

147. 环境信息管理

（1）环境署可——

（a）收集、记录、评估和传播有关环境和自然资源的信息，包括相关的土著知识和做法；

（b）进行公众环境意识教育；

（c）促进与其他部门、政府机构、外国机构、国际和非政府机构的环境信息交流；

（d）协调和支持主管部门管理环境信息；

（e）就环境信息的差距和需求向政府提供咨询；

（f）与主管部门协商，为收集、记录、评价和传播环境信息制定指导方针和原则；以及

（g）要求主管部门或任何人向环境署提交环境信息。

（2）环境署应建立一个国家环境信息资源中心，以标准化环境信息，并充当环境信息的中央存放处。

（3）环境署可发布其认为对公众教育和认识必要的任何环境信息。

148. 将环境教育纳入教育课程计划

（1）环境署应与负责教育的部门合作，确保将环境和可持续发展问题纳入国家教育系统，包括学术和非学术计划。

（2）环境署可向负责教育课程开发的主管部门提供技术支持，以将环境和可持续发展问题纳入国家课程的主流。

（3）环境署应与有关主管部门合作，按照环境署发布的指南中规定的方式，通过教育、培训和其他形式的社区参与、发起、促进和支持全国范围的环境扫盲运动。

149. 国家环境日

（1）部长应指定一个特殊的日子称为国家环境日，以从事和开展与环境保护和管理有关的活动。

（2）每个人都应努力参加支持国家环境日精神和目标的活动。

第十五章　国际义务

150. 评估条约对环境执行的影响

（1）总统或总统授权的人在签署乌干达与任何其他国家之间或乌干达与任何国际组织或机构之间的条约、公约、协议或其他有环境影响的协定之前，可以咨询环境署和有关主管部门。

（2）凡乌干达是有关环境管理的国际条约、公约或协定的缔约国，则部长应在内阁批准下，并在与环境署和有关主管部门协商的情况下——

（a）提出立法建议，以在乌干达实施此类条约、公约或协定、或使乌干达能够履行其义务；或

（b）确定在国家范围内执行此类条约、公约或协定所需的其他适当措施。

151. 环境管理合作

（1）部长应建立与区域和国际社会密切合作的机制，以为今世后代创造一个和平、健康、更好的全球环境。

（2）部长可在不违反宪法的前提下，与负责外交事务的部门和机构合作，与其他国家一起发起、协调和实施跨境环境管理计划。

（3）在不影响第（2）款的前提下，部长可以与环境署和有关主管部门联络，为协调执行多边环境协定建立一个国家联络点，以便为谈判、报告、反馈和国家实施提供有效的准备。

第十六章　罪行、罚则、费用、罚金和其他费用

152. 利益冲突

（1）环境署的雇员，被授权人员或主管部门的雇员在行使本法规定的任何职能或职责时，不得以其私人身份故意地、直接或间接地获取、尝试获取或持有——

（a）作为环境从业者的许可证或权益；或

（b）在根据本法授权从事环保从业活动中直接或间接获取或参与的经济利益或股份。

（2）任何人违反第（1）款，即属犯罪，一经定罪，可处罚金不超过五千货币点或不超过五年的有期徒刑，或两者并处。

153. 法人团体罪行

（1）如果法人团体根据本法实施的犯罪被证明是理事、经理、秘书或其他类似官员的任何疏忽或同意而犯下的，或可归因于该理事、经理、秘书或其他类似官员的任何疏忽法人团体或任何意图以任何这种身份行事的

人，他或她以及法人团体均属犯罪。

（2）任何人犯第（1）款所订罪行，一经定罪，可处按有关条文订明的罚金或有期徒刑。

154. 贿赂官员

（1）官员——

（a）直接或间接要求后接受与其职责有关的任何款项或其他报酬，不论是金钱上的或其他方面的，或任何此类款项或报酬的承诺或担保，而不是他或她合法有权要求或接受的款项或报酬；或

（b）订立或默许弃权、隐瞒或纵容任何违反本法或适当执行其职责的行为或事情的协议，即属犯罪，一经定罪，可处不超过一万货币点的罚金或不超过十年的有期徒刑，或两者并处。

（2）任何人——

（a）直接或间接向官员提供或给予金钱或其他形式的任何报酬，或任何此类报酬或任何承诺或担保；或

（b）建议或与官员达成任何协议，以诱使他或她对任何违反本法或适当执行该法的行为或事情进行弃权、隐瞒或纵容，即属犯罪，一经定罪，可处不超过一万货币点的罚金或不超过十年的有期徒刑，或两者并处。

155. 妨碍环境检查员或被授权人员

任何人：

（a）不遵守环境检查员或被授权人员根据本法发布的合法命令或要求；

（b）拒绝环境检查员或被授权人员进入本法授权其进入的任何土地、水、场所、设施、车辆或船只；

（c）妨碍、恐吓、骚扰、阻碍或故意延迟环境检查员或被授权人员行使或履行本法所规定的检查员或被授权人员的权力和职能；

（d）拒绝环境检查员或被授权人员访问根据本法保存的记录，包括电子记录；

（e）根据本法故意或因过失误导环境检查员或被授权人员，或提供错误或虚假信息；

（f）有意识地对从事根据本法履行其职责和职能的环境检查员或被授权人员做出的陈述或出示虚假或误导性的文件；或

（g）在根据本法履行职责过程中未向环境检查员或被授权人员说明或错误说明其姓名或地址，即属犯罪，一经定罪，可处以不超过三千货币点的罚金，或不超过两年的有期徒刑，或两者并处。

156. 冒充环境检查员或被授权人员

非环境检查员、被授权人员或环境署或主管部门的雇员，以环境署或主管部门的名义、名称、特征或外观为目的——

（a）获准进入任何处所；

（b）作出或促使作出他或她无权作出的任何作为；要么

（c）采取任何非法行为，即属犯罪，一经定罪，可处以不超过三千货币点的罚金或不超过两年的有期徒刑，或两者并处，并可因作出非法行为而受到任何其他惩罚。

157. 与环境和社会影响评估以及环境风险评估有关的罪行

任何人——

（a）从事一项活动，该活动要求在获得根据适用法律要求的批准证书或其他批准书之前，必须进行环境和社会影响评估或环境风险评估；

（b）在环境和社会影响陈述或项目简介中作出虚假或误导性陈述；

（c）违反本法，欺诈性地修改项目简介或对环境和社会影响的陈述；

（d）编制和使用环境和社会管理与监测计划，以代替环境和社会影响评估；

（e）在提交项目简介或环境影响报告时，未充分说明拟议项目的成本或价值；

（f）不遵守环境和社会影响评估项目简介的批准证书中规定的条件，或不遵守适用法律所要求的批准；

（g）伪造或更改项目简介或环境和社会影响评估的批准证书，即属犯罪，一经定罪，应承担以下责任——

（i）对于个人，处以不超过十万货币点的罚金或不超过十五年的有期徒刑，或两者并处；或

（ii）对于法人团体，处以不超过五十万货币点的罚金。

158. 未建立环境管理体系

没有建立、维持和实施环境管理体系的经营者，即属犯罪，一经定罪，

可处以五万货币点以下的罚金或十年以下的有期徒刑，或两者并处。

159. 扣押物

任何人有以下行为——

（a）违反本法拿走、获取根据本法扣押的任何物品；

（b）拒绝或不配合向环境署交付被扣押的物品；

（c）为防止被扣押或在扣押后的保全而破坏、销毁或是从任何设施、飞机、船只或车辆中向外抛掷扣押物；

（d）除本法另有规定外，销毁或损害根据本法扣押的任何物品，即构成犯罪，一经定罪，可处以不超过三千货币点的罚金，或不超过五年的有期徒刑，或二者并处。

160. 拆除或毁坏环境署的封条

任何人——

（a）在未经被授权人员或环境督查授权的情况下，从任何处所、设施或包装中取下环境署的封条；或

（b）故意更改、污损、掩盖或模仿被授权人员或环境检查员在任何处所、设施或包装上放置的任何标记，即属犯罪，一经定罪，可处以不超过两千货币点的罚金或处以不超过三年的有期徒刑，或两者并处。

161. 危险化学品的非法交易

（1）任何人——

（a）进口、出口、运输、储存、制造、配制、分配、销售或出售任何违禁化学品；

（b）在危险化学品登记申请中提供虚假或误导性信息；

（c）未经本法签发的任何许可证的任何受管制化学品的进口、出口、运输、储存、制造、配制、分销、销售或出售；

（d）未按本法规定包装、贴标签或标记化学品、危险废弃物或其他需要包装、贴标签或标记的材料；或

（e）在没有许可证的情况下经营商业危险化学品施用者的业务，即属犯罪，一经定罪，可处以不超过五万货币点的罚金或不超过十五年的有期徒刑，或两者并处。

（2）任何人——

（a）供应或滥用化学药品以伤害任何人或环境；或

（b）进口、出口、运输、储存、制造、配制、分销、销售或提供掺假、腐烂或变质的化学品，以达到其目的，或包装在变质或损坏的容器中，使其有危险地存储、处理或使用，即构成犯罪，一经定罪，可处以不超过三万货币点的罚金或不超过十二年的有期徒刑，或两者并处。

162. 废弃物的非法管理

任何人——

（a）违反本法或根据本法制定的条例，通过乌干达进口、出口或转运任何危险废弃物；

（b）从事废弃物的非法越境转移；

（c）协助或教唆危险废弃物的非法越境转移；

（d）对危险废弃物贴错标签；

（e）违反本法或执照或许可证规定的条件处置废弃物；

（f）没有按照本法管理废弃物；或

（g）隐瞒有关危险废弃物管理的信息，构成犯罪，一经定罪，可处以不超过五万货币点或不超过十五年的有期徒刑，或两者兼而有之。

163. 污染

（1）任何人——

（a）违反本法从事导致或加剧污染的活动；

（b）违反污染控制许可证或许可证所载条件污染环境；

（c）违反批准的标准向环境中排放或排放任何污染物；

（d）没有采取本法规定的预防或管理污染的措施；

（e）使排放物以任何违反本法的方式逃逸到空气中；或

（f）没有按照本法的要求将污染通知有关部门，即属犯罪，一经定罪，可处以五万货币点以下罚金或十五年以下有期徒刑，或两者并处。

（2）除法院可根据第（1）款对污染者施加的任何判决外，法院还可指示该人去——

（a）支付清理污染环境和清除污染的全部费用；

（b）清理污染的环境，并消除污染的影响，满足环境署的要求。

（3）在不损害第（1）和（2）款的规定的前提下，法院可指示污染者以补偿、修复或归还的方式，向任何第三者支付污染的费用。

164. 不遵守命令、通知和环境地役权

任何人未能或拒绝遵守环境恢复令、禁止令、停止通知、改善通知、合规通知、环境地役权或根据本法发布或批准的任何决定，即属犯罪，一经定罪，应承担责任——

（a）对于个人，处以不超过一万货币点的罚金或不超过七年的有期徒刑，或两者并处；或

（b）对于法人团体，处以不超过五十万货币点的罚金。

165. 不符合环境标准

任何人违反本法规定的任何环境标准，即属犯罪，一经定罪，可处以不超过一万货币点的罚金或不超过七年的有期徒刑，或两者并处。

166. 未保留记录、报告和其他文件

任何人——

（a）没有保留本法规定必须保留的记录；

（b）欺诈性地更改，损害或损害根据本法规定必须保存的任何记录；

（c）没有按照本法的要求进行报告或出示文件或其他材料；

（d）没有向环境署或主管部门提供本法所要求的文件，或未在上述文件中输入有关事项；或

（e）作出虚假举报或提供虚假或具误导性的资料，即属犯罪，一经定罪，可——

（i）对于个人，处以不超过五千货币点的罚金或不超过五年的有期徒刑，或两者并处；或

（ii）对于法人团体，处以不超过五万货币点的罚金。

167. 醒告违法者

意图妨碍环境检查员、被授权人员、环境署或主管部门的雇员履行其职责的人，警告或采取任何行动以警告任何参与实施本法所述罪行的人，不论该人是否有能力利用该项戒备或作为，即属犯罪，一经定罪，可处以不超过一千货币点的罚金或不超过一年的有期徒刑，或两者并处。

168. 共谋犯罪

与他人共谋违反本法任何规定的，即属犯罪，一经定罪，可处以不超

过五千货币点的罚金或不超过五年的有期徒刑。

169. 持续犯罪或累犯

（1）任何人被裁定犯了本法所定罪行，并继续违反本法任何条文，即属犯罪，可处以下列额外罚金——

（a）对于个人，处以不超过一万货币点的罚金或不超过七年的有期徒刑，或两者并处；

（b）对于法人团体，处以不超过五万货币点的罚金。

（2）任何人犯第二次或两次以上罪行，可处以额外罚金——

（a）对于个人，处以不超过五万货币点的罚金或不超过十年的有期徒刑，或两者并处；

（b）对于法人团体，处以不超过十万货币点的罚金。

170. 一般处罚

任何人违反本法的任何条文，但未明确规定任何刑罚，即构成犯罪，一经定罪，应承担以下责任：

（a）对于个人，处以不超过五千货币点的罚金或不超过七年的有期徒刑，或两者并处；或

（b）对于法人团体，处以不超过五万货币点的罚金。

管理费、罚金、罚金和费用

171. 费用、罚金、罚金和收费

（1）环境署在执行本法规定的职能时，可收取管理费、罚金、罚金和费用。

（2）在不损害第（1）款的一般效力的原则下，环境署可征收以下管理费、罚金、罚金及费用——

（a）环境和社会影响评估费；

（b）环境审核费；

（c）环境监察费；

（d）排污费；

（e）行政罚金；

（f）快速处罚；

（g）强制性罚金；以及

（h）环境署根据本法或根据本法制定的法规提供的服务的收费。

（3）本条所提述的管理费、罚金、罚金及费用，须由环境署通过法定文书订明。

（4）若任何人未根据本条例或在应付款项之前付款，则该人应在每一违约日支付违约金额百分之五的附加费作为罚金。

172. 行政罚金

（1）如果环境署、被授权人员或环境检查员有合理的理由相信某人违反了本法的规定，则被授权人员或环境检查员可对其处以行政罚金并发出通知。

（2）环境署可要求根据第（1）款获送达通知的人在该通知所订明的时间内缴付行政罚金。

（3）根据本条发出的通知须——

（a）指明所指控的违反的日期和性质；

（b）概述环境署或被授权人员所指称的事实；

（c）附有陈述，列明所违反的法律规定；

（d）指明应付罚金；以及

（e）说明将在其中付款的环境署的银行账户的银行详细信息。

（4）根据第（1）款送达通知书的人，须在通知书所指明的时间内缴付该通知书所指明的罚金。

（5）环境署可发出指引，列明发出及支付行政罚金的准则。

173. 强制性罚金

（1）环境署可对任何违反本法或根据本法作出的决定的人处以强制性罚金。

（2）当负责人没有在环境署规定的补救期限之前缴付罚金，则根据第（1）款施加的强制性罚金将生效。

（3）环境署可确定强制性罚金是一次性支付，还是在不遵守规定持续存在的情况下连续执行。

（4）法人团体、协会或其他单位不遵守规定的，应对该法人团体或单位处以强制性罚金。

174. 快速处罚

环境署应在部长的批准下，制定快速的惩罚方案，以处罚违反本法的行为。

175. 取消根据该法授予的批准

主管机构可因行为人违反本法令的任何规定而取消或暂停根据本法令授予的证书、许可证或其他批准。

第十七章　一般规定

176. 记录保存

（1）从事附录4、5或10所列活动的人，须备存与环境管理有关的记录，包括——

（a）该活动产生的废弃物和副产品的数量（如果有）；

（b）排放量；

（c）利用环境资源；

（d）活动对环境的缓解措施和残余影响；

（e）对活动进行环境监测；

（f）审核活动是否符合环境和社会影响评估批准证书、许可证或批准书中规定的条件，或符合本法和任何其他适用法律的规定；

（g）导致或可能对人类健康造成危害或对环境造成破坏的事件，包括急性污染；以及

（h）环境署规定的其他记录。

（2）尽管有第（1）款的规定，环境署可要求任何进行可能对人类健康或环境产生影响的活动的其他人保存记录。

（3）根据第（1）款备存的所有记录，包括电子记录，均应要求而提供给环境署、环境检查员、环境官员或被授权人员。

177. 向环境署提交年度报告

（1）从事附录4、5或10所列活动的人，须向环境署呈交环境署所订明的周年报告。

（2）第（1）款所指的年度报告须载有关于以下事宜的资料——

（a）排放物；

（b）造成环境影响的事件；

（c）资源利用，包括化学品、水和天然生物质；

（d）环境监察；

（e）废弃物管理，包括产生的废弃物的种类和数量；

（f）遵守本法和不遵守及采取的纠正措施；以及

（g）环境署认为必要的任何其他环境问题。

（3）环境署可将根据第（1）款提交的年度报告用于监测目的，并作为编写本法要求的环境状况报告的基础。

178. 文件送达

（1）根据本法规定必须或允许送达或给予某人的文件或通知可以送达——

（a）就某人而言，是亲自向该人或其代理人提供服务，或通过挂号信将其寄往其惯常或最后已知的住所或营业地点，或寄给他或她的代理人；

（b）如属法人团体——

（i）留在法人团体的注册办事处或主要办事处；

（ii）以挂号信寄往该法人团体的注册办事处或主要办事处；或

（iii）在受该法人团体授权接受或接受该文件的法人团体的雇用或代表该法人团体的委托下交付给个人；

（c）如属服务的标的物的活动，则须将文件或通知送达在处所或活动地点发现的看来对该活动有指挥权的任何成年人。

（2）就第（1）款第（b）项而言，在乌干达境外成立的法人团体的主要办事处是根据《2012年公司法》设立的营业地点。

（3）任何通知书或文件可借以下方式送达环境署，方法是将其送达环境署办公室，并取得收据的确认印章，或以挂号邮递方式将其送交环境署办公室。

179. 规章

（1）部长可与环境署磋商，制定规定所有本法规定或允许规定的，或必须或方便规定的事项的条例，以充分实施本法的规定。

（2）在不限制第（1）款的一般效力的前提下，部长可以制定与以下方面有关的规章：

（a）战略环境评估；

（b）环境从业员的注册、证明、行为和纪律；

（c）环境和社会影响评估，包括补偿和补偿机制；

（d）环境审核；

（e）特别保护区；

（f）保护河岸和湖岸；

（g）保护湿地；

（h）土壤质量管理；

（i）排放污水；

（j）噪声和振动；

（k）空气质量；

（l）环境应急准备；包括漏油的防范；

（m）危险化学品的管理；

（n）塑料及塑料制品的管理；

（o）危险废弃物和其他废弃物的管理；

（p）保护臭氧层；

（q）环境管理和监测系统；

（r）环境信息的管理；

（s）汞的管理；

（t）环境法庭；

（u）一般而言，为了更好地执行本法案的目的，以及为本法案要求或授权规定的任何事项的规定。

（3）根据第（1）款订立的规章可就任何违反——

（a）规定环境检查员的执行权；

（b）规定使用行政措施；

（c）规定没收用于犯罪的任何物品；

（d）规定罚金不超过五万货币点或不超过十年的有期徒刑，或两者并处；

（e）在继续违反的情况下，规定继续犯罪的每一天另处不超过五千货币点的罚金；以及

（f）对于第二次或以后的违法行为，处以更高的罚金，最高不超过六万货币点或不超过十二年的有期徒刑，或两者并处。

180. 本法优先

（1）本法优先于所有与环境管理有关的现行法律，并且在本法与宪法以外的任何其他成文法之间存在冲突时，以本法为准。

（2）为使政府的环境管理政策生效而根据本法授权适当采取的任何措施均应有效。

181. 修订附录

（1）部长在内阁批准下，可以通过法定文书修改附录1。

（2）部长可借法定文书修订附录2、3、4、5、6、7、8、10和11。

（3）部长可在获得议会批准的情况下以法定文书修订附录9。

182. 废除与保留

（1）废除《国家环境法》（第153章）。

（2）根据本法第（1）款废除的《国家环境法》（第153章）制定且在本法生效前立即生效的法律文书，在不违反本法的情况下，应继续有效，直至被根据本法制定的法定文书撤销为止。

（3）虽然《国家环境法》（第153章）被第（1）款废除，但根据《国家环境法》颁发的牌照、许可证、证明书或授权书，在本法生效前仍然有效——

（a）自本法生效之日起生效，如同根据本法授予；以及

（b）如属在指明期间内发出的牌照、许可证、证明书或授权书，则在符合本法的规定下，在本法生效日期后的该期间内，该牌照、许可证、证明书或授权书仍属有效。

（4）本法生效前生效的许可证、许可证、证书或授权书项下的权利和义务等条款和条件不得低于本法生效前适用的条款和条件。

（5）在本法生效时——

（a）在紧接本法生效之前被环境署雇用的所有人员，应继续雇用环境署；

（b）在紧接本法生效之前雇用（a）项所述人员的条款和条件，包括薪金，不得低于紧接该生效之前向该人办公室适用的条款和条件该法令；以及

（c）不得因该法令而中断或终止这些人的雇用。

（6）除第（5）款第（b）项另有规定外，在本法生效后，第（5）款所指的任何雇用的条款和条件均可更改。

（7）为免生疑问，尽管废除了第（1）款所指的《国家环境法》，

（a）根据已废除的法，环境署的所有财产、资产、权益应继续为环境署的财产，资产、权益；以及

（b）^① 根据已废除的法令存在于环境署的所有义务和负债应继续存在于环境署。

（8）废除 2009 年《金融法》第 3 条。

附　录

附录 1　货币点

第 2 条及第 181（1）条

一货币点等于两万先令。

附录 2

第 6（5）及 181（2）条。

环境政策委员会的程序

1. 会议

（1）由总理主持委员会的所有会议，在缺席的情况下，由负责环境的部长主持。

（2）总理和负责环境的部长均缺席时，委员会其他成员应选举其中一名成员主持会议。

2. 程序

（1）委员会每次会议的法定人数为委员会的五名成员。

（2）委员会应尽可能以协商一致方式作出其决定。

（3）如需要在委员会会议上表决，则问题应由出席并参加表决的成员以简单多数票决定。

---

① 原文为（i），疑有误，译文改为（b）。——译者注

（4）凡根据第（3）款有相等的投票权，主席应投决定票。

（5）委员会可增选一名技术人员或专家出席其会议，因此增选的人应参加委员会的审议，但无表决权。

（6）委员会应在主席确定的时间和地点，每三个月至少召开一次会议。

（7）执行署长应记录并保持委员会的会议记录。

（8）根据第（7）款备存的会议记录，应由委员会在下次会议上确认，并由该会议的主席签署。

3. 通过文件分发决定

（1）除第（2）款另有规定外，委员会的决定可以通过在成员之间散发相关文件并以书面形式表达其意见而作出，但任何成员有权要求将任何此类决定推迟到主题事项在委员会会议上进行了审议。

（2）除非有不少于五名成员支持，否则根据本条通过散发文件作出的决定是无效的。

4. 利益披露

（1）在与委员会正考虑或将要考虑的事项上有直接或间接个人利益的委员会成员，在得知相关事实后，应尽快向委员会披露其利益的性质。

（2）根据第（1）款披露的利益，须记录在委员会的会议记录中，而作出披露的成员则不得记录，除非委员会就该事项另有决定——

（a）在政策委员会就此事进行的任何审议中出席；要么

（b）参加委员会的决定。

（3）为了确定是否达到法定人数，退出会议的成员或未参加会议的成员应视为在场。

附录 3

第 19、21（4）及 181（2）条

理事会会议

1. 理事会会议

（1）理事长应在理事会决定的时间和地点召集理事会的每次会议，理事会应每三个月至少召开一次会议。

（2）如果至少有 5 名理事会成员书面要求，理事长可随时召集理事会特别会议，并应在 14 天内召集会议。

（3）理事会会议的通知应在会议召开日至少十四个工作日之前以书面形式发送给每位成员。

（4）主席应主持理事会的每次会议，若理事长缺席，出席会议的成员应从彼此之间任命一名成员主持该会议。

2. 法定人数

（1）理事会会议的法定人数为 5 名。

（2）理事会会议上的所有决定应以出席会议并参加表决的成员的票数为准，在票数相等的情况下，主持会议的人除具有自己的审议权外，还具有决定性投票权。

3. 会议纪要

（1）理事会须安排将其所有会议的会议记录，以理事会批准的格式记录和保存。

（2）根据第（1）款备存的会议记录，应由委员会在下次会议上确认，并由该会议的理事长签署，除非理事会采用了不同的程序。

4. 通过文件分发决定

（1）在符合第 2 款的规定下，理事会的决定可通过在成员之间散发相关文件并以书面形式表达其意见，但任何成员有权要求将任何此类决定推迟到主题事项在理事会会议上进行了审议。

（2）除非有不少于五名成员支持，否则根据本条通过散发文件作出的决定是无效的。

5. 加入的权力

（1）理事会可增选任何认为其具有有关理事会职能的专业知识的人出席并参与理事会的议事程序。

（2）根据本款增选的人可参加需要其建议的理事会会议上的任何讨论，但无权在该会议上投票。

6. 不受空缺影响的程序的有效性

理事会任何程序的有效性均不受其成员的空缺、成员的任命或资格上的任何缺陷或无权参加该程序的人的影响。

7. 披露成员利益

（1）理事会成员以任何方式直接或间接地与理事会订立或提议订立的合同有利益关系，或在任何其他理事会认为应考虑的事项上，应在理事会会议上披露其利益的性质。

（2）根据第（1）款作出的披露，须记录在该会议的记录内。

（3）根据第（1）款作出披露的成员不得——

（a）在理事会就该事项进行的任何审议中出席；或

（b）参与理事会关于该事项的任何决定。

（4）为确定是否达到法定人数，退出会议的成员或未参加根据第（3）款进行的会议的成员应被视为在场。

8. 理事会可规范其程序

在遵守本法的前提下，理事会可以规范自己的程序或与会议有关的任何其他事项。

附录 4

第 49（1）及（2）、112（1）、（2）及（3），176（1）、177（1）和（2）条

需要项目简介的项目

第一部分　要提交给环境署的项目简介

1. 运输、运输设备及相关基础设施

（a）修复不通过脆弱生态系统的公共道路和飞机跑道；

（b）修建社区通道；

（c）修建宽度超过 6 米的私人道路，包括通过国家公路的私人道路，但那些穿过脆弱的生态系统的道路除外；

（d）通往基础设施的临时道路，即超过 10 公里的道路；

（e）建设可容纳至少 50 辆车的公共停车场；

（f）在保护区建设旅游线路；

（g）使用诸如驳船之类的小型船只的水运输设施；

（h）建立少于十公里的出入水道；

（i）修复港口或港口内的现有结构，不包括新结构的开发和建设；

（j）为（a）至（i）段所述活动提供援助。

2. 通信设施

修理和升级通信装置、设备和相关设施。

3. 勘探和发电，输配电基础设施

（a）用于商业目的的至少 2 兆瓦的太阳能光伏电站发电；

（b）1 兆瓦以下的水力发电厂，其中——

（i）影响很小，很容易减轻；

（ii）建筑工程的占地面积有限；

（iii）抽取有限量的水；

（iv）劳工需求低；

（v）建造工程的期限少于 2 年；

（vi）该地点不在环境敏感地区或脆弱的生态系统；

（vii）对诸如营地、通道和垃圾场之类的相关基础设施的要求是有限的；

（c）电压高于 11kV 至最大 33kV 的配电线；

（d）长度在 10 公里至 15 公里之间的输电线和其他电气化手段，其中——

（i）线路不通过环境敏感区；

（ii）劳工需求低；每个塔楼地点最多可容纳 20 人；

（iii）建造工程的期限少于一年；

（iv）管线不在环境敏感区域内；

（e）（a）至（d）项的支助设施。

4. 水资源利用与供水

（a）每天用于农业、工业或城市的地表水的提取或利用量大于 400 立方米/天，但小于 1000 立方米/天；

（b）每天提取或利用的地下水少于 1000 立方米；

（c）建造引水计划，其水量介于 400 立方米/天至 1000 立方米/天，除非水源太小而无法承受引力水计划或生态系统脆弱且敏感；

（d）从每天排放量少于 400 立方米的河流或溪流引水；

（e）（a）至（d）项的支助设施。

5. **住房与城市发展**

（a）建设计划的定居点或居住区，其面积至少为 2.5 英亩，但不超过 5 英亩；

（b）建设和扩大第三和第四公共卫生中心、私人卫生中心和诊所或类似机构；

（c）建立公墓面积达 2500 平方米/以上或不超过 2 英亩；

（d）宗教场所；

（e）娱乐中心；包括位于湿地或敏感生态系统附近的游乐场、网球场和足球场；

（f）在环境敏感地区以外的洗手间；

（g）（a）至（f）项的支助设施。

6. **农业、畜牧业、牧场管理和渔业**

（a）灌溉面积为 5 至 20 公顷；

（b）位于市区的小型牲畜饲养场，牲畜头数为 10 至 50 头；

（c）建造饲养密度为 500 至 999 头牛的牲畜饲养场，并建造 1000 头其他牲畜的饲养场；

（d）密集饲养鸟或猪的装置，其中——

（i）位于市区内的每个设施有 1000 只以上的禽类，市区外或城郊地区的每个设施内有 5000 只禽类；或

（ii）位于市区内的每个设施有为 100 头以上的猪，市区外或城郊地区的每个设施有 200 头猪；

（e）在以下情况下密集饲养狗的装置——

（i）位于市区内的每个设施有 50 只以上的狗；或

（ii）位于市区以外的每个设施的狗不得超过 100 只。

（f）（a）至（e）项的支助设施。

7. 食品饮料行业

（a）每天用于商业用途的啤酒、葡萄酒、原味和其他烈酒的酿造、蒸馏或制麦芽，容量为 500 升至 1000 升；

（b）每天生产 500 升和 1000 升的非酒精饮料；

（c）用于商业目的的糖果或面包店；

（d）雇用了 50 多人制造草药和食品补品；

（e）任何其他小型食品和饮料加工设施。

8. 自然保护区

（a）建立野生动物保护区缓冲区和走廊；

（b）为环境敏感区建立缓冲区；

（c）在原地建立社区野生动植物保护区；

（d）建立野生动植物保护区；

（e）在保护区之外建立社区保护区；

（f）（a）至（e）项的支助设施。

9. 旅馆、旅游和娱乐发展

（a）建立社区旅游区；

（b）在不到一公顷的土地上发展旅游业或娱乐设施；

（c）占地不足半公顷的机动车辆的永久赛道和测试跑道；

（d）供旅游用途的茅屋（bandas）、帐篷和露营地；

（e）进入保护区的大门和入口；

（f）在容量不足 50 人的保护区内建设行政、教育和研究基础设施；

（g）（a）至（f）项的支助设施。

10. 冶金学

铸造和锻造。

11. 采矿业和矿物加工

（a）侦察和地球物理调查；

（b）地球化学取样、点蚀和挖沟；

（c）（a）至（b）项的支助设施。

12. 提取非矿产品

（a）每天抽取 2 立方米至 5 立方米之间的沙子、红土和黏土；

（b） 每天少于 5 立方米的石材开采和采石。

13. 石油活动和运营

（a） 上游：

（i） 侦察；

（ii） 评估良好；

（iii） 除地震调查外的地球物理和岩土测量；

（iv） 如果未在《环境影响报告》中涵盖，则进行试井；

（v） 即插即弃活动。

（b） 中游：

设施的修复。

（c） 下游：

建造不超过 2 个燃油泵和辅助设施。

14. 一般

（a） 与周围环境格格不入的活动；

（b） 与周围环境不符的规模结构；

（c） 坡度超过 20% 的地区的小块土地使用；包括房屋建设；

（d） 环境署与主管部门联络所建议的其他活动。

第二部分　需要提交给主管部门的项目简介

筛选要由主管部门与环境署协商处理的项目的清单。

1. 运输、运输设备及相关基础设施

（a） 开放社区通道和支线道路；

（b） 建造排水渠；

（c） 将社区通道和支线道路升级为沥青标准；

（d） 通往基础设施的临时道路，即小于 10 公里的道路；

（e） 人行道和自行车道的建设，如果与道路建设计划分开进行；

（f） 小桥的建设；

（g） 沼泽道路的改善，其中包括安装涵洞；

（h） 建设公共停车场，可容纳 30 至 50 辆汽车；

（i） （a） 至 （h） 项的支助设施。

2. 勘探和发电、输配电基础设施

（a）电压小于 11kV 的配电线；

（b）配电线路锚固点的基础设施；

（c）（a）至（b）项的支助设施。

3. 水资源利用与供水

（a）建设社区供水点；

（b）构造小规模重力流方案；

（c）扩大镇的自来水供应范围；

（d）（a）至（c）项的支助设施。

4. 住房与城市发展

（a）建设计划的定居点或居住区，其覆盖面积至少为 1 英亩，但不超过 2.5 英亩；

（b）改变土地用途的土地分配；

（c）建设区、市和县以下行政区；

（d）建设公共设施，包括学校和成人学习中心；

（e）建设第二个卫生院；

（f）建立娱乐设施；包括绿地和植树；

（g）建设和扩大位于敏感生态系统附近的日托设施和苗圃；

（h）（a）至（g）项的支助设施。

5. 农业投资、牲畜、牧场管理和渔业

（a）建设农业加工设施；

（b）建造供水点和处理设施；

（c）建立农业示范点；

（d）建造牲畜屠宰板；

（e）建立社区市场；

（f）建设生物质节能项目；

（g）（a）至（f）项的支助设施。

6. 林业

（a）在 4 英亩的面积上选择性清除单个树种；

（b）薪柴提取和非木材林产品的收获；

483

（c）建立 250 公顷至 500 公顷的人工林；

（d）（a）至（c）项的支助设施。

7. 冶金学

（a）手工机械车间和机械工程；

（b）铁匠和制造工程；

8. 非矿产品的提取

每天提取少于 2 立方米的沙子、红土和黏土。

9. 废弃物管理设施

（a）在行政总部、学术机构和卫生院建设卫生和废弃物收集设施；

（b）建造废弃物掩体和收集场；

（c）临时的垃圾储存设施；

（d）建设公共卫生设施；

（e）（a）至（d）项的支助设施。

注意：根据本部所涵盖项目的任何法律，任何提及筛选报告或项目建议的内容均应解释为项目简介。

附录 5

第 49（1）及（2）、113（2）及（3）、176（1）、177（1）、126（2）及（3）及 181（2）条。

必须强制进行环境和社会影响评估的项目

1. 运输、运输设备及相关基础设施

（a）修建不是社区通道的公共道路，包括——

（i）扩建或升级现有的公共道路；

（ii）建造天桥；

（iii）建造码头；

（iv）建设停车设施，包括公共汽车和出租车公园；

（b）修建道路以援助具体项目，包括石油内场道路；

（c）修建宽度超过 6 米的私人道路，包括连接经过脆弱生态系统或需要重新安置的国家道路的私人道路；

（d）建设内陆集装箱港口；

（e）建设大型机械车间和车辆检查中心，可容纳 50 辆或更多车辆；

（f）建设商业公共路边休息设施；

（g）建设新的铁路线和相关设施，或对现有的铁路线和相关设施进行改善工程；

（h）为运输目的修建地下和其他隧道；

（i）建设电车和缆车；

（j）航空运输设施，包括——

（i）建设、扩建或升级飞机场；

（ii）建造、扩建或升级直升机场或停机坪；

（k）水上运输设施，包括——

（i）建造新的或扩建的船厂、港口和港口设施和栈桥，以便进行陆上装卸开发；

（ii）建立超过 10 公里的通道；

（iii）用于建造和维修排水量超过 4000 吨的各类船舶的设施；

（iv）码头；

（l）（a）至（j）项的支助设施。

2. 通信设施

（a）建造通信设施、设备和有关设施；

（b）建造和扩建通信塔；包括卫星站；

（c）建造灯塔和钟楼；

（d）（a）至（c）项的支助设施。

3. 勘探和发电、输配电基础设施

（a）太阳能光伏电站发电量超过 2 兆瓦；

（b）勘探和开发地热资源；

（c）火力发电和其他燃烧装置；

（d）容量至少为 10 兆瓦的风力发电场；

（e）泥炭发电；

（f）由天然气和蒸汽产生、储存或分配电力；

（g）水力发电设施；包括装机容量超过 1 兆瓦的水坝，或未满足附录 6 第一部分第 3 条第（b）款的条件的水坝；

（h）高压输电线路；

（i）长度超过 15 公里的输电线和其他电气化手段；

（j）电压超过 33kV 的配电线或未满足附录 5 第 1 部分第一部分第 3 条第（c）款的条件的配电线；

（k）变电站；

（l）建设核反应设施或基础设施，包括——

（i）发电；

（ii）生产、浓缩、加工和再加工；

（iii）储存或处置核燃料或放射性产品；

（m）（a）至（l）项的支助设施。

4. 水资源利用与供水

（a）每天用于农业、工业或城市的地表水的提取或利用量超过 1000 立方米/天；

（b）每天抽取或利用超过 1000 立方米的地下水；

（c）从河流或溪流引水，其排水量每天超过 400 立方米/天，或流域内内部可再生水资源的 30%；

（d）疏浚河流或湖泊；

（e）地下储存 10000 立方米或更多的水；

（f）从一个集水区或水体到另一个集水区的大量水转移；

（g）防洪计划；

（h）建造阈值为 1000000 立方米或更高的山谷水坝和山谷储罐；

（i）建设长度超过 20 公里或每天供水量超过 500000 立方米的输水管道；

（j）在每天生态系统脆弱和敏感的地方，建造每天超过 1000 立方米的大型重力水方案；

（k）（a）至（j）项的支助设施。

5. 住房与城市发展

（a）建造至少 5 英亩的计划定居点或居住区；

（b）建立或扩大开发区、工业区和工业园区；

（c）建设和扩大公立和私立医院；

（d）建设和扩大教育和研究机构；

（e）占地 2500/10000 平方米或以上的购物中心和其他商业综合体；

（f）建造仓库；

（g）（a）至（f）项的支助设施。

6. 农业投资、牧场管理和渔业

（a）20 公顷及以上的大规模种植；

（b）新的生物病虫害防治措施；

（c）大量使用农药来控制病虫害；

（d）超过 20 公顷的大规模灌溉；

（e）饲养场的密度超过 1000 头牲畜单位和 2000 头其他牲畜单位；

（f）建造每年 200000 公斤或 1 公顷面积的商业水产养殖设施；

（g）建立工业或商业鱼类加工厂；

（h）建立商业生产的鱼笼；

（i）建立水产养殖园；

（j）（a）至（i）项的支助设施。

7. 食品饮料行业

（a）为商业目的酿制、蒸馏或制麦、啤酒、葡萄酒、原味和其他烈性酒，每天的容量至少为 1000 升；

（b）每天生产至少 1000 升的非酒精饮料；

（c）每天至少有 1000 公斤能力的碾磨设施，包括谷物、豆类饲料和其他农产品；

（d）生产和提炼动植物油脂；

（e）乳制品加工；

（f）屠宰场房屋和肉类加工厂；

（g）罐头食品的生产；

（h）制糖厂和工厂；

（i）（a）至（h）项的支助设施。

8. 自然保护区

（a）建立野生动物保护区；

（b）升级到社区野生动植物保护区或保护区以外的社区保护区的保护区；

（c）引进新的或外来的野生动植物物种；包括当地生态系统的微生物；

（d）在野生动植物保护区和管理区刊登公报；

（e）在保护区内外对野生动植物群进行商业开发，包括为贸易和运动狩猎设定采摘配额；

（f）建立狩猎区和运动狩猎区；

（g）重新引进和转移野生生物；

（h）野生生物耕作，包括饲养和繁殖；

（i）建立动物园和其他野生动植物管理设施；

（j）栖息于旅游和其他目的的野生动物中；

（k）（a）至（j）项的支助设施。

9. 林业

（a）在政府公报上刊登的森林保护区；

（b）在集水区和流域内将林地转变为其他土地用途；

（c）引进新的树种；

（d）商业木炭生产；

（e）提取橡胶和树脂；

（f）建立超过 500 公顷的人工林；

（g）（a）至（f）项的支助设施。

10. 旅馆、旅游业和休闲发展

（a）在受法律保护的缓冲区范围内建造豪华帐篷营地、旅馆、酒店、度假村和海滨设施；

（b）在超过一公顷的地区发展旅游业或休闲设施；

（c）除方巾、帐篷和露营地以外，建造与（a）项类似的住宿，并在野生动植物或森林保护区或湿地或其他生态敏感区附近建造其他旅游或休闲设施；

（d）高尔夫球场和相关设施的开发，但前提是不会在保护区内建造高尔夫球场。

（e）建立高空滑索、天篷步道、缆车、热气球、滑翔伞、蹦极跳或相关基础设施；

（f）拆除或严重改变建筑物、考古遗址、国家古迹和相关的旅游胜地；

（g）建立水上旅游或娱乐设施，包括船屋、游轮或相关设施；

（h）占地超过半公顷的机动车辆的永久赛道和测试跑道；

（i）在可容纳50人以上的保护区建设行政、教育和研究基础设施。

（j）（a）至（i）项的支助设施。

11. 木材工业

（a）单板和胶合板的制造；

（b）制造家具和中密度纤维产品；

（c）固定式锯木厂和木瓦厂产品行业；

（d）木材保存设施；

（e）制浆、造纸和砂板纸厂的制造；

12. 纺织工业

（a）纤维和纺织品的预处理或染色；

（b）使用染料（通过使用化学或植物染料和漂白剂）的丝织物、轧花厂或地毯厂；

（c）牛仔布或制衣业的产品和洗涤设施；

（d）包裹或脱脂并漂白羊毛或安哥拉兔毛线的工业类型设施；

（e）制造所有纤维服装。

13. 制革与皮革业

（a）建立和扩大生皮加工设施（制革厂）；

（b）皮革和皮革制品的制造。

14. 化学工业

（a）工业化学品的制造、配制或重新包装；

（b）农药的生产、配制或重新包装；

（c）制造、配制或重新包装公共卫生化学品和产品；

（d）药品的制造、配制或重新包装；

(e) 电池的制造和回收。

15. 冶金学

(a) 制造和组装机动和非机动运输产品;

(b) 锅炉的制造和储存器、储罐及其他薄板容器的制造;

(c) 有色金属产品的制造;

(d) 铝、铁、钢和有关产品的制造;

(e) 电镀。

16. 电气和电子行业

电气和机电产品的制造和组装。

17. 采矿业和矿物加工

(a) 矿物勘探;

(b) 金属和非金属矿物的开采;

(c) 矿物加工,包括冶炼和精炼矿石。

18. 非金属产品的制造

(a) 橡胶制品的制造;

(b) 玻璃、玻璃纤维和玻璃棉的制造;

(c) 塑料材料的制造;

(d) 瓷砖和陶瓷的制造;

(e) 生产高岭土和蛭石;

(f) 制造用于商业目的的砖和砖产品。

19. 组装工厂

(a) 装配汽车、摩托车和自行车;

(b) 为商业目的组装其他设备。

20. 非矿产品的提取

(a) 每天至少提取 5 立方米的沙子,红土和黏土;

(b) 每天采石和采石量超过 5 立方米。

21. 石油业务

(a) 上游——

(i) 地震活动的地球物理和岩土测量;

(ii) 勘探,包括钻井、钻机的建造、安装和操作以及相关设施;

（iii）实地开发和生产活动，包括——

（aa）建造陆上钻井平台；

（bb）开展钻井施工、陆上钻机及其设施的安装和运行；

（cc）中央处理设施的建造、安装和运行；

（dd）现场管道和流水线的建设、安装和运营；

（ee）固定平台和移动平台的建设、安装和运营；

（iv）建设设施，包括储存设施、中央处理设施和管道；

（v）住房和物资基地的建设、安装和运营，包括扩大营地；

（vi）石油和天然气的海上平台；

（vii）建造和安装取水设施；

（viii）石油设施和活动的淘汰；

（ix）任何其他用于勘探、开发、生产、运输、储存和停止活动或淘汰的设施或活动。

（b）中游——

（i）建造炼油厂、转换厂和其他石油加工厂；

（ii）石油和石油产品的储存设施；

（iii）设施的建设和安装，包括管道、仓储设施和营地；

（iv）散装化学品、石化产品和石油的运输；

（v）中途设施和业务的淘汰。

（c）下游——

（i）建造或大规模改装石油供应链的设施或设施，包括——

（aa）石油产品仓库；

（bb）加油站和加油站；

（cc）补充和储存液化石油和天然气的设施；

（ii）石化厂，包括沥青厂；

（iii）传输石油化工产品和石油产品；

（iv）建设其他设施，以运输、加工、供应、储存、分配、批发、零售以及向工业消费者出售石油产品和有关活动；

（v）淘汰石油供应链中使用的设施和设施。

22. **废弃物管理设施**

（a）危险废弃物的运输；

（b）危险废弃物储存和处理设施；

（c）建造废弃物管理设施，包括——

（i）堆填区；

（ii）焚化厂；

（iii）回收、再利用工厂；

（iv）堆肥植物；

（v）废水处理厂；

（vi）污水处理厂；

（d）处置石棉的设施；

（e）储存或处置核废料和放射性废料；

（f）污水处理厂。

23. **一般**

（a）从本附录所涵盖的设备中进行地质储存的二氧化碳流捕获设备，或每年二氧化碳总捕获量为 1.5 兆吨或更多的设备；

（b）烟草加工和储存；

（c）制造医疗和兽医设备的设施；

（d）使用化学品进行空中喷涂。

附录6

第 54（9）、55（2）及 181（2）条

规范湿地活动

1. 制砖。

2. 娱乐活动，包括现场捕鱼和维护绿地。

3. 修养。

4. 砂和黏土开采。

5. 排水。

6. 湿地资源的商业开发。

7. 污水过滤。

8. 钓鱼；使用渔具和堰，鱼类养殖和其他水产养殖。

9. 建设交通和通信设施，包括公路，铁路和电话线。

10. 燃烧。

11. 任何具有商业或贸易性质的开发活动，包括为商业目的收获纸莎草。

附录 7

第 59 条

供审议生物多样性清单的项目

1. 包含高度多样性、大量特有或受威胁物种或荒野的生态系统和栖息地；具有社会、经济、文化或科学重要性的迁徙物种的要求，或者具有代表性、独特或与关键的进化或其他生物学过程相关的迁徙物种。

2. 受到威胁的野生物种和群落；具有药用、农业或其他经济价值；或具有社会、科学或文化重要性：或对于研究保护和可持续利用生物多样性（例如指示物种）的重要性。

3. 描述的具有社会、科学或经济重要性的基因组和基因。

附录 8

第 70（1）及 181（2）条。

禁止和限制化学品

第一部分　斯德哥尔摩公约禁止的具有持久性
有机污染物化学品

化学和 CAS 编号	作用	豁免事项
艾氏剂 CAS 号：309－00－2	生产	无
	使用	局部除草剂杀虫剂

续表

化学和 CAS 编号	作用	豁免事项
α 六氯环己烷 CAS 号：319－84－6	生产	无
	使用	无
β 六氯环己烷 CAS 号：319－85－7	生产	无
	使用	无
氯丹 CAS 号：57－74－9	生产	无
	使用	局部除草剂、杀虫剂、杀螨剂、建筑和水坝中的杀螨剂、道路上的杀白蚁剂、胶合板添加剂、胶黏剂
十氯酮 CAS 号：143－50－0	生产	无
	使用	无
狄氏剂 CAS 号：60－57－1	生产	无
	使用	农业生产
硫丹 CAS 号：115－29－7	生产	无
	使用	无
异狄氏剂 CAS 号：72－20－8	生产	无
	使用	无
七氯 CAS 号：76－44－8	生产	无
	使用	杀螨剂、房屋结构中的杀螨剂、杀螨剂（地下）、地下电缆箱中使用的木材处理
六溴代二苯 CAS 号：36355－01－8	生产	无
	使用	无
六溴环十二烷（HBCD）	生产	无
	使用	无
六溴二苯醚和七溴二苯醚	生产	无
	使用	根据《斯德哥尔摩公约》附件 1 第四部分的规定进行
六氯苯 CAS 号：118－74－1	生产	无
	使用	农药封闭系统中的中间溶剂位点受限的中间体
林丹 CAS 号：58－89－9	生产	无
	使用	人类健康药物，用于控制头虱和疥疮的二线治疗

化学和 CAS 编号	作用	豁免事项
灭蚁灵 CAS 号：2385 - 85 - 5	生产	无
	使用	杀螨剂
五氯苯 CAS 号：608 - 93 - 5	生产	无
	使用	无
多氯联苯（PCB）- 到 2025 年将被淘汰	生产	无
	使用	根据《斯德哥尔摩公约》附件 A 第二部分使用的物品
四溴二苯醚和五溴二苯醚	生产	无
	使用	根据《斯德哥尔摩公约》附件 A 第五部分的条款
毒杀芬 CAS 号：8001 - 35 - 2	生产	无
	使用	无

第二部分 根据《蒙特利尔议定书》禁止或限制使用的消耗臭氧层物质的化学药品

化学和 CAS 编号	作用	豁免事项
氢溴氟烃（HBFCs）	进口、出口、生产和使用	无
氯氟烃（CFCs） CFC - 11 CFC - 113 CFC - 12 CFC - 13 CFC - 114 CFC - 115	进口、出口、生产和使用	无
哈龙 哈龙 1211（CF2BrCl） 哈龙 1301（CF3Br） 哈龙 2402（C2F4Br2）	进口、出口、生产和使用	无

续表

化学和 CAS 编号	作用	豁免事项
其他全卤化 氯氟烃（CFC） CFC – 11（CFCl3） CFC – 12（CFC2Cl2） CFC – 113（C2F3Cl3） CFC – 114（C2F4Cl2） CFC – 115（C2F5Cl） CFC – 122 CFC – 212 CFC – 213 CFC – 214 CFC – 215 CFC – 216	进口、出口、生产和使用	无
四氯化碳	进口、出口、生产和使用	无
1，1，1 – 三氯乙烷（甲基氯仿）	进口、出口、生产和使用	无
氢氯氟烃 （氟氯烃） HCFC – 21（CHFCl2） HCFC – 22（CHF2Cl） HCFC – 31（二氯甲烷） HCFC – 123 ** ①（CHCl2CF3） HCFC – 124 **（CHFClCF3） HCFC – 133（C2H2F3Cl） HCFC – 141b **（CH3CFCl2） HCFC – 142b **（CH3CF2Cl） HCFC – 225（C3HF5Cl2） HCFC – 225ca（CF3CF2CHCl2） HCFC – 225cb（CF2ClCF2CH ClF） 禁止日期是 2030 年起	进口、出口、生产和使用	无
甲基溴	进口、出口、生产和使用	无

---

① 原文有此 " ** "，但未加注释。——译者注

附录9

第 76（1）及 181（3）条

乙烯、聚丙烯聚合物制成的许可塑料或塑料制品类别

A	工业用途
	餐巾纸包装用聚乙烯（所有品种）
	聚乙烯，用于包装和制造卫生巾
	聚乙烯用于婴儿尿布的包装和制造
	聚乙烯，用于湿巾的包装和制造（成人、婴儿、女性）
	聚乙烯用于面巾纸的包装
	聚乙烯用于口袋纸巾的包装
	用于包装 ESST 的聚乙烯毛巾
	聚乙烯包装 C 型折叠毛巾
	卫生纸包装用聚乙烯
	PVC（聚氯乙烯）制成的收缩套，用于标记水瓶，化妆品瓶和广口瓶
	用于水瓶标签的 OPP（定向聚丙烯）薄膜
	用于蜡烛缠绕包装的 CPP（铸聚丙烯）
	PVC 收缩套用于水和化妆品中明显的密封
	印刷聚酯薄膜用作化妆品瓶和罐子转移印花的基材
	聚乙烯袋，用于包装糖果，饼干，意大利面，糖，盐，大米，蜡烛，肥皂，洗涤剂和任何其他需要防潮性能的食品或化妆品
	聚乙烯薄膜，用于收缩包装水，肥皂和化妆品
	保鲜膜，用于茶和咖啡的增值
	在仓库中用于包裹床垫的聚乙烯纸
B	农业用途
	聚乙烯用于苗圃培育植物
	聚乙烯覆盖温室
	聚乙烯袋用于将肥料包装成小件用于出口
C	医疗用途
1	聚乙烯，用于调理和包装药物、疫苗和其他医疗和医药产品

续表

D	科学研究
1	用于调节实验室反应物和其他实验室产品的聚乙烯
E	卫生
1	聚乙烯用于废弃物的收集和运输
F	施工
1	聚乙烯，用于建筑的隔热、屋顶和防潮

附录 10

第 113 (2) 及 (3)，126 (2)、(3)，176 (1)，177 (1) 及 181 (2) 条。

可能需要环境和社会影响评估的项目

1. 未列入附录 6 并计划位于或靠近环境敏感的区域的项目，例如——

(a) 受国际法保护的地区；

(b) 国家法律宣布为保护区的地区；

(c) 社区森林、旧公共土地上的森林和私有森林；

(d) 社区野生动物保护区；

(e) 湿地、湖岸、河岸和其他脆弱的生态系统；

(f) 支持稀有和濒危物种种群的地区；

(g) 容易发生水土流失或荒漠化的区域；

(h) 具有历史、考古和科学意义的领域；

(i) 具有文化和宗教意义的领域；

(j) 因娱乐和审美原因而广泛使用的地区；

(k) 容易发生森林大火的地区；

(l) 容易遭受自然灾害的地区，包括地质灾害、洪水、暴雨和火山活动；

(m) 具有临界坡度的丘陵和山区；

(n) 含水层补给区；

(o) 包含或支持主要水源的集水区和分水岭；

（p）具有以下一种或多种特征的水体：

（i）用作家庭用水；

（ii）受控或保护区内的水；

（iii）在保护区外和渔业活动中支持野生动植物的水。

（q）作为抗腐蚀剂的天然缓冲剂的区域；

（r）专门用于基础设施发展的人类住区和区域，包括下水道管线、雨水渠和地下电缆。

附录 11

第 113（3）及 182（2）条。

免于环境评估的项目或活动

1. 紧急情况在发生后 24 小时内报告给有关当局，包括灾害。

2. 清除土地用于自给农业，除非累积影响不利。

3. 建造或维修个别房屋。

4. 包括房屋建筑在内的坡度小于 20% 的土地的小面积土地利用变化。

5. 环保执法行动。

6. 具有设施周围特征的设施的紧急维修。

7. 保健方案，包括营养和计划生育。

8. 电压为 415V 及以下的配电线。

9. 在保护区建设旅游步道。

10. 将森林保护区改为野生动物保护区，反之亦然，或任何其他保护区系统。

11. 建设 10m×20m 的鱼塘。

12. 禁止建立任何鱼类养殖区或育苗区等捕鱼区。

参考法条

《信息获取法》，2005 年第 6 号法。

《农药管制法》，2007 年第 1 号法。

《原子能法》，2008 年第 24 号法。

《民事诉讼法》第 71 章。

《民事诉讼规则》，SI 71 – 1《刑事诉讼法》第 84 章。

《宪法》，1995 年。

《所得税法》第 340 章。

《金融法》，2009 年第 14 号法。

《土地法》第 227 章。

《土地征收法》第 226 章。

《国家审计法》，2008 年第 7 号法。

《国家毒品政策和机构法》第 206 章。

《国家林业和植树法》，2003 年第 8 号法。

《石油（勘探、生产和开发）法》，2013 年第 3 号法。

《石油（精炼、转换、传输和中间存储）法》，2013 年第 4 号法

《石油供应法》，2003 年第 13 号法。

《有形物规划法》，2010 年第 8 号法。

《公共财政管理法》，2015 年第 3 号法。

《业权登记法》第 230 章。

《乌干达税务局法》第 196 章。

《乌干达野生物法》第 200 章。

（杨双瑜、刘念　译；刘明萍、刘林琳、张小虎　校）

《赞比亚环境管理法》

（2011 年第 12 号法）

《赞比亚政府公报》

（2011 年第 12 号法）

批准日期：2011 年 4 月 12 日

　　环境委员会将更名为赞比亚环境管理署；致力于综合环境管理和自然资源的可持续保护；制定国家环境报告，为环境管理和可持续发展提供环境管理战略及计划；指导环境评估战略政策的制定，针对环境管理可能产生的影响制订计划；预防和控制环境污染与环境退化；为公众参与环境决策和获取环境信息提供服务；建立环境基金；进行环境审计和监控；促进赞比亚所加入国际环境协定和公约的执行；废除并取代 1990 年的《环境保护与污染控制法》；并规定与上述内容有关的事项，或附带的事项。

2011 年 4 月 15 日

由赞比亚议会颁布

第一章　序言

1. 简称

本法被称为 2011 年《环境管理法》。

2. 释义

在本法中，除非上下文另有规定——

"减除"指将环境污染减少、减轻或消除到允许或规定的水平；

"不利影响"指对环境的任何伤害或有害的影响，无论是实际的或潜在的——

（a）损害或者损害人体健康；

（b）造成或者可能导致人民和社区的健康、安全、文化和经济福祉受到损害；

"环境署"指第 7 条所规定的赞比亚环境管理署；

"权力机构"指部长在其任期内有责任，或者依据以下任何法律享有掌控全部自然资源权力的公共机构，包括公共的或法定的办公室、团体或者机构：

（a）1998 年《赞比亚野生动物法》；

（b）1997 年《供水和卫生条例》；

（c）《国家遗产保护委员会法》；

（d）《土地法》；

（e）《土地和行为登记法》；

（f）2008 年《矿山和矿产开发法》；

（g）2011 年《渔业法》；

（h）《森林法》；

（i）2011 年《水资源管理法》；

（j）2007 年《生物安全法》；

（k）《内河航运法》；

（l）《城镇和国家规划法》；

（m）《公共卫生法》；

（n）《标准法》；

（o）《地方政府法》；

（p）2011 年《灾难管理法》；

（q）2006 年《公民经济权利法》；

（r）2006 年《赞比亚发展机构法》；

（s）2009 年《公私合作法》；

（t）2007 年《旅游与招待法》；

（u）《能源监管法》；

（v）赞比亚缔结的有关环境保护和自然资源管理的任何国际条约、协定或惯例；

"水生环境"指所有地表和地下水，但不包括用于工业废水，污水收集和处理的设施和设施中的水；

"生物多样性"指各种生物的多样性，包括陆地生态系统，水生生态系统和它们所属的生态复合体，包括物种多样性和生态系统多样性；

"生物资源"包括遗传资源、有机体或其部分，人口或者其他具有实际或潜在用途或价值的生物体或生态系统；

"理事会"指依据第 11 条规定设立的赞比亚环境管理署理事会；

"主席"是指依据第 11 条被任命的赞比亚环境管理署理事会主席；

"委员会"指由理事会依据附录 1 第 2 款所组成的委员会；

"遵守命令"指依据第 106 条规定发出的命令；

"保护"指对自然资源和自然资源的可持续管理和利用，使其具有内在价值，有利于人类和其他生物的利益；

"保护权"指任何个人或机构，无论是自愿还是在任何法律授权下，管理、保育、保存、维护或保护环境；

"污染物"指物质、物理因子、能量或物质与物理因子的结合，可能导致或产生污染的条件；

"支付令"指依据第 107 条规定发出的命令；

"议事会"指依据废除法建立的环境议事会；

"开发者"指的是提议进行新项目的人，该项目需要依据本条例的批准；

"署长"指依据第 13 条规定任命的人；

"检查长"是指依据宪法规定任命的人；

"排放"是指溢漏、泄漏、泵送、倾倒、排放、排空或倾倒；

"生态系统"指包括人类在内的所有生物体的活的功能系统，相互具有密切联系；

"效果"，与环境有关，其包括任何实际的、潜在的、暂时的、永久的或累积的对环境的影响；

"元素"，与环境有关，是环境的主要组成部分，包括水、大气、土壤、植被、气候、声音、气味、美学、鱼类和野生动物；

"排放"指从固体、液体或气态的任何来源排放到大气中的污染物；

"环境"指任何自然或人为的环境，包括空气、水、土地、自然资源、动物、建筑物和其他建筑物；

"环境审计"指对保护环境和保护环境的管理和设备执行情况的系统的、有记录的、阶段性的、客观的评价；

"环境影响评估"指进行系统的检查，以确定活动或项目是否对环境有任何不利影响；

"环境管理"指保护、保育和可持续利用各种环境要素；

"环境管理战略"是指全面倡议更好地利用自然资源和抓住时机促进、保护环境；

"环境监测"是指对环境中任何活动或现象的实际和潜在影响的持续或周期性的确定；

"环境恢复令"是指依据第105条发布的命令；

"扩大生产者责任"是指将生产者的经济责任和人身损害赔偿责任扩大至消费后阶段，包括：

（a）废物最少化项目；

（b）为促进废物的最少化、回收、再利用、循环利用而设立基金；

（c）有意识的向公众告知来自产品的废物对人类健康和环境会产生影响；

（d）① 采取任何措施降低产品对人体健康和环境的潜在影响；

"非原生境保护"是指在自然生态系统和生物有机体的栖息地之外的保护；

"基金"是指依据第95条规定设立的环境基金；

"遗传资源"是指实际或潜在价值的遗传物质；

---

① 原文为（e），疑为（d）之误。——译者注

"名誉检查员"是指依据第 17 条规定任命的人；

"原生境保护"是指自然生态系统和生物有机体的栖息地的保护；

"检查员"是指依据第 14 条规定任命的人；

"检查机构"是指依据第十四条的规定设立的机构；

"外来入侵物种"指从外部引入在正常生态系统中并不存在，但可能对环境造成危害的动物或植物；

"噪声"指任何不必要的声音，它本质上是令人讨厌的，或者可能对人类健康或环境产生不利影响；

"占有人"，与任何土地或房屋有关的，指实际占有、或负责、或负责管理土地或房屋的人；

"经营者"，与工作、行业、事业或者商业有关，可以掌控自己的事业的人；

"臭氧层"指在行星边界层之上的大气层；

"农药"指任何用于预防、破坏或控制任何有害生物，包括人类或动物疾病的带菌者或有害动植物物种，以及对食品、农产品、木材、木制品或动物饲料的生产、加工、储存、运输或销售造成损害或以其他方式干扰的一种或混合物质，包括用于植物生长调节剂、脱叶剂、干燥剂或防止水果变小或防止水果过早掉落的药剂，在收获前或收获后用于农作物以防止货物在储存或运输过程中变质的物质；

"政策、计划或项目"指与整个国家有关的政策、计划或项目，它是由政府或公共团体的机构制定的，并包括与全国城乡发展、土地利用、畜牧、交通、矿产开发、工业开发、水资源利用、农业和其他行业有关的政策、计划和规划；

"污染物"包括任何物质，无论是液体、固体或气体——

（a）可以直接或间接地改变接收环境的任何元素的特性；

（b）对人类健康或环境有害或有潜在危险；包括令人讨厌的气味，无线电活动，噪声，温度变化或物理，化学或生物的变化对环境产生影响的元素；

"污染者"指参与或造成污染的人；

"污染者付费原则"指对环境造成污染或其他损害的个人或机构应当承

担其对受影响地区的自然或可接受状态而进行恢复和清理所需费用的原则；

"污染"指在一个或多个污染物或污染物的环境中，在这样的条件下，可能会引起不适，或者人类健康、安全、福利的危险，可能对植物或动物的生命或财产造成伤害或损害，可能不合理的干预正常生活享受、财产的使用和经营行为；

"预防原则"指缺乏科学确定性不应作为推迟采取措施的理由，以防止环境恶化或可能恶化，因为存在严重或不可逆转的环境损害的威胁；

"预防令"依据第103条规定签发的命令；

"私人团体"指任何非公共机构的个人或组织，包括一个自治的组织、非政府组织、慈善机构、公司、合作伙伴或俱乐部；

"支持者"指对政策、项目或计划提出建议措施的政府、公共机构或企业团体；

"所有者信息产权信息"是指有关任何制造工艺、贸易秘密、商标、版权、专利、配方或其他知识产权的信息，受到赞比亚法律或国际条约的保护；

"保护令"指依据104条规定发布的命令；

"公共机构"指政府、政府的任何部委、国民议会、地方政府、半政府组织、理事会、议事会、委员会或其他由政府指定、或依据任何成文法律制定的机构；

"被废止的法"指《环境保护与污染控制法》；

"秘书"指依据第13条规定任命的人；

"部分"指和环境有关的体积、空间、面积、质量、数量或时间或任何它们的组合的表达形式；

"污水"指住宅、工业和商业场所产生的废水；

"污水处理设施"包括污水处理厂；

"生态恢复规则"指依据第60条规定发布的规则；

"标准"指本法规定的污染限度；"环境评估战略"是指对政策、规划或计划的实施或对环境保护、可持续管理的积极和消极影响的评估；

"可持续发展"指在不造成退化或损害满足后代需求的情况下，满足当前这代人的需求和愿望的发展；

"可持续使用"指的是环境的使用，它不会影响后代利用环境的能力，也不会降低维持生态系统的能力；

"可持续管理"是指保护和管理环境的消耗，同时为人类的健康、安全、社会、文化和经济健康提供保障——

（a）保障空气、水、土壤和生态系统的自我维持能力；

（b）保障空气、水、土壤和生态系统的自我维持能力和质量，包括活的生物体，使后代能够满足其合理可预见的需求；

（c）避免产生不利影响，在可行的情况下，避免不利影响，尽量减轻和补救不利影响；

"有毒物质"指化学物质，包括物体或物品，具有毒性、腐蚀性、刺激性、爆炸性、易燃、危害人体、动物、植物、环境；

"副主席"指被指定为第 11 条所设置的理事会的副主席；

"废物"指无论液体、固体、气体或放射性物质，在环境中泄漏、排放或者沉积在环境中并对环境产生不利影响，包括本法规定的可能产生的废物；

"废水"指用于国内、商业、农业、贸易或工业用途的水，其使用后排放到水生环境中可能造成污染；

"水"指的是水的自然状态，包括——

（a）地表水；

（b）在任何土地上自然生长的水，或者自然地流入任何土地，即使它没有明显加入任何水道；

（c）地下水；

"湿地"是指自然或人工的、永久或临时的湿地、沼泽、泥炭地或水域的过渡区域，不论水体是静止或流动、淡的、半咸的或咸的，其包括低潮时深度不超过 6 米的海洋水域。

3. 依据宪法规定，本法的规定与其他有关环境保护和管理的成文法律有不一致之处，如没有其他的特别规定，以本法为准。

4.（1）依据宪法，每个居住在赞比亚的人都有权享有洁净、安全和健康的环境。

（2）清洁、安全、健康的环境的权利应包括获得娱乐、教育、健康、精神、文化和经济目的的各种环境要素的权利。

（3）在第（1）中提到的权利受到威胁或者可能由于某人的行为或过失而受到威胁，对可能造成人类健康或环境损害的人采取行动。

（4）在第（3）款中提及的可采取的行动包括——

（a）防止、停止或中断任何可能对人类健康或环境造成威胁或危害的活动或过失；

（b）要求公职人员采取措施，防止或中止任何可能对人类健康或环境造成威胁或伤害的行为或过失；

（c）要求所有正在进行的活动或不作为，必须接受环境审计或监督；

（d）要求那些活动或因其不作为可能对人类健康或环境造成危害的人采取措施保护人类生命或环境；

（e）迫使造成环境退化的人在损害前尽快恢复退化的环境，使其恢复原状；

（f）对所有造成伤害的受害者提供补偿。

（5）法院、法庭、有关机关、行使公共职能的人或团体，以及本法规定的任何行使管辖权的人，任何有关的决定、命令、职责的权利和执行的落实按照第六条的原则来指导。

5. 每个人都有责任保护和改善环境，并向环境管理署举报任何影响或可能影响环境的活动或现象。

6. 为实现本法之目的，下列原则应被适用：

（a）环境是今世后代的共同遗产；

（b）将整个环境视为一个整体，通过长期的综合规划和协调、整合和合作，将对不利影响加以预防和最小化；

（c）预防原则；

（d）污染者付费原则；

（e）应促进公平获取环境资源，并考虑生态系统的功能完整性，以确保生态系统的可持续性，并防止不良影响；

（f）大众应当参与环境管理政策、计划和规划的制定；

（g）公民有权获得环境信息，使公民作出知情的个人选择，鼓励工业和政府改善工作表现；

（h）在可行的情况下，废弃物的产生应尽可能地减少，以避免产生不良影响的方式重新利用、循环、回收和处置废物；

（i）环境对人民生活至关重要，应该可持续利用以期实现减贫和社会经济发展；

（j）不可再生的自然资源考虑到现在和未来的需要，应当节俭使用；

（k）可再生的自然资源应当以不影响其生存能力和完整性的可持续的方式使用；

（l）应当支持和鼓励社会大众参与自然资源管理以及享受资源带来的益处。

第二章　赞比亚环境管理署

7.（1）依据被撤销的法律设立的环境议事会，将作为一个团体法人继续存在，并依据本法重新命名为赞比亚环境管理署。

（2）附录1的规定适用于环境署。

8.（1）环境署的公章应由理事会所有，并由署长保管。

（2）加盖公章应由主席或副主席、署长或任何其他授权的人通过理事会决议授权来决定。

（3）任何合同或文书，如果是个人而不是法人团体签署或执行则不能加盖公章；没有加盖公章的合同或文书，只有署长或其他任何由环境署授权的人特别授权才可以签署或执行。

（4）加盖了环境署盖章或代表环保署签发的任何文件，均可视作可以执行的，除非事实证明是相反的，否则不需要进一步证明。

9.（1）环境署应采取一切必要措施，确保自然资源的可持续管理和环境保护，以及防止和控制污染；

（2）如果没有第（1）款的一般性限制，环境署应当——

（a）建议部长就环境的各个方面制定政策，特别是对环境的可持续管理提出建议；

（b）协调各部长、各权力机构和与环境保护有关机构在环境方面的活动；

（c）制定和执行旨在防止和控制污染的措施；

（d）综合有关机关发展保护空气、水、土壤和其他自然资源的相关标准和指导方针，预防和控制污染物、污水排放和有毒物质；

（e）建议任何私人或公共机构全面保护自然环境；

（f）发起、开展和促进环境管理方面的研究、调查、学习、培训和考察；

（g）研究或资助研究气候变化对人类和环境的影响；

（h）通过与相关权力机构的协调，确保整合整个国家计划中的环境问题；

（i）为建立公众对环境的认识而进行普遍的教育计划；

（j）审查环境影响评估报告和战略环境评估报告；

（k）监测自然资源的发展趋势对环境的影响，并向有关权力机构提出必要的建议；

（l）与政府机构、权力机构及控制污染和保护环境的机构进行合作；

（m）已提出的、已计划的或正在进行的项目的信息，建议利益相关方环境评估十分必要；

（n）为了达到本法目的之需要，环境署可与地方机构和国际机构进行合作；

（o）全面公开环境信息，促进公众获取环境信息；

（p）为了执行本法之必需或为了更好地执行本法之职能，可以开展与环境管理和污染防治有关的其他活动。

10.（1）部长可以与环境署、权力机关和保护机构磋商，在公报中公告，指定一个权力机关来履行环境署指定的职能；

（2）有关机关未遵守其约定的条款，环境管理署将提前14日通知，其后将暂停或撤销授权。

11.（1）这个特此组成的环境署理事会由部长任命的以下兼职人员组成：

（a）下列各部委的一名代表——

（i）环境和自然资源部；

（ii）卫生部；

（iii）矿山和矿产开发部；

（iv）地方政府部；

（v）农业部；

（vi）能源和水资源开发部；

（vii）国家计划委员会；

（b）一名首席检查员的代表；

（c）一名赞比亚商会和工业协会的代表；

（d）一名涉及环境管理的非政府组织的代表；

（e）一名从事科学和工业研究机构的代表；

（f）另外两人；

（2）除主席和副主席不得担任公职人员外，由部长在理事会成员中任命主席和副主席；

（3）不得被任命为理事会成员的是——

（a）不是赞比亚公民；

（b）未偿清债务的破产人；

（c）有智力障碍的人；

（d）依据本法或其他法律被判有罪的，被判处有期徒刑超过六个月且不能以罚金代替的人；

（4）任期三年，期满后可续任三年；

（5）提前一个月向部长递交书面通知后，可以辞职；

（6）成员有下列情形之一的应免职——

（a）没有合理理由连续三次缺席会议者；

（b）被宣告破产者；

（c）依据本法或者其他成文法律被判处有罪或判处六个月以上有期徒刑且不能以罚金代替者；

（d）被部长撤职者；

（e）有智力障碍且无法履行职务者；

（f）死亡；

（7）附录 1 的规定适用于理事会。

12. 依据本法的其他规定，理事会的职能是——

（a）履行环境署的职责；

（b）监督执行机构的政策和职能的实施和持续运作；

（c）审查机构的政策和战略计划；

（d）向署长和环境管理署的工作人员提供指导；

（e）批准环境管理署的年度预算和计划；

（f）监督和评估环境署预算和计划的执行；

（g）制定、批准环境署工作人员聘任、纪律、终止条款和条件的规则和程序；

（h）依据该法赋予理事会的其他职能。

13.（1）理事会应依据相关条款和条件任命署长；

（2）署长将担任环境管理署的首席执行官，有权决定并负责环境管理署的日常管理工作；

（3）署长应是理事会的正式成员；

（4）理事会可以依据其相关条款和条件任命秘书和其他工作人员，并有必要依据本条例考虑其环境署职责执行情况。

14.（1）环境署应设立一个检查机构，配备必要的技术人员和设施，以管理、监测和执行保护环境和防止污染的措施；

（2）理事会依据相关条款和条件可以任命合适的人担任检查员；

（3）理事会应以规定的形式向检查员提供一份委任证书，作为检查员任命的初步证据；

（4）检查员根据本法执行职能时应当——

（a）持有第（3）款规定的委任证书；

（b）根据本法应被调查人的要求出示委任证书。

15.（1）检查员可以在任何合理的时间内——

（a）只要有合理理由相信可能正在进行向环境排放污染物的活动，检查员则可以进入并搜索工业设施或工厂、事业单位、商业等其他任何场所——

（i）提取生产中使用的样品或者材料；

（ii）检查工业设施、厂房、企业、经营场所或者其他场所的车辆或其他交通工具；

（b）如果有合理的理由相信拥有与调查相关的文件或物品，检查员可

以在工业设施、工厂、企业、商业或者其他任何场所进行搜查,并安排同一性别的人进行搜身;

(c) 检查工业设施、工厂、企业、商业或者其他调查的场所发现的文件、材料、物质、物品等;

(d) 要求提供关于任何文件、物品、工业设施或工厂、事业、商业或任何其他场所的信息——

(i) 工业设施、厂房、事业、商业、经营场所的所有人;

(ii) 工业设施、厂房、事业、经营场所的管理人员;

(iii) 任何控制工业设施、工厂、事业、商业、文件、物品者;

(iv) 其他可能的信息;

(e) 从工业设施、工厂、事业单位、经营场所、经营场所中提取的图书、许可证、证明或者文件副本应提取信息或者复印;

(f) 在任何工业设施或工厂、事业、商业或场所使用任何计算机系统,要求当场有人见证——

(i) 搜索任何包含在计算机系统中的数据;

(ii) 从数据中复制记录;

(iii) 检查和复制计算机中的输出;

(g) 如有必要,可以对工业设施或工厂、事业、商业或营业场的文件、物质、材料、物品进行检查;

(2) 检查人员可以进行检查——

(a) 检查人员有合理的理由认为,有农药、有毒物质、危险废物、侵入性外来物或者其他污染物正在使用、贮存或者运输的,可以检查、调查任何场所、车辆、航空器、船舶、铁路运输工具或者其他交通工具;

(b) 任何有关农药、有毒物质、危险废物、外来入侵物种或者其他污染物的生产、使用、储存、运输都必须符合文件要求;

(c) 下令停止任何对人类、动植物的生命及自然环境造成直接威胁的行为或活动;

(d) 检查人员认为必要时可以获取任何外来物种或在第(b)中提到的物质样品;

(e) 要求第(a)项中被检查或被控制场所、交通工具或物质的所有人员提交信息；

（3）当有下列情形，检查人员有合理的理由怀疑，可以扣押并扣留相关物质、物品、车辆、航空器、船只或者其他交通工具——

（a）本法规定，犯罪使用或者正在使用的物质、材料、物品、车辆、航空器、船舶或者其他运输工具；

（b）物质、物品、车辆、航空器、船舶或者其他运输工具可能违反本法规定造成污染；

（c）车辆、航空器、船舶或者其他运输工具，运输或者储存任何物质、材料或者物品可能造成污染；

（4）依据第（1）款（g）款检查人员可以从工业设施、工厂、商业或经营场所中获取文件、物质、材料，物品或者作品——

（a）将文件、物质、材料或物品的收据交给工厂、事业单位或营业场所的业主或实际控制者；

（b）尽快归还文件、物质、材料、或物品——

（i）以达成目的；

（ii）公诉机关以书面形式提出不起诉；

（iii）依据本法被没收文件、物质、材料、物品、车辆、航空器、船舶或其他交通工具的个人最后被宣判为无罪。

（5）下列人员——

（a）依据本法，拖延或者妨碍检查员履行职责；

（b）拒绝为检查员行使检查职权提供合理的协助；

（c）应对检查人的调查，提供虚假或者误导性的信息；

（d）假装或者冒充为检查员；

将被处以最高二十万的罚金或最高 2 年的有期徒刑，或二者并处。

（6）检查人员应向环境管理署提供所规定的书面报告和其他与检查有关的信息；

（7）《国家安全法》中没有任何规定要求个人公开信息或机密文件。

16.（1）检查员有合理的理由，可以在没有搜查令的情况下逮捕一个人——

（a）依据本法已经犯罪；

（b）依据本法规定，没有其他方法可以阻止该犯罪的发生；

（c）只能逮捕，将——

（i）逃避审判，将造成不合理的拖延、麻烦或费用；

（ii）干扰证人；

（iii）篡改、销毁有关证据或者材料；

（d）故意妨碍检查员执行职责；

（2）依据第（1）款检查员逮捕人后应将该人移交给警察，或者在二十四小时内将该人移交给检察署或警察所；

（3）依据第（1）款进行逮捕的检查员，应立即将被逮捕的人带到有管辖权的法院处理。

17.（1）环境署可以依据相关条款和条件在公报上公选，选定合适的人担任名誉检查员，任期不得超过三年，可以续任三年；

（2）依据第（1）款环境署可以在经公告后撤销任命或者重选；

（3）名誉检查员的任命是——

（a）被授权在赞比亚共和国的任何地区采取行动；

（b）被授权在赞比亚共和国的特定地区行使特定职责；

（4）依据本法的其他规定和特定的职权，名誉检查员应当在任职期限内行使职权，履行检查人的职责。

18.（1）检查长可以依据环境署的要求，任命检查员协助进行刑事诉讼，并可以随时取消该委任；

（2）依据《2010 年国家检查机关法》任命的检查员，须依据检查长的一般或者特别指示采取行动。

19. 不得对检查员在根据本法行使或执行职责时善意的过失提起诉讼。

第三章　综合环境管理

20.（1）本法生效后两年起，部长需每五年发布一份环境报告；

（2）环境报告应当提供有关赞比亚环境状况的信息，特别是关于环境质量的信息——

（a）描述环境质量和环境质量监测结果；

（b）描述在可预见的将来引起或可能引起的任何重大不良影响，并在可能的情况下确定原因和趋势；

（c）描述已经完成或正在实施的监测或其他措施的情况，消除产生不良影响的因素并改善环境质量；

（d）赞比亚环境有关的国际或区域环境协议和谈判——

（i）所有协议在赞比亚国内的执行情况；

（ii）自环境报告发布以来，赞比亚参与的谈判报告。

21.（1）本法生效后三年起，部长需每十年制订并发布国家环境行动计划；

（2）国家环境行动计划应当包括——

（a）为保护、限制和防止不良影响，需对行动的紧迫性和重要性进行短期、中期和长期评估，并对近期的环境状况进行报道；

（b）对政府可以处理的资源进行评估，包括部长和环境署所采取的涉及第（a）项的行动；

（c）实施行动的战略和时间表；

（d）任何其他可能被规定的信息；

（3）国家环境行动计划草案在其最终确定之前应依据第七章进行公开审查。

22.（1）本法实施后三年内，各部长应确保其负责的环境管理战略已草拟完毕并提交给环境管理署批准；

（2）理事会应尽快审议提交的环境管理战略，并在合理可行的范围内尽快通知有关部门其环境管理战略是否获批准，或告知其按照理事会的要求修改以获得批准；

（3）理事会批准战略后，各相关部委应当在批准之日起6个月内在政府公报上公布，并开始着手实施；

（4）环境管理战略应包含如下内容：

（a）阐明其所在部已经或可能规制的对环境和自然资源可持续管理的项目的主要影响；

（b）阐明其所在部已经或可能对环境和自然资源可持续管理的项目的主要影响；

（c）阐明环境管理战略的目标，以进一步实现本法和第 21 条中提到国家环境行动计划的目的；

（d）阐明其所在部将采取的实际措施，以有效地实现本法和第六条所规定原则的目的，并确保其以有助于实现战略目标的方式行使其职能；

（5）各部应每十年审查一次其环境管理战略，并在政府公报上公布其审查报告；

（6）审查报告应包含——

（a）对过去五年中，该部的主要活动进行评估，并对自然资源和环境可持续管理的未来趋势进行预测；

（b）对过去五年中，该部的主要活动或自然资源的可持续管理所产生的影响进行评估；

（c）对战略目标的实现程度和有效性进行评估，以协助其所在部适用第六条规定的原则；

（d）改进战略的建议；

（e）修订环境管理战略的建议，或在考虑审查报告的评估基础上起草新战略。

23.（1）对环境管理或自然资源的可持续管理利用可能产生不利影响的政策、方案或计划的提议者，须对政策、方案或计划草案进行战略性环境评估，并向环境署提交战略性环境评估报告；

（2）第（1）款所称的提议者，不得采用或实施未获环境署批准的政策、方案或计划；

（3）根据第（1）款编制的战略环境评估报告应包括——

（a）对政策、方案或计划及其目标的全面描述；

（b）对环境和自然资源可持续管理的政策、规划或计划实施的积极和不利影响的识别、描述和评估；

（c）对替代措施可能影响的识别、描述和评估；

（d）对可采取的一系列可行措施的识别、描述和评估，以避免、减轻或纠正因实施政策、方案或计划而产生的不良影响；

（e）法律文书规定的其他任何信息；

（4）如果提议者认为某项政策、方案或计划不需要进行战略性环境评估，则提议者应将有关文件的草案提交给环境署，环境署应在切实可行的范围内尽快确定是否必须进行评估，并应以书面形式告知提议者原因；

（5）提议者接收到环境署关于环境评估战略的政府报告后，应在收到报告后进行审查，并将下列文件提交给部长和环境署：

（a）修订后的环境战略评估报告；

（b）报告包括：

（i）对原文件的修订，以促进环境保护和自然资源的可持续管理，以期避免、减轻或纠正政策、方案或计划实施所产生的不良影响；

（ii）是否采取其他避免、减轻或纠正不良影响的措施的理由；

（iii）修订后的政策、方案或计划；

（6）如果环境署认为政策、方案或计划未能充分解决环境问题，且应当采取其他具有成本效益的措施来避免或减轻不利影响，则环境署应当在收到第（5）款规定的通知 30 日后，向提议者提出异议并与其进行磋商，以期将政策、方案或计划进行修改并达成协议，以充分发挥该法的目的和原则；

（7）对修改后的政策、方案、计划或者采取的措施，环境署和提议者不能达成一致意见的，署长或者提议者可以向部长提出异议；

（8）部长在收到第（7）款的异议后，可以在作出终裁决定前，将第（5）款所述的文件举行公开听证会。

24.（1）根据第（2）款，部长可以依据环境署和权力机构的建议，通过颁布成文法的方式，宣布某块生态脆弱或敏感的土地属于受保护的地区；

（2）本条所授予部长的权力，不得延伸至已声明的区域，或称受其他法律保护的区域；

（3）下列地区应为环境敏感地区：

（a）湿地；

（b）地方政府宣称的环境敏感地区；

（c）被环境管理署指定为易受水土流失的地区；

（d）由环境管理署指定的可能发生滑坡的土地；

（e）部长规划封闭的区域，禁止饲养牲畜、人类居住、耕种或其他特定活动；

（f）超过规定坡度的斜坡，部长经科学考量后指定具体坡度数，包括；

（g）任何干旱、半干旱的土地；

（h）性质脆弱或其环境意义巨大，不得当开发的特定土地；

（i）任何其他法律宣布的环境敏感区域或危险的土地；

（4）在决定是否宣布一个地区为环境保护区时，部长应考虑——

（a）该地区的自然特征和美丽风景；

（b）该地区的动植物群；

（c）该地区独特的地理、地形、生态、历史和文化特征；

（d）本地区的土壤特征、文化特征或者生物多样性；

（e）当地或者周围社区的利益；

（f）赞比亚作为一个国家，在任何协议下，政府都必须遵守国际义务；

（5）环境保护区内的管理应当由环境管理署负责；

（6）对被宣布为保护环境的地区，环境署应与有关权力机关协商，为该地区制订环境保护计划；

（7）为环境保护区制订的环境保护计划应当——

（a）制定保护和管理区域的目标和政策；

（b）制定保护和管理该地区的策略；

（c）提供必要的社会设施和娱乐设施；

（d）促进开展科学研究；

（e）包含所有必要的有效可持续的管理区域的要求；

（8）除了第（5）、（6）款环境保护计划之外，环境署还可以为环境保护区域制订一个生态系统管理计划。

25.（1）部长可以在与当地社区和有关机关协商后，宣布某湿地为生态敏感区，并对该地区或周边地区的发展进行限制；

（2）未与理事会和负责水资源管理的部长协商，并未经环境署的书面授权，任何人不得——

（a）收回或者流失湿地；

（b）以可能对湿地或生态系统有不利影响的方式管理湿地；

（c）向湿地引进外来动物或植物；

（d）在湿地种植物；

（3）违反第（2）款的违法行为，一经定罪，可以处以不超过五万元的罚金或者最高五年的有期徒刑，或二者并处。

26.（1）部长应努力保护生物多样性、可持续利用，以及公平合理地利用生物资源所产生的利益；

（2）部长应规范对生物资源的获取和相关技术的转让，同时考虑相关生物医学知识、常识、技术和资金等因素。

（3）部长可以与环境署和有关机关磋商，制定规章制度——

（a）制定国家战略、规划或计划，以保护和可持续利用生物多样性；

（b）生物多样性保护的战略、计划或规划；

（c）尽可能适当地将生物多样性的保护和可持续利用纳入相关环境署或跨环境署计划、规划和政策；

（d）赞比亚任何的国家标准都对保护生物多样性和可持续发展具有重要意义；

（e）通过采样和其他技术，对生物多样性的组成部分进行监测，特别关注那些急需保护措施、可持续利用提供最大潜力的物种；

（f）通过取样和其他技术监测，注意那些对生物多样性保护、可持续利用有不利影响的物活动；

（g）对活动的识别和监控所产生的任何数据进行维护和组织。

27.（1）部长可以与环境署和有关机关磋商，制定有关生物多样性保护的规定；

（2）根据本条制定的规章制度应规定——

（a）为保护生物多样性需要建立保护区或地区的程序和特别措施；

（b）为保护生物多样性需要可以在实施特别措施的保护区或地区采取特定指导方针；

（c）管理或治理对生物多样性保护至关重要的生物资源，并确保它们的保存和可持续利用；

（d）保护在生态系统、自然栖息地以及在自然环境中持续生存的物种；

（e）促进靠近保护区的地区环境健康和可持续发展，以进一步保护该地区；

（f）通过制定和实施管理策略，恢复退化的生态系统并促进濒危物种的再生；

（g）防止引进、控制或消灭入侵的外来物种，导致威胁生态系统、栖息地的物种；

（h）为多样性保护和可持续发展两者之间提供兼容的条件；

（i）尊重、保护和维护原居民和当地社区的知识、创新和实践；

（j）采用经济且健全的措施激励对生物多样性的保护和可持续利用；

（k）利用知识、创新、遗传资源和原居民及当地社区的实践促进利益的公平享受；

（m）为特定保护地区实现生物多样性制定程序。

28. 部长可以在与环境署和有关机关协商后，制定关于迁地保护的规章制度——

（a）采取措施，对原产于赞比亚的生物进行迁地保护；

（b）与原产国家建立和维护植物、动物和微生物的原位保护和学术研究；

（c）采取措施，对濒危物种进行恢复和再生，并在适当条件下重新引入自然栖息地；

（d）管理和规范自然栖息地的生物资源的迁地保护，以避免对生态系统和原始种群造成威胁；

（e）采取经济合理的措施，作为对生物多样性的保护和可持续利用的激励措施；

（f）资金与技术等相结合进行迁地保护。

29. （1）未经环境管理署的书面批准，任何人不得从事对环境有影响的项目，除非符合该批准的条件；

（2）任何个人、有关机关或者其他公共机构不得授予第（1）款中所述项目的执行或许可，除非该项目获得环境署批准；

（3）依据本法，环境署可以将其职能委托给有关机构，并可以施加委托条件；且环境署对受委托机构的行为负责；

（4）如果环境署认为项目的实施会带来不利影响或达不到令人满意的缓解效果，可以不予批准；

（5）任何人对环境署批准或者拒绝批准项目的决定不服，可以在作出决定之日起 14 日内，依据第十章的规定提出上诉。

30.（1）部长有权根据环境署的建议，采用成文法形式，依法制定有效的环境评估战略和环境影响评估的规章制度；

（2）如果没有第（1）款的一般性限制，其规章制度可以规定——

（a）依据第 29 条第（1）款，可能对环境有影响的项目，要求进行环境影响评估；

（b）对环境评估战略、环境影响评估和全面缓解计划举行公开听证的程序性要求；

（c）包含在环境评估战略报告、环境影响评估和全面缓解计划中的信息；

（d）处理项目申请批准的费用；

（e）对环境署可能进行的环境审计的设施和活动进行分类，并提交审计报告；

（f）环境审计报告的内容；

（g）对不遵守根据本条制定的规章制度的处罚。

第四章　环境保护和污染控制

第一节　污染控制

31.（1）部长应与环境署和有关机关协商——

（a）委托其他人员进行与消耗温室臭氧层等危害人类健康、福祉和环境有关的物质、活动等研究；

（b）发布指导方针和与之相关的规划——

（i）消耗消耗臭氧层的物质；

（ii）可能导致臭氧层和平流层退化的活动；

（iii）减少或缩小会造成人类健康的风险的臭氧层和平流层的退化。

（2）未经许可，任何人不得——

（a）开展生产、产生、控制或者其他可能消耗臭氧层的物质的活动；

（b）进出口、分销、出售或销售、处理、储存，或回收可能会耗尽臭氧层的物质。

（3）违反第（2）款，将被处以不超过七十万元的罚金或者最高七年的有期徒刑或二者并处。

（4）部长依法可以制定有关臭氧消耗物质或相关设备的进出口规定。

32.（1）未经许可或取得许可证，不得排放污染物，造成不利影响。

（2）经营机动车辆、船舶、火车、航空器或者其他运输工具者，不得——

（a）不得以违反排放标准，可能产生污染物或者污染物排放的方式经营运输工具；

（b）进口任何未达标的机械、设备、设施从而导致污染物或污染物排放到环境中的。

（3）违反本条例的，可以被处以不超过七十万处的罚金或者最高七年的有期徒刑，或二者并处。

（4）除法院依据第（3）款实施的判决外，法院还可以要求行为人——

（a）清理受污染的环境，消除污染直至到清洁程度；

（b）消除污染并支付清洁环境的全部费用。

（5）在不影响第（3）和（4）款规定的情况下，法院可以要求污染者向受损第三方支付适当的补偿和赔偿。

33. 环境管理署可以向个人发放排放许可证，允许向环境中排放污染物或按照规定的标准排放污染物。

34. 部长可以根据环境署的建议，规定——

（a）设定申请排放许可证的标准和程序，以及许可、变更、更新、转让和撤销排放许可证的程序；

（b）设定与申请、批准、变更、拒绝、更新、转让或吊销排放许可证有关的条款和条件；

（c）有效管理本条例所规定的排放许可证的其他事项。

35.（1）污染物排放到环境中造成不利影响，或非法排放造成不利影响的——

（a）立即通知环境署；

（b）向环境署提交有关排放物数量、性质等相关信息；

（c）采取一切可行的措施来控制排放，并防止、减轻或纠正因排放而产生的不良影响，包括消除沉淀物；

（2）应当按照规定的方式测量污染物的排放水平，并将结果提交给环境署；

（3）违反本条例的人，可以被处以不超过三十万元的罚金或者最高三年的有期徒刑，或二者并处。

36.（1）拟设立、安装、开发新的工业设施、植物、农业计划、商业或者其他可能向环境排放污染物的任何人，应当在早期规划阶段告知环境署。

（2）环境署可以在收到依据第（1）款提交的信息后，应对第 29 条（1）款所述的工业设施或植物、农业计划、商业或事业的开发人员进行环境影响评估。

（3）对现有的工业设施、厂房、农业计划、经营或者其他事业的延伸或者变更，应当视为新扩建：

（a）增加污染物的数量或浓度；

（b）改变生态系统；

（c）改变生物多样性机制；

（d）改变特定区域及土地使用；

（e）在环境中引入一种或多种污染物。

37.（1）可能导致污染物排放到环境中的农业计划、污水处理系统、工业设施、工厂、商业或其他事业的所有者或经营者，应当提交与污染物或污染物质的数量和程度有关的信息。

（2）检查机构可以要求可能导致污染物排放到环境中的农业计划、污水处理系统、工业设施、工厂、商业或者其他任何项目的所有者或经营者提交有关污染物的数量和程度的信息。

（3）检查机构可以责令所有者或经营者，保存检查机构可能要求的费用，安装计量器具，采集和分析样品等记录。

38.（1）在环境中排放污染物或污染或产生噪声的人应当根据第 3 款的规定采取合理的措施，确保最佳的与此有关的可行方案。

（2）署长或其他有权作出决定的人应确保在最佳可行方案的前提下，决定是否颁发许可证或授权排放。

（3）为了达到本条的目的，污染物或噪声排放的"最佳可行选择"是指防止或减少对环境不利影响的最好方法，其中包括——

（a）排放物的性质和可接受的环境不利影响的敏感度；

（b）与其他选择相比，该选项对环境影响的效果；

（c）技术知识的当前状态，以及该选项可以成功应用的可能性。

39.（1）有关机构应先向环境署确认是否可以颁发许可证或其他授权，如可能会对环境产生不利影响，则有关机构不得颁发或授予。

（2）依据第（1）款，有关机构可以依据环境署的要求，提出必要的维护或保护环境的条件或要求，包括与其他法律的严格遵守有关的条件。

（3）在第（2）款下，有关机构颁发或授权应当依据第（2）款的要求和条件进行。规定任何有关机关应授权的情况下，批准可能影响环境的条件或要求。

（4）当被要求为环境管理署提供服务时，应向环境管理署提供任何建议或协助，或向环境管理署提供必要的信息，以供环境管理署履行其职能。

（5）违反任何第（3）款规定的相关条件或者许可证的要求，依据相关法律由相关权力机构决定吊销许可证或者执照。

（6）经许可或许可授权进行可能对环境造成不利影响的活动的人，应根据本法按照"许可或执照"中的规定向有关权力机构支付罚金。

（7）依据第（6）款缴纳的罚金，有关权力机构应将费用转交环境署。

40.（1）环境署应与有关权力机关合作，促进发展更清洁的生产技术，促进商品和服务的可持续消费。

（2）环境署与权力机构协商制定指导方针——

（a）清洁生产技术和可持续消费，指导工业、旅游、贸易、采矿、农业和服务业活动；

（b）监测清洁生产的影响；

（c）对项目进行管理和引导，以鼓励可持续的资金用于清洁生产计划；

（d）在公共和私人机构的相关政策中，清洁生产和可持续消费的主流化。

41.（1）部长应与有关权力机关协商，做好应对环境紧急情况的指导方针，包括——

（a）石油泄漏和天然气泄漏；

（b）有毒物质的泄漏；

（c）工业事故；

（d）与灾害有关的自然和气候变化，如洪水、龙卷风、干旱和主要的虫害感染，以及外来入侵物种的引进和传播；

（e）难民的涌入；

（f）火灾。

（2）除了依据第（1）款的规定，部长不再就其他特定法律的规定单独发布类似的规定。

（3）环境管理署具有监督和执行上述措施的一般权力，以确保对环境的充分和有效的保护。

（4）部长应与灾害管理环境署、有关机关、公共和私人机构、地方和国际组织以及公众进行磋商，在任何机构、场所或土地上制定应对风险的应急预案。

42.（1）在某些地区出现了紧急污染事件，部长可以在政府公报上宣布某地环境紧急情况；

（2）部长依据第（1）款宣布紧急情况后，应建立一个紧急委员会，该委员会应包括其他所有相关权力机构，以便在署长的指导和控制下协调紧急行动；

（3）部长可以在某一地区宣布环境紧急情况，并作出法定的命令——

（a）规定该地区适用的条件；

（b）规定该地区的标识；

（c）规定进入该地区的条件和可能在该地区进行的活动；

（d）规定保护该地区的方法；

（e）在紧急情况解除后，对该地区的使用情况进行调整；

（f）环境紧急情况所必需的其他事项。

43.（1）在环境署与相关权力机构磋商后，根据环境署的建议，部长可以通过成文法形式，制定规章：

（a）防止和控制对环境产生不利影响的活动；

（b）要求对污染、污染物排放的人员进行监测，并对监测结果进行

记录;

(c) 建立综合污染防治体系;

(d) 为本规章所签发的许可证提供实质性的和程序上的要求;

(e) 建立对环境、活动和设施的排放的要求、标准和指导方针,并对可能导致环境排放的设施进行检验;

(f) 对排放、活动和设施进行分类;

(g) 对有毒物质、环境有害物质和其他类型的受控物质进行分类;

(h) 禁止、监管进出口、制造、运输、处理、销售、出售、持有、使用、储存、处置含有受控物质的一类物质或者产品;

(i) 规定环境署和其他国家的主管机关在获准进口、制造、登记受控物质的许可前,进行通告和磋商的方式;

(j) 要求、禁止、管制和建立与使用任何技术、程序、设备、燃料、输入的标准或其他在操作或活动中使用的可能导致污染物或污染物排放到环境中的方法;

(k) 排放到环境和周围环境的污染物的质量监测;

(l) 报告任何人或有关机关有关污染物排放的信息;

(m) 建立控制污染物排放或者污垢物排放的制度;

(n) 规定向环境中排放污染物或者污垢物的费用;

(o) 关于机动车辆——

(i) 要求、规范和禁止安装、维护和使用某些设备和设施;

(ii) 制定强制性的排放标准和测试计划;

(iii) 禁止使用不符合排放标准的机动车;

(p) 在特定的时间与场所禁止或调节,可能导致污染物排放活动的实施;

(q) 其他与本节有关的事项。

(2) 如果没有绝对的或决定性的科学证据证明其毒性程度或任何物质构成危害,部长可以将预防原则作为其基本原理,并制定相关规章。

(3) 部长应在制定或修改与其他成文法相关的规章之前,与负责实施相关立法的部长协商,以确保其与这些规章的一致性。

44. 为了促进、加强和保护本地区或全球自然资源的可持续管理,部长可以通过法定文书，在与相关的权力机关协商后，根据环境署的建议，制定规章——

（a）宣布影响全球环境的污染物；

（b）对影响全球环境的污染物进行分类；

（c）禁止、监管、监测、收集和传播下列信息——

（i）进出口、制造、运输、销售、销售、占有、使用、储存、排放、处置影响全球环境的污染物或类污染物；

（ii）进出口、制造、运输、销售、出售、持有或使用技术用于生产和使用任何含有影响全球环境的污染物的产品或设备。

第二节　水

45.（1）在本节，除非上下文另有规定——

"流出物"指在国内、农业、贸易或者工业上的废水或者其他液体，未经处理、直接或者间接排放到水环境中；

"许可证"指依据第 33 款规定发放的许可证；

"水污染"指直接或间接地将污染物引入水体环境。

（2）在本节中，除非另有规定，本条例中未定义的词或术语与水资源管理法中定义的词语和术语具有相同的含义。

46. 任何人不得排放或者使用恶性的、有毒的、生物毒性或可怕的物质、阻碍物质、辐射或其他污染物，或者允许任何人将此类物质或污染物排放到水环境中，违反了环境管理署与有关权力机关设立的水污染控制标准。

47.（1）商业或者工业的业主或者经营人对其排放的污水，应当经当地主管机构或者监督排水系统机关的书面许可。

（2）地方对污水处理或者监督的机关，可以对污水进行处理或者在污水处理系统接受污水处理之前，强制规定对污水进行处理的条件和方法，并在排放许可证上对这些条件和方法加以背书。

（3）地方机关可以变更处理污水的条件，但需提前三个月通知，否则不能做出该变更。

（4）违反规定的要求，将污水排放到当地政府运营或监督的污水排水系统中，可以被判处不超过 50 万的罚金，或者最高 5 年的有期徒刑，或者两者并处。

48.（1）环境管理署应与有关权力机关合作——

（a）建立水质和污染控制标准；

（b）决定排放污水的条件；

（c）制定保护水源地、饮用水源、水库、娱乐场所和其他可能需要特殊保护的地区；

（d）责令或者开展对实际或者疑似水污染的调查，包括收集数据；

（e）采取措施或授权进行任何必要的工作，以防止或减少因自然原因或工作疏漏造成的水污染；

（f）确定水质和污染控制标准的分析方法，并建立检验机构所需的分析服务实验室；

（g）发起并鼓励在水污染控制方面开展国际合作，特别是与赞比亚共享河流流域的邻国合作；

（h）收集、维护和解释行业和地方有关环境署在处理前的废水和自然状况水平；

（i）收集、维护和解释有关该环境署颁发的有关水质和水文资料的许可证；

（j）对水污染的监测和控制做必要的工作。

（2）依据第（1）款规定，环境管理署不得设立单独的标准，或者依据其他已制定的法律、法规或标准制定单独的规则。

（3）根据本条第（2）款和任何其他法律，环境署本机构应依据本法所制定的规章、规则或标准，具有实施监督和执行的一般权力。

第三节　空气

49. 在本节这个环境署中，除非上下文另有规定——

"空气污染"指空气产生的全部或部分环境存在一个或多个污染物，危害健康、安全或人类福利或干扰正常的享受生命或财产，危害动物或植物生命或对财产造成损害；

"环境空气"指地球周围的大气，但不包括建筑物内部或任何地下空间的大气；

"空气质量"指在依据本法测量时大气中的污染物浓度；

"排放标准"指在本环境署下指定的污染物排放的总量；

"许可证"指依据第 33 款规定发放的许可证；

"固定源"指机动车、船舶、火车、航空器或其他类似运输工具以外的任何一种或多种污染物的排放源。

50. 在涉及危险污染物的紧急情况下，检查机构应当为保护人类和环境采取适当的措施。

51. 在环境署建议下，部长可以通过法定文书——

（a）宣布该地区为受控制地区；

（b）在受控区域内，规定工业或商业活动、燃烧液体或固体燃料的排放标准。

52.（1）环境管理署应——

（a）建立环境空气质量和排放标准及指导方针；

（b）明确监测大气污染物的分析方法，建立检验机构所需的分析服务实验室；

（c）确定研究领域，并发起或赞助研究空气污染物对人类、环境、植物和动物的影响；

（d）对实际或者疑似空气污染进行调查，包括收集数据；

（e）在空气污染问题上发起并鼓励国际合作，特别是与邻国的合作；

（f）责令所以工业或者其他空气污染来源报告，并提供必要的信息；

（g）对空气污染的监测和控制做必要的工作；

（2）在制定排放标准时，环境管理署应考虑——

（a）所排放污染物的排放、浓度和性质；

（b）在排放过程中控制污染物的最佳可行技术；

（3）根据本节制定的排放标准在生效日期之前，至少要在公报上公布90 日。

第四节 水管理

53. 在本节中，除非上下文另有规定——

"收集"指为了处理或清除从存储点分离出来的废物或材料的处置行为；

"处置"指储存、处理、分类、处置和利用最后的废物，以避免对环境产生不利影响；

"废物处置地"，指废物处置设施所在的地区、土地或者水域；

"危险废物"指对人类、动物、植物或者环境有害的有毒、腐蚀性、刺激性、爆炸性、易燃，或者其他物质的废物；

"许可证"指废物管理许可证或者危险废物许可证；

"储存"指在最终回收或处置之前，对废物进行临时控制；

"废物"指工业和商业活动以及家庭和社区活动产生的垃圾、污泥和其他被丢弃的物质，但不包括在第二节"废水"定义中定义的废水。

54. （1）个人不得收集、运输、分类、恢复、处理、储存、处置或处理废物，从而产生不利影响或重大风险。

（2）生产、收集、回收、运输、保存、处置、处置废物的个人，应当采取一切合理措施，防止他人违反与该废物有关的第（1）款的规定。

（3）违反第（1）款或第（2）款的人，可以被处以50万元以下罚金或五年以下有期徒刑，或两者并处。

（4）一个人不得将废物处理成垃圾。

（5）违反第（4）款的人，经判决可以处以最高50万元的罚金或者不超过6个月的有期徒刑，或者两者并处。

55. （1）环境管理署可以向申请人签发废物管理许可证，使其可以——

（a）回收、再利用废物；

（b）收集、处理工业、商业、家庭或者社会活动的废物；

（c）运输废物到处置地点；

（d）建设、经营废物处置场所或者其他设施，用于永久性处置或者储存废物；

（e）过境、贸易或出口。

（2）环境管理署可以向申请人签发危险的废物许可证，以便让该人获得许可——

（a）产生、预处理或者处理危险废物；

（b）处理、运输、储存危险废物；

（c）处理危险废物；

(d) 运输、贸易或者出口危险废物。

（3）依据第一款，个人申请执照，可以在排放到水环境前使用水稀释，预处理或处理废水，机构在执照发放前应当强加通知相关权威环境署管理水资源。

（4）部长应依据环境管理署的建议，规定——

（a）第（1）、（2）款中许可的标准；

（b）申请许可、批准、修改、更新、转让和撤销的程序；

（c）与申请、批准、变更、拒绝、更新、转让或者吊销执照有关的条款和条件；

（d）本环境署对许可证必要的有效管理或者附带的其他事项。

（5）部长可以依据环境管理署的建议，为促进该法的有效实施和实施提供便利——

（a）依据本条的部分或者全部的规定，免除某些种类的废物和人员的申请；

（b）规定本条的部分或全部条款不适用于特定情形。

56.（1）地方权力机关应当在其管辖范围内——

（a）依据本法收集、处置或者安排收集、处置所有家居废物；

（b）按照本法规定收集、运输、处置废物的；

（c）确保废物管理服务在其管辖范围内以优先处理废物的回收、再利用为重点，并提供处理和安全处置废物的方式；

（d）采取一切实际措施，促进和支持废物的减少和废物的回收，特别是在生产的时候；

（e）在公共场所提供垃圾回收站；

（f）准备并提交给环境署批准一个符合环境署要求的综合废物管理计划，包括环境署发布的任何国家废物管理战略。

（2）地方权力机关应当每年向环境管理署报告其在其管辖范围内产生和处理的废物种类和数量，并报告其综合废物管理计划的实施情况。

（3）地方机关对其管辖范围应确保——

（a）在任何时候都可以实施的危险废物管理规定的标准；

（b）生产危险废物的场所符合规定的标准，保持充分通风；

（c）在最终处置前，处理或者按照规定的标准进行处理；

（d）危险液体废物处理符合规定的环境标准。

（4）为了促进环境的保护和自然资源的可持续管理，环境管理署应提供具体的或一般的方向——

（a）地方权力机关依据当地政府的行为收集和处理废物的功能；

（b）公共机构或其他机构，就其在管理和处置废物方面的作用。

57.（1）部长根据环境署的建议，考虑到在一个地区处理废物会产生或有很大风险产生不利的影响，可以在公报中将该地区指定为废物控制区；

（2）地方机关应当在废物控制区——

（a）依据环境管理署的要求和环境署发布的国家高级管理战略，准备并提交废物管理计划给环境管理署审批；

（b）在废物控制区内指定一个或者多个废物处理场所或者废物收集地点；

（c）告知公众指定的废物控制区的废物处理和废物收集点；

（d）对废物处理区内废物处理的规定；

（e）每年向环境管理署报告其废物管理计划的实施情况。

58.（1）个人活动产生了潜在污染环境的废物，应当采取措施，通过处理、回收、再利用或回收等手段来减少浪费。

（2）环境管理署可能识别——

（a）在产品或者类别方面应当采取扩大生产者责任的措施；

（b）依据第（b）项采取人员分类的措施。

（3）环境管理署可以依据第（1）款——

（a）明确要求废物处理计划的实施和执行，包括防止废物产生、回收、再利用等方面的要求；

（b）设立废物处理项目管理机构；

（c）决定一项废物处理计划的财务安排；

（d）标明在废物处理计划中回收的产品的百分比；

（e）禁止或者限制销售废物或者其他产品；

（f）要求从废物中产生的特定产品或者产品的生产者，按照该产品的规定或者按照规定的标准或者程序，对产品进行生命周期评估；

（g）指定要遵守清洁生产措施方面的要求。

59. 环境署应依据法院的命令立即停止对人类健康和环境造成迫在眉睫的重大危险的活动，包括任何危险废物产生、处理、运输、储存和处置等。

60.（1）废物存放的地方，违反本法或任何废物管理许可或危险废物管理许可的规定，署长可以依据第二节第（2）款中提到的现场恢复秩序，要求该人员采取该命令中规定的任何其他措施将废物清除，并使该站点恢复到一般满意的状况。

（2）依据第（1）款应向下列人员下达恢复令现场恢复秩序——

（a）署长有理由相信保存了废物的人；

（b）署长有理由相信命令或者允许存放废弃物的人；

（c）对地点或场所进行收费、管理或控制的业主、占有人或管理人。

（3）被送达的恢复令人，应当遵守命令并立即采取一切合理的恢复措施。

（4）违反第（3）款的人可以被处以最高10万的罚金，或者最高一年的有期徒刑，或两者并处。

（5）被送达恢复令的人，可以依据第十章的规定向理事会申请复议。

（6）理事会在听取申诉人陈述后，如果陈述人不是对场地有管理和控制权的所有人或占有者，或不是存放、下令或允许存放废弃物的人，则理事会可对其撤销该恢复令。

61. 有毒物质发生紧急情况，环境署应当采取适当措施保护人类和环境。

62.（1）环境管理署与有关权力机关协商，应当——

（a）制定国家废物管理战略；

（b）制定和提供废物分类和分析标准；

（c）对标准处理方法和方式的制定和建议；

（d）对危险废物的处理、贮存、运输、隔离和销毁进行管理；

（e）控制危险废物的出口和产生；

（f）提供废物处置场所的监测和管理；

（g）宣传各种废物贮存、收集、处置的正确方法；

（h）监测因处置场所作业而产生的环境污染和退化；

（i） 监测处置场所工人的安全和健康状况；

（j） 规定因某物存在或可能存在对其周围的健康、环境或艺术价值产生不利影响，而需根据本节向环境管理署陈述案情的公众人员；

（k） 发起并对各种废物的收集、储存、运输和处置进行研究；

（l） 收集和分析产生废物的性质、数量和体积，以及废物被处理的地点；

（m） 检查废物处理、处置和回收设施的情况；

（n） 审查、监督地方政府和公共机构的废物管理计划的实施；

（o） 为废物经营者提供技术和咨询服务；

（p） 做所有必要的事情，如对废物的监测和控制。

63.（1） 部长可以经与有关权力机构的磋商，根据环境署的建议，制定废物管理、处理和处置的规定。

（2） 与第（1）款的普遍性不冲突的情况下，该条的规定可能——

（a） 分类和定义废物类别，包括危险的、有病毒的和废物，并认定某些物质属于或不属于此种类别；

（b） 限制废物处置和废物管理的场所；

（c） 要求对产生、管理和处置废物的人员进行分类，收集数据，提交报告、研究和计划，并规定报告、研究和计划的形式和内容；

（d） 要求遵守计划，并要求署长遵守第（c）项规定的计划；

（e） 要求和规范控制垃圾和相关废物；

（f） 要求收取、管理和处置废物的费用；

（g） 要求在生产、管理和处置过程中分离废物类型；

（h） 禁止或者规范废物的运输和转移，包括——

（i） 禁止和管理任何国家的废物的出口和运输；

（ii） 建立废物流动的机制和措施；

（iii） 为运输中的废物单据制定和规范包装和标签的标准；

（iv） 需要显化系统和其他系统来跟踪危险或临床废物的转移；

（v） 要求对废物的安全、有序的移动和最终处置的安排，依据主管机关通知和事先知情同意的证明，证明进口国和运输的国家存在合理的废物管理和处置的规定；

（i）要求在生产、管理或者处置废物的人员对废物进行物理分离；

（j）规范和促进废物减少、再利用、回收；

（k）禁止和管理可重复使用、可回收利用和可回收废物的处置；

（l）要求废物的产生者、运输者、处理者和接收方对危险或临床废物管理的任何阶段负责。

第五节　农药和有毒物质

64. 在此节中，除非上下文另有规定——

"容器"指包装、罐、装瓶、桶，或其他容器，用来包装农药或有毒物质的容器，不包括喷剂罐；

"制造"指将材料或物质机械或化学的转化为农药和有毒物质；

"包装"指一种全部或部分装有农药或有毒物质的容器、包装物、包装盒或容器，并对包装进行相应的解释；

"销售"包括提供、宣传和公开销售有毒物质；

"使用"指任何处理或释放农药或农药接触人类、动物或环境的行为。

65.（1）生产、进出口、储存、运输、混合、加工或者改变农药、有毒物质的成分，或者打算重新加工已有的农药或者有毒物质的，应当向环境管理署申请许可证。

（2）依据第（1）款的申请，应当包括杀虫剂或者有毒物质的商标名称、化学品的特征、分子结构、使用类别、对农药或有害物质的处置、处理和处置方法的估计，以及与健康和环境影响有关的任何测试数据。

（3）环境管理署可签发一种杀虫剂和有毒物质许可证，允许申请人——

（a）生产、混合、加工、储存任何农药、有毒物质；

（b）使用、销售、运输任何农药、有毒物质；

（c）进口、运输、出口任何农药或有毒物质。

（4）部长应依据环境管理署的建议，开展——

（a）本条规定的人员许可的标准；

（b）申请许可、批准、修改、更新、转让和撤销的程序；

（c）与申请、批准、变更、拒绝、更新、转让或者吊销执照有关的条款和条件；

（d）为了实现本节的目的而需要的其他事项。

66. 环境管理署应当——

（a）控制农药、有毒物品的进出口、制造、储存、销售、使用、包装、运输、处置和宣传；

（b）提供农药和有毒物质的标签和包装；

（c）检查农药和毒性物质的使用和功效；

（d）在环境中，对农药、有毒物质及其残留物进行监测；

（e）建立农药、有毒物质实验室；

（f）建立和执行贮存农药、有毒物质容器的程序和规章；

（g）收集有关生产、使用和影响人体健康和环境的农药和有毒物质的数据；

（h）保留本环境署行政管理所需的档案和报告；

（i）对杀虫剂和有毒物质做一切必要的监测和控制。

第六节　噪声

67. 在此节中，除非上下文另有规定——

"噪声水平"指用分贝或其他合适的单位来测量的噪声的水平；

"噪声排放标准"指依据第 70 款规定设立的噪声标准排放标准。

68. 依据第 69 条规定，不得超过第 70 条规定的噪声排放标准。

69.（1）依据第 68 条规定，检查机构可以批准允许在其可能确定的条件下产生过量的噪声排放。

（2）依据第（1）款应当按照环境管理署的指示充分保护被暴露在噪声水平过高的工人。

70.（1）环境管理署应与有关权力机关协商——

（a）建立噪声测量标准程序；

（b）建立建筑工地、工厂、机械、机动车辆、航空器的噪声水平和噪声排放标准，包括音爆和工业和商业活动；

（c）采取适当的措施，确保减少和控制从第（b）项所述来源的噪声；

（d）测量涉及第（b）项中的发出噪声的来源的水平，并将测量的具体内容提供给房屋所有者或占用者；

（e）就噪声污染防治措施提出建议。

（2）噪声排放标准和指导方针以及涉及第（1）款所规定的区域的规定，应当在其生效之日前起 90 日内在政府公报上公布。

第七节　电离辐射

71. 在此节中，除非上下文另有规定——

"紧急" 系 2005 年《电离辐射保护法》中的定义；

"设施" 系 2005 年《电离辐射保护法》中的定义；

"电离辐射" 系 2005 年《电离辐射保护法》中的定义；

"监测" 指对暴露的辐射或放射性物质进行测量或放射性测量；

"自然背景" 指由于宇宙射线和自然放射活动而产生的辐射水平；

"核素" 指的是一种以其原子核为特征的原子；

"放射性物质" 指每克有超过七十贝克勒尔的特定物质；

"放射性污染" 指在任何地方放射性物质的沉积，特别是当它的存在可能是有害的，而危害可能是在进行一个实验或过程，或者它实际上可能是公众的危险源；

"无线电核素" 指任何放射性核素。

72. 检查员可以在任何合理的时间内——

（a）有合理的理由进入、检查和监测任何涉及放射性物质或任何离子辐射源的储存、使用、运输或处置的地点、区域、场所或任何车辆、船只、飞机或任何交通工具；除非在法庭许可的授权下，不得进入私人住宅；

（b）该命令表示——

（i）许可使用放射性物质或者危险的离子辐射源；

（ii）批准对放射性矿石的开采和加工的许可证；

（iii）依据 2005 年《离子辐射保护法》规定的登记、证明、通知或者文件；

（c）在有合理的理由下，对与本节事项有关的已受放射性物质污染，或者非法持有离子辐射源的人员进行询问；

（d）行使本节规定的必要的其他权力。

73. 为了不违反 2005 年《离子辐射保护法》，环境管理署应与辐射保护局合作——

（a）建立放射性污染控制标准；

（b）检查机构在有理由的情况下，检查和检查任何可能储存、使用、运输或处置放射性物质或任何来源的离子辐射源的区域、地点、场所、任何车辆、船只、船舶、飞机或任何交通工具；

（c）有合理的理由可以检查与本节相关的可能受放射性物质污染，或者非法持有离子辐射源的人；

（d）通告、警告和保护公众，以防止实际或潜在的公众暴露于放射性物质或电离辐射的环境中；

（e）与其他处理放射性材料的组织联络；

（f）实施离子辐射监测计划，并就离子辐射控制和防护措施提出建议；

（g）保存放射性污染物释放到环境中的记录，并记录环境中的自然环境辐射水平；

（h）请求其他国家的有关环境署提供协助执行检查工作；

（i）采取一切必要的措施来监测和控制辐射污染。

第八节 自然资源管理

74. 在此节中，除非上下文另有规定——

"被遗弃的土地"指被开采、工业或者农业活动破坏的或者合理利用的土地；

"土地使用"包括对环境有影响的活动；

"石油作业"系 2008 年《石油（勘探和生产）法》中的定义；

"康复"指按照国家标准局与赞比亚标准局协商制定的标准恢复国家的原有自然资源。

75.（1）在本法实施的五年内，环境管理署应与当地政府及其他有关权力机关协商，确定有可能因环境退化而处于危险境地的丘陵地区。

（2）如有下列情形之一，丘陵地区被认为有可能受到环境退化的威胁——

（a）易受侵蚀土壤；

（b）发生或可能在该地区发生滑坡；

（c）植被的覆盖已经被移除或者可能从该地区移除的速度比被替换的速度快；

（d）该地区的任何其他土地利用活动都可能导致环境下降。

（3）部长依据本法可以在政府公告上发布一份可能被认为有因环境恶

化而面临风险的山区风景区和丘陵地区的清单。

（4）第（3）款下所列地区的清单应由环境管理署保管。

（5）环境署应制定保护本区域的管理策略和标准。

76.（1）依据第三条——

（a）渔业资源应当按照 2011 年渔业法的规定办理；

（b）野生动物资源应当按照 1998 年的赞比亚野生动物法进行管理；

（c）林业资源应当按照森林法的规定管理；

（d）水资源管理应当按照 2011 年的水资源管理条例进行管理；

（e）区域和城市规划应当按照城市和国家规划法进行管理；

（f）旅游活动应当按照 2007 年旅游和接待法的规定进行管理；

（g）石油作业应当按照 2008 年的石油（勘探和生产）法执行；

（h）与农业有关的任何事项、活动或者保护自然和文化遗产，应当考虑本法所规定的环境保护的必要条件。

（2）环境管理署应管理未受任何其他书面法律保护的开放地区的自然资源。

77.（1）任何人未经环境管理署同意和与权力机构协商，不得进口或者出口外来入侵物种；

（2）未经环境管理署同意，不得将任何外来入侵物种纳入环境的任何部分；

（3）违反本条规定的，可以被处以最高 50 万的罚金或者最高五年有期徒刑，或两者并罚。

78.（1）任何处所的业主或占用人，或其所在地区的地方当局，凡发现有外来入侵物种存在或疑似存在，应立即通知环境管理署。

（2）检查员应按照本法规定书面通知或命令任何土地、建筑或其他房屋的所有者或居住者采取消灭或预防外来入侵物种的传播的措施；

（3）检查员可以对未采取必要措施的任何土地、建筑物或房屋的所有人或居住人——

（a）以书面通知的形式告知业主或居住者检查员的要求，并要求其采取措施；

（b）依据第（a）款，检查员可以在未通知的情况下立即采取措施。

（4）任何土地、建筑物或其他场所的所有人或占用者，有未能采取措施的理由可不受处罚，但业主或占用者须依据第（3）款支付检查员所要求采取措施的花费。

（5）部长可以通过在有管辖权法院的民事诉讼从任何土地、建筑物或其他房屋的所有人或占用人中收回检查员依据第（3）款要求采取措施的费用。

（6）检查员可在任何土地、建筑物或其他处所消灭任何入侵的外来物种而无须赔偿——

（a）如果该处无法进行消毒作业或消毒液无法提供安全保障；或

（b）如果因消毒而造成的延误，会增加外来入侵物种引进或传播的风险。

79. 任何权力机关在准备任何与林业、渔业、野生动物、水或其他自然资源有关的计划时，应向环境管理署磋商。

80.（1）环境管理署可以与有关权力机构联系，在检查机构指定的期限内，指导负责被遗弃或者污染土地的人员进行康复工作。

（2）检查机构有合理的理由相信，可以对需要立即纠正的土地执行修复工作，并在检查机构规定的期限内，向造成被遗弃或污染土地的人员收取全部或部分费用。

（3）未遵守检查机构根据本条作出的指令，可以处以最高三十万元的罚金或者处以三年以下的有期徒刑，或两者并处。

（4）法院可以依据本条所规定的作出其他处罚，责令任何玩忽职守的人在法院指定的期限执行检查机构的指令。

81. 检查员可以——

（a）作出必要的询问和检查，以确定本节的规定是否得到遵守；

（b）开展调查、采访，协助妥善管理和保护自然资源；

（c）检查土地利用情况，并确定其对自然资源质量和数量的影响；

（d）宣传土地使用指南和自然资源保护条例。

82. 环境管理署应依据本条例所签发的所有许可证和批准，建立和维护一个登记簿。

83. 环境管理署应——

（a）对土地利用行为及其对自然资源的影响的研究，应当作为保护、可持续利用和管理自然资源的依据；

（b）建立和审查土地使用指南；

（c）与有关权力机构协商，建立自然资源保护标准；

（d）监测被遗弃或者污染的土地的情况，并评估需要改造的工程的性质；

（e）为了完成本节的目的，做所有其他必要的事情。

第五章　国际事务

84.（1）政府应该在国际法允许的范围内，在它的领土和主权地区对赞比亚的环境和自然资源行使主权和发挥作用，包括其遗传资源，以及管理生物自然资源和非生物自然资源的权力和权利。

（2）政府应与其他政府机构，或当地和国际组织合作，以保护地区和全球环境。

（3）在签署一项旨在保护环境的国际协议后，部长应尽快实施——（a）批准协议；（b）对生效协定采取适当措施。

（4）赞比亚作为缔约方，其部长可以指令环境署、有关权力机构、保护机构或其他相关机构，执行任何与环境有关的国际协议。

85.（1）部长可以与相关权力机构和其他相关部进行磋商，或者与邻国有关机关就环境管理规划和措施进行合作，以避免并尽量减少环境跨界影响。

（2）部长应与各部或其他权力机构合作，启动并实施与邻国的跨界环境管理计划。

第六章　环境信息

86.（1）环境管理署可以——

（a）收集有关环境和自然资源的信息；

（b）根据相关法律有权查阅环境和自然资源的资料；

（c）分析与环境和自然资源有关的信息；

（d）向公众和私人用户传播信息；

（e）研究人口和对环境和发展趋向的影响；

（f）在环境领域开展公共信息和教育活动；

（g）与非政府组织和其他地区和国际组织交换有关环境的信息；

（h）与相关部协调管理环境信息；

（i）就现有的信息差距和需要给部长建议；

（j）与相关部协商，制定收集、处理和传播环境信息的原则。

（2）署长可以发布必要的与公共教育和意识有关的保护、管理和利用环境和自然资源的任何信息。

87. 环境管理署应建立、运行一个中央环境信息系统，以储存公私机构在环境观察和管理过程中所产生的任何调查结果、数据和统计数字。

88. （1）署长应与有关权力机关协商，在学校和高等院校中采取措施整合环境问题。

（2）署长应规划和实施旨在提高公众对可持续发展和环境管理认知的计划。

89. （1）环境管理署将对环境状况进行调查，以及对环境的可能变化进行研究和预测，并进行其他可能有助于制定政策和制订行动计划和策略的研究，包括环境保护和管理。

（2）依据第（1）款，部长可将任何机构指定为负责加强目标科学研究，以及环境领域的信息生成，监测和评估行动有效性的咨询机构。

90. （1）环境管理署应建立和维护环境信息登记机构。

（2）环境信息登记机构应包含与环境相关的以下信息：

（a）赞比亚的法律、法定文书、国际环境协议等的清单，以及任何由环境署、部长或政府出版的政策、计划、指导方针、研究报告、决定、建议和其他与环境有关的出版物；

（b）由任何部发布的环境管理战略和环境管理战略评估报告；

（c）所有国家环境报告和全国环境行动计划；

（d）所有的全国废物管理战略；

（e）依据本法规定申请执照或者批准；

（f）依据本法规定的各项许可证、命令和批准书的清单；

（g）违反本法规定的所有判决和收取的费用详单。

（3）机构应以纸质文件的形式，在工作日内公开相关事项的地点、副本和信息文件，以便供公众查阅。

（4）在本法施行后的一年内，该环境信息登记机构必须成立。

（5）任何人可以书面向署长申请，要求任何专有信息或出于国家安全考虑不得在公共领域（不包括注册中心）公开。

（6）署长为维护利于本法的目的和公共利益的专有信息，可以依据第（5）款排除、聚合、编辑或以某种方式呈现信息以保护利益。

（7）署长在确定任何信息为专有信息时，应书面通知申请人，除非申请人向部长申请按照十章的规定进行审查，否则将在 30 日内将信息公布，在这种情况下，确保上诉前信息的保密性。

第七章　公众参与

91.（1）公众有权了解公共机构制定环境决策的意图，并有机会参与此类决策。

（2）公众有权参与制定环境政策、战略、计划和规划，并参与制定与环境有关的法律和法规。

（3）环境管理署和有关权力机关应建立收集和回应公众意见、关注与环境有关的问题的机制，包括公众辩论和听证会。

92. 应当按照规定的方式对文件进行公开审查。

93. 应当按照规定的方式对公开审查的任何文件进行公开听证。

94.（1）部长可以通过成文法形式，制定法规提高公众获取环境信息、参与决策和保护环境的能力。

（2）在不限制第（1）款的普遍性的情况下，可以制定以下的规则——

（a）加强向公众提供信息的规则、程序和机制；

（b）保护员工不受解雇、纪律、处罚或者其他形式的胁迫，并向环境署和其他部通告不守法的情况；

（c）制定与环境信息登记机构有关的规则、程序和形式。

第八章　环境基金

95.（1）建立环境基金。

（2）该基金应包括——

（a）议会通过的可以用于实现基金目的的资金；

（b）任何个人或者组织对该基金的自愿捐资；

（c）向从事可能对环境产生不利影响的人员、行业或者开发人员的收费或接受的捐赠；

（d）为了实现环境管理和保护的目的而接受的来自赞比亚境内或境外的任何资金；

（e）该基金的投资产生的利息；

（f）其他可以规定的款项。

（3）本节不适用于 2008 年《矿产与矿产开发法》和 2008 年《石油（勘探与生产）法》规定的环境保护基金所涉及的行业、设施和活动。

96. 该基金应授予给环境管理署，并按照部长颁布的规章制度进行管理和使用。

97. 该基金将用于——

（a）减轻或者恢复环境退化和对环境的不利影响；

（b）促进研究，并进一步提高环境管理和可持续自然资源管理的要求；

（c）规定的其他目的。

98.（1）环境署应对各项活动、工业设施或工厂、事业或企业的情况进行登记，因为这些活动的操作方式与良好的环境相冲突，并可能对环境造成不利影响。

（2）部长可以依据法定文书制定规章制度，为环境绩效债券和其他与业绩债券有关的事项提供存款、金额、再融资、没收和应用。

99. 该基金的财政年度为 12 个月，每年 12 月 31 日止。

100.（1）环境管理署应准备适当的账簿和其他与该基金有关的记录。

（2）环境管理署应准备每年在国民大会召开前对该基金的收入和支出的年度声明。

第九章 执行规定

101.（1）业主或者从事工程的人应当采取一切合理措施，减轻环境影响评估中未考虑到的场所或项目的不利影响，并应每年向环境管理署提交一份书面环境审计报告。

（2）环境管理署应对可能对环境产生不利影响的所有活动进行环境审计。

（3）检查员可以进入任何土地或场所，以确定在土地或场所进行的活动是否符合对土地或房屋的环境影响评估的标准。

（4）进行环境影响评估的项目的业主应当保持准确的记录，并向环境管理署提交该项目在运行中是否符合环境影响评估标准的年度报告。

102.（1）环境署应当与相关权力机关或机构，监督——

（a）所有环境现象都可以评估环境可能的变化及其可能的影响；

（b）确定任何行业、项目或活动的运作对环境的直接和长期影响。

（2）检查员可以进入任何土地或场所，以监视该土地或房屋所进行的任何活动对环境的影响。

103.（1）署长有合理的理由相信，为将要从事某项活动或将拥有或控制一种可能产生不利影响的物质或事物的人下达预防命令。

（2）依据第（1）款提供预防令，可能需要该人——

（a）准备一份书面应急预案，以减少或消除风险，并向署长提供一份计划的副本；

（b）有必要的设备、设施和培训人员处理风险；

（c）在确定事件发生的情况下，执行该计划；

（d）采取必要措施确保任何紧急情况都能得到有效处理。

（3）被送达的人应当按照该命令的日期或者要求执行，如未指定日期，则应立即执行该命令。

（4）违反第（3）款规定，可以被处最高十万罚金，或者不超过一年的有期徒刑，或两者并处；在预防令规定的时间内仍不符合要求，或在一定的时间内再犯的人，再进一步处以最高每日一千的罚金。

104.（1）署长认为出于保护、保留和加强该地区的环境和自然资源之必要，可以下列人员签发保护令——

（a）发生经营活动的场所、车辆、船舶、航空器、设备的所有者、管理人员或者其他人员；

（b）任何发起或允许该活动的人。

（2）保护令可能要求被送达的人——

（a）采取任何措施避免、补救或减轻不利影响——

（i）停止产生或者可能产生不利影响的活动；

（ii）控制活动；

（iii）评估实际或者预期不良影响的程度；

（iv）对活动造成的不良影响进行补救；

（v）防止该活动的复发或者其他不良影响；

（b）保护动植物；

（c）在水坝、湖泊、含水层中保持水的质量和流量；

（d）保留该地区未开发的地质、地形、生态、考古或者历史特征；

（e）保护景点；

（f）保持自然的轮廓和特征；

（g）防止或者限制该地区农业活动的范围；

（h）创造或维持野生动物的迁徙通道。

（3）收到保护令的人应当按照该命令的日期或命令的要求执行，如果没有指定日期，则应立即执行该命令。

（4）违反第（3）款规定，经判决有罪，可以处以不超过十万的罚金，或者不超过1年的有期徒刑，或两者并处。在规定的时间内仍不符合保护令规定的要求的或者再犯的，将进一步地罚金，处以每日最高不超过一千的罚金。

105.（1）由于在环境中排放对人体健康或财产构成威胁或引起潜在不良影响的污染物，检查员可以向下列人员下达恢复环境秩序令——

（a）车辆、船舶、航空器、设备的所有者、管理人员或者其他人员；

（b）在卸货发生时，任何在卸货的场所、车辆、船舶、航空器或者设备的所有者、管理人员、管理人员；

（c）任何污染物排放的人。

（2）收到恢复环境秩序令的人应当采取任何措施来帮助减少或消除危险或危害，这些措施包括——

（a）采取防止继续污染或者造成污染的措施；

（b）恢复土地，包括补土、植树和其他植物的重新种植，以期恢复原状，也可以按照特定的命令指定土地或者其他地区的地质、考古、历史特点；

（c）采取预防措施，防止环境危害的发生；

（d）停止采取任何引起或者可能造成污染或者环境危害的行为；

（e）解除或者减轻对土地、环境或者该地区的便利设施的损害；

（f）防止对地下的蓄水层和动植物群的土地或环境造成损害；

（g）将在指定的土地或海洋上存放的废物或垃圾清除，并按照该命令的规定处置；

（h）依据指令的要求，要求污染者使环境的状态恢复到请求行动前的状态；

（i）防止污染者再次采取任何可能对环境造成伤害的行为。

（3）收到恢复环境秩序令的人，应当按照指令中规定的日期和要求执行，如果没有指定日期，则应立即执行命令。

（4）违反第（4）款，被判有罪的，可以处以不超过三十万元的罚金，或者不超过三年的有期徒刑，或者两者并处；如果某人未能按照规定的时间和规定的要求履行，则应进一步罚金，处以最高每日两千元的罚金。

106.（1）署长有理由相信，根据本法所颁发的许可证的任何条件都已被违反，可以向被许可方下达合规令，要求被许可方在规定的期限内对违约进行补救。

（2）依据第（1）款，发布的合规命令——

（a）如果署长认为暂停是必要的，可以立即暂停许可证的效力，以防止或减轻对环境或人类健康产生重大不利影响；以及

（b）要求被许可方采取明确的措施，防止或减轻任何不利影响；

（3）在被许可方未能遵守合规令的情况下——

（a）采取必要的措施要求被许可人弥补损失，并按照第 177 条的规定

向被许可人收取费用；

（b）改变许可证的条件；

（c）撤销执照；

（4）被送达的人应当按照指令中规定的日期和要求执行，如果没有指定日期，则应立即执行该命令。

（5）违反第（4）款，被判有罪的，处以不超过三十万元的罚金，或者不超过三年的有期徒刑，或者二者并处；如果在规定的时间内，该人未能遵守符合要求的规定，则应进一步处以最高每日两千元的罚金。

107．（1）任何人未能遵守根据本法发出的命令、许可证或批准中的要求时，署长可要求采取必要的措施，并可发出一项支付令，要求该人向环境管理署偿还采取这些措施的费用。

（2）如果没有对支付令提出复议申请，则支付令应像法院命令一样执行。

108．（1）个人可以书面请求署长根据本法发布命令。

（2）在第（1）款下提出的请求应阐明请求的理由，包括署长拥有管辖权的详细事实依据。

（3）署长应考虑依据第（1）款提出的请求，并在 30 日内决定是否发出命令，应以书面形式向申请人说明理由，并注明署长打算发出该命令的日期。

（4）署长决定不发出指令的，申请人可以在接到通知之日起 10 日内，根据第十章向部长申请审查该决定。

（5）在没有任何其他理由审查的情况下，依据本条第（4）款审查申请；如果环境署未依本法履行其职责，将采取一切合理可行的措施执行本法。

109．（1）任何人可以书面请求署长调查违反本法的行为。

（2）依据第（1）款提出的请求，应当提出详细的事实依据佐证已经发生了违反行为。

（3）署长应审查这一要求，在 30 日内，决定是否开始调查，并应书面通知请求人且说明理由，如果条件合适，署长将确定开始调查的日期。

（4）署长决定不着手调查，请求人可以在获得任何人的协助下提起诉讼。

（5）依据第（4）款行动的人员，应当书面通知署长。

（6）除非法院认定个人起诉的主要动机不是为了公众利益或加强保护环境，否则法院应依据本条通报署长，并不得要求起诉者提供任何费用或损害赔偿。

110.（1）任何人均可以对违反本法规定的行为或不作为提起诉讼，不论其是否遭受了实际的损害。

（2）第（1）款的规定法律行为是对原告或申请人可用的其他法律救济的补充。

（3）法院依据第（1）款进行的法律程序，判决给原告或申请人的损害赔偿金应按照以下的顺序进行：

（a）赔偿原告或申请人因采取法律程序可能受损的实际法律费用，包括责令被告或被申请人支付尚未充分补偿的法律费用；以及赔偿被告或被申请人给其造成的损失费；

（b）赔偿其他当事人遭受的损失，补救因作为或不作为而造成的不利影响；

（c）如果尚有余额，在环境基金和原告之间平均分配。

（4）除非诉讼的最初动机不是出于保护公共利益或加强环境保护的考虑，否则法院不得依据第（1）款裁定任何人赔偿损害费用。

111. 法院裁定某人犯本法所规定罪行，还可以施加以下处罚——

（a）命令该人采取措施以避免、补救或减轻由其引起的任何不利影响，或

（b）如果该人不遵守（a）项下的命令，则可以下令署长采取相关措施，并要求该人支付采取该措施而产生的费用。

第十章　复查和申诉

112.（1）如果有人对环境署依据本法做出的决定不服，可以通过规定的方式或形式向理事会申请对该决定或指示进行复查。

（2）在不影响任何其他审查理由的情况下，个人可以反对某些依据本

法授权的许可证或授权，包括不能为环境提供充足保护的、对人类有不利影响的或使得无法实现本法目的等情况。

113.（1）申请人如果向理事会申请复查，须在其拟申请复查的决定或指令做出后 30 日内向理事会提交复查申请书。

（2）理事会如认为某项超过时限提出的复核申请情有可原，则可以接受。

（3）理事会在收到依据第（1）款提出的申请后，可以书面任命专人对该事项进行审查。

（4）如果理事会在考虑该审查申请后，认为其审查申请是微不足道、影响微小或没有依据的，则可以驳回该审查申请，并不再进行调查。

（5）理事会依据第（4）款驳回申诉后，应将拒绝该申请的理由书面通知申请人。

114.（1）询问应以规定的方式进行。

（2）进行调查的人应给申请人和作出决定或指示的人以听证和书面陈述的机会。

（3）应依据案件的实际情况公正地进行调查。

115.（1）部长在收到申诉或复核申请后，有权依据本法考虑或决定是否审查申请——

（a）支持全部或部分申诉或复核申请；

（b）驳回该申诉或复核申请；

（c）将申请或申诉转回理事会，并建议要进一步考虑某些事实或问题。

（2）部长在确定审查申请时——

（a）必须考虑到本法的目的和第六节规定的原则；

（b）应考虑到环境管理署发布的有关环境政策，指南和标准；

（c）应考虑被调查人的发现和建议，但不会受到其约束。

（3）部长应将复核申请的决定以书面通知的形式发给申请人和署长，并应说明作出决定的理由。

116.（1）任何人不服环境署决定，可在决定后的 30 日内向部长提出申诉。

（2）任何人不服部长决定，可在决定后的 30 日内向高等法院上诉。

第十一章　环境犯罪

117. 任何人——

（a）故意违反本法规定不进行环境影响评估；

（b）没有按照本法的规定准备和提交项目简介和环境影响评估报告；

（c）提交弄虚作假的环境影响评估报告；

违法行为一经定罪，可最高处罚七十万罚金或最多七年有期徒刑，或二者并处。

118. 任何人——

（a）没有保留本法规定必须保留的记录；

（b）没有提交本法所要求的申报表；

（c）以任何形式提交虚假或误导性信息；要么

（d）修改本法规定的记录；

违法行为一经定罪，可最高处罚三十万罚金或最高三年的有期徒刑，或二者并处。

119. 任何人——

（a）违法本法规定的任何环境标准或准则；

（b）违法本法规定的措施；或者

（c）违反法定规定，浪费或破坏性的消耗环境或自然资源；

违法行为一经定罪，可最高处罚七十万罚金或最高七年的有期徒刑，或二者并处。

120. 任何人——

（a）违反本法或其他成文法的规定，进行任何生物资源交易；

（b）非法拥有任何生物资源；或者

（c）违反本法非法干扰生物资源的栖息地；

违法行为一经定罪，可最高处罚五十万罚金或最高五年的有期徒刑，或二者并处。

121. 任何人——

（a）未依据本法要求管理危险废物和材料；

（b）进口或出口任何违反本法规定的危险废物；

（c）故意将废物、农药、化学品、有毒物质或放射性物质贴错标签；

（d）未按照本法管理化学品或放射性物质；

（e）资助或教唆危险废物、化学品、有毒物质或农药非法贩卖；

（f）在共和国境内处置违反本法的化学品或危险废物；

（g）隐瞒或提供虚假的危险废物、化学品或放射性物质的信息；

违法行为一经定罪，可最高处罚一百万罚金或最高十年的有期徒刑，或二者并处。

122.（1）任何人不得——

（a）分离、更改或破坏农药或有毒物质的标签；或

（b）违反本法使用农药或有毒物质侵入自然环境。

（2）任何人不得分发、出售、储存、进出口、运输、制造、改变成分等未经注册或许可的农药或有毒物质。

（3）任何人违反本条行为构成犯罪，可最高处罚五十万罚金或最高五年的有期徒刑，或二者并处。

123. 不遵守、疏忽或拒绝遵守法定的环境保护区的管理规定，构成犯罪的，可以依法处以最高三十万罚金或三年以下有期徒刑，或二者并处。

第十二章　一般规定

124. 检查员应当对任何违反本法的报告的来源保密，不得向检查场所的所有者或代表披露或泄露任何可能指认报告作者的信息。

125.（1）污染环境或违反本法任何规定且未被罚金的人，一经定罪，可以处以最高三十万元罚金或最高三年有期徒刑，或二者并处。

（2）除本法另有规定外，对于继续犯，除对其犯罪行为进行罚金外，还将依法按日计罚。

（a）个人在首次定罪的情况下，每日最高不超过五百罚金，以后每次定罪，每日最高不超过八百罚金；

（b）如果是法人团体或非法人团体，则首次定罪每日不超过一千罚金，以后每次定罪每日不超过两千罚金。

（3）法院对于依本法定罪的人可以中止、撤销或修改其依据本法签发的许可证。

126. 如果法人团体或非法人团体犯了本法规定的罪行，该法人团体或非法人团体的每位理事或经理也应被判有罪，除非理事或经理证明该犯罪行为不是在其知情、同意或纵容的情况下做出的，或理事和经理已采取合理步骤防止犯罪。

127.（1）就本法而言，如果可以合理地预见该作为或不作为可能导致不利影响，且没有其他不利因素影响，则可以认为不利影响是由该作为或不作为引起的。

（2）就本法而言，该法人团体的理事、官员、雇员或代理人依职权行使其权利所做的行为，被视为该法人团体的行为。

128.（1）在不损害本法或其他成文法规定的补救措施的情况下，环境署管理局可以针对任何人造成的环境损害提起诉讼；

（2）依本法缴纳的损害赔偿，均应当交付给环境署管理局；

（3）法院可以清算无法精确量化的环境损害赔偿。

129.（1）在不违反本法其他规定的前提下，如果某人因本法被定罪，法院可以应检查员或警察的要求，除应有罚金外，还可以将其犯罪所用的物品、车辆、飞机、轮船等其他交通工具没收上缴国家。

（2）检查员或警察依据第（1）款提出申请后，法院会发出命令，除非案件以外的第三人在命令发布之日起3个月内提出其具有所有权，否则犯罪所使用的工具将归国有。

（3）检查员在该命令发出之日起30日内，至少在犯罪发生地三个日报上刊登命令通知。

（4）第（3）款所提的通知须采用规定格式。

（5）犯罪所有的物品、车辆、设备、飞机、轮船等其他交通工具是登记在其他第三人名下的，环境署管理局应在犯罪地流通日报上刊登7日通知，且以挂号信的方式，将该通知邮寄送达到登记册上注明的地址。

（6）有人对犯罪所使用的的物品、车辆、飞机、轮船等其他交通工具主张所有权者，须在环境署根据第（2）款决定的期限内，向法院书记员提出书面申请，要求解除条件命令，并提出其具有所有权的相关证明。

（7）依据第（6）款提出申请后，法院书记员须——

（a）提交后 1 个月内确定听证的日期；

（b）提出申请后的 7 日内，将通知书送达环境署。

（8）在依据第（6）款提起的申请程序中，举证责任由申请人承担。除非申请人可以证明其未参与犯罪，且犯罪工具是在未经其知悉或同意下使用的，其无疏忽过错，否则不得作出解除条件命令的命令。

（9）凡依据第（6）款提出的申请，法院有证据证明犯罪工具由原告与犯罪人共同拥有或租赁关系，且索赔人已履行了第（8）款规定的举证责任，法院可以将犯罪工具等全部财产或权益，依据租赁协议或《租购法》而给与索赔人应得的权益。

（10）除法院同意外，超出依据第（2）款所规定申请时限，如果法院依法将该犯罪工具已收归国有，申请人则不得依据第（6）款向政府或环境署申请自己应享有的权利。

130.（1）依法查获的与本案犯罪有关的任何物品、车辆、飞机、船只等交通工具，且——

（a）涉嫌犯罪的人不详；

（b）未能找到犯罪嫌疑人，法院无法审理；

（c）经上诉程序送达后，涉嫌犯罪的人没有出庭应诉；

环境署在犯罪地发行量最大的日报上刊登犯罪通知一个月后，可以向法院申请将犯罪所使用的物品、车辆、飞机、船只或运输工具没收交予国家且不予补偿，并要求法院视情况予以处置。

（2）凡依据第（1）款刊登公告主张犯罪工具所有权的个人，须在通知公布起 1 个月内，向法院书记员提出所有权要求，并将通知副本送达环境署，经必要的修正后，依据第 129 条可获得所有者权益。

（3）凡依据本法扣押的物品、车辆、飞机、船只或其他交通工具确实是犯罪嫌疑人所使用，则环境署可以单方面向法院提出申请，请求法院以出售等其他方式处置该类犯罪所得。

（4）凡出售犯罪所使用的物品、车辆、飞机、船只等其他交通工具，所得款项应由环境署持有；

（5）如涉嫌犯罪的人下落不明或经法院无法查明，可以依据第（1）款对该程序作出必要的修改。

131.（1）检查员可以再向所有者或占有者发出通知 7 日后，单方面向法院提出申请，要求法院对涉嫌犯罪的相关场所作出如下命令——

（a）禁止开展可能造成对人、动植物健康或环境重大损害的污染操作；

（b）禁止使用任何可能对人类、动植物健康或环境造成重大损害的机器、设备或器具等；

尽管以 7 日通知为前提，但如果检查员合理怀疑有污染正在发生或对人类、动植物的健康或环境将造成直接危险的可能，则可以立即向法院提出申请。

（2）依据第（1）款向法院提出申请，须采用规定格式。

（3）在根据本法涉嫌犯罪的前提下，检查员根据第（1）款提出的申请而获法院支持：

（a）已向该处所的占有人提前七日送达通知，并列明向法院提出申请的时间；

（b）在该场所内进行违反本法的操作；

（c）该处所正在进行可能造成污染，可能对人类、动植物的健康或环境造成重大损害的操作或程序；

（d）正在使用可能对人类、动植物健康或环境造成重大损害的机械或设备等；

确认听证或申请前，法院可以做出临时命令，绝对或有条件的禁止使用工厂、器械、设备等。

（4）检查员依据第（1）款听取申请后，给予所有者或占有者听证机会，法院可以——

（a）禁止使用所涉及的机械、设备或器具，除非其经过修正、更改且不会造成环境污染；

（b）禁止进行操作或生产，除非满足以下条件：采取的操作不会造成污染或对人类、动植物的健康有严重损害，才能允许其运行；

（c）作出法院认为适当的其他命令。

132.（1）任何人犯了不超过二十万罚金的罪行，如果该个人已承认犯有本法所规定的刑罚不超过二十万罚金的罪行，则检查员对个人处罚最高不得超过六万罚金。

（2）检查员依据第（1）款处罚罚金时，应将权利义务告知被处罚人或反对意见者。

（3）某人依据第（1）款被处以罚金，可以选择承担责任并支付罚金或质疑责任。

（4）向妨碍缴纳罚金的人进一步提出刑事诉讼。

（5）收缴罚金的检查员应按照规定的格式向付款人开收据。

（6）依据本法收到罚金的检查员：

（a）没有按照第（5）款的规定向收款人开具罚金；

（b）没有依法上缴罚金；

（c）滥用或个人使用；

违法行为一经定罪，将被处以最高不超过三十万罚金或不超过三年有期徒刑，或二者并处。

133. 基于《2010年公众利益披露（保护"吹哨人"）法》的规定，一个人在披露环境风险之时是出于善意的，则他所做的披露是受保护的披露。

134.（1）部长可依据环境署的建议，通过法定文书制定规章，以便更好地执行本法的各项规定。

（2）在不限制第（1）款的一般性的原则下，依据该款制定的规例可以——

（a）就本法规定或授权的事项，收取相关费用；

（b）规定不超过五十万罚金或不超过五年的有期徒刑；

（c）规定本法所需的申请、许可证、批准书、登记册、通知、命令和其他文件的格式；

（d）规定为本法而交付或制作的申报表和其他文件中应提供的信息；

（e）依据本法规定送达通知、命令和文件的程序以及送达的时间；

（f）规范本法规定的异议、审查和公众质询的程序，以及对异议、审查和公众质询的提出、审议、听证和确定。

135.（1）1990年《环境保护与污染控制法》和《自然资源保护法》废止。

（2）尽管有第（1）款的规定，但仍应就附录2所指明的事项适用本附录的规定。

附录 1 ［第 7 (2) 和 11 (7) 款］
环境署的行政管理

第一部分　环境署理事会

1. （1）在不违反本法其他规定的前提下，理事会可以规范自己的程序。

（2）理事会须至少每三个月在其决定的地点和时间开会一次。

（3）理事会主席须提前 14 日通知召开理事会会议，且经不少于三分之一成员书面要求，主席也应召集会议。

如遇特别紧急情况来不及提前通知，经理事会三名成员请求可以在较短时间内通知召开特别会议。

（4）主席或者在主席缺席的情况下，副主席和其他六名成员可以构成理事会会议的法定人数。

（5）理事会任何会议均须有人主持——

（a）主席；

（b）主席缺席时，副主席主持；

（c）在主席和副主席均缺席的情况下，出席会议的成员可选举其他成员主持。

（6）理事会对任何问题的决定须由出席会议的成员过半数通过作出，在投票平等的情况下，主持会议的人除其审议性投票外，享有决定性的一票。

（7）理事会可邀请其认为有必要出席的任何人士出席和参加理事会会议的讨论，但该等人士无表决权。

（8）理事会的任何议事，法案或决定的有效性，不因理事会成员的空缺或任何成员的任命上的缺陷或任何无权这样做的人而受到影响。

2. （1）为履行本法规定的职能，理事会可组建一个委员会，并将其认为必要的理事会职能委托给委员会。

（2）除第（1）款另有规定外，理事会可委任不属于理事会成员的人组成委员会的成员，但委员会成员应为理事会成员的情况除外。

（3）担任委员会委员的任期，期限应由理事会决定。

（4）依据理事会的相关特定或一般指导方针，委员会可自行制定程序。

3. 应向理事会成员或委员会成员支付经部长批准、由理事会决定的津贴。

4.（1）如出席理事会或委员会会议的成员其表决的事项与其自身或配偶有直接或间接的利益关系，须在会议开始后切实可行范围内尽快披露相关利益事项，否则不得参与与该事项有关的任何审议、讨论或表决。

（2）依据第（1）款作出的利害关系披露信息应记录在作出披露的会议记录中。

5.（1）未经环境署书面同意，任何人不得未经授权发布或披露在其职权范围内获得的有关文件内容、通信信息等。

（2）违反第（1）款的规定，构成犯罪的，一经定罪将处以最高二十万罚金或不超过两年有期徒刑，或二者并处

（3）任何人违反第（1）款规定的发布或披露相关信息，并将该信息非法转发给其他人，则构成犯罪，应承担责任，一经定罪，将处以最高二十万罚金，或不超过两年的有期徒刑，或二者并处。

6. 不得对理事会和委员会的成员或环境署的工作人员依据本法赋予的权力，基于善意执行其职能或职责所做的任何行为提出诉讼或采取其他程序。

第二部分　财务规定

7.（1）环境署的资金应由下列款项组成——

（a）为环境署的目的由议会决定划拨给环境署；

（b）通过收费、赠款或捐赠方式支付给环境署；

（c）以其他方式归于环境署。

（2）经部长批准，环境署可以——

（a）接受赞比亚境内或境外任何来源的赠款或捐赠的款项；

（b）以贷款或其他方式筹集其履行职能所需的款项；

（c）依据本法规定，对环境署提供的服务收取费用。

（3）从环境署的资金中支付——

（a）机构工作人员的薪金、津贴、退休金和贷款；

（b）理事会或委员会成员从事机构业务所花费的合理差旅费和其他津贴，并按照部长批准确定的费率计算；

（c）环境署依据本法履行职责所产生的任何其他费用。

（4）环境署可以将闲余的环境署资金适当进行投资。

8. 环境署财政年度为每年 12 月 31 日的 12 个月。

9.（1）环境署应妥善安排保管账簿和与账簿有关的其他记录；

（2）环境署的账目应由审计长或审计长任命的审计员每年进行审计；

（3）审计长的费用应由环境署支付。

10.（1）在财政年度结束后 90 日内，环境署应切实可行的向其部长报告财政年度期间的活动；

（2）第（1）款所述的报告，须包括环境署的财务事宜，并附于该报告后——

（a）经审计的资产负债表；

（b）经审核的收支表；

（c）部长可能要求的其他信息。

（3）部长应在收到第（1）款所述的报告后，在国民议会召开前 7 日内，将报告提交国民议会议。

附录 2　［第 135 条第（2）款］
履职和过渡规定

1.（1）为避免疑问，在指定卸任前议事会官员或雇员，如果根据本法任命，可以成为环境署的官员或雇员（视情况而定）。

（2）第（1）款所指人员的服务应视为连续服务；

（3）指定日期之前由议事会雇佣或任命的人的权利和义务不受本法影响。

2.（1）在指定日期或之后，依据本法，在没有进一步保证的情况下，应将其转移、归属并依附于环境署——

（a）议事会的事务；

（b）依据本法，在指定日期之前属于议事会的财产、权利和义务等。

（2）除人事服务协议外，议事会在指定日期前已经加入的每份契约、保证金和协议无论其性质是否可以转让，除非明确表示其不得被修改，依据本法，具有以下效力：

（a）环境署已加入；

（b）任何关于议事会的内容，在本法开始生效之日或之后，所有事物均由环境署代替；

（c）凡提及的不属于议事会成员但具有利益关系的干事，在指定日期或之后仍须进行的工作，由环境署指定的环境署人士代替。

（3）依据本法，议事会的任何资产、权利、负债和义务应转让给环境署，相关法律规定须就转让进行注册的，则环境署须向有关部门提出书面申请，办理转让登记。

（4）第（3）款所指的登记机关应在登记册中列出转让生效的条目，向有关的受让人发出关于该财产的所有权证书，并对登记簿进行必要的修改，且应背书与所有权、权利与义务有关的契约，并且无须就交易支付登记费或履行其他职责。

3.（1）环境署在指定日期前待决的任何法律程序或申请，可以由环境署继续受理；

（2）在指定日期之后，就议事会所归属、持有、享有、招致或遭受的任何权利、责任或义务进行的法律程序，可由环境署提出或针对环境署提起。

4. 就本附表而言，"指定日期"是指部长依据法定文书指定的日期。

（赵倩　译；张小虎　校）

译后记

近年来，中非环境保护合作日益深化，交流领域不断拓展，中非环境合作中心建设等一批中非绿色发展项目陆续落地实施，在践行联合国 2030 年可持续发展议程的过程中，中非合力发挥出积极作用。与此同时，环境保护也成为对非经贸投资合作的重要关切，越来越多的企业注重在非洲履行社会责任，在防范环境法律风险的同时，加强对当地环境的保护，并且取得了良好的效果。

对此，中国非洲研究院常务副院长李新烽研究员敏锐洞悉，提出编译非洲主要国家的系列法律法规，其中包括环境法。在其支持下，中国社会科学院西亚非洲研究所非洲法律研究中心主任朱伟东研究员搜集了非洲 10 国现行环境法律文本，湘潭大学中国-非洲经贸法律研究院发挥非洲法研究的传统优势，组织团队（译者和校者详细名单见每部法律译本后面）翻译，并特别邀请吉林大学法学院王小刚教授、厦门大学法学院博士后李天相等参与翻译。湘潭大学中国-非洲经贸法律研究院副院长张小虎副教授还结合其主持的国家社科基金青年项目"'一带一路'背景下我国企业对非投资的环境法律风险及对策研究"（项目编号：17CGJ020）对本书埃及、埃塞俄比亚、加纳、津巴布韦、南非、尼日利亚、乌干达和赞比亚等 9 国法律译本进行了校译，广西师范大学法学院李伯军教授则负责阿尔及利亚法律译本的校译。最后，湘潭大学中国-非洲经贸法律研究院院长洪永红教授对本书进行了总校译。

本书选择了埃及、阿尔及利亚、埃塞俄比亚、加纳、津巴布韦、肯尼亚、南非、尼日利亚、乌干达和赞比亚等 10 个非洲国家、共 13 部环境法律法规进行译介。为了便于读者对照原文使用，本书还特别附加了该十国环境法方面的专有名词中外文对照表。若部分译名不符合专业术语习惯，请读者结合上述国家环境法律原文本进行比照阅读，并且建议读者定期关注非洲各国环境法律文本的最新修改或废止情况，以避免使用错误。

当然，本书在编译过程中难免出现翻译不够准确或存在歧义的地方，敬请各位读者批评指正。你们的建议将是我们前进的动力，促使我们更好的编译非洲各国法律，为全面深化中非经贸合作提供法治保障。最后，还要特别感谢社会科学文献出版社高明秀女士和宋浩敏女士为本书的编校倾注了大量心血。

《非洲十国环境法》翻译组
2021 年 7 月 1 日

图书在版编目（CIP）数据

非洲十国环境法 / 洪永红等编译. -- 北京：社会
科学文献出版社，2021.11
（中国非洲研究院文库）
ISBN 978 - 7 - 5201 - 8928 - 6

Ⅰ.①非…　Ⅱ.①洪…　Ⅲ.①环境保护法 - 研究 - 非
洲　Ⅳ.①D940.26

中国版本图书馆 CIP 数据核字（2021）第 173088 号

·中国非洲研究院文库·

非洲十国环境法

编　译 / 洪永红　张小虎 等

出 版 人 / 王利民
组稿编辑 / 高明秀
责任编辑 / 宋浩敏
责任印制 / 王京美

出　　　版 / 社会科学文献出版社·国别区域分社（010）59367078
　　　　　　地址：北京市北三环中路甲 29 号院华龙大厦　邮编：100029
　　　　　　网址：www.ssap.com.cn
发　　　行 / 市场营销中心（010）59367081　59367083
印　　　装 / 唐山玺诚印务有限公司

规　　　格 / 开本：787mm × 1092mm　1/16
　　　　　　印张：36　字数：569 千字
版　　　次 / 2021 年 11 月第 1 版　2021 年 11 月第 1 次印刷
书　　　号 / ISBN 978 - 7 - 5201 - 8928 - 6
定　　　价 / 198.00 元

本书如有印装质量问题，请与读者服务中心（010 - 59367028）联系